mandelbaum *verlag*

Peter Birke

GRENZEN AUS GLAS

Arbeit, Rassismus und Kämpfe der Migration in Deutschland

mandelbaum *verlag*

mandelbaum.at • mandelbaum.de

ISBN 978-3-85476-964-4

Satz: BERNHARD AMANSHAUSER
Umschlag: MICHAEL BAICULESCU, MARTIN BIRKNER
Umschlagillustration: BIANKA BUCHEN, www.ort-work.com/artists
Druck: PRIMERATE, Budapest

Inhaltsverzeichnis

Einleitung

Migranten sind wie Gespenster. Die kommen und arbeiten, und dann verschwinden sie. Ein Walmart-Manager, nach Bensman und Jaffee 2016, S. 57.

Von neun bis fünf gehört London dem Mainstream, aber von fünf bis neun gehört es uns. Ein Repräsentant des Ghana Black Stars Network, nach Wills et al. 2009, S. 94.

Anfang im Luna-Center

Im September 2018 führt der Weg zu Amazon unter anderem über ein Anwerbebüro im Hamburger Stadtteil Wilhelmsburg. Zu diesem Zeitpunkt ist das neue Logistikzentrum des Online-Versandhändlers im nahegelegenen Winsen noch nicht einmal ein Jahr alt. Aber die Produktion läuft auf Hochtouren, das Weihnachtsgeschäft steht unmittelbar bevor. Der Betrieb sucht hunderte Arbeiter*innen für das, was dort als „Peak Season" (etwa: Hochsaison) bezeichnet wird. Wir sind im Zusammenhang mit einem Projekt des Soziologischen Forschungsinstituts Göttingen (SOFI), in dem wir seit 2017 Arbeitsverhältnisse untersuchen, in denen aktuell neue Migrant*innen ankommen, darauf gestoßen, dass Amazon fast ausschließlich Menschen ohne deutschen Pass rekrutiert. Es besteht also Anlass genug, sich dieses Büro im Rahmen unserer Forschungen genauer anzusehen. Also unternehmen wir eine Reise von Göttingen nach Hamburg. Dort angekommen, stellen wir, zwei Studierende aus einem Lehrforschungsprojekt und ich, fest, dass die Versandfabrik ihr Anwerbebüro in der Ladenpassage eines Einkaufszentrums untergebracht hat. Das Luna-Center liegt an der Wilhelmsburger S-Bahn-Station, ideal, um sowohl die Bevölkerung des Stadtteils mit seinen über 50.000 Einwohner*innen zu erreichen als auch diejenigen, die in südlich und östlich gelegenen Hamburger Stadtteilen wie Fischbek-Neugraben, Harburg oder Billstedt-Horn leben. Die Einkommen sind in vielen Quartieren im Hamburger Südosten weit unterdurchschnittlich, der Anteil an Empfänger*innen von Leistungen nach dem SGB II ist sehr hoch. Im „armen reichen Hamburg" leben viele Migrant*innen in Quartieren des Südens und Ostens. Außerdem befinden sich, auch in fußläufiger Entfernung zum Luna-Center, zahlreiche Unterkünfte für Geflüchtete.

Das Schaufenster des kleinen Ladens ist fast vollständig mit Plakaten beklebt: Werbung für das Arbeiten bei Amazon, Motive, die im kleinen Format zudem überall in Bussen und Bahnen hängen. Abgebildet junge und den gängigen Schönheitsidealen entsprechende Männer und Frauen, die eine Menge Spaß haben. Man liest, dass es bei Amazon möglich sei, sich „von der Kellnerin zur Führungskraft" zu verwandeln. Was sich im Inneren des Ladens abspielt, ist nicht zu sehen. Einer der Studierenden, der mit nach Hamburg gefahren ist, läuft zu dem kleinen Tisch am Eingang und spricht den dort sitzenden Amazon-Recruiter an: Was sind die Voraussetzungen für eine Bewerbung? Antwort: Denkbar einfach, man braucht nur einen Nachweis darüber, dass man sich legal in Deutschland aufhält, und eine Arbeitserlaubnis. Aber was muss man können, um bei Amazon zu arbeiten? Laufen und Lesen, alles andere lernt man vor Ort!

Während unser Kollege im Laden verschwindet (er wäre übrigens nicht der einzige Studierende, der in der „Peak Season" bei Amazon arbeitet), fragen wir einen Mann, der aus dem Laden kommt, nach dem Erfolg seiner Bemühungen. Ja, sagt er, er habe den Job. Auf Nachfragen fügt er hinzu, dass er schon mal bei Amazon gearbeitet habe, aber sein Vertrag zunächst nicht verlängert worden sei. Ich beglückwünschte ihn zu seinem Erfolg, aber er verzieht das Gesicht: „Ach komm, Amazon, das ist wie das Gefängnis. Genauso gut hättest du mir jetzt gratulieren können, dass ich in den Knast komme."

Warum, könnte man erstaunt fragen, machst du das dann? Die Antwort auf diese Frage mag unterschiedlich ausfallen, ist von der individuellen Biografie geprägt, hat sicher mit alten Erfahrungen und neuen Hoffnungen zu tun. Aber sie hat auch eine andere, kollektive Seite: Immer mehr Menschen ohne deutschen Pass *müssen* sich (auch offiziell und legal) auf Tätigkeiten einlassen, die viele als Ausbeutung bezeichnen würden. Das hat nicht zuletzt damit zu tun, dass in Deutschland seit einigen Jahren Erwerbsarbeit als wesentliche Voraussetzung für die Erlangung von Aufenthaltsrechten gesehen wird. Das ist nicht neu, ja, die Verknüpfung gab es eigentlich immer, wenngleich mal mehr, mal weniger ausgeprägt. Bis Mitte der 1970er-Jahre waren Menschen ohne deutschen Pass, die keiner Erwerbstätigkeit nachgingen, rasch von Abschiebung bedroht. Das Wort „Gastarbeit" drückte die Idee aus, dass die Leute einerseits nicht auf Dauer, andererseits als Lohnarbeitende hier zu sein hatten – eben als „Gast", der „arbeitet". Das Recht auf Asyl nach Artikel 16 des Grundgesetzes existierte formal zwar noch relativ unbeschädigt, spielte als Motiv der Einwanderung aber kaum eine Rolle. Als das Asylrecht zwischen dem Anwerbestopp des Jahres 1973 und Anfang der 1990er-Jahre für Einreisende an Bedeutung gewann, verstärkten sich die Angriffe auf die nunmehr verächtlich als „Asylanten" bezeichneten Menschen. Nach der de facto Abschaffung des Grundrechts im Jahre 1993 setzte sich schließlich für fast zwei Jahrzehnte gegenüber Geflüchteten eine Politik der Arbeitsverbote und der Illegalisierung durch. Gleichzeitig kündigte sich durch die Einführung der Arbeitnehmerfreizügigkeit in der EU ein neues Regime an, das eine Renaissance der Verwertungsorientierung beinhaltete, indem es soziale Rechte und Ansprüche unabhängig von Arbeit auch bei EU-Bürgerschaft verwehrte. Oder, mit anderen Worten: EU-Migrant*innen aus osteuropäischen Ländern konnten bis zum Einsetzen der Pandemie relativ ungehindert einreisen, aber häufig zunächst keinerlei Anspruch auf Lohnersatzleistungen durchsetzen, die sie im Zweifel vor den gröbsten Formen der Ausbeutung schützen.[1]

1 Vgl. Bundesagentur für Arbeit 2021c, dort zu SGB II, § 7 sowie den (sich jedoch stetig wandelnden) fachlichen Weisungen. Der zunächst bis zu halbjährige Ausschluss von bei Arbeitssuche sonst gewährten Leistungen der Grundsicherung ist sehr umstritten, da er offensichtlich im Widerspruch zu EU-Rechtsnormen steht.

Der „Sommer der Migration" löste um 2015 in Bezug auf die Art und Weise, wie die europäischen Staaten und die Bundesrepublik Migration zu regieren trachteten, einen Veränderungsschub aus. Zwar wurde in Bezug auf Migration aus Staaten außerhalb der EU bereits seit einigen Jahren mit Aufenthaltsrechten experimentiert, die direkt und unmittelbar an Erwerbsarbeit geknüpft sind. Aber erst mit dem Integrationsgesetz von 2016 wurde diese Verknüpfung verallgemeinert: Während für eine Verstetigung prekärer Aufenthaltsrechte sowie für ein Niederlassungsrecht „eigenständige Versorgung" schon immer ein Muss war, wurde nun zusätzlich ein Bleiberecht bei Ausbildung geschaffen, mit der Option einer Verlängerung bei anschließender Erwerbsarbeit. Die sogenannte Vorrangprüfung, die bis dahin zu einem Ausschluss von Menschen ohne EU-Pass auf den Arbeitsmärkten geführt hatte, wurde vorläufig aufgehoben. Und auch schon während des Asylverfahrens sollten nun „Arbeitsgelegenheiten" geschaffen werden.[2]

Während der Zugang zum Arbeitsmarkt auf dieser Grundlage für einen Teil der Migrant*innen aus Drittstaaten einfacher geworden ist, bedeutet die Verknüpfung von Erwerbstätigkeit und Aufenthalt zugleich, dass humanitäre Ansprüche in der Flüchtlingspolitik in die Defensive geraten sind. Auf unterschiedlichen Wegen setzte sich die Orientierung an der Verwertbarkeit der Arbeitskraft somit sowohl in Bezug auf die Migration von Unionsbürger*innen als auch in Bezug auf die Migration aus Drittstaaten durch.

Allerdings ist die Orientierung auf den ökonomischen Nutzen noch immer nicht die einzige Kraft, die in der Migrationspolitik wirkt. Eher ist sie komplementär zu einer Politik, die die Zurückgewinnung einer 2015 verloren geglaubten Entscheidungsmacht über Grenzöffnungen und -schließungen anstrebt. Tatsächlich ist es aus Sicht der meisten europäischen Regierungen, von Dänemark bis Ungarn, kein Widerspruch, die Schließung der EU-Außengrenzen zu forcieren und zugleich „nützliche Migration" zu postulieren. Auch für den zum Zeitpunkt unserer Studie aktuellen Bundesin-

2 Vgl. u.a. Muy 2020, auch zum Verhältnis zwischen Verwertungslogik und Rassismus. Zur Weiterentwicklung dieses Konglomerats aus diversen Gesetzesregelungen nach 2016 vgl. Deutscher Bundestag 2019a.

nenminister kam es vor allem darauf an, den richtigen Mix aus Ordnungspolitik und Verwertungslogik zu finden. So hat das im August 2019 beschlossene Gesetz unter dem zynischen Motto der „geordneten Rückkehr" das Spektrum der Abschreckung und die Möglichkeiten der Abschiebung deutlich erweitert und für einen Teil der Geflüchteten sogar erneut Arbeitsverbote eingeführt.[3]

Man könnte diese Mixtur als Bleiberecht auf Bewährung bezeichnen. Menschen, die nach Auffassung von Regierung und Behörden keine Chance auf einen dauerhaften Aufenthalt haben, werden entweder ganz von Erwerbstätigkeit ausgeschlossen oder de facto zu Tätigkeiten gezwungen, die das Bleiben nicht gerade attraktiv machen. Für alle Ankommenden schließlich wird Erwerbsarbeit zu einer von mehreren Bewährungsproben, die über die weitere Bleibeperspektive entscheiden. Auch ohne dass man etwas über konkrete Arbeitsbedingungen weiß – es ist eine merkwürdige Vorstellung, diese Orientierung an der Verwertbarkeit von Geflüchteten mit „Offenheit" oder „Toleranz" zu verwechseln, und zwar völlig unabhängig von der noch zu klärenden Frage, ob für *einige* Menschen Erwerbstätigkeit im Niedriglohnsektor eine Verbesserung der Rechtsstellung mit sich führt oder nicht.

Die neuen Mauern in Europa haben nicht allein viele Menschen auf dem Mittelmeer, auf der Balkanroute oder zuletzt an der weißrussisch-polnischen Grenze in Lebensgefahr gebracht. Sie haben auch in der Bundesrepublik dazu beigetragen, dass die Fluchtmigration stark zurückgegangen ist. Nicht zuletzt deshalb ist der Blick auf die zahlenmäßig größere EU-interne Migration von Bedeutung, wenn man nach den Erfahrungen von neu ankommenden Migrantinnen und Migranten mit Erwerbsarbeit fragt. Die Mehrheit der Zuwandernden kam selbst auf dem Höhepunkt des „Sommers der Migration" aus einem osteuropäischen EU-Land. Die größten Zahlen erreichte dabei die Einwanderung aus Rumänien, Polen und Bulgarien. In unserer Forschung haben wir schnell gelernt, dass sowohl EU-Migration als auch Migration

3 Das Gesetz wurde von der Bundesregierung unter dem vielsagenden Motto „Migration ordnen, steuern und begrenzen" verkündet. Vgl. Bundesregierung 2019.

aus Drittstaaten berücksichtigt werden muss, wenn man etwas über die Erneuerung von Arbeitsmigrationsverhältnissen wissen will.

In diesem Buch frage ich, wie die Arbeitsmarktzugänge unterschiedlicher Gruppen von Migrant*innen der ersten Generation sich in betrieblichen Hierarchien spiegeln. Es muss also auch hinter das Werkstor geblickt werden: Untersucht werden konkrete Tätigkeiten, Arbeitsverhältnisse und Arbeitsbedingungen. Der Blick auf Arbeitsprozesse ist wichtig, um zu begreifen, ob und wie die Bewährungsprobe Erwerbsarbeit für neue Migrant*innen im Sinne einer Aneignung und Erweiterung sozialer Rechte funktionieren kann. Dabei geht es nicht alleine um individuelle Handlungsspielräume und biografische Um- und Auswege. Soziale Rechte werden nicht vorrangig individuell erobert, sondern sind Gegenstand informeller wie auch formalisierter kollektiver Ordnungen: Von der Fahrt zur Arbeit über die Frage, wer wann Pause machen kann, bis hin zum (nicht selten großen) Unterschied zwischen dem, was in Bezug auf Entlohnung und Arbeitszeiten in Arbeitsverträgen steht, und dem, was in der Tasche der Arbeitenden ankommt. Und selbst wenn es sich um Betriebe handelt, in denen noch nie Gewerkschafter*innen gesichtet wurden, so sind es doch genau diese Ordnungen, die immer wieder neu definiert werden, nicht zuletzt auf Grundlage „kleiner", seltener auch „großer" Arbeitskämpfe. Dies impliziert schließlich auch Fragen nach der Logik betrieblicher sozialer Konflikte: Wie können Beschäftigte, die mit einer starken strukturellen Abhängigkeit von Lohnarbeit konfrontiert sind und zunächst wenige Erfahrungen mit dem deutschen Rechtssystem haben, ihre eigenen Interessen wahren? Was wird von ihnen selbst als gemeinsames Interesse verstanden? Und welche Formen nimmt kollektives Handeln an – vom „Dienst nach Vorschrift" bis zum offenen Streik?

Arbeitskräfte willkommen!

Im öffentlichen Diskurs dominiert aktuell die Position, dass es gut sei, wenn Migrantinnen und Migranten einer Arbeit nachgingen. Angenommen wird, dass Erwerbsarbeit mehr oder weniger unabhängig von ihrer konkreten Ausprägung zur gesellschaftlichen Teilhabe beträgt. Entsprechend wurde die vor der Pandemie langsam steigende Erwerbsquote von Geflüchteten in der akademischen Debatte wie in Funk und Fernsehen überwiegend als gute Nachricht verbreitet.[4] Das Bild, das so gezeichnet wird, ähnelt insofern freilich dem, was man sieht, wenn man wie wir unbedarft vor dem Amazon-Büro im Luna-Center steht: Ohne Arbeit keine Integration, deshalb blickt man lieber nicht hinter die Fassade. Oder das Problem der Ausbeutung wird verniedlicht, indem in einer Randnotiz bedauernd zum Ausdruck gebracht wird, die Menschen seien „noch" überwiegend in Helferberufen beschäftigt.[5] Dabei lässt das Wörtchen „noch" die Phantasie zu, dass der Tellerwäscher zwar vielleicht nicht unbedingt zum Millionär werde, immerhin aber schon den Einstieg geschafft habe. Jedenfalls ist der Gedanke, dass Erwerbsarbeit unter bestimmten Umständen Ausgrenzung verstärken kann, diesem Bild fremd.

Der blinde Fleck fällt umso mehr auf, als die Ausführung gleicher oder ähnlicher Tätigkeiten in einem auf Migration bezogenen Diskurs als Modus der Integration gefasst wird, während sie in einem arbeitspolitischen Diskurs als Ausbeutung gilt. Dabei wird das Dispositiv der „Ausbeutung" durchaus nicht nur leise und schüchtern vorgetragen: Denken wir nur an die Brandmarkung von Discountern wie Schlecker oder Lidl, die es vor einigen Jahren bis in die 20-Uhr-Nachrichten und den anschließenden „Tatort" geschafft haben. Auch zu Schlachtung, Zerlegung oder Paketpacken ist die erste Assoziation meist nicht die der „guten Arbeit". Dies wurde, wenn es nicht ohnehin deutlich war, in der COVID-19-Pandemie unübersehbar: So haben 2020 und 2021 zahlreiche Masseninfektionen zur Skandalisierung der Arbeitsbedingungen u.a. im Online-Versandhandel und in der Fleischindustrie beigetragen. Gerade vor diesem Hintergrund ist es erstaunlich, dass die

4 Vgl. Brücker et al. 2019, Brenzel et al. 2019. Kritisch hierzu aus unserem Forschungsprojekt Bluhm et al. 2021.

5 Dies wird auch im Zusammenhang mit der Corona-Krise als Problem gesehen, weil die Erwerbslosigkeit unter Geflüchteten aufgrund der Verteilung der Branchen, in denen sie tätig sind, teilweise stark angestiegen ist: Brücker et al. 2020. Zur durch die Krise hervorgerufenen Polarisierung vgl. auch Abschnitt 3.1 in diesem Buch.

Gleichung „Erwerbsarbeit = Teilhabe" oder gar „Arbeit = Teilhabe" selbst diese Krise weitgehend unbeschädigt zu überleben scheint.

Eine Spur, die ich in diesem Buch verfolge, um diesen merkwürdigen Widerspruch zu erklären, ist, dass es sich um eine Art Abspaltung handelt. Auffällig ist nämlich, dass Migrationsverhältnisse in der Debatte über die widrigen Arbeitsbedingungen weder in Bezug auf die Fleischindustrie noch in Bezug auf den Online-Versandhandel systematisch thematisiert wurden und werden. So wurde etwa 2020 öffentlich wie akademisch kaum bezweifelt, dass der damalige Bundesarbeitsminister „Ausbeutung in Schlachtung und Zerlegung" beenden könne, indem er mit der Vergabe von Aufträgen an Subunternehmer einen Teil prekärer Beschäftigung verbiete. Ein wichtiger Schritt, sicherlich, allerdings wird die Ausbeutung kaum nachhaltig beseitigt, ohne etwas an den aufenthalts- und sozialrechtlichen Rahmenbedingungen prekärer Beschäftigung zu ändern. Dieselbe Regierung, die die Werkverträge abschaffte, definierte ja gleichzeitig „sichere Herkunftsstaaten" und damit verbundene extrem kurze und prekäre Aufenthaltstitel. Und schließlich förderte sie weiterhin den Diskurs des angeblichen Leistungsmissbrauchs durch Unionsbürger*innen.[6] Dass es sich hier um verschiedene Abteilungen des Staats handelt – hier das Arbeitsministerium, daneben das Innenministerium, dort das Jobcenter –, macht für diejenigen, die ihre Arbeit um jeden Preis anbieten müssen, bis heute keinen entscheidenden Unterschied.

Alles in allem kommen etwa 95 Prozent der Menschen aus „typischen Fluchtländern" – und zwar relativ unabhängig von Schulabschlüssen und beruflichem Vorwissen – in einigen wenigen Branchen unter, die aufgrund der dort vorherrschenden Ausbeutungsverhältnisse mehr oder weniger verrufen sind: Ernährungswirtschaft, Gebäudereinigung, Gastronomie, sehr häufig in Leiharbeit, ein geringerer Teil auch in kleinen Handwerksbetrieben.[7] Die Tendenz bestätigt sich mit Blick auf den Anteil von Menschen ohne deutschen Pass in einzelnen Branchen – also mit dem Blick über die Gruppe der Geflüchteten hinaus. Hier führt

6 Netzwerk Europa in Bewegung 2021.
7 Vgl. Gürtzgen et al. 2017, S. 3.

nach einem Ranking, das die „Welt" auf Grundlage von Daten der Bundesagentur für Arbeit erstellt hat, die Fleischverarbeitung die Liste an, gefolgt von der eng verwandten „Lebensmittelherstellung", dem „Beton- und Stahlbetonbau", der „Reinigung" sowie der Gastronomie („Köche").[8] Es ist auch dies eine Auflistung von Berufen und Branchen, die überwiegend niedrige Löhne und schlechte Arbeitsbedingungen bieten.

In diesem Buch werden beispielhaft Arbeitsbedingungen im Online-Versandhandel und in der Fleischindustrie untersucht. Schon vor dem Hintergrund des eben zitierten Rankings kann begründet vermutet werden, dass die dort gemachten Erfahrungen für das Ankommen von Migrant*innen in deutschen Betrieben und Unternehmen durchaus typisch sind. Beide Sektoren waren bereits Motiv kritischer journalistischer Reportagen, TV-Features oder Kriminalromane.[9] Es existiert zudem eine breite Forschungsliteratur sowohl zum Online-Versandhandel als auch zur Fleischindustrie in Deutschland und transnational.[10] Erstaunlich ist gleichwohl, dass die Arbeiten, in denen Migrationsverhältnisse systematisch und umfassend als Moment der Hierarchien am Arbeitsplatz gefasst werden, für beide Branchen an einer Hand abzuzählen sind.[11] Wenn man zu einer solchen Analyse kommen will, muss zunächst berücksichtigt werden, dass wir es auf den typischen Arbeitsplät-

8 Eckert 2018.

9 Aus der Menge der Veröffentlichungen seien hier nur der Kriminalroman von Wolfgang Schorlau 2013 oder der Dokumentarfilm von Yulia Lokshina 2020 genannt.

10 S. hierzu in aller Ausführlichkeit den Forschungsüberblick Kapitel 1.

11 Für den Online-Versandhandel s. etwa Bensman und Jaffee 2016. In Deutschland ist das Thema in der Forschungsliteratur weitgehend abwesend. S. neuerdings aber Löw 2021. Skizzen zur Bedeutung der Migrationsverhältnisse in Bezug auf die Fleischindustrie finden sich in deutscher Sprache u.a. bei Grüner 2014, Mense-Petermann 2018, Fiedler und Hielscher 2017, Neef-Methfessel 2021. Zur Fleischindustrie unter dem System der Entsendung s. Wagner 2018, Whittal und Trinczek 2019, Brinkmann und Nachtwey 2014. Freilich wurde in den Projekten, die die Texte zur Fleischindustrie hervorbrachten, die Subjektperspektive von migrantischen Arbeitenden fast durchgehend empirisch kaum berücksichtigt, bemerkenswerte und für die vorliegende Arbeit sehr wichtige Ausnahmen finden sich bei Grüner und Neef-Methfessel.

zen der „ersten Generation“ mit einer sehr hohen Fluktuation zu tun haben. Es stellt sich zudem die Frage, ob und wie sich in jener Neuzusammensetzung von Belegschaften gesellschaftlicher Rassismus spiegelt und reflektiert. Und es ist zu untersuchen, ob und wie dieser Rassismus und geschlechtsspezifische Arbeitsteilungen miteinander verknüpft werden.

Schon der Titel des Buchs – „Grenzen aus Glas“ – legt den Bezug auf das Problem des Rassismus als auch auf das Problem des Sexismus nahe. Zwar ist das Bild von den „gläsernen Grenzen“ durch Aussagen der von uns Befragten inspiriert. Es erinnert freilich zugleich an jene „gläserne Decke“, die die feministische Forschung seit vielen Jahren als Metapher für Geschlechterhierarchien am Arbeitsmarkt und im Arbeitsprozess verwendet.[12] Jene doppelte Grenzziehung findet sich auch in den hier vorgestellten Sektoren. Im Versandhandel – einer früheren Domäne von als „weiblich“ beschriebenen Tätigkeiten – hat sich in der letzten Dekade die Zuschreibung „Männerberuf“ ebenso durchgesetzt wie bereits traditionell in Schlachtung und Zerlegung. Gleichwohl arbeiten in beiden Branchen, überwiegend in bestimmten, abgegrenzten und oft *zusätzlich* abgewerteten Tätigkeitfeldern, auch Frauen. Entsprechend findet sich auch in unserer Interviewsammlung ein Anteil von ca. einem Viertel weiblicher Beschäftigter.

Dass bislang keine auf die Fleischindustrie oder den Online-Versandhandel bezogene umfassende Forschungsarbeit existiert, die diese ineinander verwobenen Hierarchisierungen in den Blick nimmt, hat vielleicht auch damit zu tun, dass die Migrationsforschung eine merkwürdige Schlagseite hat: Die meisten auf Er-

12 Die begriffliche Analogie ist freilich insofern problematisch, als „Decke“ oft auf „Aufstiegsmöglichkeiten“ und „Karrieremöglichkeiten“ bzw. „Führungspositionen“ bezogen wird, etwas, worum es in diesem Text nicht oder jedenfalls nur am Rande geht. Deshalb ist hier von „Grenze“ die Rede. In der kritischen Migrationsforschung wurde bereits in den 2010er-Jahren auf die „komplexe Genealogie“ der Debatten über jene Verschränkung rassistischer und sexistischer Zuschreibungen verwiesen: Mezzadra und Neilson 2013, S. 159–161, skizzieren dabei mehr als nur eine Analogie zur (post-)feministischen Wissenschaft sowie zur Intersektionalitätsdebatte, sondern betonen zunächst und vor allem den Bezug auf den Feminismus als soziale Bewegung, der sich bspw. seit der Hausarbeitsdebatte der 1970er formierte.

werbsarbeit bezogenen Studien beziehen sich wesentlich auf den *Arbeitsmarkt* (so etwa auf Zugänge zu Ausbildung und Erwerbsarbeit[13] oder auf die „Logistik der Vermittlung"). Während diese Untersuchungen durchaus instruktiv in Bezug auf die Segmentierung von Teilhabechancen sind, thematisieren sie doch ausgesprochen selten betriebliche Hierarchien und den Kampf um den Arbeitsalltag, also auch nicht das, was ich mit David Roediger als „Rassifizierung" bezeichnen werde. Spiegelverkehrt isolieren auf den Betrieb bezogene Untersuchungen häufig ihren Gegenstand, wenn sie eine Gleichheit aller Beschäftigten als „Arbeiter*in" als Voraussetzung einer Zersetzung rassistischer Zuschreibungen beschreiben.[14]

Eine alternative Perspektive zu entwickeln, setzt einen Blick auf die Kämpfe der Migration voraus. Auch dies ist in der Corona-Krise sehr deutlich geworden. Der Reform der Beschäftigungsverhältnisse in der Fleischindustrie gingen mitunter sehr massive Proteste von Arbeiter*innen voraus. Viele kritisierten die Ausbeutung in Deutschland angesichts der gesundheitsgefährdenden Verhältnisse bei der Abreise in Rumänien, später in deutschen landwirtschaftlichen Betrieben oder in der Schlacht- und Zerlegekette. Das Jahr 2020 war begleitet von etlichen wilden Streiks. Aber weder die Proteste in Rumänien noch die Streiks hierzulande wurden in der deutschen Öffentlichkeit breit wahrgenommen: In der Reformdebatte wurden die Arbeiter*innen dennoch als „moderne Sklaven" gekennzeichnet, deren Möglichkeiten, sich zu wehren, äußerst begrenzt seien.[15] Schließlich verschwand der ohnehin kaum sichtbare Arbeiter*innen-Aktivismus hinter dem, was der Gesetzgeber selbst seit Mai 2020 als „entschlossenes Handeln" präsentierte. Das Beispiel zeigt einmal mehr, wie migrantische Proteste weiterhin häufig für nicht geschichtsbildend oder irrelevant gehalten werden. In Gesprächen, auch mit engagierten Gewerkschafter*innen, erlebte ich das oft so, als würde ich erzählen, ein UFO gesehen zu haben: „Mag sein, dass du das mit den Arbeitskämpfen wichtig findest, aber ich habe noch keinen gesehen!"

13 S. z.B. Altenried et al. 2017, Maaroufi 2020.

14 Schmidt 2020b.

15 Vgl. ausführlich Kapitel 3 dieses Buchs.

Dabei gibt es seit den 1990ern zahlreiche Veröffentlichungen zur langen Geschichte der „Autonomie der Migration“[16] sowie zu historischen wie aktuellen Arbeitskämpfen – vom Aufstand im „Italienerdorf“ in Wolfsburg (1962) über den Kampf der Pierburg-Frauen (1973) bis hin zum Neupack-Streik (2013).[17] Trotzdem hält sich hartnäckig die Vorstellung, dass Migrant*innen, zumal im Niedriglohnsektor beschäftigte, „sich kaum wehren können“, „keine Ahnung von Gewerkschaften haben“, „nicht wissen, was ihre Rechte sind“. Diese Vorstellungen existieren selbst dort, wo es zu Begegnungen kommt und sich Erkenntnisse aufdrängen. Manchmal ist die aus genannten Zuschreibungen entstehende Kommunikation fast skurril: Im Rahmen unseres Forschungsprojekts gab es eine Situation vor einem Werkstor, in der ein wohlmeinender linker Aktivist versuchte, einem Arbeiter nicht nur zu erklären, welche Rechtsposition Gewerkschaften in Deutschland ganz spezifisch hätten, sondern auch, was Gewerkschaften überhaupt seien. Er wisse, erklärte der Angesprochene kurz, bereits Bescheid, denn „ich bin ja 2011 als Gewerkschafter in Tunis dabei gewesen.“[18]

Auch vor dem Einsetzen der Pandemie haben in der Fleischindustrie wie im Versandhandel vielfältige Aktionen stattgefunden, in denen Beschäftigte Forderungen nach Arbeitserleichterungen oder Lohnverbesserungen formulierten. Das kann kaum überraschen. Seit vielen Jahren wird in der Arbeits- und Migrationsforschung auf den Gegensatz zwischen der öffentlichen Zuschreibung

16 Paradigmatisch s. Bojadžijev und Karakayali 2007.

17 Birke 2007, S. 117–125, Mitglieder des Soli-Kreises Neupack 2014.

18 SOFI_L1_PROT 2, S. 3. Die Transkripte der Interviews finden sich wie alle anderen Materialien aus der empirischen Erhebung (Leitfäden, Beobachtungsprotokolle, Interviewmemos, aber auch Sammlungen zur bestehenden Forschung, zu Medienveröffentlichungen etc.) im elektronischen Archiv des Soziologischen Forschungsinstituts Göttingen. Zur Bedeutung der im Folgenden verwendeten Signaturen s. die Zusammenfassung im Anhang.
Zur Rolle der Gewerkschaften in der tunesischen Revolution s. übrigens u.a. Wandler (2014). Der Befragte, mit dem wir später mehrere weitere Interviews führen konnten, ist stolz darauf, als einer der ersten Menschen in seinem persönlichen Arbeitsumfeld gewerkschaftlich organisiert gewesen zu sein. Das Beispiel mag auch im Allgemeinen dazu beitragen, zweimal nachzudenken, bevor man sich selbst für „organisiert“ hält und andere für „unorganisiert“.

von Wehrlosigkeit und den tatsächlich existierenden vielfältigen Formen von Alltagswiderstand hingewiesen. Umstritten bleiben jedoch Reichweite und Bedeutung kleiner Revolten. Sie erscheinen, könnte man Edward P. Thompson paraphrasierend sagen, in der allgemeinen Öffentlichkeit nur *schubweise*.[19] Insbesondere migrantische Beschäftigte müssen erst wirklich auf den Putz hauen, um ausnahmsweise als eigenständige Akteur*innen wahrgenommen zu werden. Für unsere Analyse heißt das, dass die Kritik segregierter, rassifizierter und vergeschlechtlichter Arbeitsteilung und die Frage nach dem „eigenen Sinn" migrantisch geprägter Arbeitskämpfe systematisch miteinander verbunden werden müssen.[20]

Das Projekt

Forschung wird oft als Leistung Einzelner missverstanden. Solche Forschung gibt es in Wirklichkeit kaum. Der Mythos von der individuellen Leistung ist wohl eher Ausdruck der strikten Hierarchien, die es leider über 50 Jahre nach 1968 an unseren Hochschulen noch immer gibt. In der Realität ist ein Projekt mit mehr als 200 Interviews von im Schnitt etwa anderthalb Stunden Dauer kaum zu bewältigen, wenn sich nicht viele Menschen daran beteiligen und in der Lage sind, sinnvoll zu kooperieren. Das gilt auch für die Grundlagen dessen, was hier von mir ausgewertet und präsentiert wird. Ausgangspunkt ist, wie erwähnt, eine breit angelegte Studie zu Arbeit und Migration, an der neben mir als Projektmitarbeitende Felix Bluhm, Janos Mertin, Thomas Stieber, Sarah Könecke und Nicole Mayer-Ahuja mitgewirkt haben. Bei einigen Interviews und an den Auswertungsdiskussionen waren außerdem Sabrina Apicella, Neva Löw, Mouna Maaroufi, Tobias Neef-Methfessel, Winfried Koung A Sanama, Julia Raaben und Mareike Vette beteiligt. Und schließlich sind im Rahmen des Projekts drei zweisemestrige Lehrforschungsseminare durchgeführt,

19 Edward P. Thompson nannte das „spasmodic view": Thompson 1971, S. 76.

20 Vgl. hierzu bereits die Beiträge von Jost Müller, Manuela Bojadžijev oder Alex Demirovic in Bojadžijev und Demirovic 2002. Siehe hierzu auch Abschnitt 2.1 des vorliegenden Buchs.

ein halbes Dutzend Masterarbeiten geschrieben und zwei Promotionen vorbereitet worden.[21]

Die Studie firmierte zwischen 2017 und 2020 unter dem Titel „Refugees@Work" am Soziologischen Forschungsinstitut Göttingen (SOFI). Die Forschungsgruppe hat Fallstudien in der Krankenpflege, der Gebäudereinigung, der Metall- und Elektroindustrie, bei einem Bremssystemhersteller und in einem Stahlwerk durchgeführt. Ausgangspunkt für alle Fallstudien war die Frage nach der gesellschaftlichen Teilhabe von Geflüchteten, insofern sie durch diverse Formen der Erwerbsarbeit vermittelt erscheint — so entstand auch der Name des Projekts. Neben betriebsförmiger Arbeit im engeren Sinne wurde zudem die Anerkennung oder Aberkennung von Qualifikationen untersucht, außerdem die Bedeutung von Praktika, Einstiegsqualifizierung und Ausbildungsverhältnissen. Die hier vorgestellte Analyse erweitert diese Perspektive um die der EU-Migration. Sie bezieht sich zugleich nur auf einen Ausschnitt des Forschungsprogramms:[22] Im Online-Versandhandel und in der Fleischindustrie wurden etwas mehr als 60 Prozent der Interviews geführt. In Kapitel 2.2 diskutiere ich den Feldzugang, die Befragungssituationen sowie die methodischen Perspektiven im Detail. Hier sei deshalb nur kurz erwähnt, dass wir sowohl Beschäftigte als auch Ex-Beschäftigte, nicht selten ganze Familien, befragt haben. Hinzu kamen leitfadengestützte Gespräche mit Vertreter*innen des Managements und von Arbeitgeberverbänden, aus Jobcentern und Leiharbeitsfirmen sowie mit Betriebsräten, Vertrauensleuten und hauptamtlichen Sekretären der verschiedenen zuständigen Gewerkschaften. Ebenso wichtig waren teilnehmende Beobach-

21 An den Lehrforschungsseminaren am Institut für Soziologie der Universität Göttingen haben als Dozierende neben mir Jürgen Kädtler und zeitweise Thomas Stieber sowie Felix Bluhm mitgewirkt. Im Rahmen der Lehrforschung an der Uni Göttingen haben unter anderem Maria Fiona Fechter (2018) und Janos Mertin (2020) als herausragend prämierte Masterarbeiten zu beruflichen Qualifizierungsmaßnahmen geschrieben. Thomas Stieber arbeitet derzeit im Rahmen unseres Projekts an einer Dissertation, die ihren Schwerpunkt in der Analyse von Arbeitsbedingungen in der Gebäudereinigung und in der Kranken- und Gesundheitspflege haben wird.

22 Siehe hierzu im Detail die Übersicht über die Interviewreihen zur Fleischindustrie und zum Online-Versandhandel in Kapitel 2.2.

tungen bei gewerkschaftlichen Versammlungen und Streiks, in Beratungseinrichtungen und, wo möglich, auch im Rahmen von Betriebsbesichtigungen. Nach dem Ende der Erhebungsphase des SOFI-Projekts und dem Einsetzen der Pandemie habe ich die Interviewreihe fortgeführt und mich u.a. an zahlreichen Treffen von Initiativen und Gewerkschaften beteiligt, in denen angesichts der Masseninfektionen eine sofortige Verbesserung der Arbeitssituation gefordert wurde.

Ein Kriterium für die Auswahl der Branchen und Betriebe war, dass jeweils eine deutliche Mehrheit der dort Arbeitenden keinen deutschen Pass hat und sehr viele der Arbeitenden in den letzten Jahren nach Deutschland gekommen sind – Branchen, die von „neuer Migration" stark geprägt sind. In der Fleischindustrie ist Hintergrund dieser „Migrantisierung" seit Mitte der 2000er-Jahre die Entsendung, also die Beschäftigung ausländischer Arbeitender zu den Arbeits- und Entlohnungsbedingungen ihres Herkunftslands, vermittelt durch einen dort ansässigen Subunternehmer. In dieser Zeit gewannen die deutschen Schlachthöfe und Weiterverarbeitungsbetriebe nicht zuletzt durch ein System der Vergabe an osteuropäische Sub-Unternehmen und die dadurch bedingte Lohndrückerei auf dem Weltmarkt erheblich an Anteilen.[23] Das System der Entsendung wurde im August 2014 nach der Einführung eines verbindlichen Branchen-Mindestlohns von zunächst 7,75 Euro durch Werkverträge nach deutschem Recht ersetzt.[24]

Auch nach dem Verbot der Werkvertragsarbeit zum 1.1.2021 arbeiten in Schlachtung und Zerlegung freilich weiterhin weitaus mehrheitlich Menschen, die Staatsbürger*innen ost- und südosteuropäischer EU-Beitrittsländer der 2000er-Jahre sind. Fluchtmigration und Migration aus Drittstaaten spielen zugleich eine zunehmend wichtige Rolle, zunächst vor allem in Bereichen der Wertschöpfungskette, in denen die Arbeitsbelastung besonders stark

23 Als Standardwerk zur Entsendung in der EU kann Wagner 2018 gelten. Die Fleischindustrie ist dort eines der Fallbeispiele. Für den deutsch-dänischen Vergleich s. Wagner und Refslund 2016. Zum Werkvertragssystem s. auch Weinkopf und Hüttenhoff 2017, Weinkopf 2018.

24 Dabei unterbot dieser Mindestlohn zunächst den zum 1. Januar 2015 eingeführten allgemeinen Mindestlohn. Näheres in Kapitel 2.5.

ist und die Arbeitsbedingungen als besonders schlecht gelten, so in der Ausstallung (dem Verladen der Tiere vom Stall auf den Lastwagen) oder in der nächtlichen Reinigung der Maschinenparks. Perspektivisch könnte auch im Kernbereich von Schlachtung und Zerlegung ein verstärkter Einsatz von Menschen mit Staatsbürgerschaften aus Drittstaaten stattfinden.

Der Fall ist dies bereits in unlängst eröffneten Distributions- und Verteilzentren des Online-Versandhandels. Dort hat das System der Entsendung und der Werkverträge keine Tradition und bis dato kaum eine Bedeutung. So kennt auch der wichtigste der in diesem Projekt analysierten Betriebe dieses Sektors zwar eine informelle, gruppenförmige Anwerbung, aber nicht in Osteuropa, sondern beispielsweise in Unterkünften für Geflüchtete vor Ort. Der Betrieb stellt zugleich alle Beschäftigten direkt an, d.h. es gab dort im Untersuchungszeitraum im Kerngeschäft weder Werkverträge noch Leiharbeit. Arbeitgeber*innen und Arbeitsvermittler*innen traten entsprechend nicht als formal selbstständige Akteur*innen auf, wie es zu diesem Zeitpunkt in der Fleischindustrie üblich war.[25] In den Distributionszentren des Versandhandels sollen vor allem der extrem durchgetaktete Arbeitsprozess sowie die Befristung von Arbeitsverhältnissen die Kontrolle über die Arbeiter*innen gewährleisten.

Schließlich muss ein Unterschied erwähnt werden, der zugleich etwas über die untersuchten Unternehmen wie das gezogene Sample sagt: Während in der Fleischindustrie neben den Riesen wie Tönnies, Danish Crown oder VION eine abnehmende Zahl kleiner und mittlerer Betriebe existiert, handelt es sich bei den untersuchten Distributionszentren des Online-Versandhandels um wenige, relativ große Standorte. Insgesamt haben wir Beschäftigte aus mehr als einem Dutzend Betrieben der Fleischindustrie inter-

25 Allerdings ist in den letzten Jahren in Bezug auf die zuletzt stark wachsende Zahl der Verteilzentren insbesondere von Amazon eine Ausweitung der Leiharbeit zu beobachten, eine Tendenz, die den Druck auf die Arbeiter*innen insbesondere wegen der Kurzfristigkeit der „Einsätze“ vehement erhöhen kann.

viewt, aber nur aus drei Betrieben eines einzigen Unternehmens des Versandhandels.[26]

Was im Folgenden als *Fleischindustrie* bezeichnet wird, sind vor allem Betriebe der Kategorie *Schlachtung*, teilweise auch der *Verarbeitung* von Schweinefleisch und Geflügel. In Bezug auf den Arbeitsprozess werden im Material die fließbandmäßige Tötung, Schlachtung und anschließende Zerlegung von Tieren geschildert, viele Interviewte haben darüber hinaus auch Erfahrungen in der Verpackung und Verarbeitung („Convenience") gemacht. Ein bedeutendes Sample der Untersuchung bezieht sich schließlich auf die Reinigung der Maschinen und Anlagen, die einerseits arbeitsprozesslich notwendig, andererseits von der branchenmäßigen Zuordnung und arbeitsvertraglich eine Tätigkeit im Reinigungsgewerbe ist. Charakteristisch für das Gesamtsample aus der Fleischindustrie ist, dass etliche Befragte *mehrere* Erfahrungen im hier skizzierten Feld gemacht hatten, zum Beispiel in der Ausstallung und in der Verpackung, und in unterschiedlichen Vertragsverhältnissen beschäftigt waren (wie Leiharbeit, Werkvertrag oder Direktanstellung).

Schlachtung und Zerlegung von Tieren ist ein hoch arbeitsteiliger Prozess, bei dem von den Arbeiter*innen einzelne Arbeitsschritte permanent wiederholt werden (wie das Setzen der Elektrozange, der Schnitt zum Entbluten, das Entfernen der Gedärme oder einzelne Schnittfolgen beim Zerlegen usw.). Es sei jedoch schon an dieser Stelle davor gewarnt, grundsätzlich von wenig komplexen Tätigkeiten auszugehen. Die korrekte Verrichtung der Handgriffe erfordert vielmehr in einigen Teilschritten der Kette durchaus viel Geschick und einige Übung, während andere einfach und schnell zu erlernen sind. Das gilt auch für die Reinigung der industriellen Anlagen, ein sensibler Bereich, weil die Branche mit einer permanenten öffentlichen Kritik an den hygienischen Bedingungen konfrontiert ist. Die Maschinen werden meist in der Nacht intensiv mit Chemikalien gereinigt, bei der Tätigkeit werden auch

26 Hinzu kommen einige Interviews aus einem Leiharbeitsunternehmen, das den Online-Versandhandel „beliefert" sowie ein einzelnes Interview aus einem Verteilzentrum.

Fleischreste entfernt. Räumlich bezieht sich die Untersuchung auf den größten Schwerpunkt der Fleischindustrie Deutschlands – die ländlich und kleinstädtisch geprägte Region zwischen Oldenburg im Norden und Osnabrück im Süden.

Die Einordnung des zweiten untersuchten Sektors ist eine Herausforderung. Der *Online-Versandhandel* ist ein „hybrider Ort" zwischen Handel und Logistikwirtschaft. Seine Bedeutung ist in den letzten Jahren enorm gewachsen, nicht erst seit der Pandemie. So ist etwa Amazon mittlerweile eines der größten Unternehmen weltweit.[27] Es hat sich seit den 1990ern von einem Garagenbetrieb in einen transnational agierenden Konzern verwandelt, von einem Online-Buchhandel in einen Einzelhandelsgiganten. Heute vertreibt Amazon Waren aller Art, engagiert sich in einigen Großstädten im Lebensmittelgeschäft, besitzt einen eigenen TV-Streaming-Kanal, ist in der Produktion von elektronischen Geräten sowie im Maschinenbau aktiv. Eine wichtige Einnahmequelle sind zudem digitale Dienstleistungen wie Cloudservices. Im Online-Versandhandel, der Ausgangspunkt der Expansion des Unternehmens war, werden über das Internet vermittelt Beziehungen zwischen Produzent*innen und Kund*innen hergestellt. In der Branche gibt es insgesamt unterschiedliche Formen der Kontrolle der vielfältigen Wege zwischen Produzent*innen, Ware und Kund*innen, ebenso existieren unterschiedliche Arten der Betriebsförmigkeit.[28] Hierzulande betreibt Amazon die Distributionszentren selbst und hat diese nicht, wie etwa Walmart in den USA oder Taobao in China, ausgelagert, was auch für die Beschäftigungsverhältnisse relevant ist.[29]

Was die hier untersuchten Tätigkeiten betrifft, so empfängt das Distributionszentrum auf der Webseite des Unternehmens bestellte Ware („receive"), registriert sie elektronisch, bringt (möglichst we-

27 Der Klassiker zum Bedeutungszuwachs der Logistikwirtschaft ist Bonacich und Wilson 2008, ein auch angesichts der Empirie zu Logistik und Hafenwirtschaft ungemein lesenswertes Buch, das jedoch mitunter hinsichtlich der daraus abgeleiteten Aussagen zum „neuen Kapitalismus" überinterpretiert wurde. Zum Online-Versandhandel in Deutschland s. zuletzt Apicella 2021.

28 Birner 2015, S. 62.

29 Vgl. hierzu Bonacich und Wilson 2008, S. 123–158.

nige) Artikel in einem Lager unter („stow"), holt andere aus dem Lager („pick"), verpackt sie („pack") und liefert sie versandfertig an den LKW („ship"). Dessen Fahrer*in war zum Zeitpunkt unserer Untersuchung bei einem anderen Unternehmen, etwa der DHL oder diversen Speditionen, beschäftigt. Der für unsere Untersuchung wichtigste Betrieb im Online-Versandhandel (im Folgenden als Versand-B bezeichnet) wurde 2017 neu errichtetet. Er zeichnet sich – aus noch zu erläuternden Gründen – im Vergleich zu älteren Distributionszentren durch eine fast ausschließlich migrantische Belegschaft aus. Zudem wurden auch Interviews mit Beschäftigten und Expert*innen aus einem weiteren Zentrum („Versand-A") hinzugezogen, das seit mehr als zwei Jahrzehnten existiert und einen vergleichsweise geringeren, aber angesichts des Arbeitskräftemangels wachsenden Anteil migrantischer Beschäftigter aufweist. Dort wurden auch einige Kolleg*innen und Manager befragt, die von einer Zeitarbeitsfirma eingesetzt wurden.[30]

Vergleichsperspektiven

Insgesamt handelt es sich also um eine Studie, die Interviews und teilnehmende Beobachtung in zwei Branchen mit einer vertieften Untersuchung einzelner Betriebsfälle verbindet. Aber was haben die untersuchten Branchen gemein? Beide haben in den vergangenen zwei Jahrzehnten extrem expandiert. Die Fleischindustrie hat ihre Produktion stark gesteigert und teilweise verbilligt und sich außerdem fast durchgehend zur Export-Weltmeisterin entwickelt. Der unersättliche Bedarf an neuen Arbeitskräften ist eines der Resultate dieser Expansion, während die transnationale Konkurrenz zugleich dazu beiträgt, dass der Druck auf Löhne und

30 Im Rahmen der Lehrforschung wurden auch einige wenige Interviews in einem Zentrum erhoben, das nicht zu Amazon gehört und sich im Unterschied zu dem Branchengiganten dadurch auszeichnet, dass dort durch Tarifverträge regulierte Arbeitsbedingungen vorherrschen. Diese Interviews sind sicher für einen branchenimmanenten Vergleich von tarifierter und nicht-tarifierter Arbeit ein hervorragender Ausgangspunkt. Wir gehen dem hier vor allem aus forschungspragmatischen und auf unsere Ressourcen bezogenen Gründen nicht nach. Vgl. auch die Darstellung der Betriebsfälle in Tabelle 6.

Arbeitsbedingungen erhalten bleibt. Ähnliches gilt für den Online-Versandhandel, der in den 1990er-Jahren entstanden ist und seitdem eine exaltierte Ausdehnung erfahren hat. Dies ist für die hier untersuchten Amazon-Betriebe gleichermaßen gültig, auch wenn sich die Bedingungen in dem eben erst gegründeten Distributionszentrum und den „alten" Werken erheblich unterscheiden.

Bemerkenswert ist ferner, dass alle untersuchten Betriebe mehr oder weniger auf dem neuesten Stand der Technik sind, da sie in ihrer Mehrheit seit den 1990ern oder 2000ern errichtet oder grundlegend erneuert wurden. Einige surfen auf der neuesten Welle der Digitalisierung. Unser wichtigster Untersuchungsbetrieb im Versandhandel hat ein vollautomatisiertes Lager, in dem Roboter die Transporte zu den Pick- und Packstationen vollziehen. In der Fleischindustrie wird mit der Ersetzung von menschlicher Arbeitskraft durch die Automatisierung in Schlachtung und Zerlegung experimentiert, wobei der konkrete Umsetzungsstand recht unterschiedlich ist. Für beide Branchen gilt, dass die neuen und neusten Technologien zu einer permanenten Erhöhung der Produktivität beitragen. Der Mangel an Arbeitskräften verstärkt den Automatisierungsdruck, sei es in der Kommissionierung und Lagerarbeit, sei es in der Entwicklung automatisierter Schlachtprozesse. Der damit verbundene erhöhte Einsatz von fixem Kapital zwingt zugleich insbesondere in der Fleischindustrie kleinere Betriebe und Unternehmen dazu, Marktnischen zu suchen oder den Markt zu verlassen.

Tätigkeiten in der Schlachtung oder Zerlegung, im Pick oder im Pack gelten als körperlich und psychisch belastend und gesundheitsschädlich. Die anfangs geschilderte Situation vor dem Amazon-Anwerbecenter spricht diesbezüglich Bände. Die meisten Beschäftigten, die wir interviewt haben, selbst diejenigen, deren Interview uns vom Management vermittelt wurde, sahen ihre Arbeit als Übergangssituation: „Ich mach' das jetzt, damit ich später was anderes machen kann". Kein Traumjob, sondern etwas, das man tun muss, um „wieder reinzukommen" oder „weiterzukommen". Oder, in einer Variation des bereits zu Beginn des Texts aufgerufenen Bildes: „Kommst du aus dem Knast, gehst du zu Amazon." Dieses Problem hat auch die PR-Abteilung von Amazon verstanden, wo sie sich, wie im Luna-Center, um neue Arbeitskräfte bemüht. Ihre Hauptbotschaft: „Wir geben dir eine Chance“. Doch trotz der Bemühungen um das Image gilt Arbeit am Kotelettband des Zerlegebetriebs oder im Verteilzentrum des Warenhauses öffentlich weiterhin als wenig bis gar nicht attraktiv.

In unserer Studie begegneten uns Menschen, die neu in Deutschland angekommen sind und dringend eine Erwerbsarbeit benötigen, um ihre Aufenthaltserlaubnis sichern zu können. Leute, die Geld benötigen, um die Schwester, den Großvater, einen Freund oder eine Freundin aus einem Krieg nach Deutschland holen zu können. Oder Menschen, die vor Armut und Korruption aus einem der seit 2004 beigetretenen neuen EU-Staaten fliehen, um sich woanders ein neues Leben aufzubauen. Viel ist passiert, bevor man an der Schlachtkette oder im Pick anfängt. Die Vorgeschichten und Lebenswege der von uns Befragten sind aber nicht nur wichtig, um zu erklären, warum man sich auf wenig attraktive Tätigkeiten einlässt. Die Biografien der Befragten haben zudem ihre eigene Logik und enthalten Erzählungen über schwerste Belastungen, aber auch über persönliche Erfolge und die Erfahrung individueller Autonomie und Freiheit. Für den Umgang mit oft sehr belastenden Arbeitsbedingungen ist die Reflektion all dieser Momente potentiell wichtig, einschließlich der Bezugnahme auf erlebtes solidarisches Handeln, das eine der Voraussetzungen für das Überleben in einem Umfeld ist, in dem Gewerkschaften und Mitbestimmung meist (noch) keine Hilfe sind. Deshalb stehen biografische Erfahrungen in diesem Buch am Anfang der empirischen Auswertung in Kapitel 2.

Zum Aufbau der Studie

Bevor wir dazu kommen, wenden wir uns jedoch zunächst in Kapitel 1 den begrifflich-theoretischen Voraussetzungen zu, die für eine Analyse des Zusammenhangs von Migration und Arbeit wichtig sind. Ich gehe dabei davon aus, dass es zur Untersuchung eines seit einigen Jahren stärker an der Verwertbarkeit von Migrant*innen orientierten Regelungskontextes notwendig ist, den Begriff „Verwertung“ genauer unter die Lupe zu nehmen. Also diskutiere ich in *Abschnitt 1.1*, welche Bedeutung migrantische Arbeit für Kapitalakkumulation hat. Ich zeige, dass man von dort schnell zu der Frage kommt, wie sich Inwertsetzung einerseits sowie Segmentierung von Arbeitsmärkten und Rassifizierung betrieblicher Hierarchien andererseits miteinander verbinden.

Um jene Hierarchien zu verstehen, müssen sodann *Arbeitsprozesse* genauer verstanden werden. Denn die Analyse von Arbeitsmärkten und Zugängen zu Erwerbsarbeit reicht nicht aus, um jene Dynamiken zu bestimmen, die eine Übersetzung gesellschaftlicher Arbeitsteilung in konkrete Arbeitsverhältnisse gewährleisten. Deshalb wird in *Abschnitt 1.2* der Kompass vorgestellt, den ich für die Untersuchung von Arbeitsprozessen nutze: eine kritische Würdigung von Konzepten aus der soziologischen Gegenwartsanalyse wie „Einfacharbeit“ oder „digitaler Taylorismus“. Diese Konzepte beschreiben Momente betrieblicher Herrschaft, die für die hier untersuchten Arbeitsverhältnisse von größter Bedeutung sind, während sie gleichwohl in der großen Mehrzahl empirischer Studien der Arbeitsforschung nicht mit einer systematischen Einsicht in Migrationsverhältnisse verknüpft werden.

Abschnitt 1.2 endet mit einem Ausblick auf den Fluchtpunkt meiner Untersuchung: die Bedeutung von Arbeitskämpfen, wobei zugleich die Frage aufgeworfen wird, ob und in welchem Sinne diese als spezifisch „migrantisch“ gelten können. Im Verlauf der Auswertung der SOFI-Studie wird dieser Punkt, der insbesondere in der Pandemie eine exponierte Rolle gespielt hat, immer wieder aufgenommen. Vereinfacht könnte man die Aufteilung von Abschnitt 1.1 und Abschnitt 1.2 so zusammenfassen, dass zuerst Forschungen zu Migration im Mittelpunkt stehen und dann verschiedene Aspekte der Arbeitsforschung. Dieser Aufteilung folgt dann auch die innere Logik von *Abschnitt 1.3*. Dort werden die untersuchten Fälle detaillierter vorgestellt: Wie haben sich Kontexte der Migration in der EU und in Deutschland sowie der Arbeitsverhältnisse in den beiden Untersuchungsbranchen in den letzten Jahren entwickelt?

In Kapitel 2 komme ich zur Vorstellung der Resultate unserer Untersuchung in der Fleischindustrie und im Online-Versandhandel. Die einzelnen Abschnitte des Kapitels fokussieren in einer an eine fiktive Chronologie angelehnten Ordnung auf Schritte, die jeweils für den Migrations- und Arbeitsprozess wichtig sind. In *Abschnitt 2.1* werden wie erwähnt zuerst Biografien von Interviewten vorgestellt, hier zugespitzt auf die Diskussion darüber, welche *Formen der Migration* sich in unserer Untersuchung finden, und wie sich diese wandeln. Ein für Leser*innen wissenschaftlicher Texte vielleicht etwas ungewöhnliches Vorgehen ist, dass erst *danach*, nämlich in *Abschnitt 2.2*, unsere Perspektiven als Forschende vorgestellt werden. Ich habe mich für diese Reihenfolge entschieden, weil ich die Frage nach Nähe und Distanz zwischen Forschenden und Beforschten sowie Fragenden und Befragten für sehr wichtig halte. Diese Nähe-Distanz-Frage wird in jenem Abschnitt an den Biografien der Beforschten gemessen – und nicht einfach als stabiles, nicht zu hinterfragendes Moment der empirischen Auswertung vorausgesetzt. Erst auf dieser Grundlage werden dann in aller Kürze die methodischen Aspekte der Untersuchung verhandelt, namentlich Interview- und andere Erhebungsformen, während am Ende des Abschnitts das Untersuchungssample im Detail vorgestellt wird.

Danach kehren wir wieder zur „Chronologie" zurück: *Abschnitt 2.3* behandelt Anwerbung und den „Weg zur Arbeit" (Arbeitsmarktverhältnisse und Arbeitsmarktzugänge, aber auch konkret den Arbeitsweg im unmittelbaren Sinne und schließlich die Bedeutung von Alternativen zur Arbeit im Niedriglohnsektor). *Abschnitt 2.4* schildert in allen notwendigen Details den Arbeitsprozess, und damit auch die Frage nach der Bedeutung gesellschaftlicher Arbeitsteilung, Segmentierung und Rassifizierung im Rahmen der Transformation der Ware Arbeitskraft in ihre konkrete Verausgabung. In *Abschnitt 2.5* schließlich gehen die Leute dann an den Schalter, um sich Löhne und Gehälter auszahlen zu lassen. Es wird sich dort zeigen, dass eine Diskussion darüber, was am Ende des Monats in der Lohntüte landet, kaum zu führen ist, ohne das Verhältnis von Entgelt und verbrauchter Arbeits- und Lebenszeit sowie die an herrschende Geschlechterverhältnisse gebundene soziale Reproduktion zu diskutieren.

Der letzte Abschnitt von Kapitel 2 formuliert den Übergang zum Pandemie-Kapitel. Im Mittelpunkt steht dort ein Krisenbegriff, den die von uns Befragten fast durchgehend verwenden –

eine latente, dauerhafte „Krise vor der Krise". Daran anschließend spitzt sich im dritten Kapitel des Texts die Erzählung auf die Frage der Veränderungen von Arbeits- und Migrationsverhältnissen in der Corona-Zeit zu. Dabei werden die spektakulären Ereignisse dieser zum Publikationszeitpunkt des Buchs noch immer unabgeschlossenen Phase zuerst für die Fleischindustrie und dann für den Online-Versandhandel geschildert. Es ist dies ein Vorgehen, für das ich mich angesichts der Verdichtung spezifischer Branchensituationen in der Pandemie entschieden habe, im Gegensatz zu den in die einzelnen Abschnitte eingeflochtenen Branchenvergleichen in Kapitel 2. Am Ende des Texts folgen, wie es sich gehört, eine Gesamtbewertung, ein Ausblick und eine Aufzählung der vielen offenen Fragen. Die empirischen Teile der Studie wurden im Sommer 2021 abgeschlossen, der Text selbst ging am 15. Oktober desselben Jahres in das Lektorat und wurde im Dezember 2021 an der Universität Göttingen als Habilitationsschrift eingereicht.

1. Arbeit und Migration. Theorien und Kontexte

Kapital, sagt der Quarterly Reviewer, flieht Tumult und Streit und ist ängstlicher Natur. Das ist sehr wahr, aber doch nicht die ganze Wahrheit. Das Kapital hat einen horror vor Abwesenheit von Profit oder sehr kleinem Profit, wie die Natur vor der Leere. Mit entsprechendem Profit wird Kapital kühn. Zehn Procent sicher, und man kann es überall anwenden; 20 Procent, es wird lebhaft; 50 Procent, positiv waghalsig; für 100 Procent stampft es alle menschlichen Gesetze unter seinen Fuß; 300 Procent, und es existiert kein Verbrechen, das es nicht riskiert (…). Marx 1982 (1867), S. 788.

Die Grillen, wer hört sie denn noch, und die Frösche, die an den Sommerabenden leise in den Sümpfen quakten, und wer erinnert sich noch an den Glühwein, aus dem man mit Hilfe des ersten und einzigen Schnees, der vom frostigen Murgiagebirge kam, Speiseeis machte. Man nahm dazu den saubersten Neuschnee, der weich und flockig auf den Balkongeländern lag. Wie kann man diese kleinen Dinge vergessen, die überhaupt nichts kosteten, die uns aber zusammenhielten und fröhlich stimmten. Di Ciaula 1979, S. 73.

1.1. Migrationsverhältnisse: Zwischen Verwertung und Rassismus

Im Jahre 2015, im Sommer der Migration, forderte man in Deutschland vielfach eine „Willkommenskultur“.[31] Das Schlagwort blieb anfangs ziemlich unbestimmt und ließ unterschiedliche Konnotationen zu. Nach und nach wurden jedoch gesellschaftli-

31 Zur längeren Geschichte des Begriffs s. das Stichwort „Willkommenskultur“ im Dossier Migration der Bundeszentrale für politische Bildung o. J.

che „Offenheit“ und „Arbeitsmarktzugang“ in politischen Debatten wie selbstverständlich gleichgesetzt. Die Diskursverschiebung manifestierte sich etwa in Äußerungen wie jener des damaligen Daimler-Chefs Zetsche, der Geflüchtete sehr früh als Träger*innen eines „zweiten Wirtschaftswunders“ imaginierte.[32] Es folgten Appelle der Unternehmerverbände an die staatliche Politik: Man möge Beschäftigung von Geflüchteten in Leiharbeit erlauben, Aufenthaltsrechte und Erwerbstätigkeit stärker verknüpfen, aber auch für sprachliche und berufliche Qualifizierung sorgen. Wie bereits erwähnt, kam die Bundesregierung einem guten Teil dieser Forderungen entgegen, namentlich vermittels eines Gesetzespakets, das 2016 unter dem Titel „Integrationsgesetz“ erlassen wurde. Aktivist*innen aus der antirassistischen Bewegung kritisierten, dass die Orientierung der neuen Gesetze auf Verwertbarkeit humanitäre Aufenthaltsgründe – seit der de-facto Abschaffung des Grundrechts auf Asyl 1993 ohnehin bereits marginalisiert – vollends in den Hintergrund dränge. In der Migrationsforschung revitalisierte diese Beobachtung zugleich eine Debatte aus den 1970ern, die den Zusammenhang von Kapitalverwertung und Migration systematisch zu begreifen versucht hatte.[33]

Der Rückgriff auf die 1970er illustriert, dass das Thema im deutschsprachigen Wissenschaftsraum viele Jahre randständig war. Warum sollte man sich auch um das Thema Arbeit und Migration kümmern, wenn die neu Ankommenden sowieso keine Arbeitserlaubnis erhielten? Insbesondere zwischen Anfang der 1980er- und Anfang der 2000er-Jahre dominierte das Thema „Gastarbeit“ die historische Forschung,[34] während gegenwartsorientierte Studien sich vor allem mit neuen Formen der undokumentierten, illegali-

32 „Im besten Fall (können die Geflüchteten) eine Grundlage für das nächste deutsche Wirtschaftswunder werden. Natürlich ist nicht jeder Flüchtling ein brillanter Ingenieur, Mechaniker oder Unternehmer. Aber wer sein komplettes Leben zurücklässt, ist hoch motiviert“ (Frankfurter Allgemeine Zeitung 2015).

33 Einführend hierzu: Neuhauser 2019b. Zur migrationspolitischen Debatte von 2015ff. Scherschel 2016.

34 In diese Zeit, durchaus inspiriert von einer transnationalen Rezeption, fiel auch die „Entdeckung“ der wilden, von Migrant*innen geprägten Streiks um 1970: Bojadžijev 2002.

sierten Beschäftigung befassten.[35] Erst mit der selektiven Öffnung der Arbeitsmärkte für gesuchte Fachkräfte („Green Card", Debatte um das Einwanderungsgesetz) näherte sich die Forschung bis etwa 2005 wieder stärker dem in diesem Buch verhandelten Gegenstand an.[36] Der Sommer der Migration trug dann schließlich dazu bei, dass Arbeit und Migration in sozialwissenschaftlicher Forschung erneut Themen wurden, wenngleich, wie bereits erwähnt, zunächst vor allem mit einem Schwerpunkt auf die Arbeitsmarktintegration von Geflüchteten. Im Folgenden gehe ich zunächst den theoretischen Rahmungen dieses Revivals nach. Der erste Schritt ist die Frage nach dem Zusammenhang von Kapitalakkumulation, Landnahme und Migration.

Gesichter der Lohnarbeit

Lohnarbeit hat zwei Gesichter. Je nachdem, in welches dieser beiden man blickt, scheint sie den Weg zum Hort der Freiheit oder zum Abgrund der Unfreiheit zu weisen. Ihr insofern rätselhaftes Wesen hat sich auch im Rahmen unserer Forschungen gezeigt. Ich möchte das hier zunächst anhand von Erfahrungen illustrieren, die wir vor einigen Jahren bei der Vorstellung erster Ergebnisse unseres SOFI-Projekts in Göttingen gemacht haben, um mich im Anschluss dem Problem dieser Doppelgesichtigkeit systematisch-begrifflich zu nähern.

An einem kalten Novemberabend im Jahre 2018 sind meine Kollegen Thomas Stieber, Janos Mertin und ich im Göttinger ver.di-Haus zu Gast. Wir erläutern auf Einladung des Bildungswerks der Dienstleistungsgewerkschaft erste Ergebnisse unseres Forschungsprojekts.[37] Die etwa 50 Besucher*innen sind zum größeren Teil Mitarbeiter*innen des Jobcenters sowie Sozialarbeiter*innen oder Berater*innen bei freien Trägern, die sich mit Arbeitsmarktintegration von Geflüchteten befassen. Als unser Bericht zu den problematischen Arbeitsbedingungen kommt, ernten wir wenig

35 Vgl. u.a. Cyrus 1999, Jordan und Düvell 2003.
36 Vgl. Karakayali und Tsianos 2005.
37 Vgl. Kirchhoff 2018.

Zustimmung und viel Kritik. Es sei doch besser, wenn „die Leute in Arbeit kommen". Sie „sollen doch nicht nur faul rumsitzen". Wir werden zwar als Expert*innen vorgestellt, aber nicht wirklich anerkannt: „Erstmal Arbeit" sei das Motto, und wenn wir dieses nicht teilten, dann sei das – eine Anmerkung, die man in Göttingen eher selten hört – „abstrakt-wissenschaftlich, im ganz schlechten Sinne".[38]

Das Erlebnis illustriert, dass die eben zitierte Position von Daimler-Zetsche ebenso wie die Diskurs-Verschiebung in Richtung „verwertete Migration" auch jenseits des Spitzenmanagements von transnationalen Unternehmen geteilt wurde. Zudem wurde die Abschaffung der Arbeitsverbote mitunter auch aus durchaus nachvollziehbaren und guten Gründen als Fortschritt wahrgenommen. Die stärker institutionalisierten Teile der antirassistischen Bewegung etwa kritisierten nicht die „Ausbildungsduldung" oder ab Anfang 2020 die „Beschäftigungsduldung" als solche, sondern vielmehr ihre mangelhafte Umsetzung. Hauptforderungen waren eine „effektivere Arbeitsmarktintegration" mit einer langfristigen Bleibeperspektive.[39] Punktuell wurden nicht nur mit Gewerkschaften, sondern auch mit einzelnen einstellungswilligen Unternehmen Bündnisse gesucht. Wenn man demgegenüber auf problematische Arbeitsbedingungen im Niedriglohnsektor hinwies, dann musste man sich nicht nur im November warm anziehen.

Szenenwechsel. Mitte 2019 nehme ich an einer Podiumsdiskussion teil, die im Rahmen des von Sabine Hess, Jelka Günther, Anja Johannsen und anderen organisierten „Stadtlabors" zu Migration in Göttingen stattfindet.[40] Es ist ein schöner Sommertag, vor dem Hauptgebäude der Universität am Wilhelmsplatz ist eine Bühne aufgebaut, es gibt Infostände, Musik, eine Lesung usw. Auf dem abschließenden Podium wird einmal mehr das Thema Arbeitsmarktintegration diskutiert. Ich erzähle mehr oder weniger dasselbe wie im November 2018 bei ver.di – Teilhabe ja, aber nicht vermittels

38 Notiz zur Veranstaltung beim ver.di-Bildungswerk, 13.11.2018: SOFI_EMS_Prot_02, S. 2.

39 S. die Erklärung von 14 Landesflüchtlingsräten und anderer Verbände aus dem Jahre 2019: Sächsischer Flüchtlingsrat u.a. 2019.

40 S. hierzu übrigens auch die Texte in Stadtlabor Göttingen 2019.

Ausbeutung –, aber diesmal gibt es nur Zustimmung, seitens der anwesenden Vertreter*innen von Jobcentern und Sozialarbeit und sogar seitens des damaligen Oberbürgermeisters und des heutigen Landrats.[41] Ich weiß, ehrlich gesagt, nicht, was zwischen Winter 2018 und Sommer 2019 Umwälzendes passiert ist und den Kontrast erklären kann. Hatten Erfahrungen mit Ausbeutung in Leiharbeit, Werkvertragsarbeit auf Baustellen, in der 24-Stunden-Pflege oder in Friseursalons die Professionals und Politiker*innen sensibilisiert?[42]

Ist Erwerbsarbeit ein Ausgangspunkt von Emanzipation, Autonomie und Freiheit? Oder ein Ausdruck von Unfreiheit und Knechtschaft? Und was ist die spezifische Position migrantischer Arbeit zwischen diesen beiden Polen? Klar ist zunächst: Um den Zusammenhang zwischen Migration, gesellschaftlicher Teilhabe und Lohnarbeit in den Blick zu nehmen, reicht es nicht, mal in das eine, mal in das andere Gesicht des Januskopfs zu blicken und, je nachdem, zu jubeln (wie im November) oder zu erschaudern (wie ein halbes Jahr später). Vielmehr stellt sich die Frage, wie man die Verbindung zwischen Freiheit und Unfreiheit in der Lohnarbeit theoretisch-begrifflich fassen kann. Ein Ausgangspunkt könnte die Marxsche Ironie sein, der „Lohnarbeit" als „doppelt frei" bezeichnet hat:

> „Zur Verwandlung von Geld in Kapital muss der Geldbesitzer also den freien Arbeiter auf dem Warenmarkt vorfinden, frei in dem Doppelsinn, dass er als freie Person über seine Arbeitskraft als seine Ware verfügt, dass er andrerseits andre Waren nicht zu verkaufen

41 Ein Bericht mit einem hübschen Bild findet sich hier: Hessische/Niedersächsische Allgemeine 2019.

42 Das Dilemma besteht darin, dass es in unserer Gesellschaft unmöglich ist, ohne das Recht auf Arbeit gesellschaftliche Teilhabe zu erlangen, während umgekehrt fehlende soziale Rechte und Ansprüche immer wieder die mögliche Verbesserung von Arbeitsbedingungen blockieren. Wäre es vielleicht ein Kompromiss, *beides* zu fordern? Den Zugang zu legaler Erwerbsarbeit ohne Diskriminierung *und* die Verbesserung von Arbeitsbedingungen und Entlohnung. Zumindest liegt das meines Erachtens in der Logik der Forderung, staatsbürgerliche Rechte („citizenship") und die Aufnahme von Arbeit *nicht* untrennbar zu verbinden, wie es das Aktivierungsparadigma ansonsten nahelegt: Scherschel 2016.

hat, los und ledig, frei ist von allen zur Verwirklichung seiner Arbeitskraft nötigen Sachen."[43]

Der Verkauf der Arbeitskraft als Ware setzt mit anderen Worten voraus, dass der Verkäufer oder die Verkäuferin eine „freie Person" ist. Das ist die erste Bedeutung von Freiheit: eine Person, die Verträge abschließen kann, die Freiheit, Vertragspartner*in zu sein im Sinne des bürgerlichen Rechts. Nun liegt es aber auf der Hand, dass diese Freiheit für viele Arbeiter*innen nicht in ihrer abstrakten Reinform existiert. Auf dem „Warenmarkt" für Arbeitskräfte gibt es diverse Trennungen: die Regulierung des Zugangs zu bestimmten Berufen, aus der alten Handwerksordnung übernommen; die Anerkennung bestimmter und Aberkennung anderer Fertigkeiten und Kenntnisse; die Erteilung oder Verweigerung einer Arbeitserlaubnis; das Verbot bestimmter Arbeitsformen für Frauen. Niemals waren vor dem Gesetz alle Arbeiter*innen einfach „gleich". Einige waren immer „gleicher", und das bürgerliche Recht hatte stets die Tücke, dass es für manche manchmal galt, für andere oft nicht.[44] Sinnvoller sei es, so betonten die Autoren der bereits zitierten Debatte um Verwertung und Migration Ende der 1970er-Jahre, von „mehreren Arbeitsmärkten" zu sprechen.[45]

Der zweite Aspekt der „doppelt freien" Lohnarbeit ist die Tatsache, dass der/die Verkäufer*in seiner/ihrer Arbeitskraft „frei ist von allen zur Verwirklichung seiner Arbeitskraft nötigen Sachen".

43 Marx 1982, S. 183.

44 Vgl. Piore 1979, Neuhauser 2019b. Nicht überall bei Marx, aber in der Teleologie der Arbeiter*innenbewegung wird dieses Problem *immer* als in Auflösung befindlich begriffen: Die Akkumulation des Kapitals auf stets größerem, alle Grenzen beseitigendem Niveau würde, sagte und sagt man, erst sozial, dann unvermeidlich aber auch politisch, *eine* Arbeiter*innenklasse hervorbringen. In der traditionellen Historiografie zur Arbeiter*innenbewegung sah man die fortwährende „Spaltung" derselben insofern vor allem als organisationspolitischen „Fehler" (im Rahmen einer nach und nach fetischisierten Arbeitsteilung zwischen Partei und Gewerkschaft oder angesichts der Spaltung zwischen Kadern der kommunistischen oder sozialdemokratischen Partei). Eine lesenswerte Kritik dieser organisationsgeschichtlichen Tradition findet sich schon bei Deppe 1981, S. 11–17.

45 Zur Debatte um die „dualen" Arbeitsmärkte s. im Detail den nächsten Abschnitt.

Hinter der ironischen Formulierung versteckt sich die Kritik an der Freiheit, sich verwerten zu lassen: Die angewandte Arbeitskraft wird zu Markte getragen, weil ihre Träger*innen „los und ledig" vom Eigentum an Produktionsmitteln sind, ihre Arbeitskraft also nicht „selbst verwirklichen" können. Und dies gilt, so Marx, auch dann, wenn auf dem Arbeitsmarkt die Freiheit des Vertrags sowie die damit verbundene formale Gleichheit der Vertragspartner*innen existiert. Sie verdeckt lediglich jene fundamentale Ungleichheit in der Sphäre der Produktion. Beide Momente der „Freiheit" sind insofern nicht einfach vereinbar, sondern zugleich Ausdruck und Formbestimmung sozialer Konflikte. Anders gesagt: Freiheit, die potenziell existiert (z.B. als bürgerliches Recht), aber nicht eingelöst wird – das ist einer jener „prozessierenden Widersprüche", die nach Marxschem Verständnis zentrale Voraussetzung historischer Veränderung sind. Und zwar gerade, wenn auf Dauer die „Befreiung der Arbeit" nicht auf die Freiheit bezogen bleiben soll, sich arbeitssuchend zu melden.

Natürlich handelt es sich beim Begriff der „freien Lohnarbeit" um eine Abstraktion. Marx deduziert diesen Begriff letztlich aus der Analyse der Warenform. Das ist der erste Satz des „Kapital" – in dem der Reichtum der Gesellschaft als „ungeheure Warensammlung" erscheint und die „einzelne Ware als ihre Elementarform".[46] Arbeitskraft *erscheint* ebenfalls als jene „Elementarform", als Ware, die frei getauscht werden kann. Im ersten Teil des Marxschen Hauptwerks geht es diesbezüglich darum, Erscheinung und Wesen zu unterscheiden. Darum, zu verstehen, wie Herrschaft und Kontrolle gerade durch diese doppelte Freiheit organisiert werden. Allerdings wird an dieser Stelle das Geworden-Sein jener doppelten Freiheit nicht zum Thema. Aus der Perspektive des Einzelkapitals ist es vielmehr etwas „Vorgefundenes".[47] Die Perspektive, dass Lohnarbeit quasi als natürliche Form der Arbeit vorkommt

46 Für Marxolog*innen: Holloway o. J.

47 „Die Frage, warum dieser freie Arbeiter ihm in der Zirkulationssphäre gegenübertritt, interessiert den Geldbesitzer nicht, der den Arbeitsmarkt als eine besondre Abteilung des Warenmarkts vorfindet. Und einstweilen interessiert sie uns ebensowenig. Wir halten theoretisch an der Tatsache fest, wie der Geldbesitzer praktisch." Marx 1982, S. 183.

wie der Sauerstoff in der Luft, kontrastiert freilich deutlich mit den historischen Passagen in Marxens Text.

Dort zeigt er, wie Gewalt die Lohnarbeit im entstehenden Kapitalismus erst hervorgebracht hat. Als Beispiel nimmt er die private Aneignung landwirtschaftlicher Nutzflächen im England des 17. und 18. Jahrhunderts und die damit verbundene Vertreibung der Kleinbauern. Marx betont, dass es bei den „Enclosures" keinesfalls ungesetzlich zuging. Vielmehr waren staatliche Politik und ihre Exekution *Voraussetzung* für polizeiliche Maßnahmen bei der „Verwandlung (der ‚Volksmasse') in Mietlinge und ihrer Arbeitsmittel in Kapital".[48] Marx kritisiert folgerichtig, dass die „sanfte politische Ökonomie", die „Recht und Arbeit (…) von jeher (als) die einzigen Bereicherungsmittel" sieht,[49] den realen Prozess der Kapitalakkumulation nicht treffend charakterisiere. Dass „berittene Gendarmen auf elende Landarbeiter einprügeln, die im preußischen Wald nach Brennholz suchen", wie ein Soziologe die erste Szene in Raoul Pecks großartigem Film über den jungen Marx zusammenfasst, gehört nach dieser Interpretation zur „ursprünglichen Akkumulation".[50] Jene Gewalt, die am Anfang stand, wird demnach später sublimiert und internalisiert. Diese Internalisierung kann wie eine Art Trauma gefasst werden, das den Sozialbeziehungen im Kapitalismus zugrunde liegt.[51]

48 Marx 1982, S. 748.

49 Ibid.

50 Greffrath 2018. Das Marxsche Werk ist außerordentlich vielfältig, aber auch fragmentiert. Man muss sich vergegenwärtigen, dass seine Befassung mit Kapitalismus, wenn man so will, eben genau in diesem Wald begann, ein Umstand, den Pecks Film einfängt. Siehe Marxens Einlassungen zur Debatte über das Holzdiebstahlgesetz, auf dessen Grundlage in den 1840er-Jahren von preußischen Gerichten verhandelt wurde, wie die Entnahme von Brennholz aus den in Privateigentum verwandelten Wäldern sanktioniert werden müsse: Marx und Engels 1976, S. 109–147.

51 Es wird in den Marxschen Texten selbst sublimiert, indem es als einer „untergegangenen Epoche" angehörig verstanden wird, wie Marx hier explizit ausführt: „Eins jedoch ist klar. Die Natur produziert nicht auf der einen Seite Geld- oder Warenbesitzer und auf der andren bloße Besitzer der eignen Arbeitskräfte. Dies Verhältnis ist kein naturgeschichtliches und ebensowenig ein gesellschaftliches, das allen Geschichtsperioden gemein wäre. Es ist offenbar selbst das *Resultat* einer vorhergegangenen historischen Ent-

Die zeitliche Stufenfolge, die damit implizit angenommen wird, wurde später hinterfragt, so etwa von Rosa Luxemburg in ihren Arbeiten über den Imperialismus. Für Luxemburg handelte es sich bei der „ursprünglichen" Akkumulation nicht um den nach und nach verlassenen „unzivilisierten" Ausgangspunkt bei der Etablierung von Verwertungsprozessen, sondern vielmehr um einen permanent zu erneuernden Prozess, der „zwischen der kapitalistischen Produktion und der sie umgebenden nichtkapitalistischen Welt" vor sich gehe.[52] Diese Beobachtung bezieht sie später insbesondere auf die Gewinnung/Anwerbung/Aushebung genügender und geeigneter Arbeitskräfte: So könne „die (erforderlichen) Arbeitskräfte (…) die kapitalistische Produktion nur aus den nichtkapitalistischen Schichten und Ländern ständig beziehen. (…) Hierher gehört aber nicht bloß die Zersetzung der europäischen Bauernwirtschaft und des Handwerks, sondern auch die Zersetzung der verschiedensten primitiven Produktions- und Gesellschaftsformen in außereuropäischen Ländern."[53] Auch wenn die Bezeichnung kolonialisierter Subjekte als „primitiv" pejorativ ist: Es bleibt festzuhalten, dass uns die Definition von Landnahme als permanenter Prozess systematisch nicht nur zum historischen Punkt des Vorkriegs-Imperialismus und Kolonialismus führt, sondern auch mitten in die in dieser Studie interessierende Frage nach dem Zusammenhang von Arbeit und Migration.[54]

Hierzu muss man Luxemburgs Gedanken jedoch weiterführen und auf jene von Marx entdeckte „doppelt freie Lohnarbeit" beziehen. Denn wenn die Aneignung vormals nicht in Wert gesetzten Arbeitsvermögens ein bis heute andauernder Prozess ist, dann kann „freie" Lohnarbeit keineswegs der historische Nor-

wicklung, das Produkt vieler ökonomischen Umwälzungen, des Untergangs einer ganzen Reihe älterer Formationen der gesellschaftlichen Produktion." Marx 1982, S. 183, meine Hervorhebung.

52 Luxemburg 1990, S. 308.

53 Ibid., S. 310.

54 In den 2000er Jahren wurde dieser Umstand kurzzeitig in Teilen der Arbeitssoziologie mit dem Begriff der „neuen Landnahme" besetzt, allerdings ohne Migrationsverhältnisse systematisch in solche Überlegungen einzubinden: Dörre 2009.

malfall von Arbeit sein. Sie ist vielmehr immer im Verhältnis zu unbezahlter, abgewerteter und nicht in Wert gesetzter Arbeit zu verstehen. Diese Einsicht führt zu einem der wichtigsten Elemente der feministischen Kritik an der Marxschen Theorie, und sie ist in den vergangenen Jahren von Autor*innen der „Global Labor History" vertreten worden.[55] Aus beiden Richtungen wurde die *Stabilität* und *Dauerhaftigkeit* von Arbeitsformen festgestellt, die man nicht als Lohnarbeit identifizieren kann. Dabei ist die Verwandlung von auf dem Arbeitsmarkt neu angebotener Arbeitskraft in Lohnarbeit nur dann möglich, wenn diese, wie Luxemburg es ausdrückt, „ständig zu beziehen ist". Kapital, heißt das, muss sich immer neue verwertbare Arbeitskraft suchen, und zwar dies- wie jenseits der Grenzen von Nationalstaaten und Staatenbündnissen. Als transnationaler Prozess ist Arbeitsmigration mithin eine der Grundbedingungen kapitalistischer Akkumulation:[56] Erst sie etabliert einen Weltmarkt für Arbeitskraft.

Die Verwandlung von Arbeit in Lohnarbeit setzt formal einen Vertrag voraus, der aus freien Stücken eingegangen wird. Aber das „Ausheben", „Rekrutieren" usw. der neuen Arbeitskraft – alleine die in Betriebs- und Managementwissenschaften verbreitete militärische Wortwahl deutet es schon an – ist unmittelbar und systematisch mit diversen Formen von Zwang und Gewalt verknüpft: Wir werden in diesem Buch vielen solchen Formen begegnen, vom Entzug des Passes bei Ankunft in Deutschland über das Abstottern von „Reisekosten", Wuchermieten, illegale und unbezahlte Mehrarbeit bis hin zum unsicheren Aufenthalt, der das Damoklesschwert der Abschiebung zur Dauerbedrohung macht. Wenn man sich fragt, warum Arbeitsbedingungen, die direkt gesundheitsschädlich sind, eingegangen und manchmal auch auf längere Zeit hin akzeptiert werden, dann sind strukturelle und unmittelbar-persönlich ausgeübte Gewaltverhältnisse oft wichtigere Faktoren als die eingegange-

55 Roth und van der Linden 2009, S. 586, Mies 2009, S. 257–259, vgl. auch Winker 2015 zur Bedeutung dieser Feststellung für die Analyse von Sorgearbeit.

56 Wenn ich hier von *einer* von mehreren Grundbedingungen spreche, dann deshalb, weil die Aneignung unbezahlter Reproduktionsarbeit eine zweite, weitere Grundbedingung ist.

nen Verträge. Es bilden also formale Rechtsansprüche aus Verträgen den einen Pol, persönliche Entmündigung und Rechtlosigkeit den anderen Pol in der Konstituierung migrantischer Arbeitskraft. Wir werden in diesem Text die Idee verfolgen, dass beide Pole in der Inwertsetzung der Arbeitskraft als Ware ein Spannungsfeld entstehen lassen, das für soziale Konflikte um Arbeit und Migration eine entscheidende Bedeutung hat.

Mit anderen Worten: Migration ist durch Prozesse der Informalisierung und Formalisierung gerahmt. Anschließend an diese Begriffe greife ich eine Debatte auf, die in der globalen Arbeitsforschung seit Jahren bedeutend ist. So versteht etwa Nicole Mayer-Ahuja „Informalität" als relational und prozesshaft („Informalisierung").[57] Sie wendet sich gegen die Vorstellung informeller Arbeit als „das Andere", „nicht-Normale". Arbeitsverhältnisse haben immer einen mehr oder weniger informellen Rahmen, zunächst auch unabhängig von ihrer Form (also, ob es sich etwa um undokumentierte Arbeit oder Arbeit mit Arbeitsvertrag handelt). Hieran anschließend ist es interessant zu fragen, wie sich die oben angesprochene Kontinuität von „unfreier" und „freier" Arbeit sowie Prozesse der „Informalisierung" und „Formalisierung" zueinander verhalten.[58] Meine These ist, dass migrantische Arbeit für diese doppelte Bewegung zwischen zwei Polen als paradigmatischer Untersuchungsfall gelten kann.

Illustrieren möchte ich diese These durch eine weitere Erfahrung aus der Vortragstätigkeit im Rahmen von Refugees@Work. Von 2017 bis heute haben wir unser Projekt nicht nur in Göttingen vorgestellt, sondern auch auf internationalen wissenschaftlichen Tagungen. Bei Gelegenheiten wie diesen ist mir immer wieder aufgefallen, wie nah die Erzählung über die von uns untersuchten Arbeitsverhältnisse Kolleginnen und Kollegen aus Südafrika, Brasilien oder Indien ging: „Das ist ja wie bei uns!" Die Überraschung über die Ähnlichkeiten war deshalb besonders ausgeprägt, weil unsere Erzählungen kaum mit Vermutungen zusammenzubringen waren, die man sonst mit dem „deutschen Modell" der

57 Mayer-Ahuja 2012, S. 291.

58 Die Kontinuität von freier und unfreier Arbeit ist vielfach beschrieben und begrifflich-analytisch verortet worden, zuletzt: Carstensen 2021.

Arbeitsbeziehungen verbinden mag. Es ist, als sei jene „Wiederkehr der Proletarität",[59] über die in der deutschen Linken seit den 1980ern immer wieder diskutiert und spekuliert worden ist, nunmehr Wirklichkeit geworden. Allerdings unter den Bedingungen stark fragmentierter Sozialverhältnisse.

Während in vielen anderen Ländern der Welt informalisierte Arbeit der Normalfall ist, wird in Deutschland Informalisierung sehr häufig mit *migrantischer* Arbeit assoziiert. Wenn ich die Analyse von Arbeit und Migration hier „paradigmatisch" nenne, dann soll damit einerseits festgehalten werden, dass die Frage der Normalisierung von Informalität auch in Deutschland durchaus offen ist. Insofern ist jene kurze, schnelle Verknüpfung von „informell" und „migrantisch" problematisch, weil dadurch das Phänomen in seiner Allgemeinheit, Universalität und potenziellen Ausdehnung verschleiert wird. Andererseits illustriert die Wortwahl die Vermutung, dass man anhand einer Analyse von Arbeit und Migration sehr gut verdeutlichen kann, worum es in Informalisierungsprozessen geht und welche Kräfte dort wirken. Man kann dabei beispielsweise mit der Frage anfangen, wie die Reise der Arbeiter*innen von ihrem Ausgangspunkt in Land X nach Deutschland und schließlich in Betrieb Y oder Haushalt Z organisiert wird.

In der Organisation von Arbeitsmigration spielen diverse Akteur*innen eine wichtige Rolle. Bevor die Arbeiter*in durch das Werkstor oder in den Privathaushalt kommt, werden regelmäßig Dritte gebraucht, die zwischen Arbeitgeber*in und Arbeitnehmer*in vermitteln. Erst so wird in der Realität der Prozess der „Rekrutierung" migrantischer Arbeitskraft permanent neu hervorgebracht. Es braucht eine ganze Logistik: Anwerbebüros in Bukarest, Leute, die die Fahrt mit Kleinbussen zur Grenze organisieren, den Übertritt an der Grenze, ob legal oder nicht, Vier- bis Achtbettzimmer in einer alten Kaserne, Unterkünfte für Geflüchtete, Sozialarbeiter*innen und Jobcenter, die die „Arbeitsmarktintegration" fördern. Selbstverständlich haben alle diese privaten, parastaatlichen und staatlichen Initiativen unterschiedliche Funktionen, aber sie sind am Ende alle dafür zuständig, ihr Klientel am Arbeitsplatz abzulie-

59 Vgl. Roth 1994.

fern.[60] Eine Untersuchung über Migration und Arbeit kann also nicht von ihrer mehr oder weniger diskreten Anwesenheit absehen, und je nach konkreter Ausformung des Migrationsverhältnisses gerät mal dieses, mal jenes Fragment der Vermittlungstätigkeit in den Vordergrund.

Dabei setzt staatliche Politik nicht nur hinsichtlich der Bedeutung von Institutionen im Vermittlungsprozess Maßstäbe, sondern ebenso in der Formulierung von Rahmenbedingungen, die Spielräume im Aushandlungsprozess über Arbeitsbedingungen von Migrant*innen definieren. Der Arbeitsforschung gelten diese Rahmungen allzu häufig als „außerbetrieblich“ oder „extern“ – aber, ob nun „intern“ oder nicht, sie müssen in den Blick genommen werden: Aufenthalts- und Sozialrecht, Wohnverhältnisse, soziale Bezüge und Beziehungen ins Herkunftsland und zu Vermittler*innen, um nur einige Beispiele zu nennen.[61] Indem staatliche Politik solche Rahmungen verrechtlicht (oder auch nicht), kann informelle Arbeit formalisiert werden (oder umgekehrt), aber angesichts der Komplexität der ins Spiel kommenden Lebensverhältnisse gibt es zugleich keinen linearen Bezug zwischen staatlicher Regulierung und der lokalen Umsetzung dieser Regeln in Arbeitsverhältnissen. Oft genug wurde beispielsweise darüber gestaunt, dass in der Fleischin-

60 Altenried u.a. konstatieren eine „wachsende Bedeutung von Vermittlungsakteuren und -infrastrukturen“ nach dem Sommer der Migration. Das mag sein, vor allem in der Reaktion auf die sogenannte Flüchtlingskrise. Aber es erscheint mir – auch vier Jahre später noch – als zu einseitig. Denn weder ist die Materialität von Vermittlungsprozessen ein wirklich „neues“ Terrain der Kämpfe um Migration, noch ist es seitdem das zentrale, wichtige, einzige geblieben. Herrschafts- und Kontrollverhältnisse, aber auch Konflikte und widerständige Organisierung werden weiterhin nicht nur dort etabliert, vielmehr konstituieren sie sich im Rahmen einer multiplen Prekarität, die nicht zuletzt auch die Arbeitsverhältnisse im engeren Sinne umfasst: Vgl. Altenried et al. 2018, S. 38–40.

61 Meines Erachtens ist die Einschätzung von Pries, dass die Arbeitssoziologie bislang eher selten Migrationsverhältnisse systematisch aufgegriffen habe, nicht nur, aber letztlich auch mit der „Sperrigkeit“ der außerbetrieblichen Faktoren und Variablen verbunden, die sich in Betriebsfallstudien auch methodisch nur komplex abbilden lassen (zum Beispiel, wie in dieser Studie, indem man leitfadengestützte und biografisch-narrative Interviews bewusst kombiniert, was lange Zeit nicht *state of the art* war): vgl. Pries 2017.

dustrie 16-Stunden-Schichten oder dauerhafte Sieben-Tage-Arbeitswochen möglich waren, obgleich das deutsche Arbeitsrecht dies in aller Klarheit verbietet. Möglichkeiten und Grenzen der extralegalen Ausbeutung von Arbeiter*innen werden auf einem komplexen Terrain definiert, auch, aber nicht nur durch den Staat. Verwundbarkeit der Arbeiter*innen in Bezug auf Aufenthalt, Wohnen, Bildung, Arbeit usw. muss als Zusammenhang begriffen werden.

Ich bezeichne diesen Gesamtzusammenhang als „multiple Prekarität": Mit dieser Begriffskombination soll verdeutlicht werden, dass Dynamiken zwischen Formalisierung und Informalisierung nicht alleine im Betrieb hervorgebracht werden. Zu verweisen ist bei dieser Begriffsbildung darauf, dass es nicht zuletzt in der deutschsprachigen Soziologie eine Debatte über die Konnotationen des Begriffs „Prekarität" gibt, namentlich in der Kritik der Reduzierung derselben auf die Dimensionen Arbeit und Beschäftigung.[62] Demgegenüber wird seit einigen Jahren die Forderung nach einer „Erweiterung" von Bezugnahmen der Prekaritätsforschung formuliert.[63] Hier wird mit dem an diese Forde-

62 Hintergrund ist eine Diskussion über Spaltungslinien, die veränderte Beschäftigungsverhältnisse seit den 1980er-Jahren in den Ländern des globalen Nordens innerhalb der *Arbeitsgesellschaft* hervorgebracht haben (von „Klasse" im politische Sinne ist meist nur sehr implizit die Rede). Ein Modell hierzu haben u.a. Castel 2000, S. 336ff., oder in deutschsprachigen Arbeitssoziologie Dörre 2005 vorgeschlagen. Das Projekt besteht dort zuvörderst darin, „Desintegrationspotentiale von Erwerbsarbeit" zu untersuchen, die sodann in einer Typologie zusammengefasst werden (ibid., S. 253). Damit wird Lohnarbeit als wichtiges Moment von Vergesellschaftung gesetzt, was eine Erweiterung der analytischen Perspektive freilich nicht ausschließt. Problematisch ist an diesen Texten eher die Abwesenheit von Migrationsverhältnissen. So gibt es etwa in Dörres „Zonen" durchaus Subjekte, z.B. die „Hoffenden" oder „die Zufriedenen", aber diese haben weder Geschlecht noch Geschichte. Migration wird lediglich an einer Stelle erwähnt: Dort heißt es, dass Gewerkschaften jüngst „erfolgreich Migranten und Prekarier" organisiert hätten (ibid., S. 256).

63 S. z.B. Marchart 2013. Diese Perspektive teilen neuere empirische Studien, so Grimm 2016 zu „prekären Haushalten". Allerdings war Marcharts Motiv der „Erweiterung" 2013 in Wirklichkeit keineswegs neu. Es taucht etwa hinsichtlich des biografischen Ansatzes bereits in der Initialdebatte der Prekarisierungsforschung auf, die gerade nicht auf die Analyse von Erwerbsarbeit reduziert war: Der „Klassiker" hierzu ist „La misère du monde", Bourdieu

rung anschließenden Begriff der „multiplen Prekarität" versucht, zugleich eine Brücke zwischen (hiesiger) Prekarisierungs- und (transnationaler) Informalisierungsdebatte zu bauen: Die These, die ich in diesem Zusammenhang verfolge, ist, dass Informalisierung als entscheidendes Moment in der Hervorbringung multipler Prekarität begriffen werden muss, deren Analyse wiederum die Erweiterung der Perspektive auf eine veritable „Landschaft" der Ungleichheit erfordert. Dies wird auch im Aufbau der empirischen Auswertung (in Kapitel 2) berücksichtigt, in dem ein Teil dieser „Landschaft" besichtigt wird. Arbeitsmigrationsverhältnisse sind dabei ein besonders schlagendes Beispiel für die Bedeutung dieses Perspektivwechsels, aber die Erweiterung der Perspektive ist zugleich auch für andere Arbeits- und Lebensverhältnisse relevant. Damit bin ich zugleich bei der Frage, was das Spezifische an „migrantischer" Arbeit ist.

Rassifizierte Arbeit

Wir haben also gesehen, dass „ursprüngliche Akkumulation" ein irreführender Begriff ist. Wenn man ihn nicht stark biegt, dann enthält er die Vorstellung einer Modernisierung: Der Kapitalismus habe Schritt für Schritt Elemente des Konsenses und der Integration hervorgebracht, die Gewalt und Unterdrückung ablösten. Die Arbeiter*innen verwandelten sich selbst nach und nach von rauen Gesell*innen in Menschen mit Tischmanieren, Einfamilienhaus und sorgfältig gemähtem Vorgarten. Selbstverständlich ist diese Sicht auf die Menschheitsgeschichte kein Marxsches Projekt und eher etwas, das man mit blaustichigen Kodak-Filmen aus den 1970ern verbinden mag. Aber dennoch erscheinen jene Marx-Texte, die sich mit dem Holzdiebstahlgesetz, den Enclosures oder den drastischen physischen Strafen gegenüber erwerbsloser Armut befassen, merkwürdig abgetrennt von seiner begrifflich-deduktiven Analyse von Inwertsetzung.[64]

1993. Auch Dörre bezieht sich immer wieder empathisch auf diesen Klassiker, ebenso wie aktuell bspw. Mayer-Ahuja und Nachtwey 2021.

64 Eine ähnliche Spur verfolgt Hund 2021.

Diese Abtrennung oder Abspaltung kann auch rassismuskritisch beschrieben und interpretiert werden: Dies ist ein Einsatz der Arbeiten von David Roediger, der u.a. die Bedeutung von rassistischen Zuschreibungen in der Geschichte der USA untersucht hat. Was bringt, so fragt Roediger, Arbeiter*innen immer wieder dazu, sich selbst als überlegen gegenüber anderen Arbeiter*innen zu begreifen? Um diese Frage zu beantworten, unternimmt er eine Reise in das 18. und 19. Jahrhundert. Für diese Zeit skizziert er die Bedeutung von „whiteness"/„blackness" in der Bildung der US-Arbeiter*innenbewegung:[65] Er verweist so auf eine Periode, in der Lohnarbeit noch nicht normalisiert war, und damit auf ein ganz ähnliches Phänomen wie das hier zu untersuchende: Die permanente Verwandlung von nicht in Wert gesetzter Arbeit in Lohnarbeit. Roediger beschreibt, wie zwischen der Gründung der Vereinigten Staaten und dem Bürgerkrieg dort ein Ideal der Selbstständigkeit und Unabhängigkeit hegemonial war. Doch im Schatten dieses Ideals verbreiteten sich einerseits Sklaverei, andererseits Lohnarbeit. Roedigers These ist, dass „white workers" ihre erodierende selbstständige Klassenposition, die mit dem Übergang in freie Lohnarbeit verbunden war, akzeptieren konnten, indem sie sich selbst als „not slaves" und „not Blacks" verstanden.[66] In seiner Argumentation stellt er eine Analogie zwischen jener Verdrängung der Fortdauer einer gewaltförmigen (nur vermeintlich „ursprünglichen") Akkumulation und der Polarität zwischen „freier" und „unfreier" Arbeit her. „Unfrei" sind dabei aus der Sicht einer, wie Roediger zeigt, Mehrheitsströmung der US-Arbeiter*innenbewegung stets „die Anderen". Und im Kern ist diese Figur auch die Grundlage dafür, dass rassistische Zuschreibungen in Teilen der

65 Roediger 2007, 12: „Only with Black emancipation could a more straightforward critique of wage slavery, and a fierce battle over the meaning of free labor, develop. By that time, the importance of a sense of whiteness to the white US-worker was a long-established fact, not only politically but culturally as well." Siehe hierzu übrigens auch den Bezug auf Selbstorganisation bei Löw und Birke 2021.

66 Roediger 2007, S. 12. Hund argumentiert ähnlich, indem er Rassismus in der entwickelten kapitalistischen Gesellschaft als Angebot materieller wie ideologischer Entschädigung für begrenzte und gefährdete Entfaltungsmöglichkeiten der Arbeiter*innenklassen sieht: Hund 2016, S. 535.

Arbeiter*innenklasse, wenngleich nicht zwingend *produziert*, so doch *akzeptiert* werden können. In seiner historiografischen Erzählung diskutiert er sodann die Ausformungen dieser Polarität und dieser Zuschreibungen im Rahmen von Arbeitskämpfen sowie der Bildung von Gewerkschaften und politischen Organisationen der Arbeiter*innenbewegung. Dabei berücksichtigt er durchaus Kämpfe zwischen offen rassistischen, rassifizierenden und antirassistischen Positionen (und betont die eminente Bedeutung der Letzteren). Aber er konstatiert auch, dass erst mit der Selbstorganisation von als „schwarz" definierten Gruppen antirassistische Positionen an Durchsetzungsmacht gewannen.[67]

Begreift man rassifizierte Abgrenzungen, wie Roediger, nicht einfach als moralische Verfehlung oder individuelle Verteidigung sogenannter Privilegien, dann hat das auch theoretische Konsequenzen: Es ist ein unabhängig von der konkreten Ausformung beobachtbares, also verbreitetes und strukturierendes Phänomen, eben ein, wenngleich umkämpfter, Teil von Klassenbildung.[68] Es ist insofern ein sich in verschiedenen zeit-räumlichen Konstellationen wiederholender Prozess. Das zeigt nicht zuletzt ein Blick in die internationale Literatur: So hat Elizabeth Esch gezeigt, welche Rolle „racial management" in der Expansion des Ford-Konzerns in den 1920er- und 1930er-Jahren in Südafrika, den USA und Brasilien gespielt hat.[69] Sie betont, dass die universalistische Erzählung, mit der aufkommende tayloristische Formen des Managements immer wieder verknüpft werden, nur die halbe Geschichte erzählt. Die andere Hälfte (oder sollte man lieber „Rückseite" sagen?) ist dabei nicht nur für die Geschichte jener „wissenschaftlichen Betriebsführung", sondern auch für die Gewerkschaftsforschung interessant. Esch bilanziert, dass in allen drei von ihr untersuchten Ländern „die tragische Niederlage der Gewerkschaften bei Ford für viele Jahrzehnte eng von Narrativen weißer Überlegenheit beglei-

67 Roediger 2007, S. 87.

68 Wenngleich es sich *nicht* um dasselbe Phänomen handelt, sind sexistische/patriarchale Strukturen in ihrer Funktionsweise doch parallel, s. u.a. Winker und Degele 2009.

69 Esch 2018.

tet war."[70] Auch in der internationalen Arbeitskampfforschung ist Common Sense, dass Abgrenzungen und die Nutzung von Differenz ein systematisch auftretendes Element der Klassenbildung ist.[71]

„Whiteness" ist also eine Konstruktion, die zur Vergemeinschaftung abgegrenzter Gruppen von Arbeitenden beiträgt. Rassismus ist auch im Allgemeinen ein Moment in der Konstruktion von Macht, eine Zuschreibung:[72] Seine Beweisführung ist immer tautologisch, Zuschreibungen werden durch das „Anderssein" des „Anderen" belegt: „So ist es", ist das Credo des Rassismus, wie Manuela Bojadžijev schreibt.[73] Jene „Anderen" können gleichwohl durchaus nach und nach in die imaginierte Gemeinschaft selektiv eingeschlossen werden. Das „Andere", so substanziell es erst erschienen sein mag, löst sich dann nach und nach in Luft auf. Rassistische Zuschreibungen sind insofern einerseits „Befestigungen", andererseits „Aushandlungen": Obgleich das Projekt des Rassismus Naturalisierung und Stabilität ist, so liegt ihm doch ein andauernder Kampf um Einschluss und Ausschluss zugrunde. Es ist also zu untersuchen, wie sich Rassismen historisch verändern, flexibel sind, eine bestimmte, je spezifische Form annehmen. Und endlich können Rassismen negativ wie positiv konnotiert sein, in einer Polarität aus Abwertung und sich wohlwollend gebendem Lob: „Du kannst gut tanzen, kochen, abwaschen, bügeln" (um hier

70 Ibid., S. 184 (meine Übersetzung).

71 Silver 2003, S. 20–21. In einem Interview mit der Zeitschrift „Wildcat" erklärt Silver den Mechanismus aus ihrer Sicht am Beispiel der Binnenmigration in die chinesischen Mega-Städte zwischen den 1990er-Jahren und Mitte der 2000er: „If we look at rural migrant-workers that come into Chinese cities to work, the initial reaction of the established urban workers was to keep them out. The migrant workers themselves now are drawing on the language of citizenship rights in the urban areas and are saying that these kinds of distinctions between urban and rural workers and the rights of urban and rural workers shouldn't have any place. We recurrently see that with struggles by immigrant workers; for example, both historically and today in the US, immigrant workers have argued that the same rights should apply to workers regardless of race, regardless of nationality." (Wildcat 2005).

72 „I define racism as a form of hierarchisation of people based on phenotypical characteristics often linked to stereotypical notions of culture": Carstensen 2021, S. 6.

73 Bojadžijev 2008, S. 20–21.

nur einige Beispiele zu nennen). Diese Polarität von „positiven" wie „abwertenden" Zuschreibungen verbindet Rassifizierung mit dem Prozess der Segmentierung von Arbeitsmärkten und Arbeitsverhältnissen: Es gilt in diesem Buch also einerseits zu ermitteln, welche Strukturen und Organisationsformen zu „gespaltenen" Arbeitsverhältnissen führen, und andererseits, wie diese Formen mit jener Besonderung verbunden sind, die Tag für Tag rassistische Zuschreibungen hervorbringt.

Dass rassistische oder sexistische Zuschreibungen von Merkmalen und Eigenschaften an Menschen als „fiktiv" gelten können, hat etwas Tröstliches.[74] Die Feststellung, dass Zuschreibungen sich historisch verändern, sozial konstruiert und an soziale Beziehungen gebunden sind, schließt ein, dass sie eben keinesfalls „natürlich" sind – und insofern zumindest potenziell überwindbar.

Allerdings können einem hinsichtlich ihrer Überwindbarkeit manchmal doch Zweifel kommen. Ich kann mich erinnern, wie mein in Hamburg-Wandsbek geborener Sohn, noch bevor er ein Wort in welcher Sprache auch immer sprechen konnte, von einem deutschen Bekannten auf Englisch angeredet wurde. Wie der Kerl darauf kam, entzog sich mir, aber vermutlich war die Assoziation mit seiner sehr dunklen Hautfarbe „irgendwie Amerikanisch". Oder wie mir die engagierte Bibliothekarin in der ansonsten wunderbaren Wilhelmsburger Stadtbücherei lautstark und aus einiger Entfernung zurief: „Das Kind muss lesen, lesen, lesen!", als sich mein Sohn ausnahmsweise kein Kinderbuch, sondern einen Film ausleihen wollte. Vielleicht nahm die Kollegin an, dass es bei uns zuhause kein Bücherregal gibt? Oder wie der Kinderarzt mit einem schrägen Blick auf meinen Sohn und eine bevorstehende OP die besondere Empfindlichkeit von „Afrikanern" gegenüber einer Anästhesie behauptete, worauf wir erstaunt und kopfschüttelnd den Kinderarzt wechselten. Solche und ähnliche Aussagen werden

74 Ähnlich wie Roediger argumentieren mit dem Begriff der „fiktiven Ethnizität", dort mit Bezug auf die Konstituierung von Nationalstaaten, Balibar und Wallerstein 1991.

mit Inbrunst und Überzeugung vorgetragen, sie entbehren zwar jeglichem Gehalt, aber: „So ist es!"

Später setzt sich dies bezogen auf Erfahrungen auf dem Arbeitsmarkt fort. Unzählig die Berichte, in denen Menschen mit dunklen Hautpigmenten erzählen, dass ihnen bei Bewerbungsgesprächen lobend erklärt werde, wie gut sie Deutsch sprächen. Ich bin mir leider ziemlich sicher, dass mein Sohn in etwa zehn Jahren dieselbe Erfahrung machen wird. Auch wenn er bis dahin weiterhin seinen feinen norddeutschen Akzent bewahrt und kein Wort Englisch gelernt haben sollte. Gleichzeitig stellt sich auf dieser Grundlage selbstverständlich die Frage, wie Rassismus und Migrationsverhältnisse sich in Bezug auf Zugänge zu Arbeitsmärkten und gesellschaftliche Arbeitsteilung verbinden: Denn das Beispiel, von dem ich gerade erzählt habe, hat angesichts dessen, dass man von Wandsbek nach Wilhelmsburg in etwa 25 Minuten mit dem Fahrrad fahren kann und dabei keine Landesgrenze überwinden muss, *nichts* mit Migration zu tun.

Segmentierte Arbeit

In unserer Gesellschaft gibt es mittlerweile viele Tätigkeiten, die fast ausschließlich von Migrant*innen erledigt werden, vom Paketdienst bis zur 24-Stunden-Pflege. Und zwar von *tatsächlichen* und nicht von *imaginierten* Migrant*innen: Menschen ohne deutschen Pass, von denen viele zur ersten Generation gehören. Es war das Verdienst von Michael Piore, diese Beobachtung bereits Ende der 1970er-Jahre mit einer systematischen Arbeit an sozialwissenschaftlichen Begriffen verbunden zu haben.[75] In seinen Texten stellte der Ökonom, das Phänomen der „Migrantisierung" erklärend, zunächst fest, dass Arbeitsmärkte „dual" aufgeteilt seien. Besser bezahlte und die Gesundheit besser erhaltende Tätigkeiten seien insbesondere für neu ankommende Migrant*innen zunächst kaum zu erreichen. Damit schwamm Piore gleich gegen zwei Strömungen der damaligen Migrationsforschung: Erstens gegen

75 Piore 1979. Eine ausgezeichnete Zusammenfassung und kritische Würdigung der Debatte zur Segmentierung von Arbeitsmärkten (und zu verwerteter Migration überhaupt) bietet Neuhauser 2019b.

eine Forschung, die empirisch gewagte Behauptungen aufstellte wie jene, dass der Arbeitsmarkterfolg von Migrant*innen Resultat einer „Investitionen in Humankapital" sei.[76] Zweitens gegen Ansätze, die die Konkurrenz „einheimischer" und „ausländischer" Beschäftigter um Arbeitsplätze betonten, etwas, das angesichts der starken Aufspaltung von Arbeitsmärkten auch 1979 schon immer unwahrscheinlicher erschien.[77]

Piore war mit seiner Theorie des dualen Arbeitsmarkts ein Kind seiner Zeit. Das Buch erschien parallel zum Startschuss der neoliberalen Wende in Europa und Nordamerika, die durch die Wahlsiege von Reagan in den USA und Thatcher in Großbritannien symbolisiert wurde. Bereits damals wies Piore darauf hin, dass sich unsichere Beschäftigungsverhältnisse und die Rechtlosigkeit migrantischer Arbeiter*innen verbanden. Anders gesagt: Während es bereits vor 1979 Segmente gab, in denen fast nur Menschen ohne die lokale Staatsbürgerschaft arbeiteten, waren diese nach 1979 zunehmend formal in anderen Unternehmen verortet.[78] Hatten die überwiegend türkischen Arbeiter, die bei Ford in Köln-Niehl 1973 in der berüchtigten Y-Halle schufteten, immerhin noch einen Arbeitsvertrag mit Ford, leidlich tarifierte Bedingungen usw., so ist das heute in den „migrantisierten" Tätigkeiten kaum noch der Fall. Man kann heute also nicht mehr alleine von abgewerteten Tätigkeiten sprechen, sondern auch von ganzen abgewerteten Sektoren, Tätigkeitsfeldern und Beschäftigungsverhältnissen.[79] Dass sich die Segmentierung der Arbeitsmärkte seit den 1980er-Jahren verstärkt hat, ist zwar kaum eine besonders überraschende Erkenntnis, für die vorliegende Studie bleibt gleichwohl wichtig,

76 Samers und Collyer 2017, ausführlich s. Kap. 2.

77 Vgl. Castles und Kosack 1973.

78 Piore 1979, S. 37: Für unsere Arbeit sei nebenbei bemerkt, dass Piore die Dualität des Arbeitsmarkts vor allem auf den Unterschied zwischen „labor intensive" and „capital intensive production and firms" zurückführte, eine Unterscheidung, die, wie wir sehen werden, heute kaum noch stichhaltig erscheint.

79 Die Segmentierung industrieller Beziehungen untersuchte bereits Artus 2008b.

festzuhalten, dass sie in vielen Bereichen auch mit einer „Migrantisierung“ verbunden war.[80]

Diese Einsicht prägt auch unsere Fallbeispiele. Mehr noch: Piores Unterscheidung zwischen typischen Erfahrungen der ersten und zweiten Generation von Migrant*innen spiegelt sich tatsächlich in unseren Interviews wider, einschließlich der Feststellung, dass die „gläsernen Grenzen“ über Generationen hinweg erhalten blieben.[81] Dennoch ist die Unterscheidung in *zwei* Arbeitsmärkte aus heutiger Sicht zu einfach und zu grob. In den 1990er-Jahren entwickelte Jamie Peck ein deutlich differenzierteres Konzept, das erstens auf die Flexibilität und damit Differenziertheit der Nachfrage nach Arbeitskraft verweist, zweitens auf die Bedeutung „sozialer Reproduktion“, d.h. auf Konflikte um Wohnen, Sozialeinkommen, Zugang zu Pflege und öffentlichen Gütern, gewerkschaftliche Organisierung – alles Faktoren, die Segmentierungsprozesse modifizieren können.[82] Und über Peck hinaus muss heute betont werden, dass staatliche Politik neuer Migration aktuell nicht einfach mit Ausschluss begegnet, sondern vor allem mit Differenzierung. Das Resultat nennen Mezzadra und Neilson „multiplication of labor“.[83] Der Begriff soll sowohl die neue Bedeutung von Erwerbsarbeit für Migrationsverhältnisse beschreiben als auch die differenzierte Regulierung von Zugängen. Ein- und Ausgrenzung in Bezug auf Arbeitsmärkte sowie (legalisierte und illegalisierte)

80 Eine lesenswerte, auf Daten des Sozialökonomischen Panels beruhende, quantifizierende Skizze hierzu findet sich neuerdings bei: Krings 2020.

81 Piore 1979, S. 60–61. Vgl. hierzu auch Waldinger und Lichter 2003.

82 Außerdem tritt Peck für eine systematische Untersuchung der Rolle staatlicher Politik ein, die Piores Untersuchung nicht enthält: Peck 1996.

83 Zu diesem Begriff s. Mezzadra und Neilson 2013, S. 87–88: Sie gehen dabei von einem operaistischen Zugang aus: „The multiplication of borders (…) is a conceptual tool for investigating the composition of living labor in a situation characterized by a high degree of heterogeneity. In parts it refers to the intensification of labor processes and the tendency for work to colonize the time of life (also einem Aspekt dessen, was hier als Landnahme eingeführt wurde, P.B.). It also attempts to grasp the subjective implications of the diversification.” Ibid., S. 21. Die Autoren betonen, dass hochqualifizierte Einwanderung ebenfalls ein Feature dieser Heterogenität sei, ein Aspekt, der im vorliegenden Buch außer Acht gelassen wird (während er jedoch auch bei Mezzadra und Neilson empirisch im Grunde nur gestreift wird).

Erwerbsarbeit werden dabei als Kontinuum gedacht, welches nur im Zusammenhang funktioniert. Subjekte bzw. Akteure dieser Ein-/Ausgrenzung sind nicht alleine Regierungen, Grenzwächter, Vermittler, Unternehmen, sondern auch die Migrierenden selbst. Der Begriff erweitert insofern den Blick auf Migrationsverhältnisse, als er nicht nur von staatlicher Politik spricht, sondern von einer „Regierung" der Migration im Foucaultschen Sinne.[84]

Hieran schließt eine weitere Beobachtung an, die über die in den 1970er-Jahren entstandenen Segmentierungstheorien hinausweist: Arbeitsmarktsegmentierung ist mit räumlicher Segmentierung verbunden. Sehr plastisch zeigt dies die groß angelegte empirische Untersuchung von Wills et al. zur Bedeutung von Migration in London. Inspiriert von der Global-City-Debatte der 2000er-Jahre[85] zeigen die Autor*innen anhand einer Auswertung einer beeindruckenden Zahl von Interviews, wie die sozial-geografische Spaltung dieser Mega-Stadt durch den Zugang zu Arbeitsverhältnissen ebenso verfestigt wird wie durch rassifizierende und sexistische Zuschreibungen.[86] Damit skizzieren sie zugleich eine Verbindung zwischen den beiden Dimensionen „Segmentierung" und „Rassifizierung", indem sie Letztere als Moment von Ersterer fassen (die jedoch zugleich nicht darin aufgeht). Der Bezug auf das sozial-geografische Umfeld von Betrieben und Unternehmen ist ein wichtiger Aspekt, auf den auch wir in unserer Studie immer wieder gestoßen sind. In einer Hinsicht allerdings bleibt die Lektüre der London-Studie unbefriedigend: Zwar wird die Veröffentlichung mit einer Fülle von Fotos illustriert, die Menschen bei der Arbeit zeigen, aber weder Arbeitsprozesse nach Arbeitskonflikte werden systematisch untersucht. So führten die Forscher*innen allein 260 Interviews mit Reinigungskräften – aber über deren konkrete Tätigkeit wird auf der Grundlage von wenigen, im Verlauf des Texts immer mal

84 Mezzadra und Neilson 2013, S. 1–4, 95f. „Regulierung" erscheint in diesem Sinne nicht als einseitiges Moment staatlicher Eingriffe, sondern als komplexes politökonomisches Verhältnis. Nicole Mayer-Ahuja hat diese Beobachtung in Anschluss an den Begriff des „Regulierungsszenarios" international-vergleichend systematisiert. Mayer-Ahuja 2011, S. 65, 67.

85 Vgl. Sassen 1991.

86 Vgl. Wills et al. 2009, S. 61–72.

wieder eingefügten Schnappschüssen berichtet. Und die ökonomische Entwicklung der diese Arbeit organisierenden Unternehmen wird auf gerade mal einer halben Seite diskutiert.[87] Das Verhältnis der Arbeiter*innen zum Management erscheint als individualisierter Aushandlungsprozess, der biografische Verläufe und Sprünge prägt, aber nicht als systematisches Problem von Herrschaft und Kontrolle. Die Veröffentlichung teilt insofern eine Schwäche, die in der Migrationsforschung oft zu beobachten ist. Wir erfahren sehr viel über Arbeitsmarktzugänge, aber so gut wie nichts über Kapitalverhältnisse und Arbeitsprozesse. Der Verzicht auf die Untersuchung dieser Themen wird zugleich von einer Individualisierung der Perspektiven der Befragten getragen und verstärkt diese in Bezug auf die Resultate der Forschung. Während am Ende des Texts eine breite, öffentliche Kampagne für bessere Löhne dokumentiert wird, scheint es ansonsten so, als hätte es betriebliche Alltagskonflikte im migrantischen London der 2000er nicht gegeben.[88]

Umkämpfte Arbeit

Ich habe in diesem Abschnitt diskutiert, was es mit dem Begriff der „doppelt freien Lohnarbeit" auf sich hat und erklärt, warum Zwang und Gewalt zur stetigen Herstellung derselben ein notwendiger, andauernder Prozess im Rahmen von Kapitalakkumulation bleibt (solange Kapital akkumuliert wird). Für eine Analyse des Zusammenhangs von Migration und Arbeit muss mithin

87 Wills et al. 2009, S. 84, danach werden auf knapp vier Seiten Arbeitsbedingungen skizziert, einschließlich der Frage nach der Zusammensetzung von Belegschaften und der Abwertung von Vorqualifikationen sowie eines Fotos von einer „migrant woman, cleaning offices", das fast eine ganze Seite einnimmt.

88 Die Aussage enthält eine strategische Setzung. Die betriebliche Organisierung von Migrant*innen, die in Werkverträgen beschäftigt sind, so die Autor*innen, sei unmöglich (Wills et al. 2009, S. 180–181). Gewerkschaften müssten daher auf öffentliche Kampagnen zurückgreifen. Während die Idee mit der öffentlichen Kampagne und der Vernetzung mit *community organisations* anregend ist, ist aus heutiger Sicht die Einschätzung von der Unorganisierbarkeit im Betrieb mindestens problematisch, und ich werde im empirischen Teil dieser Arbeit verdeutlichen, warum das gerade auch für die hier untersuchten Sektoren gilt. Vgl. hierzu auch Artus 2008a, S. 38f.

die Annahme, dass Arbeitskraft stets in jeder beliebigen Größe und Qualität auf dem Markt zu haben sei, dementiert und demontiert werden: Sie wird vielmehr – als „Ausbildung", „Anwerbung" und „Rekrutierung" ebenso wie in der „Anwendung" im Arbeitsprozess – immer wieder aktiv hergestellt. Dass Tätig-Sein die Form der Lohnarbeit annimmt, ist nicht selbstverständlich, sondern Resultat politischer und sozialer Konflikte, in denen migrantische Arbeit eine besondere, dynamisierende Rolle spielt, die mit dem, was ich hier als „multiple Prekarität" bezeichnet habe, kausal verknüpft ist. Dieser Begriff soll verdeutlichen, dass in der Herstellung (Abwertung) migrantischer Arbeit *Erweiterungen* von Herrschaft und Kontrolle eine Rolle spielen, wie zum Beispiel das Grenzregime und das Aufenthaltsrecht, ein mangelnder Zugang zu öffentlichen Gütern und sozialen Leistungen oder die rassistische Segmentierung nicht nur des Arbeits-, sondern auch des Wohnungsmarkts usw. Dabei ist Informalisierung/Formalisierung migrantischer Arbeit eine diesen „allseitigen" Prekarisierungsprozessen zu Grund liegende Variable.

Seit Mitte der 2000er-Jahre ist in der Bundesrepublik die logistische „Bereitstellung" migrantischer Arbeit stärker sichtbar geworden. Aktuell wird die wachsende Breite von an dieser Logistik beteiligten staatlichen und parastaatlichen Akteur*innen manchmal unter dem Begriff der „Vermittlungsinfrastrukturen" diskutiert. Unbenommen dessen, dass diese Perspektive wichtig und bedeutend ist: Um die Rassifizierung und Segmentierung gesellschaftlicher Arbeitsteilung zu erklären, ist sie keineswegs ausreichend. Soziale Reproduktion von Arbeit, geteilte und fragmentierte Arbeitsmärkte, hierarchisierte Rollen in Arbeitsprozessen: Wie sich gesellschaftliche Arbeitsteilung als Herrschaft und Kontrolle migrantischer Arbeit konstituiert (oder auch nicht), wird nicht nur in der „Vermittlung", sondern auch auf vielen weiteren Niveaus definiert. Es ist dies eine Einsicht, die eine Verbindung von Ansätzen aus der Migrationsforschung, die sich mit den Infrastrukturen der Vermittlung befassen, mit Ansätzen aus der arbeitssoziologischen Forschung, die sich mit Herrschaft und Kontrolle im Arbeitsprozess befassen, nahelegt.

Während „multiple Prekarität“ mithin also Voraussetzung für die Differenz zwischen vorhandenen sozialen und juridischen Ansprüchen und ihrer Durchsetzung ist, ist ihr Produkt eine „rassifizierte“ und „segmentierte“ gesellschaftliche Arbeitsteilung. In ihr sind soziale Reproduktion, Arbeitsmarkt und Arbeitsprozess wichtige, strukturierende Teilprozesse. Aber es gilt gleichwohl, die Vorstellung zu kritisieren, dass durch Erkenntnisse über diese Strukturierung *alleine* die Frage nach den Dynamiken der Segmentierung bereits beantwortet werden kann. Vielmehr sind auf Arbeit bezogene *soziale Konflikte* ein besonderes und entscheidendes Moment, welches diese Dynamiken ebenso strukturiert wie zu transformieren vermag. Deshalb reduziert sich das Projekt meiner Studie keineswegs darauf, Formen der Segmentierung in abgewerteten Arbeitsfeldern *zu beschreiben*, sondern es gilt vielmehr auch, diese Formen als Resultat und Ausdrucksformen sozialer Kämpfe *zu verstehen*.

Im nächsten Abschnitt nähern wir uns diesem zweiten Moment meiner Fragestellung an: Ich werde dort einerseits diskutieren, ob gängige arbeitssoziologische Kategorisierungen von Tätigkeiten (wie „Einfacharbeit“) sowie von Management- und Organisationsformen (wie „Taylorismus“) nützlich sind, um die hier untersuchten Arbeitsprozesse zu charakterisieren. Andererseits werde ich nach der systematischen Bedeutung von *Arbeitskämpfen* für die Analyse von (segregierter, abgewerteter, rassifizierter) migrantischer Arbeit fragen: Denn aus der Einsicht in den Umstand, dass Segregation notwendiges Moment von Kapitalakkumulation ist, folgt ja keineswegs eine Unentrinnbarkeit. Es muss vielmehr nicht nur festgestellt werden, *dass* jene Segregation Empörung und Aufstände auslöst, sondern auch analysiert werden, *wie* sich die Formen und Terrains dieser Kämpfe verändern, um deren Verallgemeinerungspotenziale zu begreifen. Begeben wir uns also zum Werkstor – und wenden uns dem Arbeitsprozess im engeren Sinne zu.

1.2. Arbeitsverhältnisse: Kontrolle und Kämpfe

Der zweite große Schritt, den Marx für die Analyse der Warenform vorschlägt, ist die „Verwandlung von Geld in Kapital“. Diese, so Marx, sei nur möglich auf der Grundlage der Produktion von Mehrwert, d.h. durch die Ausbeutung lebendiger Arbeit. Er verwendet das Bild des Durchschreitens des Werktors, um den Unterschied zwischen Arbeitsmarkt und Arbeitsprozess klarzumachen: „Der ehemalige Geldbesitzer schreitet voran als Kapitalist, (…) der andre scheu, widerstrebsam, wie jemand, der seine eigne Haut zu Markt getragen und nun nichts anderes zu erwarten hat als die – Gerberei."[89] Der „Geldbesitzer" verwandelt sich in einen „Kapitalisten". Er nimmt am Arbeitsplatz eine neue soziale Rolle ein: Seine Aufgabe ist es nun, die Transformation von Arbeitskraft in Arbeitsleistung zu kontrollieren. Die Beschäftigung mit dem, was Marx die „verborgne Stätte der Produktion" nannte, war immer ein Grundmotiv der Arbeitssoziologie. Nach dem Ende des Faschismus haben Soziolog*innen auch in Deutschland dieses Motiv aufgenommen und die gesellschaftliche Zentralität der Sozialverhältnisse in verbetrieblichter, entlohnter Arbeit hervorgehoben.[90] Bis heute wird in Lehrbüchern der Arbeitssoziologie betont, dass das „Transformationsproblem" das wichtigste Rätsel sei, mit dem sich das Fach beschäftige.[91]

Das Verstehen des Arbeitsprozesses, nicht nur als technisch induzierte Form, sondern als sozial-ökonomisches Verhältnis und wichtiges Moment sozialer Herrschaft, stand jahrzehntelang im Mittelpunkt arbeitssoziologischer Studien.[92] Deshalb liegt es nahe, sich auch in einer Analyse migrantischer Arbeitsverhältnisse auf diese Perspektive zu beziehen. Und es war nicht zufällig einer der Ansätze, die unser SOFI-Forschungsprojekt von Anfang an begleitet haben.[93]

Wie kann man die Tätigkeiten, um die es in diesem Buch geht, allgemein beschreiben? Hierzu legen verschiedene bereits zitierte Texte aus der Migrationsforschung durchaus Spuren. Piore

89 Marx 1982, S. 191.

90 Dies ist auch das wesentliche Motiv, das die großen Studien in industriellen Betrieben aus den 1950er-Jahren angeregt hat: Popitz et al. 1957.

91 Minssen 2006, S. 38.

92 Eine der besten Einführungen in die Geschichte der Arbeitssoziologie versteckt sich meines Erachtens in Wolf 1999, hier Kapitel 2.

93 Auch unsere Kritik an den blinden Flecken der Migrationsforschung ist insofern nichts Neues: Birke et al. 2017.

beispielsweise fasst zusammen, dass sie „etwas gemeinsam haben, in sehr unterschiedlichen geografischen und historischen Kontexten: Die Jobs tendieren dazu, keine besondere Qualifikation zu erfordern (*unskilled*), sind im Großen und Ganzen, wenngleich nicht immer, niedrig entlohnt (*low paying*), und sie tragen oder beinhalten einen unterlegenen sozialen Status."[94] Ähnlich charakterisieren Wills et al. fast dreißig Jahre später Tätigkeiten, in denen sich überwiegend und manchmal fast ausschließlich migrantische Arbeitende der ersten Generation finden: „Diese Jobs waren alle durch geringe Einstiegsbarrieren gekennzeichnet sowie durch das Vorhandensein persönlicher Beziehungen zum Arbeitgeber, die selbst oft mit der Nationalität verbunden waren – was im Großen und Ganzen wichtiger war als formale Qualifikationen (*official qualifications and skills*), um den Job zu bekommen."[95] „Keine großen Vorkenntnisse", und „wenn, dann keine anerkannten Qualifikationen" – in der Arbeitssoziologie werden solche Tätigkeiten oft unter dem Stichwort der „Einfacharbeit" verhandelt.

Einfacharbeit

Kehren wir zum Anfang dieses Buchs zurück, zum Amazon-Büro in Hamburg-Wilhelmsburg. Im Luna-Center wird die Arbeitskraft nicht, wie in den Hochzeiten des Fordismus, im Herkunftsland vom lokalen Priester ausgesucht oder in einem staatlichen oder privaten Anwerbebüro in Mailand oder Istanbul akribisch vermessen, ärztlich untersucht, für geeignet befunden und mit einem Eintrag im Reisepass versehen. Das Unternehmen tut gleichwohl aktiv etwas, um Arbeitskräfte anzuziehen. Es hat schon bei der Ansiedlung über die Rekrutierungsfrage nachgedacht. Das Management weiß, dass Arbeitende, die für das Picken oder Packen in Frage kommen, sich nicht einfach so einfinden. Für die Ansiedlung im Süden und Südosten Hamburgs entschied man sich, weil man erwartete, dass es dort möglich wäre, schnell eine große

94 Piore 1979, S. 17, meine Übersetzung.
95 Wills et al. 2009, S. 75, meine Übersetzung.

Menge „Hände" anzuwerben.[96] Aber man beauftragt – jedenfalls in diesem Falle – weder direkt noch indirekt jemanden mit der Aushebung von Leuten jenseits der Grenze oder der Organisierung der Anreise.[97] Das bedeutet freilich nicht, dass das Unternehmen keine Auswahlkriterien hat, und bei näherem Hinsehen ist die Aussage, dass alle eintreten dürften, die laufen könnten, nicht ganz richtig.[98] Es wurden am Anfang sehr wohl Anforderungen an Bewerber*innen wie bspw. bestimmte Sprachkenntnisse formuliert. Aber diese Kriterien wurden unter dem Eindruck von Anwerbeproblemen schnell zurückgestellt. Kenntnisse wie Fähigkeiten wurden zudem bei der Bewerbung auf die meisten Stellen (Picker, Packer oder vergleichbar) nicht oder nur sehr oberflächlich überprüft, ebenso wenig physische Gesundheit oder politische Zuverlässigkeit.

96 Dass die Bewerber*innen gleichwohl bereit sein mussten, lange Wegzeiten und ungünstige Schichten in Kauf zu nehmen, steht auf einem anderen Blatt. Die komplizierte Anreise wurde, wie wir sehen werden, eine der wichtigsten Quellen betrieblicher Alltagskonflikte.

97 Das ist eine zu unterscheidende Form, aber keine allgemeine Regel. An anderen Orten, wie in einigen Versandzentren, gegenüber denen Distributionszentren, was die Arbeitsbedingungen betrifft, lediglich wie eine angenehm temperierte Vorhölle wirken, kann es durchaus dazu kommen, dass in der Beauftragung von Leiharbeitsfirmen eine aktive Organisierung der Anreise eingeschlossen ist. Das heißt: Wilhelmsburg könnte für ein Unternehmen wie das hier untersuchte möglicherweise auch deshalb *charming* sein, weil die Standortwahl die Extrakosten spart, die mit der Übernahme logistischer Aufgaben bei der Heranschaffung von Arbeitskräften verbunden sind. Ein auf das Unternehmen bezogener Vergleich ist allerdings diesbezüglich hier nicht im Detail möglich, denn wir sind in unserer Erhebung nur ausnahmsweise (nämlich am Rande eines der Vergleichsbetriebe, in einem einzelnen Interview mit einer Personalerin aus einem Versandzentrum) auf die Nutzung von Vermittlern gestoßen. Kurz vor Redaktionsschluss dieses Buchs lag endlich eine erste Untersuchung über die neuen Amazon-Strukturen vor: Boewe et al. 2021. In diese Richtung muss aus meiner Sicht unbedingt weiter geforscht werden, s. Kapitel 3.3 dieses Buchs.

98 In einem der Lehrforschungsprojekte, die ich gemeinsam mit Jürgen Kädtler an der Universität Göttingen zu Versandhandelsarbeit angeboten habe, haben Sarah Könecke und andere den Rekrutierungsprozess bei Amazon genauer untersucht. Der Gruppe verdanken wir auch Interviews mit weiteren Beteiligten, so in einem Jobcenter: Könecke et al. 2018.

Die Aussage, dass jeder den Job machen kann, ist auch sonst nicht gleichbedeutend damit, dass die Tätigkeit keine Herausforderungen beinhaltet. Sie ist vielmehr ein Hinweis darauf, wie das Management den Arbeitsprozess und die konkret zu verrichteten Tätigkeiten *interpretiert*. Die Kontrolle der „Hände" im Rekrutierungsprozess, könnte man vermuten, ist abgeschwächt, weil sie in die Fabrik selbst verlagert ist. Dort hingegen funktioniert sie in einer Kombination aus Bewährung (befristete Arbeitsverhältnisse, Auswahl der zu Entfristenden) und Überwachung (jederzeit verfügbare Informationen über die sogenannte Performance).[99] Dieses Bild zeichnen im Übrigen auch vorhandene arbeitssoziologische Studien zum Online-Versandhandel, die davon ausgehen, dass bei einfachen Arbeiten wie in der Kommissionierung oder beim Verpacken die Anlernzeit im Betrieb zwischen einigen Tagen und zwei Monaten liegt.[100] Nach kurzer Zeit sei eine entsprechende Routine vorhanden, die die Beschäftigten in die Lage versetze, zumindest eine Zeit lang die Tätigkeit im geforderten Tempo auszuführen.

In unserem zweiten Untersuchungsfall, der Fleischindustrie, dominiert eine ähnliche Erzählung, allerdings vor dem Hintergrund einer anderen Anwerbeform: Hier handelt es sich um eine seit mehr als zwei Jahrzehnten etablierte Vermittlungskette, die bis 2021 überwiegend in osteuropäischen EU-Ländern anfing und am Tor des Schlachthofs endete. Anders als im Versandhandel handelt sich es sich hier um eine transnationale Anwerbung von Arbeitskraft, in die umso mehr Ressourcen investiert werden müssen, desto schwieriger es wird, im lokalen, örtlichen Umfeld geeignete Arbeitskräfte zu finden. Diese Notwendigkeit, sprich die Beauftragung von Anwerbeexpert*innen und Anreiseorganisierungsspezialist*innen, ist einer der Gründe, die der langen Persistenz des Werkvertragssystems zu Grunde lagen und dazu beitragen, dass das Subunternehmertum bis heute, nämlich *nach* der Durchsetzung des Arbeitsschutzkontrollgesetzes, *faktisch* nicht verschwunden ist.

99 Stefan Rüb und andere Arbeitssoziolog*innen sehen dies als aktuell wichtigstes Element von durch Betriebsräte moderierten Digitalisierungskonflikten: Rüb 2021, S. 149.

100 Butollo et al. 2018, S. 151, 154.

Gleichzeitig unterscheidet sich die Fleischindustrie, zumindest auf den ersten Blick, hinsichtlich der Anforderungen an die Tätigkeiten selbst kaum vom Online-Versandhandel. Janos Mertin, der sich im Rahmen einer Masterarbeit in unserem SOFI-Projekt spezifisch mit der Frage der Qualifizierung in Schlachtung, Zerlegung und Verarbeitung beschäftigt hat, geht von ähnlich kurzen Anlernzeiten aus.[101] Diese Einschätzung korrespondiert mit dem Hinweis auf die Aufteilung des Prozesses in kleinste Arbeitsschritte, mit Friedrichsen und Huck: „Jeder einzelne Arbeiter wiederholt immer wieder den gleichen Schritt, sei es das Setzen der Elektrozange, der Schnitt zum Entbluten, das Entfernen der Gedärme oder das Zerlegen."[102] In der Tat war lange Zeit im Management vieler fleischindustrieller Betriebe Common Sense, die Arbeit möglichst zu vereinfachen und die Anlernzeit der neu angeworbenen Beschäftigten quasi auf null zu reduzieren. Überwachung durch technische Aggregate, Einbindung in Fließproduktion sowie die Kontrolle durch die Subunternehmer brachten die Vorstellung hervor, jene berühmte „Jedermannsarbeit" anzubieten. Die damit verbundene Fiktion war, dass dadurch das Angebot an Arbeitskräften quasi unbegrenzt werde, eine auch schon bei Piore angesprochene Management-Utopie,[103] die (wie so viele andere Utopien) in Wirklichkeit nie Bestand hat.

Wo in der Arbeitssoziologie von Einfacharbeit die Rede ist, liegt im Grunde ein ähnliches Modell der gespaltenen Ökonomie industrieller Arbeit zugrunde, wie wir es in der Migrationsforschung bei Piore gefunden haben. Als Fundament der unterschiedlichen Definitionen von „einfach" kann die These der Polarisierung von Arbeitsverhältnissen in der Industrie bezeichnet werden, die Horst Kern und Michael Schumann nur zwei Jahre vor Piore entwickelt hatten: Die beiden SOFI-Mitbegründer unterschieden streng zwischen Tätigkeiten mit „niedrigem" und mit „hohem Qualifizierungsniveau", und sie gingen davon aus, dass sich die Arbeitswelten in beiden Segmenten nach und nach auseinander entwickeln wür-

101 Mertin 2020, S. 82.
102 Friedrichsen und Huck 2018, S. 26.
103 Piore 1979, S. 25f.

den.[104] Sie verdichteten die These in der Vorstellung, dass es auch insgesamt zu einer Dualität industrieller Produktionsmodelle käme. Dabei blieb, immerhin 22 Jahre nach dem Anwerbeabkommen mit Italien, die *Migrantisierung* (und in vielen Bereichen auch Feminisierung) des Feldes der sogenannten Niedrigqualifizierung und der damit verbundene Komplex der Abwertung von Qualifikation jedoch unberücksichtigt.

So auch heute. In der wegweisenden Untersuchung von Abel et al. wird „Einfacharbeit" definiert als Summe der

> „Tätigkeiten, die im Gegensatz zur qualifizierten Facharbeit keine Berufsausbildung verlangen und die nach kurzen Qualifizierungs- oder Einarbeitungsprozessen ausgeführt werden. Die einfachen Tätigkeiten sind in der Regel arbeitsplatz- bzw. arbeitsbereichsbezogen; übergeordnetes Wissen und Hintergrundwissen spielen keine bzw. eine untergeordnete Rolle. In der technisch-funktionalen Komplexität und der Handlungsautonomie der Einfacharbeiter bestehen Spielräume ‚nach oben', wenngleich sich diese auf einem vergleichsweise niedrigen Niveau befinden."[105]

Empirische Grundlage dieser Definition ist eine Fallstudie in der Ernährungsindustrie, welche als eine der Branchen identifiziert

104 Kern und Schumann 1977, S. 314–315. Die Position wurde in der Industriesoziologie breit aufgenommen, insofern die Verbindung zu Piore kein reiner Zufall ist, wenngleich die Diskurse der Migrations- und Arbeitsforschung auch zur damaligen Zeit jener merkwürdig strengen fachlichen Arbeitsteilung unterlagen wie heute. Kritisch zur Polarisierungsthese s. bereits zeitgenössisch Gottschalch und Ohm 1977.

105 Abel et al. 2009, S. 10. Die Definition findet sich wortgleich auch in einigen weiteren Publikationen dieses Autorenteams. Es sei hier erwähnt, dass sie ganz ähnlich auch auf einfache Dienstleistungsarbeit zu übertragen wäre. In der Liste der zu untersuchenden Branchen bei Abel et al. fehlt allerdings insbesondere der Online-Versandhandel, was mit der Begrenzung auf Industriearbeit ebenso zu tun haben mag wie mit dem erst nach 2009 massiv und dann insbesondere in der Pandemie deutlich gewordenen Bedeutungswachstum des Onlinehandels: Das Rätsel, wie die Arbeit in Distributions- und Verteilzentren zwischen „Dienstleistung" und „Industrie" zu qualifizieren ist, wird in Kapitel 2.2 dieses Texts („Vergleichsperspektiven") bearbeitet (wenn auch nicht gelöst, s. dort).

wird, in der das Vorkommen von „Einfacharbeit“ weit überdurchschnittlich ist. Im Auswertungsbericht der Studie wird zwar lakonisch konstatiert, dass in den untersuchten Bereichen zugleich „der Anteil von Personen mit Migrationshintergrund vergleichsweise hoch ist.“[106] Weitergehende Schlüsse werden daraus allerdings nicht gezogen.

Die Definition „Einfacharbeit“ ist statisch: Sie sieht von sozialen Bezügen, in denen Arbeitsleistungen bewertet und kategorisiert werden, ebenso ab wie von der Frage, wie diese sich entwickeln und verändern. Sie sagt nichts über differentielle Inklusion, die über die Abwertung und Anerkennung für „Qualifikation“ vermittelt ist. In Anschluss an Arbeiten von Peter Streckeisen gehe ich in dieser Studie davon aus, dass „Qualifikation“ grundlegend an soziale Beziehungen und Machtverhältnisse geknüpft ist.[107] In dieser Hinsicht kann die arbeitssoziologische Forschung von der Migrationsforschung profitieren, die einen klaren Begriff davon entwickelt hat, wie der Kampf um Anerkennung von Wissen und Kenntnissen mit der Abwehr rassifizierender und vergeschlechtlichender Zuschreibungen verbunden ist.

Digitaler Taylorismus

Dass „Einfacharbeit verschwindet“, ist eine in der Öffentlichkeit noch immer weit verbreitete Vorstellung. Aber die beiden hier vorgestellten Branchen wachsen seit längerem rasant. Fleischindustrie und Online-Versandhandel schlagen in allen Kennziffern seit Jahren alle Rekorde – nicht erst seit Beginn der Pandemie. Der Boom dieser Sektoren hat sogar einen Teil dazu beigetragen, dass selbst ganz allgemeine Einschätzungen über die Epoche, in der wir uns aktuell befinden, erodieren. Das gilt etwa für das Schlagwort vom Post-Taylorismus, das zeitweise in der sozialwissenschaftlichen Debatte recht verbreitet war.[108] Mittlerweile spricht man hierüber

106 Abel et al. 2011, S. 29. „Migration“ wird an drei Stellen im Text erwähnt, überall allerdings lediglich statistisch-deskriptiv.

107 Streckeisen 2008. Dabei ist „Qualifikation“ auch durch Kontexte wie bspw. Arbeitsmarktverhältnisse, technische Entwicklung sowie institutionelle Regulierung bestimmt. Für ein Modell s. Mertin 2020, S. 29.

108 Zu einer zusammenfassenden kritischen Würdigung s. Dörre 2002.

etwas genauer, so etwa von „flexibler Standardfertigung", die auf einem tayloristischen Ansatz der Arbeitskraftnutzung beruhe. Diese sei von klassisch-tayloristischen Kontrollmodi zu unterscheiden, indem sich in Unternehmen Modelle entwickelt hätten, durch die Produktion schnell und flexibel an kurzfristige Marktentwicklungen angepasst werden kann. Automatisierung sei dort insofern nicht zuletzt eine Grenze gesetzt, weil der Einsatz menschlicher Arbeitskraft ob ihrer Flexibilität deutliche Vorteile bringt. Staab fasst zusammen: „In einer Fabrik, in der heute Hackfleisch in unterschiedlichen Portionierungen übers Band läuft, morgen aber ganze Truthähne verpackt werden müssen, ist der Mensch noch immer am besten dazu in der Lage, den wechselnden Anforderungen gerecht zu werden – was natürlich nicht bedeutet, dass diese Tätigkeiten besonders komplex wären."[109]

Obwohl Staab von Hackfleisch spricht, ist für das flexible Spezialisieren deutlich öfter auf den Online-Versandhandel verwiesen worden, zuletzt unter dem wiederum neuen Wort-Zusatz des „digitalen" Taylorismus. So gilt insbesondere das, was man über die Arbeitsbedingungen bei Amazon weiß, als Musterbeispiel für ein System rigider Zergliederung und Kontrolle der Arbeit in Anwendung digitaler Technologien.[110] Die Begriffsbildung schließt an frühere Analysen an, die von einer „Re-Taylorisierung" von Arbeitsprozessen gesprochen haben. Dort wird eine Art Wiederkehr wesentlicher Elemente der ungefähr zwei Jahrzehnte lang für überkommen gehaltenen Konzepte konstatiert:[111] die strikte Trennung zwischen planender und ausführender Ebene im Arbeitsprozess sowie eine hochdifferenzierte Arbeitsteilung, in der jede Bewegung streng vermessen wird. In Bezug auf den „digitalen" Taylorismus scheint es allerdings eine Wiederkehr unter neuen Vorzeichen zu sein, weil die Herrschaft dieser Logik nicht mehr in gleicher Weise persönlich vermittelt ist. Der wilde Vorarbeiter, der in Chaplins „Moderne Zeiten" schreiend immer wieder den Punkt des Fließbandes zeigt, an dem Charlie seine Schraube zu

109 Staab 2016. Vgl. Abel et al. 2014.
110 Vgl. Nachtwey und Staab 2015.
111 Vgl. Kurz 1999.

drehen hat, wird durch das permanente Scannen der Ware und ihrer Bewegung algorithmisch „technisch-naturwüchsig" – selbst zu einer Art Maschine.

Um es vorwegzunehmen: Ein Blick auf die Managementtätigkeit in unseren Untersuchungsbetrieben zeigt, dass die programmierte Umsetzung von Aufträgen, die Menschen nur noch mechanisch auszuführen haben, Utopie geblieben ist. Andere Kontrollformen, vor allem die persönliche Prüfung und Anweisung durch Vorarbeiter usw., sind keinesfalls obsolet geworden. Plastisch ausgedrückt: Würde der Arbeiter vor allem durch den Scanner und das Fließband kontrolliert, bräuchte es bei Amazon kein Feedback und in der Fleischbude keinen Anschiss. Es stellt sich von daher die naheliegende und wichtige Frage, ob sich beim „Taylorismus 2.0" dieselben Bruchstellen zeigen wie früher: Auch das historische Konzept litt darunter, dass „Erfahrungsschatz und das Improvisationsvermögen" der Arbeitenden vermittels einer rigiden „objektiven" Steuerung aller Arbeitsschritte abgewertet und zumindest auf dem Papier ausgeschlossen wurden. Aber gleichzeitig spielt die Eigenständigkeit von Arbeitshandeln selbst in bis ins Kleinste arbeitsteilig aufgeteilter Produktion eine meist unterschätzte, jedoch für deren Aufrechterhaltung entscheidende Rolle.[112] Für die Dysfunktionalität des „alten" Taylorismus sprach ja nicht zuletzt, dass „subjektivierte" Kontrollsysteme insbesondere seit den 1990ern (Gruppenarbeit, *lean production*, Nutzung von Selbstorganisation, indirekte Steuerung etc.) auf die Nutzung derart „kompensatorischen" Arbeitshandelns abzielten.[113] Dass solche Momente im „neuen" Taylorismus keine Rolle spielen, ist eine Vorstellung, die unwahrscheinlich erscheint.

Butollo et al. subsumieren die angedeuteten Probleme unter dem Begriff der „Störungsanfälligkeit der Produktion."[114] Auf der Grundlage eines kleinen Interviewsamples zum Online-Versandhandel schließen sie, dass sich in ihrem Untersuchungsbetrieb bislang kaum Kontrollprobleme ergeben hätten. Es ist allerdings eine

112 Wolf 1999, 86f., 93f. Vgl. auch Hodson 1991.

113 Vgl. u.a. Matuschek et al. 2008.

114 Butollo et al. 2018, S. 146.

leichte Spannung zu spüren, wenn ein Programmierer einerseits von einem „relativ stabilen Zustand der Logistik“ berichtet,[115] während er andererseits beklagt, dass „Kreativität (der Beschäftigten im ‚operativen Bereich‘) ein Problem ist“.[116] Liest man diesen Satz genau, dann ergibt sich daraus eine potenzielle „Störung“: Produktionsverbesserungen werden durch die Beschäftigten blockiert. Der Befragte tröstet sich über diesen Umstand insofern hinweg, als dass die Beschäftigten nach seiner Auffassung unmittelbar algorithmisch gesteuert werden könnten. Klingt tautologisch: Die Leute werden ja kontrolliert, weil sie kontrolliert werden. Die Katze beißt sich in den Schwanz. Auch die Pickerinnen bei Amazon oder die Zerleger bei Tönnies sind keine „Fabrikaffen“, genauso wenig wie es die alten Fabrikarbeiter*innen waren. So war in den 1960ern „reelle Subsumption“, wie sich spätestens in den migrantischen Streiks am Ende des Jahrzehnts überall in Westeuropa zeigte, eher Managementphantasie als betriebliche Wirklichkeit.[117] Der Blick auf lokale betriebliche Alltagskonflikte und „kleine“ Arbeitskämpfe trug zu einem entscheidenden Wechsel der Perspektive bei: Plötzlich wurden Migrant*innen auch in der allgemeinen Öffentlichkeit nicht mehr ausschließlich als wehrlose Opfer oder unorganisierbare Lohndrücker gesehen.

Ein Perspektivwechsel könnte auch nicht schaden, wenn man *heute* über die Formen der Kontrolle und die Strategien des Managements spricht. So ist die Bedeutung von Werkverträgen und Leiharbeit in der Fleischindustrie sowie von Befristungen und Leiharbeit im Online-Versandhandel auch ein Hinweis darauf, dass eine manageriale Einhegung von Konflikten weiterhin keineswegs alleine auf die Organisation des Arbeitsprozesses beschränkt ist.[118]

115 Ibid., S. 149.

116 Ibid., S. 151.

117 Dies ist auch gegenüber der Anwendung dieser Marxschen Konzeption auf andere Amazon-Fälle einzuwenden, vgl. Barthel und Rottenbach 2017. Zum Zusammenhang zwischen „algorithmic integration“ und „disobedience“ s. zuletzt auch Schaupp 2021.

118 Das ist keine besonders neue Entwicklung, sondern überall ein Ergebnis neoliberaler Beschäftigungs- und Arbeitspolitik, die sich freilich im transnationalen Maßstab in unterschiedlichen Formen Ausdruck verleiht: Holst 2017.

Denn auch auf diesem Terrain findet eine Auseinandersetzung statt. Wir werden im Folgenden immer wieder darüber berichten, wie die Machtpositionen von Arbeitenden im Arbeitsprozess und außerhalb des Arbeitsprozesses *verbunden* sind. De Drohung der Arbeiter*innen, „nach Hause zu gehen" oder auch nur „die Straßenseite zu wechseln", ist eine beliebte, wenn nicht gar zentrale Form aktueller, lokaler Arbeitskämpfe. Es ist auf der anderen Seite der Link zu dem, was wir in Kapitel 1.1. zur Migrationsforschung diskutiert haben: Die Beobachtung, dass in der Arbeitsgesellschaft mehrere Welten existieren, macht sich auch an spezifischen Formen des Arbeitskampfes fest, die, wie Morrison u.a. zurecht konstatieren, auch durch die Form der Anwerbung/Anreise geprägt sind.[119]

Ich habe im vorigen Abschnitt skizziert, wie die arbeitssoziologische Forschung die Entwicklung dieser getrennten Welten als „Prekarisierung" diskutiert: Es wurde dabei auch konstatiert, dass sich Beschäftigungsverhältnisse immer mehr von dem entfernen, was seit den 1960er-Jahren in vielen Ländern des globalen Nordens als „normal" galt. Die These war außerdem, dass diese langsame Erosion früherer Normalitätsvorstellungen sowie sozialer Ansprüche, die in historischen Arbeitskämpfen entstanden sind, in Bezug auf das Selbstbewusstsein von Arbeitenden nach und nach zur Bildung einer „nichtnormalen Normalität"[120] oder – klassentheoretisch inspiriert – zur Entstehung eines „Prekariats"[121] führen würde. Es sei hier dahingestellt, ob dieses Prekariat sich auch in der Wirklichkeit politisch konstituiert. Aber ich habe bereits darauf hingewiesen, dass in der arbeitssoziologischen Analyse einer sich ausweitenden „Zone der Entkopplung"[122] Migration eine erstaunlich randständige Rolle spielt. Man könnte dies damit erklären oder verteidigen, dass „Prekarität überall ist", wie es Bourdieu

119 Morrison et al. 2013.

120 Hürtgen und Voswinkel 2014.

121 Dörre 2005, S. 253.

122 Auch zur Frage des Zusammenhangs zwischen Prekarität und Klassenbildung, wie zur Prekaritätsdebatte überhaupt, gibt es Wagenladungen von Texten, die hier mit Rücksicht auf den Papierverbrauch nicht aufgezählt werden sollen, spektakulär zuletzt etwa Standing 2011.

formulierte,[123] während die Auseinandersetzung mit spezifisch an Migrationsverhältnisse gebundener Prekarisierung lediglich von einem klassenpolitischen Universalismus – der Utopie von der „großen Klasseneinheit“ – ablenkt. Dieses möglicherweise verständliche politische Motiv wird aber darin kontrastiert, dass die segmentierten Verhältnisse alles andere als identitätspolitische Fiktion sind: Jene Sektoren, in denen nur Migrant*innen arbeiten, *existieren wirklich*.

Will man ihre konkrete Existenz mit der Begriffsbildung soziologischer Forschung in Einklang bringen, dann stellt sich *erstens* die Frage nach dem Prekaritätsbegriff, *zweitens* die Frage nach der Bedeutung dessen, was in der Arbeitssoziologie zuletzt als „Fragmentierung“ gefasst wurde. In Bezug auf den Prekaritätsbegriff wurde bereits auf unterschiedlich weite Definitionen verwiesen. In Teil 1.1 habe ich gezeigt, dass diese Erkenntnis sowohl in der globalen Arbeitsforschung als auch in der Migrationsforschung längst keine Sensation mehr ist, woran ich mit dem Begriff der „multiplen Prekrität“ anzuschließen versuche. *Zweitens* aber gibt es eine interessante Parallele zwischen dem in der Migrationsforschung verankerten Begriff der „differentiellen Inklusion“ und der in der Arbeitssoziologie in den letzten Jahren stark diskutierten „Fragmentierung“.[124] Einige neuere arbeitssoziologische Texte schreiben diesem Begriff eine geradezu epochale Wertigkeit zu. „Fragmentierung“ wurde mit unterschiedlichen Tendenzen assoziiert, als deren „Nullpunkt“ oft die frühen 1980er-Jahre benannt werden. Der konkrete historische Ort dieses „Nullpunkts“ stimmt – bei allem berechtigten Zweifel daran, ob in Bezug auf segmentierte Belegschaften dies wirklich so gesehen werden kann – mit dem Einsetzen der neoliberalen Offensive im globalen Norden über-

123 Bourdieu 1993. Der Satz taucht in einem wunderbaren Vortrag auf, den Bourdieu auf einer Konferenz gegen Prekarität gehalten hat – noch deutlich inspiriert durch einen massiven, wochenlangen Generalstreik in Frankreich im Jahre 1995, der die Befunde aus der 1993 veröffentlichten kollektiven Studie zum „Elend der Welt“ sowohl verifizierte als auch in einen öffentlichen Konflikt verwandelt hatte, s. Bourdieu 1998, S. 98ff.

124 Marchington et al. 2004. Vgl. auch Holst 2017.

ein. Es ist also ein Befund, der empirisch wie begrifflich mit dem von Piore Gefundenen korrespondiert.

Am deutlichsten hat diese Entwicklung zuletzt Harald Wolf gezeichnet:[125] Er schlägt in einem kurzen Text vor, die Analyse von Arbeitsprozessen in eine ganzheitliche Analyse von Wertschöpfungsketten und damit eine „Erneuerung gesellschaftlicher Arbeitsteilung" einzuordnen. Jener Teil von Arbeitsprozessen, der seine als quasi natürlich angenommene Umgebung im Betrieb hat, bleibt aus seiner Sicht eine notwendige, aber längst keine hinreichende Variable mehr für Erklärungen von Veränderungen von Arbeitsbedingungen und Kräfteverhältnissen zwischen Kapital und Arbeit. Wolf fordert daher einen erneuerten Blick auf die „Arbeitsteilung im Großen": Denn man ziele „nicht (mehr) vorrangig auf die Zergliederung der Arbeit innerhalb von Unternehmen, sondern auf die Abspaltung, Neuverteilung und Neuzusammensetzung einer Vielzahl von Arbeitsprozessen in und zwischen Unternehmen und Branchen (ab)."[126] Auch hier findet sich eine Übereinstimmung mit der neueren Migrationsforschung im Hinweis auf die Bedeutung der *division of labor*. In der Arbeitssoziologie ist gleichwohl noch immer ein weitgehend blinder Fleck, dass es sich eben auch um *a new migrant division of labor* (Wills et al.) handelt. Wie Johanna Neuhauser und ich anderswo argumentieren,[127] ist diese im Kontext des Formwandels gesellschaftlicher Arbeitsteilung *insgesamt* zu untersuchen, als veränderte Konfiguration von Macht- und Herrschaftsverhältnissen, ein Formenwandel, der nur unzureichend analysiert werden kann, ohne (auch) einen Blick auf Migrationsverhältnisse zu werfen.

Dieses Buch ist also ein Beitrag zur Frage, wie der Zusammenhang zwischen Verwertung, Arbeit und Migration gedacht werden kann. Im Zentrum steht eine Verbindung von Perspektiven der Migrations- und Arbeitsforschung, zugleich ist es ein Versuch, dort eingeführten Begriffen wie Informalisierung, Segmentierung oder Fragmentierung anhand der Empirie von Kämpfen der Migration

125 Wolf 2018.
126 Ibid., S. 77.
127 Neuhauser und Birke 2021.

in abgewerteten Sektoren eine schärfere Kontur zu verleihen. Im Fluchtpunkt dieser Verbindung unterschiedlicher Analyseperspektiven liegt dabei die Auseinandersetzung mit kollektiver Organisierung und Arbeitskämpfen.

Arbeitskämpfe als Fluchtpunkt

Arbeitskämpfe finden auf sehr unterschiedlichen Ebenen statt – vom lokalen Protest in der Kantine bis zum bundesweiten Flächenstreik, von der Auseinandersetzung um Arbeitszeiten, die mit dem unmittelbaren Vorgesetzten geführt wird, bis zum Tarifkampf um Arbeitszeitregeln. In einem anderen Zusammenhang habe ich wilde, nicht offiziell von Gewerkschaften organisierte Streiks als „moving target" bezeichnet, das schwer zu fassen und zu bestimmen ist, aber zugleich eine Art Scharnier zwischen solchen Polen bildet.[128] So sind kleine, lokale Arbeitskämpfe eher als stark institutionalisierte, große Streiks direkter Ausdruck betrieblicher Kräfteverhältnisse. Für das Management oft überraschend, ohne große Ankündigung und meist auch ohne öffentliche Wahrnehmung, sind wilde Streiks für die Arbeitenden eine Form, die Kraftprobe direkt einzugehen, dort, wo es der Gegenseite sofort wehtut. Und je nachdem, wie sich die eigene Arbeitsmarktposition darstellt, bringen solche Aktionen durchaus schnelle Verbesserungen. Es ist angesichts der zunächst oft schwachen Bindung der ersten Generation von Migrant*innen an die lokalen Gewerkschaften kein Zufall, dass diese Streikform in Geschichte und Gegenwart migrantischer Kämpfe eine wichtige Bedeutung hat. So waren historisch für die Forderung der „Gastarbeiter*innen"-Generation nach gleichen Löhnen und erweiterten sozialen Rechten wilde Streiks ein wichtiger Katalysator. Sie brachten zwischen den 1950er und 1970er Jahren immer wieder sowohl rassistische Angriffe als auch Verständnis, Akzeptanz und Solidarität von Kolleginnen und Kollegen und in der allgemeinen Öffentlichkeit hervor. In letzter Instanz waren sie auch Grundlage veränderter gewerkschaftlicher Positionierungen,

128 Birke 2019, S. 6: „Wilde Streiks sind eines der vielen *moving targets* der Geschichte, ein uneinheitliches, schwach institutionalisiertes, schwer zu greifendes Phänomen."

die sich seit den 1970er Jahren zunehmend nicht mehr in Migrationsabwehr erschöpften, sondern versuchten, aktive Teilhabe von Migrant*innen an Beschlüssen und Strategien sowie betrieblicher Mitbestimmung zu ermöglichen.[129]

Viel später, in der Rezeption durch Historiker*innen und Aktivist*innen, kam überwiegend oder ganz von Migrant*innen geführten Arbeitskämpfen eine wichtige Rolle bei der Entdeckung der „Autonomie der Migration" zu. Es ist dies ein Begriff, mit dem seit den 2000er-Jahren die Selbstständigkeit der kollektiven Organisierung von Migrantinnen und Migrantinnen betont wird.[130] Wichtig für meine eigene Konzeption ist dabei zunächst die Erinnerung daran, dass „Autonomie der Migration" breiter gedacht wurde als lediglich auf betriebliche Konflikte bezogen, namentlich als Verbindung mehrerer Terrains (so am Arbeitsplatz, aber auch schon an der Grenze, in Bezug auf Aufenthaltsregime und Sozialrecht, aber auch in Mieter*innenkämpfen).[131] In der Debatte um den Begriff der „Autonomie der Migration" wurde allerdings eingewandt, dass jener Konflikte um Migrationsverhältnisse nicht genügend differenziert zu fassen vermöge. Die Vulnerabilität migrantischer Arbeiter*innen würde in einem konstruierten Bild von „dauerndem Widerstand" geleugnet.[132] Es sei demgegenüber die Feststellung notwendig, dass der „Eigen-Sinn" von kollektivem Handeln Ambivalenzen und Zielkonflikte enthalte und sogar hervorbringe.[133]

So können isolierte Arbeitskämpfe betriebliche Hierarchien verstärken, indem eine Gruppe von Arbeitenden für ihre Forderungen kämpft, aber nicht für die Verbesserung der Arbeitsbedingungen insgesamt. Auch in wilden Streiks kommt nicht nur die

129 Hierzu gibt es mittlerweile einige Literatur, zuletzt Goeke 2020, Riedner 2021. Im internationalen Vergleich: Trede 2015.

130 Umfassend für unterschiedliche Momente migrantischer Selbstorganisation – von der Überquerung von Grenzen bis hin zu Arbeitskämpfen – hat dies zuerst ausgeführt: Bojadžijev 2008.

131 Konzeptionell s. Bojadžijev und Karakayali 2007.

132 Für eine vorläufige Zusammenfassung s. Scheel 2015, S. 6.

133 S. etwa Benz und Schwenken 2005. Zum Begriff des „Eigen-Sinns" in der Alltagsgeschichte s. Lüdtke 1993.

unmittelbare Reaktion gegenüber Zumutungen des Managements zum Ausdruck, sondern ebenfalls oft sehr direkt die Fragmentierung und Zerklüftung von Belegschaften. Auch an dieser Stelle ist auf die notwendige analytische Verbindung von Migrations- und Geschlechterverhältnissen hinzuweisen. So hat etwa Johanna Neuhauser zum Ausdruck gebracht, dass in Studien zu Arbeit und Migration eine Tendenz bestehe, Geschlechterverhältnisse vor allem auf als weiblich konnotierte Arbeit zu beziehen (Pflege, Erziehung etc.), während „Gender Studies über Bereiche, in denen migrantische Männer vorwiegend arbeiten, selten sind".[134] Da sowohl im Online-Versandhandel als auch in der Fleischindustrie überwiegend und in einigen Tätigkeitsfeldern fast ausschließlich Männer beschäftigt sind, ist diese Feststellung für meine Studie von genauso großer Bedeutung wie jene, dass es sich um Sektoren handelt, in denen angesichts eines niedrigen Grades an formaler gewerkschaftlicher Organisierung und Tarifierung wilde Streiks potenziell eine wichtige oder sogar tragende Rolle für Konfliktverläufe spielen. In deren Analyse wäre mithin zu untersuchen, wer genau für welche Ziele kämpft und wie sich nicht nur rassifizierte, sondern auch vergeschlechtlichte Arbeitsteilung in diesen Kämpfen abbildet, bricht und erneuert.

In unserer Untersuchung haben wir, dies sei hier vorweggenommen, so viele Hinweise auf lokale betriebliche Kämpfe erhalten, dass sich recht leichthändig – und ganz im Gegensatz zum öffentlich dominanten Diskurs über „wehrlose" Arbeiter*innen – eine „Autonomie der Migration" auch für die Zeit von 2017 bis 2021 rekonstruieren ließe. Es sei dahingestellt, ob dies sinnvoll ist oder nicht. Wichtiger erscheint im Kontext der Frage nach den Arbeits- und Lebensverhältnissen neuer Migrant*innen, dass die in den letzten Abschnitten diskutierten Konnotationen von Begriffen wie „Einfacharbeit" oder „digitaler Taylorismus" nicht zuletzt in den von uns gefundenen Arbeitskämpfen selbst zur Disposition gestellt werden. So ist die Differenziertheit von „Qualifikation"

134 „There is an emphasis on female migrants and care labour, while gender studies on working areas in which migrant males are predominantly employed are scarce." Neuhauser 2018, S. 450. Ähnlich s. Kofman 2013.

und die permanente Arbeit an ihrer sozialen (Re)-Konstruktion umkämpft, kein statisches, natürliches Moment, sondern Ausdruck einer herrschaftlich vermittelten gesellschaftlichen Arbeitsteilung, die in betrieblichen Alltagskämpfen wie lokalen Streiks immer wieder ausgehandelt und angegriffen wird. Und auch die Unmöglichkeit, Arbeitshandeln „algorithmisch" zu programmieren, steht im Zentrum dieser Kämpfe. Arbeitskämpfe sind insofern der *Fluchtpunkt* dieses Buchs: Sie sind wie eine Art Lackmustest für gängige Begriffsbildungen der Arbeits- und Migrationssoziologie. Und was vielleicht noch wichtiger ist: sie sind potenziell zugleich Signifikanten des Zusammenhangs zwischen sozialen Kämpfen und gesellschaftlichem Wandel. Es ist also zu diskutieren, welche Veränderungsimpulse durch die beobachteten kleinen und großen Verweigerungen getragen werden. Hierfür schlage ich drei Kriterien vor:

Erstens thematisiere ich die Verbindung zwischen Konflikten um Arbeitsbedingungen innerhalb des Produktionsprozesses mit jenen auf anderen gesellschaftlichen Terrains (Anreise, Arbeitsmarkt, Wohnen, Sozialeinkommen etc.). Welche Rolle spielen vorgefundene Bedingungen und Resultate von Konflikten in A für das Handlungsfeld von B und umgekehrt?[135]

Zweitens geht es um die Frage nach der Verbindung von Arbeitskämpfen und staatlicher Regulation.[136] Fördern oder erschwe-

135 Vgl. Waterman 1993.

136 „Regulation" wird hier als prozessierender Widerspruch verstanden. Staatliche Eingriffe in Arbeitsverhältnisse sind demnach selbst Ausdruck und Resultat sozialer Kämpfe (nämlich als ihre „Verdichtung", s. Poulantzas 2002, S. 154–175, vgl. auch Bretthauer et al. 2006, S. 9–12). Für den Gegenstand dieses Buchs ist interessant, dass der als Resultat dieser Kämpfe in der kritischen Regulationstheorie definierte historische Kompromiss (die „Formation" des „Fordismus") in den Untersuchungsfällen gleichsam abwesend ist. In neuen Branchen und Unternehmen, in denen neue Migrant*innen beschäftigt sind, gibt es die entsprechenden Traditionen und Pfadabhängigkeiten nicht. Oder wenn doch, dann nur als schwache Erinnerung, was wiederum einen Raum bietet für die Erklärung des Umstands, dass neu konstituiertes staatliches Eingreifen in Arbeitsverhältnisse dort eine wichtige Rolle spielt: Es handelt sich aus dieser Sicht gerade *nicht* um eine Re-Regulierung, die auf einen definierten Vorzustand und seine verblichenen Ideale verweist. Allerdings können konkrete Variablen und Resultate unterschiedlicher staatlicher

ren Eingriffe staatlicher Instanzen auf den verschiedenen Terrains (wie Gesetzgebung, Aufsicht und Kontrolle) migrantische Arbeitskämpfe? Welche Rolle spielen hier Prozesse der Informalisierung/Formalisierung, gerade angesichts der Feststellung, dass es sich häufig um eine mehrfache Prekarisierung von Arbeits- und Lebensverhältnissen handelt?

Und *drittens* geht es um die Frage nach der gewerkschaftlich-institutionellen Einbindung von Arbeitskämpfen.[137] Wie werden „kleine Streiks" (Bummeln, Sabotage, Exit, Boykott, wilde Streiks etc.) und „große" Streiks (die in aller Regel von Gewerkschaften organisiert und meist legal sind) vermittelt? Entstehen auf der Grundlage jener „kleinen" Arbeitskämpfe neue Formen organisatorischer und institutioneller Macht, die sich als steigender gewerkschaftlicher Organisationsgrad, in Form von Tarifverträgen oder in der Verankerung migrantischer Beschäftigter in Betriebsräten verdichtet?

Ausgangspunkt aller drei Kriterien, durch die hindurch Arbeitskämpfe als Form genommen werden, analytische Begriffe und gesellschaftliche Prozesse zu prüfen, ist mithin die Annahme, dass es ein Zusammenspiel der unterschiedlichen genannten Momente gibt, eine Dialektik von Regulation und Konflikt, Formalisierung und Informalisierung. Und es gibt ebenso ein Zusammenspiel der Machtressourcen, auf die die Arbeitenden auf verschiedenen Terrains zugreifen (können) und die durch die Arbeitskämpfe selbst wiederum erneuert oder auch geschwächt werden. Ich komme am Ende des Buchs auf diese Wechselwirkungen zurück. Im nächsten Abschnitt verlassen wir aber zunächst die Welt der Begriffe und Prozessbestimmungen und wenden uns dem konkreten Kontext

Eingriffe (wie etwa auf dem lokalen Level, auf dem zentralstaatlichen Level, in den unterschiedlichen Bereichen der Arbeitsteilung staatlicher Instanzen etc.) hier nicht im Mittelpunkt stehen, weil sie nicht der empirische Fokus der Studie sind. Zwar werde ich die große Bedeutung der Regulationsperspektive unten in der Diskussion des Arbeitsschutzkontrollgesetzes für die Fleischindustrie betonen. Die genaue Untersuchung staatlicher Politiken in Bezug auf den Gegenstand dieses Texts wird jedoch eine wichtige Aufgabe weiterer Forschungen bleiben.

137 Zur „institutionellen Macht" vgl. Schmalz und Dörre 2014, S. 227–228.

der Studie zu. Ich schildere zunächst die unterschiedlichen Formen der Migration, die im empirischen Material bedeutend sind. Danach gehe ich auf die ökonomischen Entwicklungen und Tendenzen in den beiden untersuchten Sektoren ein.

1.3. Neue Migration am Beispiel zweier Branchen

Vergleiche sind für diese Untersuchung auf den verschiedensten Ebenen wichtig: Industrie vs. Dienstleistung, wilde Streiks vs. Tarifstreiks, Rekrutierung im EU-Ausland oder im Stadtteil. Deshalb ist es notwendig, zu benennen, welche Vergleichsperspektiven zentral sind: Anschließend an die Aufteilung in Abschnitt 1.1 und 1.2 fokussiere ich hier, bezogen auf die beiden untersuchten Branchen, Formen der Migration (*Migrationsverhältnisse*) und Formen der Arbeit (*Arbeitsverhältnisse*). In Bezug auf die Schilderung der empirischen Kontexte verhandele ich zuerst das eine, dann das andere. Zunächst kehre ich dabei noch einmal zur Frage zurück, wie die Migrationsverhältnisse, die für den Gegenstand dieses Texts bedeutend sind, sich zusammensetzen und unterscheiden. Dabei wird die Zuordnung von Formen der Migration zu den beiden Untersuchungsbranchen ebenso thematisiert wie ihre quantitative Aufteilung. Im nächsten Schritt werden dann die Untersuchungsbranchen vorgestellt: Vor allem geht es dabei um eine Schilderung ihrer ähnlichen und unterschiedlichen ökonomischen Dynamik unter besonderer Berücksichtigung der dort vorgefundenen Arbeitsformen.[138] Der Branchenvergleich wird im Anschluss durch

138 In der Interpretation des empirischen Materials werden sodann in Kapitel 2 die beiden Fixpunkte meines Vergleichs (Migration, Arbeit) auf die begrifflichen Rahmungen bezogen, die ich bis hierhin vorgeschlagen habe (multiple Prekarität und Informalisierung, Rassifizierung und Arbeitsprozesse, Fragmentierung und Diffusion von Arbeitskämpfen). Diese Bezugnahme kann man auch als „umfassende" oder deduktiv voranschreitende Vergleichsstrategie bezeichnen: Die Begriffe werden gewählt, um zentrale Aspekte des Feldes zu identifizieren und seine Komplexität zu reduzieren. Sie fungieren dann im Rahmen eines mentalen Mappings, welches in der empirischen Auslegung überprüft wird. Unterschieden und Gemeinsamkeiten wird schließlich im Rahmen dieser begrifflichen Totalität auf die Spur gekommen, ähnlich der Vergleichsstrategie der „encompassing comparison" bei Tilly (der drei weitere Typen identifiziert): Pickvance 2001. Vgl. auch Tilly 1984, S. 125–142.

eine Perspektive ergänzt, die Verbindungen der Fälle auf einem Mikro-Level untersucht, vor dem Hintergrund der These, dass soziale Dynamiken, die in den Betriebsfällen beobachtet werden können, wichtig sind für die Veränderung des Gesamtsystems.[139]

Formen der Migration

In den vergangenen zwanzig bis dreißig Jahren ist es weltweit zu einer verstärkten transnationalen Migration gekommen. Gleichzeitig haben sich die Formen der Migration differenziert, indem immer weitere Strecken zurückgelegt werden, aber zugleich eine Erweiterung saisonaler Mobilität bzw. Pendelmigration stattfindet.[140] In diesem Buch kann zwischen zwei Hauptgruppen unterschieden werden: Menschen, die die Staatsbürgerschaft von Staaten außerhalb der EU besitzen, und Unionsbürger*innen. Beide wiederum können der eben zitierten Unterscheidung folgend zugeordnet werden. Nach Pries würde es sich beispielsweise bei Geflüchteten häufiger um „Transmigrant*innen" handeln, also um Menschen, die einen transnationalen Lebensentwurf verfolgen (müssen), aber nicht unbedingt in ihr Herkunftsland zurückkehren werden, bei Unionsbürger*innen eher um „Pendelmigrant*innen". Wie wir in Abschnitt 2.1 sehen werden, bildet diese Unterscheidung aber höchstens sehr grob biografische Erfahrungen und Realitäten von Migrant*innen ab. Fürs Erste bleiben wir hier dabei, weil sich Drittstaaten- und EU-Migration auch auf unterschiedliche Rechts- und Aufenthaltsregulierungen beziehen.[141]

Zuerst etwas detaillierter zur Zuwanderung aus Drittstaaten. In der Bundesrepublik wurden zuerst mit dem „Integrationsgesetz"[142] im Jahre 2016 und dann mit dem „Geordnete-Rückkehr-Gesetz"[143] sowie dem „Fachkräfteeinwanderungsgesetz"[144] im Frühjahr 2020 Justierungen des Zusammenhangs zwischen Aufenthalt und Er-

139 Im zweiten Schritt wird also der umgekehrte Weg eingeschlagen (begrifflich eine incorporated comparison): Silver 2004, vgl. McMichael 1990.

140 Vgl. etwa Pries 2011, S. 11.

141 Carstensen et al. 2018, S. 256.

142 Deutscher Bundestag 2016.

143 Deutscher Bundestag 2019b.

144 Deutscher Bundestag 2019a.

werbsarbeit vorgenommen: Die Vorrangprüfung (d.h. die Prüfung, ob Arbeitskräfte mit EU-Pass für dieselbe Tätigkeit zur Verfügung stehen) wurde zunächst vorläufig und dann für sogenannte Fachkräfte ganz aufgehoben. Gleichzeitig wurden Qualifikation, Qualifizierung und Aufenthaltsrechte stärker verknüpft.

Auf der Grundlage der permanenten Justierungen ist mittlerweile eine für Nicht-Fachleute kaum zu durchschauende Differenzierung dieses Zusammenhangs entstanden. Kurz zusammengefasst: Für diejenigen Geflüchteten, die nach Auffassung der Ausländerbehörden mit Erfolg Asyl beantragen können oder deren Abschiebung vermutlich wichtige Gründe entgegenstehen, kam es 2016 zu einer vorläufigen Öffnung des Arbeitsmarkts. Hierfür stehen unter anderem die Aussetzung der Vorrangprüfung und die Aufhebung des Verbots der Leiharbeit. Jede Verstetigung von Aufenthaltsrechten bis hin zur Niederlassungserlaubnis ist zugleich mit der Pflicht verbunden, ein eigenes existenzsicherndes Einkommen vorzuweisen: Prekäre Arbeitsverhältnisse bringen somit prekäre, unsichere Aufenthaltsperspektiven hervor. Angewiesenheit auf Lohnersatzleistungen verdüstert die Aufenthaltsperspektive umso mehr. Für diejenigen, die auf Bewährung bleiben dürfen, wurde 2016 die Duldung bei Antritt einer Ausbildung eingeführt. Allerdings spielt dieser Status aufgrund von Einschränkungen und Kann-Bestimmungen eine bis dato zahlenmäßig kleine Rolle.[145] Für die größer werdende Gruppe von Geflüchteten, deren Abschiebung aus der Perspektive staatlicher Instanzen als so gut wie sicher gilt und die in zentralen Unterkünften leben müssen, wurde mit dem Integrationsgesetz – analog zu den berühmt-berüchtigten, im Zuge der Hartz-4-Reformen eingeführten Ein-Euro Jobs für Erwerbslose – die Pflicht zur Arbeit in „80-Cent-Jobs" eingeführt.[146] Insgesamt

145 Vgl. Netzwerk Berlin hilft 2018.

146 Ähnlich wie im Falle der früheren „1-Euro-Jobs" wurden diese „Jobs" nur sporadisch Wirklichkeit, wohl auch diesmal nicht zuletzt deshalb, weil die Betreiber der Unterkünfte daran ein sehr schwaches Interesse haben. Finanziell lohnt es sich für sie kaum, das Engagement der Betroffenen scheint auch in diesem Workfare-Programm überschaubar zu sein, die Konkurrenz zu vergleichsweise ordentlich bezahlter Arbeit bleibt unübersehbar. Zahlen dazu gibt es hier: Schröder 2017. Seitdem ist es um das Programm recht still

kam es bereits 2016 – als Reaktion auf die als „unreguliert" wahrgenommene und öffentlich vielfach denunzierte Migration um 2015 – auf vielen Ebenen zu einer verschärften Verknüpfung von Aufenthaltsrecht und Verwertung in Bezug auf die Migration aus Drittstaaten.[147]

2019 wurde dann für Zuwanderer aus Drittstaaten, die nach Auffassung der Ämter die Mitarbeit bei der Feststellung ihrer Identität obstruiert haben, die Ausbildungsduldung wieder abgeschafft.[148] Im selben Jahr wurde für den Rest die Möglichkeit einer Duldung, zumindest theoretisch, von der Ausbildung auf Erwerbsarbeit im Allgemeinen erweitert. Schließlich kam es zu einer immer rigideren Begrenzung der Mobilität der Betroffenen bis hin zu einer 2019 erlassenen menschenrechtlich äußerst fragwürdigen Ausdehnung von Gründen der Abschiebehaft und einer erweiterten Verlagerung von Abschiebehäftlingen in gewöhnliche Gefängnisse.[149]

Anders gelagert sind die Formen, in denen EU-Migration reguliert wird. Mit dem Eintritt von acht mittel- und osteuropäischen Staaten in die Europäische Union zum 1. Mai 2004 galt für Menschen aus den baltischen Staaten, Tschechien, der Slowakei, Slowenien, Ungarn und Polen (EU-8) *im Prinzip* die sogenannte Arbeitnehmerfreizügigkeit, aber auch die freie Wahl des Wohnsitzes und Reisefreiheit.[150] Die Arbeitnehmerfreizügigkeit wurde jedoch durch eine Übergangsregelung in Deutschland (und Österreich) eingeschränkt. Erst dadurch wurde, anders als in anderen westeuropäischen Staaten, die ebenfalls seit dem EU-Eintritt geltende Niederlassungs- und Dienstleistungsfreiheit eine der Grundlagen für die Ausdehnung des Systems der „Entsendung": Arbeitskräfte aus Osteuropa wurden mit Werkverträgen als „Dienstleistung" eingekauft. Zum 1. Mai 2011 wurden die Übergangsregelungen für Menschen aus den EU-8-Staaten aufgehoben. 2007 traten Bulga-

geworden, vermutlich allerdings auch aufgrund der sinkenden Anzahl von Asylbewerber*innen.

147 Vgl. Carstensen et al. 2018, S. 256. Vergleichend zur Schweiz s. Kalbermatter 2020.

148 Vgl. Muy 2020, S. 72–73, auch für das Folgende.

149 Muy 2020, S. 72.

150 Vgl. Carstensen et al. 2018, S. 261–262.

rien und Rumänien in die EU ein (EU-2), in diesem Falle galt die Übergangsfrist bis 2014, ein Grund für die besondere Arbeitsmarktposition dieser Gruppen. Mit dem Wegfall der Übergangsregelungen wurde dann die sogenannte volle Arbeitnehmerfreizügigkeit hergestellt, also das Recht definiert, überall im EU-Gebiet einer Erwerbsarbeit nachgehen zu können. In der Folge wurden Einschränkungen von Lohnersatzleistungen für EU-Staatsbürger*innen zur wesentlichen Form der Regulierung.[151] In wechselnden Konstellationen und unter dem Druck eines rassistisch konnotierten Diskurses, in dem die quantitativ nicht nachweisbare Phantasmagorie einer „Einwanderung in unser Sozialsystem" gesponnen wurde, wird seitdem permanent am Ausschluss von EU-Bürger*innen aus Leistungen nach dem SGBII, dem Kindergeld usw. gearbeitet. Entsprechend erhöht sich der Druck für diese Menschen, jegliche Lohnarbeit anzunehmen.

Vorbehaltlich von Klagen auf EU-Ebene, die solche Ausschlüsse immer wieder kassieren können, ist der aktuelle Stand (Herbst 2021): EU-Bürger*innen haben erst ein Recht auf Lohnersatzleistungen, wenn sie mehr als drei Monate in der Bundesrepublik gearbeitet haben, und auch dann nur für die Dauer von maximal sechs Monaten. Für einen gleichberechtigten Anspruch auf Leistungen nach dem SGB II (§ 7, 1) muss ein Jahr lang ununterbrochen sozialversicherungspflichtig gearbeitet werden. Während der Pandemie brach die Agentur für Arbeit einmal mehr durch eine „Arbeitshilfe" eine Debatte über „Leistungsmissbrauch" vom Zaun. Es mehrten sich auf dieser Grundlage Berichte darüber, dass vor allem Bewerber*innen aus Bulgarien und Rumänien Ansprüche unter dem Vorwurf eines „bandenmäßigen Leistungsmissbrauchs" verweigert würden. Auf einigen Ämtern sei es sogar zu „racial profiling" gekommen, berichtete der Deutsche Paritätische Wohlfahrtsverband auf der Grundlage einer Befragung von rund 400 seiner Beratungsstellen. Die „Kundenabwehr" in Jobcentern

151 Vgl. Riedner 2018, S. 275–285. Dort wird das Münchner Jobcenter durchaus nachvollziehbar als „Aktivierungsinstanz" ebenso wie als „Grenzbehörde" gefasst (S. 287, 294f.).

und anderen Behörden finde dabei sowohl dies- als auch jenseits der Rechtsnormen statt:

> „Die EU-Bürger und Bürgerinnen werden häufig pauschal in der Eingangszone abgewiesen, sodass sie ihren Antrag auf Hartz IV gar nicht stellen können. (...) Entweder ohne jegliche Begründung oder mit der Begründung, ihre Deutschkenntnisse wären nicht ausreichend oder eine dolmetschende Person wäre nicht dabei – was eindeutig rechtswidrig ist.“[152]

Carstensen et al. fassen die Rechtsposition insbesondere von Menschen aus den „neuen“ EU-Ländern so zusammen:

> „(Es) lässt sich festhalten, dass der Zugang zu sozialen Rechten und zum Recht auf Freizügigkeit auch im Regime der EU-Migration immer mehr von Erwerbstätigkeit und Erwerbsfähigkeit abhängig gemacht wird. Unionsbürger*innen haben erst dann einen Anspruch auf Hartz IV und ein Existenzminimum, wenn sie (oder ihre Familienangehörigen) arbeiten (oder einen gewissen Zeitraum gearbeitet haben). Deswegen steigt für sie der Druck, einen Job anzunehmen, egal wie schlecht dieser bezahlt wird oder wie ausbeuterisch die Arbeitsbedingungen sind.“[153]

Wichtig ist, sich hier noch einmal das zahlenmäßige Gewicht der EU-Migration zu vergegenwärtigen: So sind im ersten Halbjahr 2020 rund 226.000 Unionsbürger*innen offiziell nach Deutschland gekommen, eine in der Pandemie im Vorjahresvergleich deutlich sinkende Zahl. Top-3 blieben Rumänien (77.362), Polen (41.123) und Bulgarien (26.357), wobei aus diesen drei Gruppen im selben Zeitraum rund zwei Drittel der Menschen Deutschland wieder verlassen haben.[154] Trotz des Rückgangs und der Fluktuation blieben Menschen mit Staatsangehörigkeiten, die wir typisch bei Arbeiter*innen in der Fleischindustrie und anderen prekarisier-

152 Alboga und Angeloudis 2021.
153 Carstensen et al. 2018, S. 262.
154 Graf 2020, S. 3, 5, 9.

ten Tätigkeitsfeldern vorfinden, die im Vergleich größte Gruppe von Zuwandernden. Seit Mitte der 2010er-Jahre ist diese Gruppe viel größer als jene mit einer der für „Fluchtmigration" typischen Staatsbürgerschaften (Syrien und angrenzende Staaten, Mali, Subsahara-Afrika). Zum Verhältnis: Mit syrischem Pass wurden 2019 rund 44.000 „neue" Migrant*innen und etwa 12.000 „Fortzüge" registriert, aus Rumänien waren es im selben Jahr 245.000 und rund 200.000 Fortzüge.[155]

Die folgende Tabelle gibt Auskunft über Erwerbsquoten.

Tabelle 1. Erwerbsbeteiligung von Migrant*innen (%) (April 2021)[156]

Staatsangehörigkeit	Erwerbsquote	inkl. geringfügige Besch.	Erwerbslos.-Quote	SGB II-Bezug
Deutsche	63,0	68,6	6,1	6,0
Ausländer	46,1	51.5	15,7	19,1
EU-Osterw.	54,9	59,6	10,4	10,3
Rumänien	60,8	65,5	8,6	9,5
Drittstaaten	41,2	47,4	19,9	26,1
Syrien	26,7	32,3	45,2	68,9

Quelle: Bundesagentur für Arbeit, eigene Darstellung

Die Daten der offiziellen Statistik (die nur die zum Zeitpunkt der Stichprobe bei den Einwohnermeldeämtern bzw. offiziell als Asylbewerber*innen registrierten Personen umfassen) illustrieren das bisher Gesagte: Zwischen der sehr hohen Erwerbsquote von Menschen aus den Staaten der EU-Osterweiterung sowie spezifischen Restriktionen im Aufenthalts- und Sozialrecht besteht vermutlich ein Zusammenhang, ebenso zwischen dem komplizierten Arbeitsmarktzugang von Asylbewerber*innen und den entsprechend in Tabelle 1 nur für den Fall „syrischer Pass" ausgeführten Zahlen. Zu ergänzen ist lediglich, dass die vergeschlechtlichte Arbeitstei-

155 Mediendienst Integration o. J.

156 Bundesagentur für Arbeit 2021b.

lung diese Muster schon bezogen auf die Erwerbsbeteiligung als solche durchkreuzt: Während die Erwerbsbeteiligung von geflüchteten Frauen noch einmal deutlich geringer ist als jene der Männer, ist die Erwerbsquote von EU-Bürgerinnen sehr hoch und fast auf dem Niveau der Bevölkerung mit deutschem Pass.[157]

Die aufgezeigten Tendenzen sind wichtig in Bezug auf unsere konkreten Untersuchungsorte. Hier gibt es leider keine genauen Daten über die Zusammensetzung der Belegschaften nach Staatsbürgerschaften. In der Tendenz gilt aber: In der Fleischindustrie ist insbesondere in Schlachtung, Zerlegung und etwas eingeschränkter in der Verarbeitung ein sehr hoher Anteil von Unionsbürger*innen beschäftigt, wobei in den letzten Jahren die Zahl der Menschen mit polnischem Pass überall gesunken ist, während jene mit Pässen aus Rumänien, Bulgarien und (etwas weniger) den baltischen Ländern und Ungarn stieg. Eine neue Tendenz ist das vermehrte Kommen von Menschen aus der Republik Moldau, für die Rumänien unter bestimmten Bedingungen Pässe ausstellt, so dass sie sich von „Drittstaatler*innen“ in „EU-Bürger*innen“ verwandeln. Menschen aus Drittstaaten und insbesondere Geflüchtete haben wir in der Fleischindustrie ebenfalls angetroffen, etwa in der Industriereinigung. Genauere Daten gibt es hier nicht, so wie es generell über die Beschäftigungsmuster in der Fleischindustrie aus der Werkvertrags-Epoche nur sehr unbefriedigende Datensätze gibt. Zu dem so konstruierten Muster der Anwerbung und der Bedeutung der Werkverträge wurde bereits das Wichtigste gesagt.[158]

Im Online-Versandhandel weisen die von uns untersuchten Unternehmen eine jeweils recht unterschiedliche Zusammensetzung der Beschäftigten auf. So haben sich die Belegschaften der alten Amazon-Distributionszentren (FRA I und II, LEB 1) seit Ende der 1990er-Jahre nicht zuletzt aus den von der sehr hohen Erwerbslosigkeit dieser Zeit weit überdurchschnittlich betroffenen neuen Bundesländern oder aus dem ökonomisch randständigen

157 Ibid.

158 Es bleibt interessant zu beobachten, wie sich diese Muster im Zuge der Regulation des Sektors verändern werden. Ich diskutiere diese Frage, soweit aktuell, d.h. während der Endredaktion des Textes im Sommer 2021, zu beurteilen war, in Kapitel 3.

grenznahen ehemaligen Gebiet der alten Bundesländer zusammengesetzt. Für die „neuen" Betriebe gilt, dass ihre Gründungen aufgrund der Restrukturierung des Konzerns um 2017/18 in der Nähe von Ballungsräumen stattfanden. Diese Belegschaften haben deshalb einen sehr hohen Anteil von Geflüchteten, Schätzungen aus unseren Interviews schwanken zwischen einem Drittel und 40 Prozent. Es handelt sich darüber hinaus um wahrhaft multinationale Belegschaften: Studierende aus Indien, die aus ganz Deutschland kommen, um in der *peak season* zu arbeiten, Menschen aus fast allen westafrikanischen Ländern mit unterschiedlich sicherem Aufenthalt, Kinder und Enkel der „Gastarbeiter"-Generation. Die spezifische Verteilung ist unter anderem durch die je regionale Variation der Zusammensetzung von Migrant*innen bestimmt. Eine interessante neue Tendenz ist die Konkurrenz um Arbeiter*innen zwischen Fleischindustrie und Online-Versandhandel, die zuletzt in der Corona-Krise am Fall Tönnies/Amazon in Rheda-Wiedenbrück für Aufsehen gesorgt hat: Eine Neuansiedlung des Versandriesen erfolgte offenbar nicht ohne Hintergedanken in der Nähe des größten europäischen Schlacht- und Zerlegebetriebs.[159]

Man könnte den Vergleich der Formen der Migration zwischen den beiden Branchen an dieser Stelle mit der Feststellung beenden, dass die Diversifizierung von Migration, die sich in der Fleischindustrie erst andeutet, im Online-Versandhandel schon vollzogen ist. Allerdings muss man sich auch klarmachen, dass der geografische Raum, in dem sich die untersuchten Betriebe befinden, sein Eigengewicht hat, wenn es um die Frage nach diesen Formen geht. Ich erinnere an das Beispiel aus dem Luna-Center: Es macht einen Unterschied, ob ein betrieblicher Standort in der Nähe einer Großstadt ist, oder, wie im Falle der niedersächsischen Fleischindustrie, in Städten wie Vechta (32.000 Einwohner*innen), Lohne (25.000) oder Garrel (13.000). Diese wachsenden Kleinstädte sind politisch und sozial völlig anders strukturiert als etwa der Hamburger Süden. So tritt dort neben die Figur Vermittler/Vermittlerin die Figur Vermieter/Vermieterin, die identisch, aber auch ein mittlerer lokaler Geschäftemacher sein kann. Tobias Neef

159 Keuchel und Verfürden 2020b.

hat vor einigen Jahren in einer kleinen Studie gezeigt,[160] wie die Muster der Segregierung in den lokalen Stadtgesellschaften im Oldenburger Münsterland auf die lokale Politik wirken, die nicht zuletzt im Interesse der dortigen Hausbesitzer und Gewerbetreibenden in den meisten Fällen weder eine soziale Wohnungspolitik noch eine alternative Infrastrukturpolitik formuliert. Es ist dies ein weiterer wesentlicher Grund für die Beharrlichkeit, in der das Ausbeutungssystem in der Fleischindustrie sich lange erhielt (und, wie wir sehen werden, noch immer erhält).

Aus Sicht der von uns Interviewten tragen die hohe Fluktuation und die teilweise extrem mangelhafte Infrastruktur (öffentlicher Nahverkehr, Wohnungen, Beratungsangebote etc.) dazu bei, dass es vor Ort kaum Netzwerke gibt. Aber das schien zwischen 2017 und ca. 2020 auch für die migrantischen Communities selbst zu gelten. In unseren Interviews hat uns immer wieder erstaunt, wie isoliert die Befragten zu sein schienen: keine Ärztin aus Cluj in der Nähe, kein Rechtsanwalt aus Vilnius, und noch nicht mal eine Bar mit einem Wirt aus Plowdiw, Jambol oder Burgas. Der einzige Einkaufsladen weit und breit, der rumänische Lebensmittel führt, befindet sich in der Fußgängerzone von Rheda, einen Steinwurf vom gigantischen Tönnies-Betrieb entfernt, was auch der einzige Ort ist, an dem wir bei unseren Besuchen mehrsprachige Schilder an öffentlichen Orten entdecken konnten. Diese relative Isolation führt für die Befragten dazu, dass einerseits das Netzwerk wichtiger wird, welches das Arbeitsverhältnis vermittelt hat, im Positiven wie im Negativen, was Ressourcen, aber auch was Ausbeutungsverhältnisse betrifft. Andererseits werden auch Beratungsinitiativen wie die Arbeitslosenselbsthilfe Oldenburg ext-

160 Der Bericht hält sich in einer Monographie versteckt, die Neef zusammen mit Kolleg*innen herausgegeben hat: Geiges et al. 2017, S. 96–119. Es ist eine Perspektive mit Entwicklungspotential. Kaum ein Feld machte Ansätze der „Labor Geography" deutlicher plausibel als die Forschung zu Arbeit und Migration in suburbanen Räumen (auch etwa im Vergleich zu großstädtischen). Der Fokus auf Forschungen zu Arbeit und Migration, der unser SOFI-Projekt seit 2017 geprägt hat, und der ebenfalls sinnvolle Theoretisierungen zulässt, hat mich diese Dimension (bisher) etwas vernachlässigen lassen. Zur „Labor Geography" s. Castree et al. 2004, Herod 1997.

rem wichtig, indem sie Funktionen einer sonst nicht vorhandenen „breiteren“ Community erfüllen. Ich komme im empirischen Teil dieser Arbeit auf entsprechende Erkenntnisse, Interviewaussagen und ihre Bedeutung im Gesamtzusammenhang meiner Untersuchung zurück.

Formen der Arbeit

Fleischindustrie und Online-Versandhandel haben in den vergangenen Jahren enorm expandiert. Amazon ist in wenigen Jahren von einem start up als Online-Buchhändler zu einem multinationalen Mega-Unternehmen geworden. Die Gegend zwischen Rheda-Wiedenbrück in Ostwestfalen und Oldenburg in Niedersachsen wurde in derselben Zeit zum wichtigsten Standort der Fleischindustrie in Europa. Beide Branchen haben in kurzer Zeit Tausende und Zehntausende von neuen Lohnarbeiter*innen angezogen und kurze Zeit später wieder ausgespuckt.

Der *Online-Versandhandel* wird in den meisten Statistiken dem Einzelhandel zugeordnet. Letzterer beschäftigte Ende 2019 in Deutschland rund 3,1 Millionen Menschen, davon ein Drittel in Vollzeit und zwei Drittel Frauen.[161] Der Anteil der im Internet gehandelten Waren ist – vor allem in der Pandemie – sehr stark angestiegen. Schon zwischen 2001 und 2019 stieg der Umsatz in diesem Teilbereich nach Angaben des Handelsverbands Deutschland von 1,6 Mrd. auf fast 60 Mrd. Euro und von 0,3 auf über zehn Prozent des gesamten Einzelhandelsumsatzes.[162] Die Zahl der Beschäftigten ist nur ein Schatten dieser Entwicklung. Laut Statistischem Bundesamt arbeiteten 2005 rund 70.000 und 2018 etwas mehr als 200.000 Menschen in diesem Sektor, wobei der Anteil der männlichen Beschäftigten in der gleichen Zeit von etwa einem Drittel auf etwas über die Hälfte stieg.[163]

Die *Fleischindustrie* wird in den offiziellen Statistiken als Teilbereich des verarbeitenden Gewerbes gefasst, genauer gesagt der Nahrungsmittelindustrie. In Letzterer sollen, mit deutlich steigen-

161 Handelsverband Deutschland o. J. (2020).
162 Handelsverband Deutschland und IFH Köln 2020, S. 6.
163 Statistisches Bundesamt 2021b.

der Tendenz, zwischen 500.000 und 600.000 Menschen beschäftigt sein.[164] Allerdings ist dies eine fragwürdige Zahl, denn sie erfasst gerade die Werkvertragsbeschäftigten nur unzureichend. Illustriert werden kann das an den Daten für die Fleischindustrie. Eine Anfrage der Linksfraktion aus dem Jahre 2020 beantwortete die Bundesregierung mit Zahlen der Bundesagentur für Arbeit, die Mitte 2019 von 189.000 Beschäftigten, davon 35.000 in Schlachthöfen und rund 154.000 in der Fleischverarbeitung ausging.[165] Sowohl Gewerkschaften als auch Arbeitgeberorganisationen berufen sich jedoch eher auf Zahlen der Berufsgenossenschaft Nahrungsmittel und Gastgewerbe (BNG). Diese erfasst seit dem Ende des Entsende-Regimes und der damit verbundenen (formalen) Pflicht, die Beschäftigten bei einer Unfallversicherung zu registrieren, im Prinzip auch die Subunternehmen. Ihre Daten weisen für 2014 rund 240.000 und für 2018 etwas mehr 270.000 Beschäftigte aus, 2019 sanken die offiziellen Beschäftigtenzahlen auf etwa 250.000, bei einem steigenden Anteil von *registrierten* „Dienstleistern" (= Werkverträge).[166] Auch in diesen Daten erscheint mit Blick auf die hier untersuchten Betriebe der Anteil dieser Beschäftigungsform als deutlich zu klein, nämlich bei rund einem Viertel. Sogar die Arbeitgeber der Fleischwirtschaft, die kaum ein Interesse an Übertreibung haben, gaben für die großen Betriebe der Fleischindustrie diesen Anteil für 2019 bei fast 50 Prozent an (plus rund fünf Prozent in Leiharbeit).[167] In unseren Untersuchungsbetrieben gab es in Schlachtung, Zerlegung und Verarbeitung 2017 bis 2019 tatsächlich nur ausnahmsweise direkt beschäftigte Stammbelegschaften.

Diese Beschäftigten waren in ihrem Arbeitsalltag mit einem Umsatz konfrontiert, der nach Angaben des Statistischen Bundesamts von 34,3 Mrd. in 2009 auf 42,5 Mrd. Euro in 2018 stieg. Mit einem Allzeithoch im März 2020.[168]

164 Lebensmittelverband Deutschland 2020.

165 Deutscher Bundestag 2020d, S. 1.

166 Berufsgenossenschaft Nahrungsmittel und Gastgewerbe 2020, ohne Seitenzahlen, (S. 4).

167 Sozialpolitischer Ausschuss der Fleischwirtschaft 2019, S. 4.

168 Vgl. die Aufarbeitung bei Stracke 2019, S. 5. Zu den Krisen-Daten s. Kapitel 3.1.

Nicht nur Landnahme und Migration erscheinen in unseren beiden Untersuchungsfällen als Geschwister, sondern spezifischer auch Landnahme, Migration und die Expansion neuer Unternehmen und Betriebe: Die Fallbeispiele wurden von uns nicht zuletzt aufgrund der Vermutung ausgesucht, dass der im Begriff „differentielle Inklusion" zusammengefasste Prozess hier wie in einem Labor aufgezeigt werden kann.

Während das ähnliche ökonomische Setting die Auswahl der beiden Untersuchungsfälle rechtfertigt, muss zugleich darauf hingewiesen werden, dass es sich nicht nur um unterschiedliche *Branchen*, sondern um verschiedene *Wirtschaftszweige* und sogar um gewöhnlich als unterschiedlich definierte *Arbeitsformen* handelt. Schlachtung und Zerlegung gelten als *industrielle Arbeit*, wenngleich anders als es die Existenz der Massen-Schlachthöfe von Chicago schon Ende des 19. Jahrhunderts vermuten lässt, in der Bundesrepublik bis in die 1990er-Jahre noch eine vergleichsweise starke handwerkliche Tradition bestand.[169] Dagegen handelt es sich bei der Tätigkeit in den Distributionszentren von Amazon und überhaupt im Online-Versandhandel um *Dienstleistungsarbeit*, allerdings um eine sol-

169 Ich werde auf diese Frage in der empirischen Analyse der Arbeitsprozesse zurückkommen, halte hier aber zunächst fest, dass es sich trotz der langen Industriegeschichte des Sektors bei den Untersuchungsbetrieben oft um neue bzw. schnell expandierte Betriebe handelt. Aus Sicht historischer Forschung existiert hier übrigens eine Forschungslücke. Der Übergang vom kommunalen zum privatisierten Schlachthof ist ebenso wenig erkundet wie jener von der handwerklichen zur fabrikmäßigen Schlachtung, und das gilt besonders für die hier interessierende Periode seit ca. 1980. Christian Kassungs Forschung ist für eine längere zeitliche Perspektive aufschlussreich, geht aber kaum auf Arbeitsbedingungen und Arbeitsverhältnisse ein und wurde zu Unrecht mitunter als Beitrag zur aktuellen Debatte über Tönnies und Co. dargestellt: Kassung 2020. Umso gespannter erwarten wir die Ergebnisse eines von der DFG geförderten Projekts von Karl Christian Führer an der Hamburger Forschungsstelle für Zeitgeschichte. Die Debatte über das Verschwinden der kommunalen Schlachthöfe aus den großen Städten wurde zuletzt vor dem Hintergrund von Forderungen nach „Kommunalisierung" wiederbelebt: Vgl. Deutscher Bundestag 2020a. S. auch Abschnitt 3.3.

che, die in dieser Form bis vor wenigen Jahren nicht existierte.[170] Hinzu kommt die enorme Bedeutung saisonal stark veränderter Nachfrage, die den Online-Versandhandel von großen Teilen der Fleischindustrie unterscheidet, in der es zwar einen starken Preisdruck durch die Einzelhändler gibt, aber ein vergleichsweise kontinuierliches Arbeitsaufkommen.

Tabelle 2. Arbeitsformen (vereinfachte Darstellung)

Aspekt	Versandhandel	Fleischindustrie
Sektor	Dienstleistung	Industrie
Arbeitstakt/Steuerung	Algorithmus	Fließband
Beschäftigung	teils saisonal	kontinuierlich
Migrationsregime	multidimensional	überwiegend EU
Arbeitsziel	Umschlag, Verkauf	Produktion

Die Liste skizziert einige der Aspekte, die bei der Diskussion über die Form der Arbeit in den beiden Sektoren in der Debatte bisher ins Spiel gekommen sind. Es wird deutlich, dass zwischen den beiden Sektoren wesentliche Unterschiede bestehen. Das mag angesichts der ähnlichen Assoziationen, die die Arbeitsverhältnisse hervorrufen (Massenarbeit, niedrige Löhne, Einfacharbeit usw.), überraschend sein. Deshalb werden wir uns beide Branchen nun genauer ansehen.

Versandhandel: „Work Hard. Have Fun. Make History"

Angekommen im Amazon-Lager, können die Arbeiter*innen eine in großen Lettern über ihnen angebrachte cäsarische rhetorische Figur bewundern, während sie von den Umkleide-

170 An einer Definition hat sich zuletzt versucht: Apicella 2021, hier: Kapitel 2. Apicella sieht die Arbeit bei Amazon aus der Tradition der „Verkaufsarbeit" entstehen. Mein Eindruck ist allerdings, dass dies eher eine werttheoretische Ableitung ist, während die Spur des „Verkaufens" für die Bewusstmachung dessen, was die Tätigkeit eines Pickers oder Packers beinhaltet, ähnlich latent ist wie die Bedeutung des Handwerklichen an der Schlachtkette. Im Vordergrund der konkreten Tätigkeit steht in beiden Fällen repetitive Teilarbeit, hierzu s. Abschnitt 2.4.

räumen in die Produktionshalle, na ja, schreiten.[171] Das Motto „Hart arbeiten, Spaß haben, Geschichte machen" ist arg pathetisch, aber man muss zugleich zugeben, dass es auch einen gewissen Realitätsbezug hat, wenn man sich die jüngste Vergangenheit des Konzerns ansieht. Amazon ist in den vergangenen Jahren in allen Branchen- und Betriebsvergleichen in die Champions League aufgestiegen. Mittlerweile ist vielfach dokumentiert worden, wie sich in den letzten zwanzig Jahren die Rangliste der weltweit größten Unternehmen neu zusammengesetzt hat, mit einem Abstieg insbesondere der großen Automobilkonzerne und einem Aufstieg nicht zuletzt von Logistikunternehmen wie Walmart und Internethändlern wie Amazon.[172] Auch Sabrina Apicella zeigt auf der Grundlage des Rankings der Zeitschrift *Forbes* die beeindruckende ökonomische Expansion des Online-Versandhandels am Beispiel Amazon auf: Hatte das Unternehmen 2008 weltweit noch rund 20.000 Beschäftigte, so stieg deren Zahl 2019 auf etwa 647.000. In der gleichen Zeit stieg der Umsatz von 19 auf 232 Milliarden US-Dollar (USD).[173] Im Februar 2021, zum Zeitpunkt des Abgangs von Jeff Bezos als CEO, annoncierte der Konzern für das Corona-Jahr 2020 eine Umsatzsteigerung von 280 Milliarden auf 386 Milliarden USD,[174] während die Zahl der Beschäftigten auf fast 1,3 Millionen angestiegen war. Nachdem der Konzern viele Jahre lang als wenig gewinnorientiert gegolten hatte, schlug auch diesbezüglich das Jahr 2020 in der weltweiten Bilanz alle Rekorde.

Auch in Deutschland hält der Online-Versandhandel seit den 2000er-Jahren wie erwähnt einen nach und nach steigenden Anteil am Einzelhandel insgesamt, während die Kurve in

171 In der Literaturwissenschaft nennt man so etwas *Klimax* (dreigliedrige Steigerung), Beispiel: *veni, vidi, vici.*

172 Bonacich und Wilson 2008, S. 6–12.

173 Im Forbes-Ranking war das Platz 13. Ich habe hier nach etwas Nachdenken auf weitere Illustrationen dieses Rankings verzichtet, weil man sich nach einiger Zeit der Beschäftigung damit fragt, wozu das eigentlich in Wirklichkeit gut ist. Hier soll damit lediglich die Expansion eines bestimmten Unternehmens illustriert werden: Apicella 2021, S. 47f.

174 Amazon.com 2021b.

den vergangenen drei Jahren steiler anstieg und in der Pandemie nach oben geschnellt ist. Auch dies kann an Umsatzzahlen illustriert werden:

Tabelle 3. Online-Versandhandel: Umsatz in Deutschland[175]

	Euro (Mrd., netto)	Steigerung
2018	53,3	+ 4,4 %
2019	59,2	+ 5,9 %
2020	72,8	+ 13,6 %

In derselben Zeit eroberte Amazon weitere Marktanteile. Nach Zahlen des Unternehmerverbandes HdE hatte der US-Versandriese hierzulande 2019 einen Anteil am Onlinehandel von 48 Prozent, den er 2020 auf 53 Prozent steigern konnte. Dabei fiel vor allem das Wachstum der Anteile des „Marketplace" ins Gewicht, also jener Waren, die das Unternehmen nicht selbst vertreibt, sondern für die es seine Lager- und Vertriebsinfrastruktur anbietet. Noch eindrucksvoller war die Umsatzsteigerung von 34 Prozent, mehr als doppelt so hoch wie im Durchschnitt der Branche.[176] Umsätze und andere Rahmendaten sind hier auch als Indikatoren für eine genauer darzustellende Veränderung von Produkten und Arbeitsformen zu verstehen. Für den Amazon-Fall ist diesbezüglich sowohl eine ständige Veränderung bei der Ausrichtung des Geschäfts als auch der eingesetzten Technologien zu bemerken.

Amazon.com, Inc. war in den 1990er-Jahren einer der ersten Online-Versandhändler von Büchern und Tonträgern.[177] Das Geschäftsprinzip basiert bis zum heutigen Tag grundlegend darauf, dass Kund*innen eine Webseite zur Verfügung gestellt wird, auf der sie Produkte bestellen, die Amazon entweder anderswo kauft

175 Handelsverband Deutschland und IFH Köln 2021, S. 54.

176 Ibid., S. 24. Auf dem zweiten Platz landete Otto mit nach eigenen Angaben 4,5 Mrd. Euro Umsatz und einer Steigerungsrate von rund 30 Prozent.

177 Zur Geschichte von Amazon vgl. auch die kurze Darstellung für die Zeit bis 2014 bei Leisegang 2014. Vgl. aus internationaler Perspektive neuerdings Alimahomed-Wilson und Reese 2020, zur ökonomischen Bedeutung und technischen Entwicklung des Konzerns sowie den Folgen für die Arbeitspolitik s. hier insbesondere die Beiträge von Moody und den Herausgeber*innen.

oder selbst einlagert. Distributionszentren sind die Orte der Lagerung und des Umschlags dieser Produkte. In den vergangenen Jahren kann man in Deutschland eine zunehmende Diversifizierung des Angebots beobachten, sichtbar etwa in Bemühungen, die Ballungsräume mit Frischware versorgen zu können und somit dem Lebensmitteleinzelhandel Konkurrenz zu machen. Während die Orte der Distributionszentren (*Fulfillmentcenter* in „Amazonisch“) bis vor kurzem auf der Grundlage von Erwägungen über Verkehrsanbindung und Arbeitskräftereservoir ausgewählt wurden, kommen heute neue Kriterien hinzu, namentlich die ökonomische und soziale Geografie, die die Zusammensetzung der Kund*innen prägt. Klarerweise bleibt das Geschäftsmodell von Amazon dabei die Lieferung von Waren „just in time and to the point“. Aber diese Orientierung hat das Unternehmen nicht erfunden. Vielmehr ist die möglichst „schlanke“ Lagerhaltung sowie möglichst sofortige „flexible“ Reaktion auf die Nachfrage nach Produkten eine allgemeine Tendenz der kapitalistischen Entwicklung der letzten etwa vierzig Jahre und ein wesentliches Moment der Ablösung der standardisierten Massenproduktion.[178] Das Paradigma prägt insofern seit langem alle weltmarktorientierten Wirtschaftszweige, von der Autoindustrie bis hin zur Zerlegung von Schweinen. Bereits in den 1990ern wurde Logistik als Moment der weltmarktorientierten Ökonomie im Allgemeinen *und* als Spezifikum eines bestimmten Wirtschaftszweigs gefasst und untersucht.[179] Dabei ist diese Doppelung nicht unproblematisch, denn sie trägt zu einer Unschärfe in der Bestimmung des Gegenstands bei, in der mal von einer ökonomischen Logik oder Dynamik, mal von einer konkreten Branche und den mit ihr verbundenen Tätigkeiten und Produkten die Rede ist. Uns interessiert hier deshalb nicht „Logis-

178 Vgl. neben vielen anderen: Hirsch und Roth 1986.

179 Im Hintergrund dieser These steht die Idee, dass die wachsende Bedeutung der Umschlaggeschwindigkeit im flexiblen Kapitalismus das Verhältnis zwischen industrieller Produktion und logistischen Dienstleistungen umkehre. Letztere würden dadurch zum Pull-Faktor der Ökonomie, vgl. Bonacich und Hardie 2006. Ich verzichte hier auf eine Stellungnahme zu dieser These. Es genügt für die Zwecke der vorliegenden Untersuchung, die expansive Dynamik des Online-Versandhandels und seine Grundlagen zu skizzieren.

tifizierung" und auch nicht die „Logistikwirtschaft" im Allgemeinen, sondern der Umstand, dass der Online-Versandhandel eine zunehmende Bedeutung im Vergleich zum traditionellen Einzelhandel erlangt und in diesem Zuge Dienstleistungsfabriken mit vielen tausenden Mitarbeiter*innen entstanden sind und entstehen.[180] Und uns interessiert, dass in diesem Zusammenhang in vielen Untersuchungen eine Art Revival des Fließbandes und der Massenarbeit, autoritäre, tayloristische Formen der Kontrolle und eine mitunter extreme Ausbeutung überwiegend migrantischer Arbeiter*innen beobachtet wurden.[181]

Was bedeutet das konkret für den Arbeitsprozess? Dies ist eine Frage, die empirisch zu klären wäre, die aber auch vor dem Hintergrund von Kontexten gedacht werden muss, die die Arbeit im Online-Versandhandel prägen. Eine dieser Besonderheiten ist die Bedeutung der Kunden für die Arbeit bei Amazon. Der Kon-

180 Bonacich und Wilson analysierten den sehr schnell expandierenden Logistik-Hub bei Los Angeles, Kalifornien, in einer Logik, die „Logistik" als Gesamtheit begreift und die Analyse von unterschiedlichen Arbeitsformen in diesem Bereich verbindet: Hafenarbeit, Speditionen und Distributionszentren gemeinsam sei eine „Intermodialität" (= Austauschbarkeit der Transportbehälter diverser Waren) bzw. „Containerisierung", die den Kern der Rationalisierung der Arbeitsprozesse ausmache, vgl. Bonacich und Wilson 2008, S. 3–22. Der Ansatz ist interessant, für die Konzeption der vorliegenden Arbeit aber nicht von zentraler Bedeutung: Die untersuchten Branchen haben zwar eine „logistische" Dimension (Bedeutung von Lagerhaltung und Transport), aber gehören beide nicht eindeutig und ausschließlich zur Logistikwirtschaft. Vielversprechend zu diesem Thema ist auch die aktuell in der Abschlussphase befindliche Dissertation von Anne Engelhardt, s. das Abstract: https://www.uni-kassel.de/einrichtungen/international-center-for-development-and-decent-work-icdd/aboutuso/people/phd-fellows/anne-engelhardt.html.

181 Genau dieser Aspekt wird in der mittlerweile recht breiten internationalen Literatur zum Online-Versandhandel leider selten in den Mittelpunkt gestellt. Einige Arbeiten gibt es im US-Kontext. Kurz und paradigmatisch am Beispiel des Hubs in Kalifornien, der auch bei Bonacich und Wilson Modell steht: Reese 2020. Ausführlich, aber auf alle Sparten der Logistikwirtschaft und wiederum auf das Beispiel Kalifornien bezogen: De Lara 2018. Zum Zusammenhang zwischen prekärer und migrantischer Beschäftigung s. Bonacich und Wilson 2008, S. 227–228. Auf den Zusammenhang zwischen räumlichen Verlagerungen und der Arbeit in Distributionszentren gehen ein: Bensman und Jaffee 2016.

zern selbst nennt seine Distributionszentren *Fulfilmentcenter* („Erfüllungszentren“), um zu markieren, dass dort „Kundenwünsche erfüllt werden“. Aber von den Augen werden diese Wünsche jedenfalls nicht abgelesen, denn im alltäglichen Arbeitsprozess bekommt der Picker oder die Packerin niemals Kundschaft zu sehen. Bestellungen werden über das Internet, Beschwerden über Call-Center abgewickelt. Amazon-Arbeit ist keine „Beziehungsarbeit“ oder „Emotionsarbeit“, und damit unterscheidet sich die dort erbrachte Dienstleistung von solcher Verkaufsarbeit, in der diese Aspekte eine wichtige Rolle spielen.[182]

Dennoch ist die Rolle der Kund*innen ganz zentral für das Geschäft und für seine konkrete Abwicklung. Denn das kleine „e“ vor dem Wort „Versandhandel“ bedeutet nicht nur, dass Kundinnen und Kunden den Prozess der Bestellung selbstständig übernehmen, darüber hinaus können sie bei Amazon auch selbst Produkte anbieten. An einigen Standorten (so in Hamburg-Veddel) wird zudem mit formal selbstständigen Paketauslieferer*innen experimentiert, ähnlich wie es teils Dienste tun, bei denen man Essen oder Lebensmittel bestellen kann. Und schließlich können im Rahmen von crowdsourcing Kund*innen Produzent*innen von IT-Dienstleistungen werden.[183] Die entstehende Figur ist mehr als nur *Prosumer*, sondern vielmehr im ständigen Pendeln zwischen Konsument und Produzent begriffen.

Sabrina Apicella hat vor einigen Jahren eine Polarisierung von Amazon-Belegschaften zwischen kritischen und affirmativen Haltungen beobachtet.[184] Gibt es einen Zusammenhang zwischen dieser Beobachtung und jenem Pendeln zwischen Konsument*in und Produzent*in? Bei dem Versuch einer Beantwortung dieser Frage muss berücksichtigt werden, dass die Neudefinition von „traditionellen“ Rollen – Konsument*innen, die sich in Arbeiter*innen

182 Auch dies macht die Definition der Tätigkeit als „Verkaufsarbeit“ oder „aufgespaltene Verkaufsarbeit“ aus meiner Sicht problematisch, vgl. Apicella 2021, S. 51.

183 *Amazon mechanical turk*. Dass Amazon eine Strategie der Expansion in weitere Bereiche (Filmindustrie, Herstellung von Hardware wie das *Amazon kindle* etc.) unterhält, sei hier nur ergänzend erwähnt.

184 Apicella 2016.

verwandeln usw. – *unvollständig* bleibt. Gratifikationen für gute Arbeiter*innen („*swaggy*") stellen zwar eine vage Verbindung zwischen der Arbeit am Scanner und Belohnungssystemen von Computerspielen her.[185] Aber letztlich hat die Tätigkeit eines *pickers* hinsichtlich ihrer Fremdbestimmung und Entfremdung rein gar nichts mit der Tätigkeit eines Prosumenten zu tun, der seine Bestellung im Internet aufgibt. Das Amazon-Versprechen hat eine gewisse Leuchtkraft, wird aber im Arbeitsprozess dementiert.[186]

Ein weiterer wichtiger Kontext für die Arbeitsverhältnisse ist, dass Amazon auf eine Diversifizierung der eigenen Angebote setzt, was zu einer regelmäßigen Umgruppierung der Aufgaben der unterschiedlichen Distributionszentren führt. Dies zeigt sich etwa in der Aufnahme neuer Warengruppen in das angebotene Spektrum. Vor allem in den beiden älteren der von uns untersuchten Zentren ist dies wichtig, insofern dort zusätzliche und andere Produkte eingeführt worden sind. „Flexibilität" im Angebot hat dabei erstens die Bedeutung einer schnelle Reaktion auf eine ggf. veränderte Nachfrage. Zweitens geht es um die Lieferung „just in time", also um eine Erhöhung der Umschlaggeschwindigkeit, dafür ist etwa die 24-Stunden-Liefergarantie bei *Amazon prime* ein Beispiel. Rationalisierungsprozesse sind unmittelbar als Versuch zu verstehen, das Tempo des Umschlags zu erhöhen.

185 Es sei hier angemerkt, dass *Gamification* bereits 1979 ein wichtiger Gegenstand für Analysen zur Erneuerung des Arbeitsprozesses war: Burawoy konstatiert, dass „playing a game" mehr sei als „making out", d.h. mehr als der Versuch, seine Arbeit gut und fehlerfrei zu machen und auftretende Probleme des Arbeitsprozesses zu lösen. Denn es gehe im *Gaming* nicht alleine um das Bedürfnis, eine Arbeit auch dann gut zu machen, wenn sie entfremdet und fremdbestimmt ist. Vielmehr handele es sich um die Etablierung der Kontrolle über Regeln: „One cannot play the game and at the same time question the rules." (Burawoy 1982, S. 82) Ich halte das für einen sehr wichtigen Punkt – s. hierzu die Darstellung des Arbeitsprozesses in Kapitel 2.4.

186 Es ist im Grunde eine Start-Up-Ideologie, die sich institutionalisiert hat, nachdem eine jener Garagen, in denen in den 1990ern produziert wurde, zum Weltkonzern geworden ist. Die mit *garage work* verbundene Entgrenzung von Arbeit wird zum Programm, aber auch hier verwechsle man „Programm" nicht mit „Umsetzung". Vgl. die kritische Würdigung der Entgrenzungs-Debatte bei Mayer-Ahuja und Wolf 2005.

Das gilt besonders für die Jahr für Jahr in größerer Zahl eröffneten neuen Standorte: Das Prinzip des chaotischen Lagers (nur der Algorithmus weiß, wo sich die eingelagerte Ware befindet) und die Umstellung auf robotergestützten Transport der Regale, die nunmehr zu den Beschäftigten kommen statt von ihnen abgelaufen zu werden, folgen dieser Logik.[187] Es sind gleichzeitig diese Standorte, die den höchsten Anteil an Menschen vorweisen, die ohne deutschen Pass bei Amazon arbeiten. Hier zeigt sich in der Tat, dass Arbeit von Migrant*innen im Niedriglohnsektor keineswegs nur in Sektoren mit niedrigem Rationalisierungsgrad und Kapitaleinsatz stattfindet. Zumindest für den Online-Versandhandel gilt das Gegenteil.

Die Expansionsstrategie hat im Amazon-Fall fünf Elemente:

1. Die Rationalisierung des Lagers und des Umschlags auf der Grundlage von Technologien, die die permanente Erfassung und Veränderung des Standorts der umgeschlagenen Waren ebenso ermöglichen wie die Erfassung der Arbeitsleistung jedes Beschäftigten.[188]
2. Auf dieser Grundlage die Möglichkeit der Verlagerung des Umschlags zwischen den Distributionszentren, ein Moment, das die Konkurrenz zwischen den Standorten verschärfen und Streiks erschweren kann.
3. Die permanente ideologische „Orientierung“ und Mobilisierung der Beschäftigten. Hierzu wurde in diesem Abschnitt bereits einiges gesagt, festgestellt werden kann, dass die Polarisierung von Haltungen gegenüber dem Unternehmen in diesem Zusammenhang zu sehen ist.
4. Die Abwehr jeglicher Versuche einer selbstständigen gewerkschaftlichen Organisierung, die in der Lage ist, Positionen unabhängig von denen des Managements zu beziehen, teils

187 Interessant ist zudem, dass Amazon sich durch Übernahme der Produzenten von Lagertechnik die Kontrolle über die Werkzeuge verschafft, die für die Rationalisierung des Eigenbetriebs notwendig sind, so im Bereich der Robotics.

188 „RFDI“-Technologien nennt man das zusammengefasst: Die Bestimmung erfolgt vermittels eines einzuscannenden Mikrochips, der in das Etikett einer Ware eingebunden ist. Vgl. hierzu auch Bonacich und Wilson 2008, S. 130f.

durch eine „feindliche" Übernahme von Betriebsräten durch Kandidat*innen, die offen durch das Management unterstützt und gefördert werden.

5. Eine Ausdehnung in die Tiefe, die bezogen auf den Warenumschlag die direkte Kontrolle über die „letzte Meile", den Transport der Ware bis zum Kunden /zur Kundin beinhaltet.

Der zuletzt genannte Punkt beinhaltet auch die Ausdehnung der Distributions- und Versandzentren sowie eine Übernahme der faktischen Kontrolle (nicht aber zwingend auch der Beschäftigungsverhältnisse) in Bezug auf Paketdienste. Das Wachstum von Beschäftigung und Standorten in Deutschland ist u.a. so zu erklären. Schon ohne Versandzentren und Paketdienste zählt der Konzern aktuell 40 Distributionszentren in Europa,[189] davon 2021 16 in Deutschland, wovon drei mitten in der Pandemie eröffnet wurden. Außerdem ist die Rede von rund 16.000 „festangestellten Mitarbeitern". Was hier „festangestellt" bedeutet, wäre unten genauer zu klären. Einschließlich der anderen Sparten ist von 23.000 Beschäftigten die Rede, das sind etwa 30 Prozent der Gesamtzahl der in Deutschland im Online-Versandhandel Beschäftigten. Anfang 2021 wurde durch Amazon die Einstellung von weiteren 5.000 Personen annonciert.[190]

Fleischindustrie: Viele Tiere pro Minute

Seit vielen Jahren wird über industrielles Schlachten als gegen Tiere und arbeitende Menschen gleichermaßen gerichtetes System diskutiert. Seit der enormen Ausdehnung von Massentierhaltung und -verarbeitung hat sich diese Kritik immer stärker vernehmbar gemacht. In Deutschland hat seit den 1990ern eine Umwälzung der Fleischproduktion in fast allen Belangen stattgefunden. Ein Indikator für das Verschwinden des Handwerks ist die sinkende Zahl sogenannter Hausschlachtungen: Während 1993 noch 1,2 Millionen Schweine einzeln und auf traditionelle Weise getötet wurden, beträgt diese Zahl heute unter 60.000, also weniger als fünf Prozent

189 Amazon.com o.J. (2021), auch im Folgenden.
190 Handelsblatt 2021.

der Menge, die vor fast 30 Jahren Bestand hatte.[191] 2016 wurden in Deutschland in einer Minute 1.300 Vögel, 110 Schweine und sieben Rinder geschlachtet, 2019 überstieg die Gesamtzahl der geschlachteten Schweine 50 Millionen.[192] Die Expansion bleibt dabei in der Öffentlichkeit meist unsichtbar. Friedrichsen und andere weisen zurecht darauf hin, dass Fleisch und Wurst im Supermarkt dem Verbraucher „losgelöst vom geschlachteten Tier" erscheinen.[193] Und es ist sicher nicht falsch zu ergänzen, dass das auch für die Arbeit in der Schlachtung und Zerlegung gilt, die heute zudem nicht mehr in kommunalen Schlachthöfen der Innenstädte vollzogen wird, sondern in gut abgeschirmten Fabriken, am Autobahnkreuz logistisch günstig gelegen.

Das Fundament dieser Veränderung wurde nach 1945 gelegt. Ab etwa Mitte der 1980er-Jahre kam es durch Subventionen für Rationalisierungsprozesse in der Landwirtschaft und in der Fleischindustrie zu einem Sprung in Bezug auf Umsatz und Produktivität.[194] Die Deregulierung des Beschäftigungssystems, nicht zuletzt unter der rot-grünen Regierung um das Jahr 2000, mit der Ausweitung der Möglichkeiten von Befristung, Leiharbeit, Werkverträgen und Entsendung, schaffte die Voraussetzung dafür, dass die Betriebe legal billige, prekarisierte Arbeitskraft einsetzen konnten.[195] Immer wieder wurde auf EU-Ebene darüber hinaus massiv kritisiert, dass die deutsche Fleischindustrie ihre Gewinne auf der Grundlage sehr löchriger Umweltvorschriften mache. Diese lassen bspw. eine hohe Nitratbelastung des Bodens sowie den massiven Einsatz von Antibiotika in den Zentren der Massentierhaltung und der Fleischindustrie zu.[196] EU-Richtwerte werden dabei seit vielen Jahren ignoriert. Zudem verbrauchen Landwirtschaft und Fleischbetriebe

191 Statistisches Bundesamt 2021a, eigene Berechnungen.

192 Friedrichsen und Huck 2018, S. 2.

193 Ibid.

194 Für einen historischen Überblick für die Phase bis zur Wiedervereinigung s. Settele 2020.

195 Holst et al. haben in diesem Zusammenhang von einem Funktionswandel gesprochen, d.h. dass prekäre Beschäftigung (im Beispiel Leiharbeit) nicht mehr zur Abfederung von Saisonspitzen, sondern regelhaft und dauernd eingesetzt werden: Holst et al. 2009, S. 9.

196 S. z.B. Europäische Kommission 2019.

nicht nur Grundwasser, sondern auch stark preisreduzierten Strom und werden damit indirekt von Steuerzahler*innen subventioniert.

In einer endlosen Reihe von Reportagen, Filmen, Dokumentationen ist auf die gesundheitlichen Auswirkungen dieses Produktionssystems, das vor allem auf die Verbilligung der Fleischprodukte abzielt, hingewiesen worden: Die Verbreitung multiresistenter Keime ist dabei ebenso kritisiert worden wie die systematische Tierquälerei. Es kann freilich vermutet werden, dass der Erfolg von Betrieben mit Standort D auf dem globalen Fleischmarkt lange Zeit unter anderem von Umweltverbänden geforderte Veränderungen erschwert hat. Seit vielen Jahren hält Deutschland nahezu kontinuierlich und häufig mit einigem Abstand die Spitzenposition in der EU-Fleischproduktion.[197] „Wir" sind Schweinefleisch-Billigpreis-Weltmeister. Das illustrieren auch Berichte einiger von uns befragter Arbeiter*innen, die nach Rumänien und Bulgarien reisen und, dort angekommen, im Supermarkt nur „deutsches" Fleisch kaufen können. Die Verdoppelung der Produktion seit den 1990ern ist nicht zuletzt der Expansion des Exports geschuldet, und zwar nicht nur in die EU, sondern vor allem auch in Bezug auf den chinesischen bzw. allgemein südostasiatischen Markt.[198]

Die Verbände der Fleischindustrie begründen die Notwendigkeit der Expansion immer wieder mit dem vorhandenen Preisdruck und der geringen Gewinnmarge pro geschlachtetem Tier. Das ist weder ganz wahr noch ganz gelogen. Zumindest am Preisdruck von Seiten der Landwirte kann es eher nicht liegen. Der Erzeugerpreis für ein Kilo Schweinefleisch lag im Sommer 2021 unter 1,60 Euro pro Kilo, Mitte 2020 war er auf rund 2 Euro gestiegen, ansonsten lassen sich kaum Steigerungen über das langjährige Mittel von 1,50-1,70 Euro beobachten.[199] Relevanter ist da schon der Druck der Discounter und Supermärkte, die teilweise eigene Schlacht- und Zerlegebetriebe unterhalten und wichtige Nachfra-

197 Heinrich-Böll-Stiftung et al. 2021, S. 14.
198 Vgl. Bernhold und Stache 2021, S. 178.
199 Bundesministerium für Ernährung und Landwirtschaft o. J.

ger von Billigfleisch sind.[200] Auf dieser Grundlage ist der Preis- und Rationalisierungsdruck in der Aufzucht von Tieren extrem hoch. Dass die Verbraucherpreise lange stagnierten und in den Discountern teilweise sogar sanken, hat aber nicht nur mit dem Druck auf die Landwirte zu tun, sondern auch mit den Arbeitsbedingungen. So drückt die Nachfrage nach Billigfleisch durch den Lebensmitteleinzelhandel die Gewinne der Schlacht- und Zerlegebetriebe. Dieser Druck wird an die Arbeitenden weitergegeben, während er zugleich die Konzentration der Unternehmenslandschaft befördert.[201]

„Konzentration" hat dabei zwei Seiten und bezieht sich sowohl auf die Unternehmensgeographie als auch auf die Eigentumsverhältnisse. Was die Geografie betrifft, ist die Fleischindustrie mittlerweile auf zwei Haupt- und einige Nebenstandorte verteilt: Ostwestfalen / Westfalen (NRW), mit dem mit Abstand größten Schlacht-, Zerlege- und Verarbeitungsbetrieb von Tönnies in Rheda-Wiedenbrück, sowie das Oldenburger Münsterland (Niedersachsen). Acht der zehn größten Unternehmen haben ihren Sitz in diesen beiden Regionen, die zugleich mit etwas unterschiedlichen Schwerpunkten Zentren der Aufzucht von Tieren sind. In den beiden Bundesländern werden rund die Hälfte aller Schweine geschlachtet, in Niedersachsen alleine mehr als die Hälfte des bundesweit auf den Markt gebrachten Geflügels. Was die Eigentumsverhältnisse betrifft, so ist eine Konzentration zu beobachten, die seit etwa 20 Jahren anhält.[202] Vier Unternehmen stehen heute in Deutschland für mehr als ein Drittel der Fleischproduktion, die Top-10 für fast die Hälfte.[203] Tönnies verzeichnet den größten Jahresumsatz: In der Corona-Krise ist dieser nach Angaben des Konzerns 2020 leicht gesunken, während er 2019 noch mehr als doppelt so viel wie beim nächsten Konkurrenten betrug. Rund die Hälfte der Produktion

200 Heinrich-Böll-Stiftung et al. 2018, S. 36–37.

201 Es ist dies eine Tendenz, die sich freilich nicht exklusiv in Deutschland zeigt, sondern die wir in vielen Ländern beobachten können, vor allem in den großen fleischproduzierenden Staaten wie Spanien, den USA oder Brasilien. Weltweit ist es zugleich ein Motor der Transnationalisierung und Konzentration von Eigentumsverhältnissen, Birke 2021b.

202 Beile et al. 2007, S. 72.

203 Bernhold und Stache 2021, S. 177.

von Tönnies wird exportiert, davon ein nicht unerheblicher und wachsender Teil für den südostasiatischen Markt.[204] Im Bereich Geflügel ist die PHW-Wiesenhof-Gruppe in Lohne (Oldenburg) mit Abstand der größte Player.

Tabelle 4. Fleischindustrie in Deutschland: Umsatz 2019[205]

Tönnies-Gruppe, Rheda-Wiedenbrück (größter Schlachtbetrieb für Schweine)	7,3 Milliarden Euro
VION-Food Germany, Hilden (transnationales Unternehmen, Sitz in den Niederlanden)	2,8 Milliarden Euro
Westfleisch, Münster (Genossenschaft, vorwiegend Rotfleisch)	2,79 Milliarden Euro
PHW-Gruppe, Visbeck (hauptsächlich Weißfleisch)	2,69 Milliarden Euro
Heristo, Bad Rothenfelde (vorwiegend Tiernahrung und Convenience)	1,33 Milliarden Euro
Rothkötter-Gruppe, Haren (Mischfutter und Weißfleisch)	1,18 Milliarden Euro
Zur-Mühlen-Gruppe, Böklund (Verarbeitung, Teil von Tönnies)	ca. 1,0 Milliarden Euro
Müller-Gruppe, Birkenfeld (vorwiegend Rotfleisch, Süddeutschland)	950 Millionen Euro

Während Tönnies in Rheda am Tag deutlich über 20.000 Schweine schlachtet, ist Danish Crown in Essen (Oldenburg) mit einer Zahl von 10-12.000 davon bereits weit entfernt. Kleinere Betriebe wie Böseler Goldschmaus (Garrel, 5.000) oder Brandt (Lohne, 2.500) bleiben ganz erheblich dahinter. Danish Crown ist in Deutschland nicht unter den Top-10 der Produzenten, aber transnational einer der wichtigsten Konzerne und eines der Beispiele für eine Verlagerung der Produktion von einem Land mit relativ hohen Löhnen und Flächentarifvertrag (hier: Dänemark) ins „Billiglohn" Deutschland.[206]

204 Ibid.

205 Zahlen nach Schiffeler 2020.

206 Vgl. die Arbeiten, die als kritische Analyse von Entsendung vor einigen Jahren vergleichend entstanden sind: Wagner und Refslund 2016, Weinkopf 2018.

Die Konzentration in der Eigentumsstruktur bedeutet einen erheblichen Druck auf kleinere Produktionseinheiten, die aufgrund dessen oft drei Möglichkeiten haben: die Konzentration auf Biolandwirtschaft und Marktnischen, die Überausbeutung der Arbeiter*innen oder das Verschwinden vom Markt. In unserer Untersuchung sind sowohl kleinere, spezialisierte Schlacht- und Zerlegebetriebe berücksichtigt als auch größere, exportorientierte Betriebe. Es wird auf dieser Grundlage bei der Analyse der Arbeitsbedingungen nicht nur der Vergleichsfall Versandhandel zu berücksichtigen sein, sondern auch die Frage nach Unterschieden zwischen Arbeitsprozess und Arbeitsbedingungen in unterschiedlichen Betriebsformen in der Fleischindustrie selbst.

Auch für die Fleischindustrie kann eine wachsende Bedeutung schlanker Lagerhaltung sowie der Produktion *just in time* beobachtet werden. Die steigende Umschlaggeschwindigkeit in Herstellung, Transport und Verkauf von Fleischprodukten ist sicherlich ökonomisch bedeutsam, aber das gilt mehr für die Verarbeitung als für die Schlachtung selbst, die auf steigendem Niveau relativ kontinuierlich verläuft. Im Unterschied zum Online-Versandhandel und insbesondere zum Amazon-Fall lässt sich in der Pandemie ökonomisch ein stärkerer Bruch beobachten. Bis zum Frühjahr 2020 stiegen Umsätze und Gewinne noch einmal an (siehe dazu die Ausführungen in Abschnitt 3.1), danach gerieten besonders die von Schließungen betroffenen Betriebe in politische wie ökonomische Schwierigkeiten. Für einige Wochen schlossen die chinesischen Behörden die Grenzen für Schweinefleisch aus international bekannten „infizierten“ Betrieben, wozu auch Tönnies in Deutschland gehörte, und aus beiden Gründen konnte die Produktion nicht ungehindert weitergeführt werden, was zu einer Phase mit etwas schwächeren Ergebnissen führte.[207]

Warum arbeiten die Arbeitenden?

Wenn man die in der Fleischindustrie ausgeübten Tätigkeiten mit denen im Online-Versandhandel vergleicht, kann man bereits auf den ersten Blick einige Unterschiede feststellen. Bei einer Be-

207 Bach 2020.

triebsbesichtigung nannte ein Manager aus der Fleischindustrie als Ziel das Arbeiten nach dem „amerikanischen System“ – gemeint ist ein traditioneller Taylorismus. Die Tiere werden bspw. in der Schweinezerlegung nach der Schlachtung an eine Kette gehängt und bis zu einem definierten Punkt arbeitsteilig mit zahllosen einzelnen Schnitten zerlegt. Die Geschwindigkeit bestimmt bis dorthin grundsätzlich das Band. Zwar gibt es zahlreiche Formen der Produktabmessung, die auch digitalisiert verarbeitet werden, aber die Arbeitenden können das Tempo, anders als bei Amazon, in weiten Teilen des Arbeitsvorgangs nicht selbst reduzieren. Und auch in der Feinzerlegung und Verarbeitung handelt es sich überwiegend um hoch repetitive Tätigkeiten, in denen die meisten Arbeitenden über viele Stunden nur wenige Schnitte oder Arbeitsvorgänge (Einlegen, Herausnehmen etc.) ausführen.

Hier kann zunächst festgehalten werden, dass sich ein Eindruck bestätigt, den wir schon in der ersten Begegnung im „Luna-Center“ hatten. Ob Fleischindustrie oder Lagerarbeit – es sind gesundheitsgefährdende Arbeiten, kurzfristig, aber auch längerfristig. Und es handelt sich um Arbeit, die mit wenig gesellschaftlicher Anerkennung verbunden ist, und sogar mit Ablehnung oder Ächtung. Damit sind wir einmal mehr bei der Frage, was Menschen bewegt, in den beiden hier untersuchten Sektoren eine Arbeit aufzunehmen. Warum arbeiten die Arbeitenden? Reicht es wirklich aus, das mit dem Zwang zur Arbeit wegen prekären Aufenthalts und mangelnder Sozialleistungen zu begründen? Oder mit der Expansion bestimmter Konzerne und Fabriken? Welche Motive haben die Arbeiter*innen, warum und wie sind sie nach Deutschland gekommen? Im nächsten Kapitel stelle ich zuerst einige der Menschen vor, die an unseren Interviews teilgenommen haben. Auf diese „Vorstellungsrunde“ folgen in Abschnitt 2.2 einige Überlegungen zur methodischen Einbettung unserer Forschungen, zu Forschungsstrategien und zur Frage der „Parteilichkeit“. Am Ende des Abschnitts gehe ich im Detail auf Orte und Zahl der Interviews ein, die in Abschnitt 2.3 bis 2.6 auswertend zunächst für die erste Projektphase (2017-2019) vorgestellt werden. Kapitel 3 widmet sich sodann den Konflikten um migrantische Arbeit in der Pandemie (2020-2021).

2. Über die Grenze, an die Arbeit

Irgendwo überschreitet er die Grenze. Diese mag mit der geographischen Grenze seines Landes zusammenfallen oder nicht. Nicht auf die geografische Grenze kommt es an: Die Grenze ist einfach dort, wo er aufgehalten werden und seine Absicht, zu gehen, vereitelt werden kann. Auf der anderen Seite der Grenze, wenn er sie überschritten hat, wird er ein Arbeitsmigrant.
Berger und Mohr 2016 (1975), S. 51.

2.1. Vom Ankommen und Bleiben

Mein Kollege Felix Bluhm und ich treffen Frau Jahn am 15. Februar 2017 in einem Café am Oldenburger Bahnhof. Wir haben sie kennengelernt, als wir im Rahmen unseres Forschungsprojekts bei der Beratung der Arbeitslosenselbsthilfe Oldenburg (ALSO) hospitierten, wo viele Menschen, die in der Fleischindustrie arbeiten, Unterstützung suchen. Frau Jahn ist in einem Dorf in Litauen aufgewachsen. Zum Zeitpunkt unseres Gesprächs ist sie Mitte 20. Wir fragen sie danach, warum sie Litauen verlassen habe. Dort, beginnt sie ihre Geschichte, habe es keine Arbeit gegeben:

> „Bei uns auf dem Dorf, da wohnen ja nur 300 Leute. Man kann fast nur als Reinigungskraft arbeiten. (…) Vielleicht kannst du was finden, wenn du ein Auto besitzt. Wenn du nur ein Fahrrad besitzt, kannst du vielleicht in einer Firma unterkommen, die Holz bearbeitet, in der nächsten Stadt, 25.000 Einwohner, 15 Kilometer entfernt. Aber dann fährst du mit dem Fahrrad durch den Wald dahin, das ist auch gefährlich (…) und im Winter ist es sehr kalt.“[208]

208 SOFI_F 1_B_01, S. 5, (Zeile) 114, S. 6, 146–151. Der Name der Befragten ist ein Pseudonym. Übersetzung aus dem Englischen durch den Autor.

Als Frau Jahn im Anschluss an ihr Fachabitur im Jahre 2010 ein sechsmonatiges unbezahltes Praktikum in einem Ort in der Nähe machen sollte, konnte ihre Familie sich das nicht leisten. Also reiste Jahn mit ihrem Bruder nach Holland. Beide planten, schnell etwas Geld zu verdienen und dann nach Litauen zurückzukehren. Jahn wollte das Praktikum dann nachholen, später vielleicht studieren. In den Niederlanden fing sie als Erntehelferin an. Das Arbeitsaufkommen war auch während der Erntesaison sehr unregelmäßig. Mal gab es zwei, mal drei Tage Beschäftigung, dann wieder nichts.

> „Ich erinnere mich an einen Tag, an dem ich früh aufstehen musste, um zur Arbeit zu gehen und draußen Äpfel zu pflücken. (...) Da sagt der Boss, OK, es ist genug, und das Mädchen da brauchen wir nicht mehr. (...) Na ja, ich war seit 5 Uhr wach, dann kam der Sohn von dem Eigentümer, und er hatte seinen eigenen Garten, Gewächshaus. Er machte da Kohl, die Großen. (...) Und er sagt: OK, wir brauchen noch jemanden. Und dann bist du da, von 9 bis 9, und auf deinen Knien. Und ich komm' nach Hause und will Tee trinken, aber ich kann nichts mehr festhalten, nicht mal eine Teetasse. Und das ging dann einen Monat so, und dafür gab es 1.000 Euro. (...) Und du musst ja auch die Miete zahlen, und die Versicherung und so."[209]

Nach einem Jahr als Landarbeiterin fand Frau Jahn einen Job in einer Süßwarenfabrik. Das war viel besser, sie verdiente im Vergleich gut. Bald machte sie auch die etwas komplizierteren Arbeiten, einfache Reparaturen an Maschinen eingeschlossen. Mittlerweile waren auch ihre Eltern ausgewandert. Sie waren in Oldenburg in Norddeutschland gelandet, wo der Vater in der Fleischindustrie arbeitete. Jahn gab ihre Arbeit in der Süßwarenfabrik auf, verließ die Niederlande und begab sich zu ihren Eltern. Dort blieb sie zunächst nur für kurze Zeit.

> „Ich hatte keine Lust mehr auf die Arbeit in der Industrie. Und ich kam hierhin (nach Oldenburg), und ich sagte mir, mach mal

209 SOFI_F 1_B_01, S. 5, 120–130.

> bisschen Urlaub, so einen Monat und nicht nach anderer Arbeit gucken. Ich finde ja sowieso was. (…) Und dann fragt mich ein Mädchen, das ich in Holland getroffen habe, ob ich nach England zum Arbeiten komme. Nur rumlaufen und Charity Bags verteilen. (…) Macht in England jeder, der nicht registriert ist. Brauchst du keine Sprachkenntnisse für, nimmst nur diese Plastiktüten in einem Rucksack mit und verteilst sie über möglichst viele Haushalte. (…) Zuerst musst du die Charity Bags kaufen. Da gibt es schon Leute, die haben große, große Garagen voll davon. (…) Was auf den Tüten drauf ist, kannst du dir aussuchen – zum Beispiel für die Soldaten, oder für Kinder, oder für Brustkrebs. Je größer das Anliegen ist, desto teurer die Tüte. Die Plastiktüten werden dann in Briefkästen geworfen, etwa 1.000 Stück pro Tag, und später gefüllt mit Kleiderspenden eingesammelt und wieder an den Zwischenhändler verkauft. Aber wenn du Pech hast, sahnt jemand anderes beim Einsammeln vor dir ab, und du verdienst gar nichts."[210]

Frau Jahn hatte ziemlich häufig „Pech", nach einigen Monaten kehrte sie nach Deutschland zurück.[211] Auch weil sie schwanger war. Nach der Geburt des Kinds ließ sie sich in Oldenburg nieder. Als mittlerweile alleinerziehende Mutter arbeitete sie einer Servicefirma, die unter anderem in der Fleischindustrie Maschinen reinigt. Ihr Bruder arbeitete ebenfalls dort. Die Firma gehörte einem ehemaligen Tönnies-Manager, 2017 eine häufige typische Konstellation, mit der die Unternehmen versuchten, zugleich die Kontrolle zu bewahren und die Verantwortung für die Arbeiter*innen wegzuschieben. Die Vorgesetzten, erzählt Frau Jahn, seien gegenüber den Anliegen der Beschäftigten völlig taub gewesen. Zum Beispiel habe sie immer ein „Nein" gehört, wenn das Baby krank war und sie einen Tag frei haben wollte. Nach einigen Monaten

210 Ibid.

211 In Großbritannien gab es Ende der 2010er-Jahre immer wieder Debatten um diese Form der „selbstständigen" Arbeit. Vorwurf war, dass die undokumentiert Beschäftigten in „sklavenähnlicher" Abhängigkeit gehalten würden. S. etwa diesen Text auf einer Webseite, die auch ein Beispiel für eine Charity Bag zeigt, in diesem Fall mit der Aufschrift „overcome injustice": Armour 2018.

war sie deshalb gezwungen, auch diese Arbeit aufzugeben. Nach einem langen Kampf mit den Behörden, bei dem sie durch die ALSO unterstützt wurde, erhielt sie schließlich Sozialleistungen. Gleichzeitig stieg sie als Beraterin bei der ALSO ein.

Die Begegnung mit Frau Jahn steht am Anfang unserer Recherchen. Wir bekommen einen ersten Eindruck davon, mit welchen Problemen Menschen konfrontiert sind, die aus den ärmsten Gegenden Osteuropas nach Deutschland kommen. Thema ist da niemals nur die Arbeit, es geht auch um Aufenthaltsrechte, Wohnen, Mobilität, die Anerkennung von sozialen Ansprüchen. Und wir bekommen auch einen Eindruck davon, wie selbstbewusst manche Menschen um diese Ansprüche kämpfen.

„Immer Neue, woher sie kommen, egal"

Frau Jahn empfiehlt uns, mit Herrn und Frau Mohn zu sprechen, die ebenfalls in Litauen aufgewachsen sind. Beide haben mehrere Jahre in der Fleischindustrie gearbeitet, Herr Mohn ist zum Zeitpunkt des Gesprächs noch immer dort beschäftigt, Frau Mohn hat vor kurzem Zwillinge geboren und ist in Elternzeit. Das Gespräch findet einige Wochen nach der Begegnung mit Frau Jahn statt, verzögert durch mehrere Absagen. Wir sind in der Wohnung des Paares in einer Kleinstadt im Oldenburger Münsterland verabredet.[212] Diesmal bin ich alleine unterwegs, die Wohnung ist nicht leicht zu finden, der Eingang liegt in einem Hinterhaus, und ich komme deshalb etwas zu spät. Zudem hat Herr Mohn Zahnschmerzen und kurz darauf einen Termin beim Arzt. Dennoch werde ich freundlichst empfangen. Das Gespräch findet im Wohnzimmer statt, Frau Mohn kümmert sich gleichzeitig um die beiden Kleinen, greift aber dennoch ab und zu in das Gespräch ein.

Herr Mohn hat in Litauen studiert und fünf Jahre als Sportlehrer gearbeitet. Nebenbei hat er eine kleine Karriere als professioneller Sportler gemacht. Frau Mohn ist Sozialpädagogin, in Litauen hat sie in einem Waisenhaus gearbeitet. Beide sind Mitte 30. Auslöser der Auswanderung war unter anderem, dass der litau-

212 SOFI_F 1_B_05. Das Gespräch fand in deutscher Sprache statt.

ische Staat die Zuwendungen für Schulen und Sozialeinrichtungen gekürzt hatte, sodass das Geld kaum noch zum Leben reichte. Ein Verwandter gab den beiden den Tipp, ins Oldenburger Münsterland zu gehen. Dass Frau Mohn durch ein zweijähriges Studium in England bereits Migrationserfahrung hatte, erleichterte die Entscheidung. Das Ehepaar ließ sich für Arbeit in der Fleischindustrie anwerben, damals noch auf der Grundlage von Entsendung. Herr Mohn beschreibt das System:

> „Ja, und da arbeiten wir ein Jahr. Und er (der Vermittler) gibt uns (Verträge) für drei Monate, für drei Monate. Zum Beispiel wir mussten arbeiten 200 Stunden, das ist 1.000 Euro, und 300 muss nach Litauen."[213]

Das Paar verdiente also zusammen etwa 2.000 Euro, wovon 600 auf ein Konto in Litauen als „Gebühr" an den Vermittler abgeführt werden mussten. Hinzu kamen rund 400 Euro für die ebenfalls durch den Vermittler besorgte Wohnung – blieben rund 1.000 Euro für zwei Personen. Und dann ging es an die Arbeit:

> „Und ersten Tag, wir arbeiten 18 Stunden.
> (Interviewer): 18 Stunden, okay!
> (Befragter): Ja, dann 15, 16, aber dann du weißt, wenn er bezahlt nur fünf Euro pro Stunden, viele Leute wollen (das) machen."[214]

Die Unzufriedenheit mit dem Verhältnis von Arbeitszeit und Lohn brachte die beiden nach einigen Monaten dazu, sich einen anderen Job zu suchen. Weil die Auswahl sehr begrenzt war, blieb es bei der Fleischindustrie. Immerhin wurden sie durch den Jobwechsel den litauischen Subunternehmer los und mussten keine „Gebühren" mehr bezahlen. Sie fanden eine Leiharbeitsfirma, die sich auf russischsprachige Bewerber*innen spezialisiert hatte. Diese vermittelte sie in einen rund 70 Kilometer von ihrem Wohnort entfernten Betrieb, der neben der Zerlegung von Schweinefleisch auch

213 Ibid, S. 2, 45–47.
214 SOFI_F 1_B 05, auch im Folgenden, hier: S. 4, 122f.

Fertigprodukte herstellt. Dort arbeitete der examinierte Sportlehrer Mohn am Sortierband für Fleisch, und zwar nunmehr für etwas mehr als Doppelte des vorherigen Lohnes: 10 Euro 50. Und auch Frau Mohn verbesserte sich, in dem neuen Betrieb bekam sie neun Euro pro Stunde brutto. Die Arbeitszeiten blieben jedoch weiter extrem lang. Zudem handelte es sich um Schichtarbeit mit oft ungünstigen Anfangs- und Endzeiten. Das Pendeln wurde zu einem erheblichen logistischen Problem.

Als Frau Mohn ein Kind erwartete, ging sie zur ALSO, wo sie Frau Jahn und einen weiteren Berater, Guido Grüner, kennenlernte, die ihr halfen, aus der Fleischindustrie rauszukommen und ihren Anspruch auf Elterngeld durchzusetzen. Gleichzeitig erfuhr Herr Mohn einen kleinen Aufstieg im Betrieb: Er bewährte sich als Linienführer in der Verpackung der fertigen Fleischwaren. In dieser Zeit war er weiterhin häufig zwölf Stunden am Tag unterwegs, aber er lernte auch, seine Arbeitszeit besser einzuteilen. Es gab, erzählt er, beispielsweise eine Auflage, dass 35 Paletten mit Fleisch pro Schicht fertiggemacht werden mussten. Er fand heraus, dass mit etwas Übung das Soll auch dann erfüllt werden kann, wenn Pausen gemacht werden. Und dass es nicht ratsam ist, mehr Paletten fertigzumachen, weil sonst das Soll erhöht wird. Und dass es manchmal eine Entlastung sein kann, Fehlzeiten zu schreiben, indem man neue Kisten holt und sich dabei etwas Zeit lässt. Oder den Mechaniker zu holen statt Fehler selbst zu beheben, weil der Mann sich beim Reparieren ebenfalls nicht stresst. Im Gespräch lässt Herr Mohn keinen Zweifel daran, dass er auf diese „Findigkeit“ stolz ist.[215]

Zur selben Zeit – es bleibt im Gespräch offen, ob als Reaktion auf die wachsende Souveränität von Herrn Mohn und Kolleg*innen – fing das Management an, durch eine andere Leiharbeitsfirma neue Kolonnen anzuwerben, um die alten zu ersetzen. Herr Mohn durfte bleiben, aber die Zahl der Überstunden nahm zu. Er erklärt das damit, dass keine Einarbeitung stattgefunden habe und die eben Ausgeliehenen das vom Management geforderte Programm zunächst nicht schaffen konnten. Es habe sich vielfach

215 Ibid., S. 12/13, 546 f.

um Menschen aus der Republik Moldau gehandelt, die über den Erwerb eines rumänischen Ausweisdokuments den Zugang zum EU-Arbeitsmarkt bekommen können, Leute, die wir Herr Mohn betont, aus einem „noch ärmeren Land“ kommen.[216]

In späteren Gesprächen wird dieser Ersetzungsprozess oft mit den angeblichen subjektiven Arbeitsfähigkeiten bestimmter Gruppen verbunden: vor allem in den von uns interviewten Management-Interviews wird eine Art „Taxierung“ vorgenommen, manchmal, leider nicht selten, machen das auch Kolleg*innen. Herr Mohn sagt explizit das Gegenteil: Was wir in der Einleitung als „Rassifizierung“ bezeichnet haben, ist nicht sein Projekt, es handele sich nämlich „einfach (um) Leute, die neu in Deutschland sind“. Die „Firma wechselt halt alle paar Monate die Leute aus.“[217] Zwar wird 2017 der Einsatz von Leiharbeitsfirmen in der Weiterverarbeitung des Fleischs oft mit der „Grillsaison“ begründet, aber an der Schilderung wird deutlich, dass es nicht primär um die Bewältigung von Auftragsspitzen geht. Aus Sicht von Herrn Mohn ist das Austauschen vielmehr ein *Prinzip*, mit dem nach Auffassung des Managements ganz offensichtlich die *Kontrolle* auch der bereits eingearbeiteten Beschäftigten erleichtert wird. Deshalb ist die in „Nationalitäten“ bzw. ethnische Herkunft gegossene Frage nach den „Eigenschaften“ dieser Leute aus Sicht von Herrn Mohn

216 Es ist die Erteilung eines rumänischen Passes jedoch keinesfalls eine Selbstverständlichkeit, sondern formal an das Vorhandensein rumänischer Vorfahren gebunden. Die Unionsbürgerschaft besitzt insofern nur eine Minderheit, Mitte der 2010er war offiziell von ca. zehn Prozent der Einwohner*innen die Rede. Es soll einen florierenden Passhandel gegeben haben. Uns begegnet die Herkunft aus der Republik Moldau in unseren Interviews häufig, es handelt sich um einen Grenzfall des „doing borders“: Durch die Einbeziehung Rumäniens in die EU ist „Freizügigkeit“ formal hergestellt, dennoch ist die erste Hürde die Überwindung einer EU-Außengrenze. Es soll auf dieser Grundlage vorkommen, dass Vermittler nicht nur beauftragt werden, XY Arbeiter*innen, sondern auch rumänische Pässe „zu besorgen“. Es ist zugleich ein Hinweis auf die permanente Neuzusammensetzung der Arbeitenden, wie in dem von Herrn Mohn geschilderten Beispiel, auf der Grundlage sowohl des Beschäftigungsverhältnisses als auch eines fluiden Systems differentieller In- und Exklusion. Zur Passfrage s. Engelhard 2014.

217 SOFI_F 1_B_05, auch im Folgenden, hier: S. 18, 869, 871–873.

nicht wichtig: „Immer Stress, immer Neue, woher, egal."[218] Dabei verändert sich allerdings eine Trennungslinie nie: An der Linie arbeiten, so Herr Mohn, keine „Deutschen", die finden sich nur als Vorarbeiter und im Management.

Bevor ich mich verabschiede, sprechen wir noch über Ziele und Träume: In der Antwort schwankt Herr Mohn zwischen dem Wunsch nach Festbeschäftigung und der Hoffnung, wieder in seinem Beruf zu arbeiten. Für Frau Mohn ist die Sache dagegen klar: Nie wieder Fleischindustrie, am liebsten als Sozialarbeiterin arbeiten und zum Beispiel Menschen aus Osteuropa bei ihrem Widerstand gegen die Ausbeutung zur Seite stehen.

Eintrittsgeld und Extraschicht

Im Laufe der Zeit interviewen wir mehr und mehr Menschen aus Drittstaaten. Das ist bemerkenswert, weil sich am Anfang von uns befragte Expert*innen mitunter geradezu amüsierten, wenn wir nach der Beschäftigung von Geflüchteten in der Fleischindustrie fragten. Das seien, hieß es, alles Osteuropäer. Die ersten Arbeiter*innen ohne Unionsbürgerschaft trafen wir etwa ein Jahr nach Beginn unseres Projekts.

Im März 2018 kommen wir in Kontakt mit einer lokalen Welcome-Initiative im Landkreis Vechta, die überwiegend syrische Arbeiter*innen bei ihren Alltagsproblemen unterstützt. Wieder hat das Schnellballsystem funktioniert: Auch dieser Hinweis kam von einer Beraterin der ALSO. Am 6. März sprechen mein Kollege Janos Mertin und ich mit Herrn Oben, der nachts in der Maschinenreinigung bei einem großen Geflügelhersteller arbeitet. Unser erster Eindruck vor Ort ist ziemlich spektakulär. Als wir auf dem Parkplatz vor den Räumen der Initiative aussteigen, sehen wir einen Mann, der uns schreiend auf dem Fußweg entgegenkommt. Er tritt einen Mülleimer am Eingang zu den Initiativräumen um und schimpft lauthals auf „Kanaken". Ein anderer kommt aus dem Eingang heraus, stellt den jungen Kerl zur Rede und befiehlt ihm mit bewundernswerter Gelassenheit, den Mülleimer wieder hinzustellen. So wird es gemacht, weiter passiert nichts – und so

218 Ibid., 884.

lernen wir Basim Saad kennen, einen Aktivisten, der die Gespräche, die wir bei „Gemeinsam gegen Einsam“ in Lohne führen, aus dem Arabischen übersetzt.[219]

Das Gespräch findet im Hinterzimmer eines etwas provisorisch und zur Zwischenmiete eingerichteten ehemaligen Ladengeschäfts statt, in dem die Initiative zu dieser Zeit ihren Sitz hat. Der 31-jährige Herr Oben lebt seit 2016 in Deutschland. Er hat trotz der zu diesem Zeitpunkt verzweifelten Lage in seiner Herkunftsstadt Aleppo nur einen „subsidiären“ Schutz,[220] mit einem legalen Aufenthalt für ein Jahr. Immerhin befinden sich seine Frau und seine vier Kinder mittlerweile in Sicherheit in Deutschland. Herr Oben hat in Syrien als Möbellackierer gearbeitet, auf der Flucht war er mit der ganzen Familie zwei Jahre im Libanon, dann für kurze Zeit in der Türkei.[221] Im August 2017 kam er aus einer norddeutschen Großstadt nach Lohne, nachdem er von Freunden von der Möglichkeit erfahren hatte, bei einem großen Reinigungsunternehmen zu arbeiten, mit der Aussicht auf langfristige Beschäftigung. Durch den Nachweis der Arbeitsstelle konnte er außerdem die Wohnsitzauflage[222] umgehen. Allerdings musste er an den Ver-

219 S. das Memo zu diesem Gespräch, SOFI_F2_B_05, M.

220 Einen *subsidiären Schutz* nennt man die paradoxe Konstruktion, in der durch die deutschen Behörden „keine Flüchtlingseigenschaft“ gefunden wurde und dennoch ein „Abschiebehindernis“ dadurch entsteht, dass den „Personen bei einer Rückkehr ernsthafter Schaden droht“, Bundesamt für Migration und Flüchtlinge 2019.

221 Die Flucht über die Türkei ist kein Einzelfall. Ein anderer Befragter war gleich drei Jahre in Mersin und arbeitete dort in der Textilindustrie. Auf die Arbeitsbedingungen in Deutschland wirft ein Licht, dass zumindest dieser Befragte diejenigen in der Türkei als vergleichsweise erträglich schildert. Grund der Weiterwanderung sei demnach auch nicht die Arbeit gewesen. Vielmehr kam es zu rassistischen Übergriffen, die von den Betroffenen zwar mit Protesten beantwortet wurden, das Leben aber sowohl unerträglich als auch gefährlich hatten werden lassen: SOFI_F2_B_04. Zur Ausbeutung syrischer Migrant*innen in der türkischen Textilindustrie s. freilich Graaf 2017.

222 Die *Wohnsitzauflage* bedeutet, dass Geflüchtete in den ersten drei Jahren nach ihrer Anerkennung bzw. der Erteilung einer Aufenthaltserlaubnis in dem Bundesland wohnen müssen, dem sie zuerst zugeteilt wurden. Eine Arbeitsaufnahme von mehr als 15 Stunden in der Woche anderswo stellt einen Ausnahmegrund dar, vgl. Bundesamt für Migration und Flüchtlinge (o.J.).

mittler, offenbar einen Teamleiter, eine „Gebühr" von mehreren hundert Euro zahlen, um einen Arbeitsvertrag zu erhalten. Nach zwei Monaten Arbeit holte er seine Familie nach. Sie wohnten zunächst sehr beengt bei Bekannten, die derzeitige Wohnung fanden sie dann mit Hilfe der Welcome-Initiative.[223]

Die Schicht der Maschinenreiniger, die regelmäßig bei einem Geflügelverarbeiter am Ort eingesetzt sind, dauert von 20 Uhr bis 5 Uhr morgens. Herr Oben berichtet, dass sie sich zunächst umziehen, die Chemikalien zusammenstellen und dann einen langen Weg zu den Maschinen laufen. Als Arbeitszeit zählt allerdings erst, wenn an den Maschinen mit der Reinigung begonnen wird. Überhaupt ist „Zeitbetrug" ein großes Thema, trotz einer elektronischen Zeiterfassung:[224] Wenn der Zeitdruck für die Maschinenreiniger*innen aufgrund von Überstunden in der Produktion sehr groß ist, wird die Pause gestrichen, die normalerweise für eine Stunde um 0.30 Uhr angesetzt ist. Hinzu kommt die Arbeitsbelastung: Die Aufgabe der Reinigungskolonne ist es, Fleischreste, Exkremente und Federn aus den Zerlege- und Verarbeitungsanlagen zu entfernen. Die Maschinen werden dabei mit einem Reinigungsmittel bearbeitet und dann ein weiteres Mal desinfiziert. Der Auftraggeber sei hinsichtlich der Desinfizierung recht genau, riskiert er doch öffentliche Skandale, wenn etwas mit der Hygiene nicht stimmt. Weniger genau nehme er es dagegen mit der Einarbeitung und Einweisung der Reinigungskräfte. Arbeitsunfälle passierten, weil selbst erfahrene Kolleg*innen die Maschinen versehentlich auslösen:

> „(Dolmetscher): Einer, der seit drei Jahren da tätig ist, der ist an eine Maschine gekommen, wusste überhaupt nicht, (…) wie die tickt, und hat das Bein verloren. (…) Also, der Schlauch wird in die Hand gedrückt, leg los und der war halt seit drei Jahren zwar schon in der Firma, aber war wahrscheinlich immer an dem einen Maschinentyp und dann ist wohl ein Pakistani, der auch lange dabei war, der immer an der einen Maschine war, der hat wohl dann

223 SOFI_F2_B_05, M.
224 SOFI_F2_B_05, S. 10, 482f.

> gekündigt oder wurde gekündigt, und dann ist der andere, (...) ist dann halt da an die neue Maschine gekommen, wo überhaupt keine Einweisung und nichts stattgefunden hat."[225]

Die Unternehmen sichern sich gegen Unfälle auf ihre Weise ab. Was Herrn Oben betrifft, so hat er einen auf Deutsch verfassten Zettel unterschrieben, der besagt, dass er für eventuelle Unfälle bei Nichtbeachtung von Vorschriften selbst verantwortlich sei.[226] Er berichtet zudem, dass man die Vorschriften manchmal umgehen müsse, weil die Arbeit sonst zu langsam vonstattengehe. Hinzu kommt die Müdigkeit: Oben arbeitet häufig sieben Tage in der Woche in dieser Schicht, wie viele seiner Kollegen. Zwar steht am Ende des Monats relativ viel Geld auf dem Lohnzettel, netto 1.600-2.100 Euro. Dies geht allerdings nur unter grober Missachtung gesetzlich vorgeschriebener Höchstarbeitszeiten. Wie Herr Oben machen Geflüchtete, die wir in unserer Untersuchung zur Fleischindustrie antreffen, fast immer die unbeliebtesten Jobs. Die Befragten sagen, es bleibe nichts anderes übrig, man müsse zusehen, dass die Familie überleben könne, der Aufenthalt hänge davon ab, und man wolle den Leuten hierzulande ja auch nicht auf der Tasche liegen. Hinzu kommt die Erpressbarkeit im Arbeitsprozess selbst.

Herr Oben beispielsweise kam in den Betrieb zu einem Zeitpunkt, an dem der Unmut über die oben erwähnten „Gebühren" für die Erstellung von Arbeitsverträgen stärker artikuliert wurde. Er beteiligte sich an dem Versuch, zunächst intern durchzusetzen, dass das Geld zurückgezahlt werden muss:

> „(Dolmetscher): Da war wohl so ein bisschen Unruhe, und dann zu der Zeit ist er dann gekommen, und er hat dann direkt Druck gekriegt. (...) Dann musste er da die ganze blöde Arbeit machen. Er sagt auch, obwohl er jetzt auch länger da ist und viele Neue, ... seitdem auch Neue gekommen sind, ist das immer noch ein bisschen so, dass er da oft herhalten muss."[227]

225 Ebd., S. 8, 354–372.
226 Ebd., S. 8, 376 f.
227 Ebd., S. 14, 655–663.

Für diejenigen, die sich beschweren, findet das Unternehmen allerlei Sanktionsmöglichkeiten, unter anderem indem weniger attraktive Arbeiten an „Unruhestifter" gegeben werden. Ein weiterer plastischer Ausdruck der Machtverhältnisse im Betrieb sind die „Eintrittsgelder". Dabei ist es nicht mit einer einmaligen Zahlung getan. Die Befragten berichten, dass weiteres Schmiergeld gezahlt werden müsse, um nach zwei Jahren Befristung einen unbefristeten Vertrag zu erhalten, wobei die verlangte Summe dann auf deutlich über 1.000 Euro steige. Rund ein Vierteljahr später, im Juli 2018, nehmen wir an einem von „Gemeinsam gegen Einsam" organisierten Beratungsabend zum Arbeitsrecht teil.[228] Der Betriebsrat des Geflügelverarbeiters wurde mittlerweile konsultiert, allerdings ohne Wirkung, da er sich als formal für die Beschäftigten der Subunternehmen nicht zuständig sah. Außerdem wird berichtet, dass Menschen, die sich gegen die „Gebühren" wehrten, umgehend gekündigt worden seien. Die meisten der rund ein Dutzend Anwesenden haben freilich mittlerweile eine andere Arbeit gefunden. In der Beratung geht es deshalb wesentlich um Ansprüche aus bereits beendeten Arbeitsverhältnissen.

„Normal ist jeder happy, wenn du die Rate schaffst"

Gewerkschaftliche Organisierung war 2017/18 in der Fleischindustrie eine Seltenheit. Im Online-Versandhandel war das anders. Auch dort funktionierte die Kontaktaufnahme zu den Arbeitenden zunächst durch das Schneeballprinzip, in diesem Falle jedoch vermittelt über die im Betrieb präsente Gewerkschaft ver.di. So nahmen wir für über zwei Jahre regelmäßig an sogenannten Aktiventreffen teil, die der örtliche Zuständige der Gewerkschaft koordinierte, um die Beschäftigten eines Distributionszentrums zusammenzubringen.

Auf diese Weise lernen wir Mitte 2018 Herrn Tau kennen, der sich an ver.di mit der Bitte gewandt hat, ihm bei der Wohnungssuche behilflich zu sein. Herr Tau ist in Abuja, der Hauptstadt von Nigeria, zum Mechaniker ausgebildet worden, hat dann studiert und schließlich als Feuerwehrmann gearbeitet. In Deutschland

228 Vgl. SOFI_F3_Prot_03, S. 3.

ist er seit 2016. Nachdem seine Frau, die ebenfalls nigerianische Staatsbürgerin ist, ein Master-Studium angefangen und eine Aufenthaltsgenehmigung erhalten hatte, beruht sein Aufenthaltsstatus auf der Familienzusammenführung. Herr Tau ist Ende 20, er hat ein kürzlich geborenes Kind. Mit dem Abschluss des Studiums seiner Frau hängt der Aufenthalt der Familie in der Luft – sie hat nun zehn Monate Zeit, sich eine Arbeit zu suchen oder eine Dissertation anzumelden. Deshalb endet auch der Mietvertrag im Studentenwohnheim, wo die Familie zurzeit wohnt. Herr Tau berichtet von einer extrem schwierigen Wohnungssuche, die nicht zuletzt dadurch geprägt sei, dass „die meisten Leute keine Ausländer in ihrem Haus wohnen haben wollen.“[229]

Die aufenthaltsrechtliche Situation bedingt auch, dass die Familie keinen Anspruch auf Sozialleistungen hat. So muss Herr Tau im Moment den größten Teil des Familieneinkommens erwerben. Die Arbeitsaufnahme im Online-Versandhandel ist eine der Möglichkeiten, ohne oder mit sehr geringen deutschen Sprachkenntnissen bezahlte Arbeit zu bekommen. Herr Tau nahm dafür sogar in Kauf, in einem über 300 Kilometer von zuhause entfernten Distributionszentrum als Saisonarbeiter anzufangen – untergebracht in einer Massenunterkunft. Dort arbeitete er zunächst von September 2016 bis Januar 2017, dann bekam er einen weiteren Vertrag für sechs Monate. Als in der Nähe seines Wohnorts ein neuer Betrieb desselben Unternehmens eröffnet wurde, bewarb er sich im August 2017 dort und erhielt sofort einen unbefristeten Vertrag. Nicht nur für die Chancen auf einen gesicherten Aufenthalt, auch für die Souveränität im Arbeitsalltag macht die Entfristung einen Unterschied:

> „Normal, normal, ist jeder happy (…) wenn du die Raten schaffst. So, deshalb bist du selbst auch happy, wenn du das schaffst, jedenfalls soweit das möglich ist. Also versuchen die Leute, die Raten zu

229 SOFI_L1_B_04, S. 6, 294. Das Gespräch führen Sarah Könecke, Thomas Stieber und ich. Es fand in englischer Sprache statt, Übersetzung d. den Autor.

schaffen, aber, ja, vor allem wollen sie einen Festvertrag, denn es gibt unterschiedliche Klassen von Arbeitern (…)."[230]

Unterschiedliche Klassen von Arbeitenden gibt es aus verschiedenen Gründen – in diesem Betrieb hat vor allem die Differenz zwischen Entfristeten und Befristeten Gewicht. Die meisten Befragten haben in der Zeit, in der wir das Interview durchführen, keinen festen Arbeitsvertrag. Die Erpressbarkeit der Arbeitenden ist auch deshalb sehr groß. Das Unternehmen, heißt es, veranstalte regelmäßig zynisch als „Release-Days" bezeichnete Aktionen, an denen viele ihren Job verlieren, weil der Vertrag nicht verlängert wird. Für die Unbefristeten hingegen gibt es mehr Handlungsmöglichkeiten: So hat auch Herr Tau mit der Zeit gelernt, sein Arbeitstempo zu regulieren und die Kontrolle über seine Arbeitsbelastung ein Stück weit wiederzugewinnen. Er erklärt uns das „Cherry Picking" („Kirschen pflücken"). In vielen Arbeitsschritten beim Kommissionieren, Verpacken und Versenden der Waren mache es bei dem Erreichen der durch den Betrieb gesetzten Zielmarken einen großen Unterschied, ob man Stifte oder Kaffeemaschinen ein- bzw. auslagert oder verpackt – wobei die kleinen Teile dann eben die „Kirschen" sind, die man „pflücken" kann. Dabei ist man allerdings oft von der Person abhängig, die die Waren an die Station bringt. Cherry Picking kann insofern sowohl Teil eines solidarischen Zusammenhalts sein als auch Ausdruck harter Konkurrenzen zwischen Gruppen und Personen. Es ist aber, sagt Herr Tau, in jedem Falle eine Strategie, die man sich aneignen muss, um das Arbeitstempo dauerhaft auszuhalten. Streiks und Organisierung, der gewerkschaftliche Kampf um den Tarifvertrag bei Amazon werden in der Literatur selten mit der Frage in Verbindung gebracht, wie Zusammenhalt und Handlungsspielräume im Arbeitsalltag entstehen. Für Handlungsmöglichkeiten angesichts der „doppelten" Befristung von Aufenthaltsperspektiven und Arbeitsverträgen ist genau dieser Punkt allerdings zentral.

230 Ebd., S. 14, 698f.

Old Memories and New Hopes

Ob und wie Alltagssolidarität gelebt werden kann, hängt zudem mit der Rolle zusammen, die Betriebsräte im expandierenden Online-Versandhandel spielen. So hat sich bei Amazon mittlerweile die Wahl von betrieblichen Interessenvertretungen etabliert. Aber diese haben einen widersprüchlichen Charakter, mitunter betreibt das Management nämlich massiv die Wahl von als „freundlich" geltenden Vertreter*innen. Um dagegen zu halten, ist gerade in den neuen Distributionszentren das Vorhandensein von biografisch-kollektiven Erfahrungen wichtig, die eine alternative Perspektive aufzeigen.

Wir besuchen Frau Fasa an einem Abend im November 2018 in ihrer Wohnung in Geesthacht, in der Nähe von Hamburg. Mit dabei sind Sebastian Scholz und Julia Brose, die das Interview als Teil ihres Lehrforschungsprojekts mitgestalten. Frau Fasa arbeitet im selben Betrieb wie Herr Tau. Sie war in dem neu gegründeten Lager von Anfang an dabei und ist vor einigen Monaten in den Betriebsrat gewählt worden. Sie bestätigt, was Tau über den Druck sagt, dem viele Kolleginnen und Kollegen ausgesetzt sind. Sie sagt, dass gerade die jungen Geflüchteten, die einen sehr großen Teil der Beschäftigten stellten, schwere Ausgangsbedingungen haben. Aber sie freut sich auch darüber, dass die Neuen nach und nach besser zurechtkommen. Dies bezieht sie nicht nur auf den Arbeitsprozess als solchen, sondern auch auf eine Verbesserung der allgemeinen Lebenssituation: Sie ziehen aus der Gemeinschaftsunterkunft in eigene Wohnungen. Und auch im Betrieb entwickeln sie, so Frau Fasa, mit der Zeit deutlich mehr Selbstbewusstsein.

Frau Fasa erzählt ihre eigene Geschichte: 1975 kam sie als 14-jährige aus der Türkei nach Deutschland. Sie hat als Arbeiterin in mehreren großen Industrieunternehmen vor Ort gearbeitet, unter anderem beim Reifenhersteller (damals Jurid) in Glinde, beim Metallbetrieb Hauni, wo sie auch im Betriebsrat war, sowie zuletzt bei der Bergedorfer Zeitung. In allen drei Betrieben gab es in den 1970er- bis 1990er-Jahren aktive linke Betriebsräte, eine gute Verankerung der jeweils zuständigen Einzelgewerkschaften. Für Frau Fasa war es selbstverständlich, in die Gewerkschaft einzutreten. Sie vergleicht die Arbeits- und Entlohnungsbedingungen in den erwähnten Betrieben mit denen bei ihrem jetzigen Arbeitgeber. Sie sagt, dass auch Amazon „ein guter Betrieb sein könnte."[231] Um das zu erreichen, müsse aber der Druck auf die Beschäftigten, „dauernd Höchstleistungen" zu vollbringen, gemildert werden. Nicht nur die Stückzahlen sollten zählen, sondern auch die Qualität der Arbeit. Die persönliche Willkür, die einige Vorgesetzte ausübten, müsse beendet werden. Krankheitstage dürften nicht mehr als Grund gelten, die Verlängerung von Arbeitsverträgen abzulehnen. Sehr wichtig sei ihr schließlich, dass das Arbeitstempo „menschengerecht" sein müsse, und sie mache sich auch gegenüber den Kolleg*innen dafür stark, nicht „den Schnitt zu verderben".[232]

Das Interview mit Frau Fasa zeigt, wie wichtig biografische Erfahrungen und daraus resultierende sozial-moralische Normen sind, wenn es um kollektive Organisierung geht. Neben dem „historischen" Beispiel bezieht sich Frau Fasa auch positiv auf die Streiks, die in anderen Amazon-Distributionszentren stattfinden. Dies ist eine in den Interviews oft präsente Bezugnahme – vor allem bei den gewerkschaftlich Aktiven. Denn die Streiks in anderen Lagern und die Berichte darüber, dass das Unternehmen zwar auch danach keine Gewerkschaften zulässt, in einigen Alltagsfragen aber „einknickt", machen Arbeitsverbesserungen auch vor Ort vorstellbar. Eine besondere Rolle spielt, dass ein Teil der Beschäftigten in dem Betrieb, in dem Frau Fasa arbeitet, aus einem gewerkschaftlich gut organisierten Distributionszentrum angeworben wurde. Umgekehrt muss allerdings auch die Strategie der „Flüssigmachung" der Belegschaft, die das Management in unserem Versandhandels-Sample ebenso wie in unserem Fleischindustrie-Sample praktiziert, als Versuch gesehen werden, solche „Erfahrungsketten", deren Bedeutung für kollektive Organisierung kaum unterschätzt werden kann, zu durchbrechen. Auch Frau Fasas Arbeitsvertrag wird einige Monate nach unserem Interview nicht verlängert.

231 Das Gespräch wurde nur memoriert, eine Tonaufnahme wurde auf Wunsch der Befragten nicht angefertigt: SOFI_L1_bE_02, M.

232 Ibid., S. 7.

2.2. Fragende, Befragte, Fälle: Methodische Perspektiven

Die von uns Befragten interpretierten ihre aktuellen Lebensverhältnisse vor dem Hintergrund ihrer biografischen Erfahrungen. Es zeigt sich, wie unterschiedlich ihre Geschichten, Lebenssituationen und Perspektiven sind. Das ist im Grunde eine Banalität, und es war dementsprechend noch etwas, das wir zu Beginn unserer Untersuchung gelernt haben: Konflikte um Ankommen und Bleiben verwandeln die Selbst- wie Fremdwahrnehmung. Man bleibt nicht „Geflüchteter" oder „Saisonarbeiterin". Man bleibt auf Dauer nicht einmal „Migrant*in". Schon die Zuschreibung von solchen Kategorien wird zum Fetisch, wenn sie nicht historisiert, also als beweglich und veränderlich begriffen wird. Denkt man insofern „Migrantisierung" als Konflikt, dann hat dieser zudem nicht nur einen zeitlichen, sondern auch einen räumlichen Aspekt. Der Text John Bergers, den ich als Motto vor dieses Kapitel gesetzt habe, bringt zum Ausdruck, dass man zum „Migrant" nicht wird, indem man eine geografische Grenze überschreitet. Es ist vielmehr eine permanente Grenz-Ziehung und Grenz-Erfahrung „*on the far side of the frontier*". Nicht nur die Passkontrolle definiert Ein- und Ausschlüsse, sondern auch die nächste Ankunft, der Eingang zum Lager, zum Wohnungsamt, zur Fabrik. Anti-Rassismus ist zuerst eine Abwehr und/oder subversive Interpretation der an solchen Grenzen zugeschriebenen Identitäten. Immer wieder hörten wir das auch in unseren Interviews: Ich bin nicht… ich bin keine Migrantin… ich bin kein Gastarbeiter… ich bin kein Flüchtling. Es ist eine Abwehr, die das Bestehen auf sozialen Rechten implizieren kann: Der eben skizzierte Kampf gegen die „Bestechungsgelder" kann insofern als antirassistisch interpretiert werden. Er richtet sich gegen die Segmentierung des Zugangs zu Erwerbstätigkeit, gegen eine Ausbeutung von Arbeitenden auf der Basis der Informalität, gegen unter anderem durch das Aufenthaltsrecht geprägte Abhängigkeitsverhältnisse.

Rassismus ist kein Problem der Ankommenden, sondern der Gesellschaft. Forschung ist Teil dieser Gesellschaft. Sie findet in keinem leeren, neutralen Raum statt. Soziale Rollen werden in ihr reproduziert. Wie haben wir über dieses Problem in unserer

Forschungsgruppe gesprochen, und welche methodischen Konsequenzen hat das gehabt?

2.2.1. Die Interviews: Rollen und Strategien

Fangen wir mit einem komplizierten Beispiel an. In der bei „Gemeinsam gegen Einsam" durchgeführten Interviewreihe fiel uns schnell auf, wie oft die Befragten betonten, sie würden „für ihr Geld arbeiten" und „hier niemandem auf der Tasche" liegen. Diese Äußerung kann man auf den ersten Blick als eine Art Anpassung an die Idee der Arbeitspflicht interpretieren, an das Mantra der Hartz-IV-Gesetze und der Jobcenter. Die Person, die das spricht, vermittelt zugleich ein Bild davon, welche Erwartungen ihre Gesprächspartner*innen haben mögen: „Ich weiß, hier gibt es eine Arbeitspflicht." Es ist freilich eine Positionierung, die auch vor dem Hintergrund gesehen werden muss, *wie* die Initiative, die die Interviews vermittelte, sich für die Arbeitsintegration der Geflüchteten einsetzte. Sie hatte, anders als beispielsweise die ALSO, bis dahin keine Tradition entwickelt, Arbeitsausbeutung zu kritisieren. Konfrontiert mit den Arbeitsbedingungen in der Industriereinigung veränderte sich diese Haltung, aber noch immer wurden diese eher deshalb hinterfragt, weil sie Enttäuschungen mit der bundesdeutschen Arbeitsgesellschaft hervorbringen würden und somit „die Leute zur Faulheit erziehen."[233] Es bleibt mithin offen, ob in dem Rollenspiel der Interviews die Interviewer oder der Dolmetscher, der in einer für solche Gespräche nicht unproblematischen, aber auf der Grundlage unserer Projektressourcen kaum anders zu realisierenden Doppelfunktion auch der Welcome-Initiative angehörte, adressiert wurde.[234]

Wenn wir es bei dieser Feststellung belassen, dann entgeht uns allerdings ein wesentliches Moment. Die Befragten wollen als „Arbeiter*in" gesehen werden – „nicht als Flüchtling". Denn aus Erwerbsarbeit lassen sich soziale Rechte ableiten, oder zumindest:

233 S. zum Beispiel die lange entsprechende Passage in SOFI_F2_B_04, S. 23, 890–926.

234 Dies ist eine Frage, die in der Kontextualisierung, Analyse sowie im Vergleich der Interviews eine wichtige Rolle spielt.

Man kann darauf hoffen! Es ist also beides, die *Identifizierung* als Arbeiter*in und die *Abwehr der Identifizierung* als Arbeiter*in zweiter oder dritter Klasse. Die Ambivalenz und Vieldeutigkeit einer solchen Verortung verbietet es, sie schnell und einseitig als Zustimmung zur Arbeitspflicht zu verstehen. Es wäre aber auch zu einfach, sie nur als Forderung nach erweiterten sozialen Rechten und Ansprüchen zu interpretieren. Für die Analyse der im Gespräch gemachten Aussagen bedeutet das: Es ist *beides*, ein Ausdruck des Spieles aus Vermutungen über das, was in so einem Interview kommuniziert werden soll, und aus der offenen oder versteckten Abwehr solcher Vermutungen.

Das Beispiel zeigt, dass unsere Interpretation der Interviews wesentliche Sinnzusammenhänge ausgeblendet hätte, wenn wir sie nicht selbst auch als Ausdruck des Kampfes um Anerkennung und Differenz verstanden hätten. Aber es wird noch komplizierter. Von unseren Gesprächspartner*innen wurde das *Ich-bin-nicht*-Motiv, das zentral ist für die Abwehr des Rassismus, mitunter konkret verbunden mit dem Hinweis auf die eigene, häufig hohe Qualifikation. Sehr charakteristisch finden wir das, wiederum in den Interviews aus Lohne, etwa bei Herrn Rohno, Sohn eines Biologieprofessors, der in Syrien als Journalist tätig gewesen war. Er sprach von „den Geflüchteten" als „andere Leute", die keine Ausbildung mitbringen und die deutsche Sprache nicht erlernt hätten. Er selbst sah sich keinesfalls so: „Ich bin kein Flüchtling."[235] Diese Aussage erzeugte im Interview einige Verwirrung, denn er hatte kurz zuvor berichtet, dass er aus Syrien verschwinden musste, um politischer Verfolgung zu entkommen. Wir fragten uns, ob wir etwas falsch verstanden hatten. Aber, nein: Vielmehr wurde die Abgrenzung gegenüber anderen Ankommenden implizit auch durch die zur Zeit der Interviews noch überall sicht- und hörbare Erwartung gespeist, dass insbesondere die Geflüchteten aus Syrien zur Behebung des „Fachkräftemangels" beitragen könnten. *„Ich bin nicht…"* hat mithin keinen einseitigen oder „automatischen" Bezug zur Forderung nach universellen sozialen Rechten: Es kann auch das Gegenteil bedeuten, Abgrenzung gegenüber anderen und/

235 S. etwa SOFI_F2_B_07, S. 21, 1035.

oder einfach nur das verständliche Bedürfnis, die eigene Haut zu retten. Es handelt sich um eine komplizierte Gemengelage, in der der Kampf um Anerkennung und Differenz sich unversehens in eine Klassenfrage verwandelt.

Unsere Interviewreihen hatten nicht zuletzt das Ziel, ambivalente Bezugnahmen dieser Art zu verstehen.[236] Deshalb sahen die Fragebögen eine offene Form vor, die biografisch-narrative Elemente und freie Erzählungen zu verstärken suchte. Obwohl wir vorrangig die Arbeitsbedingungen und den Arbeitsprozess untersucht und immer detailliert erfragt haben, starteten alle Erzählungen mit der Frage nach der Erwerbsbiografie, zu der die Erzählenden eigene Schwerpunkte setzen konnten. Immer verbanden sich dabei jene Biografien ganz unmittelbar mit den unterschiedlichen Migrationsgeschichten. Wir haben diese Geschichten zu verstehen versucht, indem wir aus einer situierten, aber zugleich reflektierten Position auf die geronnenen, auf den ersten Blick oft überraschenden und widersprüchlichen Informationen blicken. Diese „verstehende" Distanz wird durch den systematischen Vergleich unterschiedlicher Betriebsformen und Branchen ebenso verstärkt wie durch den Einsatz unterschiedlicher Interview- und Beobachtungsformen.

So fanden wir im Vergleich der Transkripte verschiedene Formen, mit Herausforderungen umzugehen, die etwa mit der Identifikation als „Migrant" verbunden sind, aber wir interpretierten diese Formen nicht in erster Linie als Antwort auf individuell-biografische Brüche und Wendepunkte. Unterschiedliche individuelle Orientierungsmuster waren für uns vielmehr vor allem in Bezug auf ihre Verbindung mit kollektivem Handeln interessant.[237] Um diese

236 Gleichwohl blieben die Interviews hinsichtlich ihrer Form (Leitfaden, Gesprächsverlauf, Auswertung) durch die für das „problemzentrierte Interview" entwickelten Vorschläge strukturiert: Witzel 2000, vgl. auch May 2000, S. 5–7. Die Interviews hatten im Schnitt eine Länge von zwischen einer und anderthalb Stunden.

237 Das Verfahren und entsprechend auch die Bildung von Kategorien in der Auswertung ist, bezugnehmend auf die qualitative Inhaltsanalyse bei Mayring 1991, S. 212, Mayring 2015, deduktiv, d.h. auf das Primat der Verbindung von Gegenstand und Fragestellung bezogen, das die Aussagelogiken im Forschungsbericht und in den Publikationen strukturiert. Die Interviews

Frage zu klären, haben wir die Dramaturgie und die Aussagelogiken der Interviews aus verschiedenen Perspektiven rekonstruiert. Wir haben, wo immer möglich, zwei Dokumente berücksichtigt, nämlich erstens ein „Memo", das von allen Interviewer*innen nach Möglichkeit sofort nach dem Gespräch angefertigt wurde. Dort wurden alle Randbedingungen des Gesprächs notiert, die Vorgeschichte, Ereignisse bei der Anreise, der Ort, Eindrücke über Schweigen und Sprechen, Störungen durch Lärm oder Unterbrechungen etc. Zweitens wurde das Transkript, die exakte schriftliche Wiedergabe des gesprochenen Texts, als solches ausgewertet, mit Kodes und Kategorien versehen und mithilfe einer speziellen Software („Atlas-Ti") verglichen. Einige ausgewählte Gespräche wurden zudem in unterschiedlich (projektintern/projektextern) zusammengesetzten Auswertungsgruppen vergleichend diskutiert. Und ein Teil der Gespräche wurde schließlich mit den Befragten – unter anderem in Gruppendiskussionen – einige Zeit später noch einmal hinsichtlich der von uns zusammengefassten wichtigsten Aussagen rückgekoppelt.

Interview-Orte

Das alles wird in arbeitssoziologischen Studien häufig gemacht, war aber im Falle der Interviewreihen unserer Studie auch deshalb notwendig, weil die konkreten Umstände der Interviews wenig Konstanz aufwiesen. Wir konnten, anders als zu Beginn unserer Forschungen gedacht, erst nach mehr als einem Jahr der Projektlaufzeit einige wenige Kontakte in Betriebe herstellen, die Befragungen unmittelbar am Arbeitsplatz ermöglichten. Von Anfang an lernten wir unsere Gesprächspartner*innen vor allem über „parteiische" Institutionen kennen, Beratungseinrichtungen wie Faire Mobilität/Faire Integration, Arbeit und Leben, die Arbeitslosenselbsthilfe Oldenburg, Gewerkschaften wie die NGG (Nahrung-Genuss-Gaststätten), die IG BAU (Bauen-Agrar-Umwelt)

werden in diesem Sinne nicht voraussetzungslos geführt, sondern sind „situiert", d.h. auf den Ort (Betrieb, Café, Privatwohnung) sowie auf die soziale Lage wie soziale Rolle der Interviewenden (Studierende/r, Forschende/r, Aktivist/in) bezogen.

oder die Vereinte Dienstleistungsgewerkschaft ver.di. Am Ende vermittelten Einrichtungen und Personen, die die Beschäftigten beraten und unterstützen, mehr als vier Fünftel der Interviews. Diese Zusammensetzung bestimmte auch die Orte dieser Gespräche: Sie fanden zum größten Teil in Cafés, Beratungsstellen, bei den Menschen zuhause statt. Es wurde am Beispiel der Interviews bei „Gemeinsam gegen Einsam" bereits gezeigt, wie diese Orte Gespräche prägen und wie wichtig sie dafür sind, welche sozialen Rollen dort eingenommen oder zurückgewiesen werden (können).

Das restliche Fünftel der Gespräche konnte in Verbindung mit direkten Zugängen (via Management oder Betriebsräte) an drei Standorten von Unternehmen der Fleischindustrie und zwei Standorten des Online-Versandhandels geführt werden. Alle diese Gespräche wurden in der ersten Projektphase zwischen 2017 und Ende 2019 geführt.[238] Allerdings spiegelten sich noch in diesen Interviews die Probleme beim Feldzugang. In allen fünf ausgewerteten Betriebsfällen haben wir – wohl angesichts der schlechten Presse, die beide untersuchten Branchen sehr häufig haben – ein sehr starkes Kontrollbedürfnis erlebt. Personaler*innen oder PR-Leute saßen häufig dabei, wenn wir Beschäftigte interviewten. Entsprechend waren viele dieser Gespräche mit Arbeitenden sehr einsilbig, was die Darstellung von Problemen und Konflikten am Arbeitsplatz betrifft, während sie durchaus interessant sein konnten, wo es um außerbetriebliche Kontexte ging. Instruktiv hingegen waren einige der Interviews mit dem Management oder anderen Unternehmensvertreter*innen, und hier vor allem solche Informationen über Unternehmensstrategien, die sich überwiegend nicht aus Presseberichten oder PR-Statements der Konzerne entnehmen lassen.[239] Das Interesse daran, möglichst

238 Ich gehe in Kapitel 2.3 genauer auf die Charakteristika der Betriebsfälle ein.

239 Die Arbeitssoziologie unterscheidet gewöhnlich zwischen „Beschäftigten-" und „Experteninterviews". In schwach institutionalisierten Feldern allerdings ist der Übergang zwischen beiden Formen oft deutlich weicher als in Bereichen mit einer starken Professionalisierung und etablierten sozialen Rollen. So findet sich bei von uns interviewten Betriebsräten oft sowohl eine Perspektive auf die „Kolleg*innen" als auch auf die eigene Tätigkeit und die folgenden Konflikte im Arbeitsprozess. Diese Gespräche werden in der Interviewübersicht unten zu den Beschäftigteninterviews gezählt, da sie bis auf wenige Ausnahmen eine breite Schilderung der eigenen Tätigkeit ent-

diverse Perspektiven zu Arbeit und Migration in den beiden untersuchten Branchen zu erfassen um somit das Feld insgesamt besser zu verstehen, hat darüber hinaus auch viele weitere Kontext-Interviews motiviert: nicht nur mit dem Management, auch mit Gewerkschafter*innen, Aktivist*innen aus der Welcome-Bewegung, Berater*innen, Mitarbeiter*innen des Jobcenters und der Arbeitsagentur, von Leiharbeitsunternehmen und kommunalen Einrichtungen. Schließlich spielten die teilnehmende Beobachtung von Beratungssituationen, Kampagnen, Streiks etc. ebenso wie Betriebsbesichtigungen, die sich mit Managementinterviews verbanden, für das Verstehen des Gegenstands eine wichtige Rolle.[240]

In der Methodenliteratur nennt man unser Verfahren „Triangulation", im Sinne eines kontrastierenden und vergleichenden Zusammentragens von Daten aus unterschiedlichen Perspektiven und mit unterschiedlichen methodischen Zugängen.[241] Es besteht

halten, die im Gesprächsleitfaden auch so vorgesehen war. Als Expert*innengespräche definieren wir erstens solche, die nicht nur der „Exploration des Feldes" dienen, sondern auch der „thematischen Strukturierung" des Gegenstands und der Kontextualisierung von Aussagen aus dem gesamten Sample. Dabei ist zweitens die Unterscheidung wichtig, dass „im Unterschied zu anderen Formen des offenen Interviews (…) bei ExpertInneninterviews *nicht* die Gesamtperson den Gegenstand der Analyse (bildet), d.h. die Person mit ihren Orientierungen und Einstellungen im Kontext des individuellen oder kollektiven Lebenszusammenhangs»: Meuser und Nagel 2002, S. 72 (Hervorhebung im Original). Vgl. auch Bogner et al. 2002.

240 Zu den Möglichkeiten und Grenzen von Beobachtungsstrategien s. umfassend Aster et al. 1989. Die Beobachtungen wurden in Form von Feldnotizen aufgehoben, archiviert und ausgewertet, auf die sich hier unter Angabe der Signatur bezogen wird. In einem Fall profitierten wir auch von einer teilnehmenden Beobachtung eines Studierenden in einem Distributionszentrum des Online-Versandhandels, diese haben wir in Form eines ausführlichen Interviews mit dem Betreffenden „aufgehoben". Zudem wurde eine sehr umfassende Sammlung von Berichten aus Zeitschriften, Tageszeitungen und Fachzeitschriften für den Zeitraum zwischen 2017 und Ende 2020 erstellt (und 2021 kursorisch fortgesetzt). In diesem Text werden die interessanten Möglichkeiten der diskursanalytischen Auswertung dieser vorhandenen Sammlung nicht umfangreich und systematisch genutzt. Eine eigenständige Arbeit wäre es, den medialen Diskurs und die in den Interviews zum Ausdruck gebrachten Deutungsmuster der Befragten analytisch gegeneinander zu halten.

241 Ausführlich s. Flick 2008.

dabei die Erwartung, dass gerade die Kontraste zwischen diesen Zugängen eine dichte Beschreibung der Realitäten möglich machten. Eine Beschreibung, die, bezöge man sich nur auf einen Teil dieser Perspektiven, nicht nur einsilbig, sondern auch einseitig bliebe. Es muss an dieser Stelle allerdings gesagt werden, dass kontrastierende Aussagen aus meiner Sicht nicht lediglich als unterschiedliche (individuelle) Wahrnehmungen begriffen werden müssen, sondern auch als Ausdruck unterschiedlicher (kollektiver) Interessen. Allerdings gehe ich in dieser Studie keineswegs davon aus, dass diese „Interessen" strukturell vorgezeichnet und dann durch die Zitate der Interviewten der einen oder der anderen Seite lediglich illustriert werden müssten. Das Ziel ist vielmehr, gerade dem Verhältnis zwischen Strukturen, Wahrnehmungen und der durch beides bestimmten Ausformung sozialer Konflikte auf die Spur zu kommen. Dabei werden, vor allem in Abschnitt 2.3 bis 2.6, Äußerungen von Interviewten aus dem Management und von befragten Beschäftigten – in der Tat die Gegensätzlichkeit der so gezeichneten Wahrnehmungen betonend – gegeneinandergehalten und entsprechend textlich montiert.

Denn obwohl die durch das Verfahren der Triangulation hervorgerufene Distanz aus unserer Sicht technisch-methodisch erstrebenswert ist, wollen wir doch nicht behaupten, dass wir gegenüber den beobachteten Konflikten und Kämpfen eine „neutrale" oder gar „objektive" Position eingenommen haben. Schon die Frage nach kollektiver Organisierung legt eine Entscheidung nahe: Normative Grundlage des Projekts war, auch in Bezug auf die SOFI-Forschung generell sowie auf die Finanzierung durch das Land Niedersachsen, Formen der Arbeitsausbeutung von Migrant*innen zu identifizieren, zu verstehen – und Hinweise zu ihrer möglichen Abwendung und Beseitigung zu geben. Wenn die Darstellungsform sich im Folgenden an die *Cross-Examination*-Strategie anlehnt und bspw. Management- gegen Beschäftigtenperspektive hält, dann geschieht dies immer auf Grundlage dieser Projekt-DNA.

2.2.2. *Soziale Distanz und Aktionsforschung*

Obwohl in unserem Forschungszusammenhang Menschen mit Migrationsgeschichte ebenso wie mit Industriearbeitserfahrung mitarbeiteten, war die Vorstellung davon, wie sich die Arbeit in den untersuchten Betrieben konkret gestaltet, bei uns allen am Anfang doch sehr grob. Viele der Berichte wirkten deshalb ausgesprochen schockierend auf uns, und die später möglichen Betriebsbesichtigungen und teilnehmenden Beobachtungen bei Treffen mit Gewerkschafter*innen, in Beratungssituationen, Kampagnen zur Verbesserung der Arbeitsbedingungen usw. haben diesen Effekt kaum gemildert. Der Abstand zwischen der Erfahrungswelt der von uns befragten Arbeitenden und unserem eigenen Alltag war (und ist) kaum zu übersehen.

Es gab zwei Rollen, in denen wir als Fragende auftraten und adressiert wurden: 1.) als Akademiker*innen (oder Studierende), 2.) als Unterstützer*innen, solidarisch verbunden mit Beratungsstellen und Gewerkschaften. Beide Rollen implizieren und markieren soziale Distanz. Zugleich stehen sie in einem Spannungsverhältnis zueinander. Dies verlieh sich dadurch Ausdruck, dass die Gesprächsbereitschaft und Offenheit unserer Interviewpartner*innen unterschiedlich ausgeprägt war. Oft wurde erst während der Gespräche das Vertrauen hergestellt, offen zu reden. Manchmal kam es gar nicht dazu. Das gilt besonders für die in den Betrieben auf Vermittlung des Managements durchgeführten Gespräche. Aber nicht nur dort – auch bei außerbetrieblichen Interviews war es oft ähnlich. Die entstandene Dynamik kann am Beispiel des Gesprächs mit Frau Fasa deutlich gemacht werden. Sie bestand darauf, dass keine Tonaufnahme gemacht werde. Sie äußerte explizit Angst, dass die erhobenen Daten „lecken" könnten, zumal sie völlig zurecht befürchtete, dass ihr Vertrag nicht verlängert würde, wenn man sie als aktive Gewerkschafterin identifizierte. Wir konnten sie erst an jenem späten Abend, an dem das Gespräch stattfand, davon überzeugen, dass sie sich diesbezüglich jedenfalls wegen uns keine Sorgen zu machen brauchte. Das Gespräch dauerte dann über zweieinhalb Stunden, bis tief in die Nacht.

Ob eine solche Dynamik aufkam, hing damit zusammen, ob das zweite Rollenmuster („solidarische Unterstützer*innen") trotz der großen sozialen Distanz glaubwürdig war. Dies legt die Frage nahe, ob wir diese Solidaritäts-Zuschreibung systematisch gefördert und durchdacht haben. Mit anderen Worten: Handelt es sich um etwas, das in der sozialwissenschaftlichen Debatte unterschiedliche Namen bekommen hat, aber seit den 1960ern auch als „Aktionsforschung" bezeichnet wird? Nach einer gängigen Definition sind deren Gütekriterien u.a. a.) den Teilnehmenden das Resultat zur Nutzung zur Verfügung zu stellen, um Emanzipation und Veränderungen zu erreichen und b.) Proteste, Streiks und Aktionen (hier der migrantischen Arbeitenden) aus dieser Perspektive zu begleiten.[242]

In der Tat gab es Auswertungsrunden mit Befragten der unterschiedlichen Interviewreihen. Auch der Umstand, dass ich, gemeinsam mit Jürgen Kädtler, die Studie mit Lehrforschungsprojekten verband, schuf eine breitere Diskussion und ein Interesse, die Resultate gemeinsam mit Befragten beispielsweise im Seminar zu diskutieren. Und, ja: Die „Spiegelung" und Diskussion der Zwischenresultate verstand sich als Teil politisch-gewerkschaftlicher Kampagnen gegen die Ausbeutungsverhältnisse in Fleischindustrie und Online-Versandhandel. Dennoch: Ist das wirklich „parteiische" Forschung? War es „Aktionsforschung"? Kann man überhaupt von einer konzeptionellen „Reinheit" der Aktionsforschung ausgehen, von einer Art Reagenz von Veränderungsprozessen? Rolle Nr. 1 („Akademiker*innen") verschwindet ja nicht einfach, indem man sich als „solidarisch" deklariert. Diese Einsicht bewahrte uns vor einer allzu unkritischen Aneignung solcher Konzeptionen, die die Spannung nicht aufhebt, auf die man auch gestoßen wird, wenn man sich darüber Gedanken macht, warum Begriffspaare wie *Teilnahme-Beobachtung* und *Action-Research* in sich widersprüchlich sind.

Man kann es wohl zusammengefasst so beschreiben, dass die Parteilichkeit unserer Studie nicht deren systematischen und tragenden Kern ausmachte, aber doch zu unterschiedlichen Projektphasen in durchaus unterschiedlicher Weise zum Ausdruck kam. Es macht diesbezüglich vor allem einen Unterschied, ob wir von

242 Zu dieser Frage s. bspw. Fricke 2019.

der ersten oder der zweiten Phase des Projekts sprechen. Diese beiden Phasen sind hier abgegrenzt durch die Unterscheidung vor/nach März 2020. Sie findet sich auch in der Darstellungsform in diesem Buch wieder: Kapitel 2 ist „vorpandemisch", Kapitel 3 „pandemisch".

Zwei Projektphasen

Für die Formen der öffentlichen Intervention, die aus unserem Forschungszusammenhang hervorging, ist diese Unterscheidung entscheidend. Denn in der zweiten Phase, während der Pandemie, wurde das von uns gesammelte und reflektierte Wissen plötzlich und überraschend stark mit konkreten politischen Handlungsoptionen verbunden – Abschaffung der Werkverträge, Skandale um Masseninfektionen in der Fleischindustrie, Infektionsskandale und Streiks bei Amazon. Die Dringlichkeit, in dieser konkreten Situation Stellung zu beziehen, hat unsere Positionierung an der Seite von NGOs, Beratungseinrichtungen und Gewerkschaften deutlich verstärkt.[243]

Klar impliziert die Fragestellung nach dem Zusammenhang zwischen neuer Migration, multipler Prekarität und kollektivem Handeln schon als solches eine Parteinahme. Selbstverständlich galten Normen wie die positive Haltung zu Forderungen nach sozialer Gleichheit und universellen Rechtsansprüchen oder nach der Freiheit gewerkschaftlicher Organisierung auch schon vorher. In der Tat sollten von vornherein auch Perspektiven kollektiver Aktionen und gewerkschaftlichen Handelns ausgeleuchtet und diskutiert werden. Dennoch hat die Debatte in der Pandemie unser Projekt in eine Situation katapultiert, in der es fast verwerflich erschienen wäre, diese Positionen nicht auf politischen Diskussionsveranstaltungen, im Rahmen parlamentarischer Anfragen und Anhörungen sowie in den Medien sichtbar zu machen. Dies erfolgte weniger, weil wir es als Anspruch vor uns hergetragen hätten. Wir wurden

243 Dabei ist zum „Wir" zu bemerken, dass die gemeinsam organisierte Erhebungsphase Ende 2019 beendet war, sodass ich die ergänzenden Interviews in der Pandemie alleine durchgeführt habe, während die anderen Beteiligten des Projekts weiterhin als Diskussionspartner*innen zur Verfügung standen.

durch die Ereignisse überrollt: durch Konflikte, die in der Pandemie plötzlich und überraschend im Rampenlicht der Medien und, in Bezug auf die Fleischindustrie, im Mittelpunkt von Reformbemühungen standen. Zweifellos wurde in der Corona-Zeit die Rolle „B" („solidarische Unterstützer*innen") auch für unsere Gesprächspartner*innen deutlich stärker wahrnehmbar.

Tabelle 5. Übersicht über die Interviews

5.1 Erste Projektphase (2017–2019)

Beschäftigte (auch Betriebsräte)

	Anzahl (Personen)	Direkt und entfristet beschäftigt	Betriebliche Interviews	Ohne deutschen Pass	Frauen
Fleischindustrie	23 (30)	0 %	23,3 %	100 %	23,3 %
Versandhandel	28 (30)	20 %	40 %	53 %	25 %
Gesamt	**51 (60)**	**10 %**	**24 %**	**76 %**	**25 %**

Außenperspektiven

	Anzahl (Personen)	Gewerkschaft	Berater*in	Management	Staat
Fleischindustrie	35 (51)	4 (5)	12 (22)	16 (21)	3 (3)
Versandhandel	21 (22)	8 (9)	2 (2)	9 (9)	2 (2)
Gesamt	**56 (73)**	**12 (14)**	**14 (24)**	**25 (30)**	**5 (5)**
Gesamt 5.1	**107 (133)**				

5.2 Zweite Projektphase (2020/21)

	Anzahl (Personen)	Beschäftigte	Außenperspektive	Management
Fleischindustrie	15 (16)	6 (7)	9 (9)	(0)
Versandhandel	12 (13)	7	4 (5)	(1)
Gesamt 5.2	**27 (29)**	**13 (14)**	**13 (14)**	**(1)**
Gesamt 5.1+5.2	**134 (162)**			

Insgesamt haben wir von März 2017 bis Mitte 2021 in den beiden Untersuchungsbranchen 134 Gespräche mit 162 Personen geführt.[244] Der empirische Teil der Untersuchung wurde mit einer ersten Auswertung der durch das Arbeitsschutzkontrollgesetz veränderten Arbeitssituationen in der Fleischindustrie beendet. Die letzten Interviews fanden im Zusammenhang mit der Tarifrunde in der Fleischindustrie Ende April 2021 und im Rahmen einer Bilanz der Erfahrungen mit der Pandemie in zwei Betriebsfällen des Online-Versandhandels bis September 2021 statt. Während in der ersten Phase der Untersuchung relativ viele Gespräche mit weisungsbefugten Vorgesetzten, Manager*innen und Vertreter*innen der Arbeitgeberverbände zustande kamen – nämlich insgesamt 25 – kam es während der Pandemie fast gar nicht mehr dazu. In der Tabelle über die „zweite Phase" verbergen sich unter „Außenperspektiven" wesentlich Interviews mit Berater*innen und Gewerkschafter*innen.

Branchenvergleich

Im Vergleich zwischen den beiden Branchen zeigen sich bezüglich der empirischen Erhebung einige Unterschiede. Zunächst fällt die unterschiedliche Zusammensetzung der Interviewten hinsichtlich der Beschäftigungs- und Migrationsverhältnisse auf. Dies hat mit dem Feldzugang zu tun, weist aber auch auf wichtige Differenzen zwischen betrieblichen Mustern der Anwerbung von Arbeitenden sowie der Beschäftigung hin. So findet sich die Auslagerung von Tätigkeiten in Werkverträge, die in der fleischverarbeitenden Industrie weit verbreitet ist, im Versandhandel seltener und in unseren Untersuchungsbetrieben nur ganz ausnahmsweise sowie im wichtigsten Untersuchungsbetrieb im Kern überhaupt nicht (Sicherheitsdienste sind allerdings auch dort

244 In den beiden Branchen fanden etwa 60% der insgesamt im SOFI-Forschungsprojekt „Refugees at Work" geführten Gespräche statt. Von den 221 archivierten Interviews sind, neben den 134 hier ausgewerteten, 60 im Gesundheitswesen (Pflege, aber auch ausgelagerte Bereiche von Krankenhäusern wie Gastronomie und Reinigung) sowie 27 in Bezug auf Ausbildungsverhältnisse von Geflüchteten in der Metall-, Elektro- und Reifenindustrie geführt worden. Diese Gespräche wurden hier nicht berücksichtigt, siehe aber Bluhm et al. 2021 sowie die etwa Mitte 2022 erscheinende Doktorarbeit von Thomas Stieber.

ausgelagert). Das kann nicht als generelles Muster des Online-Versandhandels gelten – im Gegenteil werden dort in manchen Bereichen sehr massiv, und in den letzten Jahren zunehmend, Leiharbeiter*innen eingesetzt. In unserem Interviewsample ist hingegen immerhin rund ein Fünftel der Befragten entfristet und direkt bei dem Unternehmen angestellt, in dem die Tätigkeit ausgeführt wird.

Deutlich überrepräsentiert sind in unseren Versandhandels-Interviews Befragte mit deutschem Pass. Sie machen fast die Hälfte aus, während in einem unserer Untersuchungsbetriebe der Anteil von Menschen ohne lokale Staatsbürgerschaft in einigen Abteilungen über 90 Prozent betrug. Es gibt mehrere Gründe für diese Abweichung. Erstens wurden in einem für die vergleichende Analyse der Arbeitsprozesse wichtigen Betrieb des Online-Versandhandels fast ausschließlich Beschäftigte mit deutschem Pass interviewt (deren Anteil dort auch weit höher ist). Zweitens ist die Abweichung dem über die Gewerkschaft ver.di organisierten Feldzugang geschuldet: Sie ist insofern auch ein Indikator für eine Ungleichverteilung hinsichtlich der Zusammensetzung der Gewerkschaftsmitglieder.

In der Fleischindustrie waren Werkverträge vor der Gesetzesänderung von Anfang 2021 eine fest verankerte Beschäftigungsform. Unter den Interviewten der ersten Projektphase finden sich nur sieben Personen mit direkter Anstellung, die wir in zwei Gesprächen in einem Betrieb befragen konnten, der Werkverträge abgeschafft hatte. Allerdings hatten die dort Befragten zu diesem Zeitpunkt sachgrundlos befristete Einjahresverträge, sodass in Tabelle 5.1 in der Kategorie „direkt/entfristet“ eine Null steht. Die anderen Befragten haben oder hatten entweder einen Arbeitsvertrag mit einem Subunternehmer oder waren in Leiharbeit beschäftigt. Die Anteile geben dabei in der Tendenz das wieder, was insgesamt für die Industrie gegolten haben dürfte: Während die Entsendung angesichts der seit 2014 bestehenden Verpflichtung, den bundesdeutschen „Fleisch-Mindestlohn“ zu zahlen, kaum noch stattfand, waren etwa drei Viertel der Befragten bei Werkvertragsfirmen beschäftigt und weniger als ein Viertel bei Zeitarbeitsfirmen (im biografischen Verlauf oft auch in beiden Formen).

Die vorgefundenen Migrationsverhältnisse korrespondieren mit diesen Beschäftigungsformen. Eine gezielte Anwerbung aus EU-Osteuropa, wie sie in der Fleischindustrie vorherrschend war und ist, gab und gibt es im Online-Versandhandel in den von uns untersuchten Betrieben nicht. Der Anteil an Unionsbürger*innen ist in diesem Sample deshalb im Vergleich zur Fleischindustrie sehr gering, fast alle der Befragten haben Staatsbürgerschaften aus sogenannten Drittstaaten, viele von diesen befanden sich zum Zeitpunkt der Interviews noch im Asylverfahren und/oder hatten eine außerordentlich prekäre Aufenthaltssituation. Was den wichtigsten von uns untersuchten Betriebsfall betrifft, so war dort für die Einstellungspraxis gleichgültig, welchen Pass die Bewerber*innen mitbringen (Hauptsache, sie konnten ggf. eine rosa Karte mit Arbeitserlaubnis vorweisen). Alleine in unserem Sample finden sich zehn verschiedene Staatsbürgerschaften, neun davon aus Drittstaaten, das Management spricht gerne von „mehr als 70 Nationen". Das bedeutet zugleich, dass die aufenthaltsrechtliche Position dieser Kolleg*innen sich zum Befragungszeitpunkt stark unterschied. Die Perspektiven reichten von einem relativ festen Status bis hin zu einer in wenigen Wochen ablaufenden Duldung. Vor dem Hintergrund prekärer Aufenthaltsbedingungen konnte auch ein unbefristeter Arbeitsvertrag unter Umständen als faktisch wertlos erscheinen. In einer Untersuchung, in der es um Arbeitsverhältnisse von neuen Migrant*innen geht, war diese Zusammensetzung ein wichtiges Kriterium der Fallauswahl.

In den Interviews zur Fleischindustrie hatten die meisten Gesprächspartner*innen ungarische, polnische, rumänische, litauische und bulgarische Staatsbürgerschaften. Menschen aus Syrien und dem Irak waren nicht nur, aber fast durchgehend in der Industriereinigung beschäftigt. Es ist dies eine Aufteilung, die gut die damalige Verteilung in der Branche zeigt, aber auch andeutet, wie Staatsbürgerschaften und damit verbundene Aufenthalts- und Sozialrechte in Zukunft durch das Management der Schlacht- und Zerlegebetriebe genutzt werden könnten, um die nächste Welle der Unterschichtung voranzutreiben. Während in den Randbereichen der Industrie und der Wertschöpfungskette viele Menschen aus den sogenannten Fluchtländern arbeiten, ist in der Zerlegung ein gewisser Anteil von Menschen mit anderen Migrationsgeschichten beschäftigt: ältere Arbeiter*innen aus der Türkei/Kurdistan oder Spanien, sehr vereinzelt auch Menschen mit deutschem Pass.

Keinen Unterschied gibt es zwischen den beiden Branchen in Bezug auf die Altersstruktur der Befragten. Im Durchschnitt lag deren Alter etwas unter 30 Jahren. Das relativ hohe Alter einzelner zeigt aber, dass keinesfalls nur junge oder sehr junge Leute in beiden Branchen arbeiten; das Beispiel der Industriereinigung macht deutlich, dass Menschen, die gezwungen sind, sich dort zu verdingen, sogar oft erheblich älter sind. Außerdem versorgten viele der Befragten – etwas über 60 Prozent – ein Kind oder mehrere Kinder. Etwa ein Viertel der Interviewten sind Frauen. Dabei trug der Feldzugang seinen Teil dazu bei, dass die Sozialstruktur von Befragten und Beschäftigten etwas abweicht. In den Interviews zur Fleischindustrie tauchten zu unseren Terminen oft Paare, manchmal ganze Familien mit Kindern auf. Das erklärt sich unter anderem durch die Besonderheit des Ortes, an dem viele Gespräche stattfanden: Zu den Beratungsstellen kommen die Leute, wenn sie ein arbeitsrechtliches Problem haben oder ein Teil der Familie einen Anspruch auf Sozialleistungen (Elternzeit, ALG 1, Leistungen nach dem SGB II) durchsetzen will. Vielfach wurde die Initiative zur Wahrnehmung einer Beratung von Frauen ergriffen, wodurch diese wiederum in den Interviews präsenter sind. Alles in allem sind die Belegschaften, vergleicht man sie mit unserem Interviewsample, vermutlich im Schnitt in beiden Branchen etwas jünger und etwas männlicher.[245]

245 Auch hierzu gibt es, wie bereits in Abschnitt 1.2 ausgeführt, für die Zeit vor 2021 keine verlässlichen statistischen Daten. Alle untersuchten Tätigkeiten sind männerdominiert, in der Fleischindustrie gibt es in der Schlachtung selbst fast keine Frauen, in der Zerlegung einzelne, und je weiter diese voranschreitet, desto mehr. Wir werden unten zeigen, wie wichtig diese geschlechtsspezifische Hierarchisierung wird, wenn es (wie nach der Gesetzesänderung) um die Neudefinition von Kern- und Randbelegschaften geht (Abschnitt 3.3). Im Versandhandel arbeiten einige Frauen, aber die Arbeitszeiten (Dauernachtschicht, Dauerspätschicht) und die vergeschlechtlichte Arbeitsteilung in den Familien machen, dass sie auch in unserem Online-Versandhandels-Sample deutlich überrepräsentiert sind.

Es ist interessant, welche Sprechrollen die Befragten in Interviews einnahmen, die mit Familien geführt wurden. Es ist keineswegs so, dass die Männer häufiger eine dominante Rolle hatten. Oft bestimmten die Frauen das Gespräch. Manchmal übersetzen sie für den Mann oder die anderen Familienmitglieder, vielfach hatten sie das Sagen bei der Interpretation umstrittener Sachverhalte. Diese „Familien-Interviews" zeigen zugleich, dass es sich bei dem Migrationskonzept vieler Interviewpartner*innen keineswegs um Saisonarbeit handelt. In Bezug auf den Online-Versandhandel findet sich dieses Phänomen tatsächlich nur ausnahmsweise, etwa, wenn Studierende mit indischem Pass durch Deutschland pendeln, um in den Semesterferien zu arbeiten. In der Fleischindustrie ist das Phänomen deutlich häufiger und konstanter, und die Nicht-Saisonarbeitenden sind in unserer Untersuchung stark überrepräsentiert, weil das Aufsuchen einer Beratungsstelle impliziert, dass sich etwas an der prekären, fluiden Lebenssituation geändert hat oder ändern möge. Entsprechend hatten dort viele der von uns Befragten ihre Familie bereits nachgeholt und waren, oft allerdings angesichts der Arbeits- und Lebensbedingungen zweifelnd, auf der Suche nach einer Dauer-Perspektive vor Ort.

Schließlich ist für einen Niedriglohnbereich der Anteil hoch qualifizierter Menschen in unseren Interviews bemerkenswert. Die schulischen Erfahrungen der Befragten schwanken zwischen wenigen Jahren und einem abgeschlossenen Hochschulstudium. Aber trotz dieser Polarisierung kann man getrost annehmen, dass es kaum eine SOFI-Untersuchung der letzten mehr als 50 Jahre, in denen das Institut besteht, gegeben haben wird, in denen die Hochqualifizierten in einem Bereich mit oft fragwürdigen Arbeitsbedingungen und niedrigen Löhnen einen derart hohen Anteil haben: Über die Hälfte der Interviewten aus der Fleischindustrie haben mindestens Abitur, im Versandhandel-Sample sind es rund 40 Prozent. Das ist nicht repräsentativ, aber bemerkenswert, und man ahnt, was sich hinter diesem hohen Anteil an Abwertung von Vorqualifikationen verbirgt.

2.3. Day Zero, Day One: Anwerbung und Beschäftigung

Sowohl in der Fleischindustrie als auch im Online-Versandhandel gibt es seit vielen Jahren eine sehr hohe Fluktuation bei den Beschäftigten. Dies liegt nicht nur daran, dass es sich teilweise, wie in der Weihnachtssaison bei Amazon, um Saisonarbeit handelt. In der *Fleischindustrie* existierten vor der Corona-Krise in den meisten Bereichen über das Jahr hinweg keine oder nur sehr geringe Produktionsschwankungen; aus Managementsicht war die Arbeitskraftnachfrage kontinuierlich. Wenn „Arbeitskräftemangel" zum Problem wurde, hatte das andere Ursachen als die flexible Nachfrage nach Arbeitskraft, nämlich erstens die permanente Ausdehnung der Produktion, zweitens die niedrigen Löhne im Vergleich zu den Nachbarländern, drittens die oft miserablen Arbeitsbedingungen. Dies führte vor der Pandemie dazu, dass sich, wer konnte, wie am Anfang des Kapitels Frau Jahn, schnell einen anderen Arbeitsort suchte. In der Tendenz: jung, ohne Familie, schnell weg – die EU-Binnengrenzen waren in dieser Zeit bei der Arbeitssuche ein überwindbares Hindernis. Auch im *Online-Versandhandel* war die starke Ausdehnung des Umschlags in der Hochsaison nur einer von mehreren Gründen dafür, dass eine Anwerbung neuer Arbeitskräfte permanent notwendig war. Die „Release Days" sowie das Befristungsregime, manchmal der Einsatz von Leiharbeit, deuten darauf hin, dass die ständige Neuzusammensetzung der Belegschaft ein strategisches Moment hatte. So wurden und werden unbefristet Beschäftigten bei Amazon nach wenigen Jahren regelmäßig Abfindungen angeboten, damit sie sich nicht „festsetzen". Gleichzeitig waren und sind die Möglichkeiten, im Betrieb aufzusteigen, marginal. Eine mit Lohnverbesserungen verbundene innerbetriebliche Karriere ist entsprechend unwahrscheinlich.

In beiden Branchen waren vor der Pandemie Anwerbestrategien schon aufgrund der starken Fluktuation ein zentrales Moment von Managementstrategien, aber auch ein wichtiger Fokus für Kämpfe um bessere Arbeitsbedingungen.

In Bezug auf Anwerbestrategien lassen sich wichtige Unterschiede zwischen den beiden Branchen festmachen. Während in der Fleischindustrie eine Tradition der Anwerbung außerhalb des

Ortes und in anderen (EU)-Ländern existiert, gibt es diese Tradition im Online-Versandhandel viel seltener. So spielte auch in den von uns untersuchten Betrieben eher das lokale sozial-räumliche Umfeld eine entscheidende Rolle: Neue Distributions- und Verteilzentren werden derzeit in Reichweite von ärmeren Stadtteilen der Großstädte aufgebaut. Gleichzeitig wird die Expansion insbesondere von Amazon an manchen Orten für die Fleischindustrie zum Problem, da der Versand-Riese jene Unionsbürger*innen abzuwerben droht, die sich dauerhafter vor Ort niederlassen wollen. Ich schildere im nächsten Abschnitt zunächst Anwerbe- und Beschäftigungsformen in der Fleischindustrie, die wir in den Interviews und Beobachtungen vor dem März 2020 vorgefunden haben. Danach gehe ich auf die entsprechenden Formen im Online-Versandhandel ein. Im anschließenden Kapitel 2.4 werde ich dann daran anknüpfend u.a. darstellen, inwiefern die unterschiedlichen Beschäftigungsverhältnisse sich auf den Arbeitsprozess selbst auswirken.

2.3.1. Fleischindustrie: Von der Erosion der Werkverträge

Für die Fleischindustrie galt vor der Pandemie, dass auch Unternehmen, die das Werkvertragssystem im Grundsatz beibehielten, für den Produktionsprozess zentrale Beschäftigte, die kompliziertere Aufgaben ausführten, entweder direkt beschäftigten oder im Rahmen einer verbindlicheren Kooperation mit Werkvertragsunternehmen langfristig zu binden suchten. Solche Strategien haben wir vor 2020 in allen größeren Unternehmen der Branche gefunden: Sie waren immer mit einiger Akrobatik verbunden, nicht nur hinsichtlich der Halblegalität angesichts der mangelnden Weisungsbefugnis der auftragsgebenden Unternehmen, sondern auch, weil eine massive Anwerbung von neuen Arbeitenden an einer Kooperation mit Subunternehmen hing, die mal mehr und mal weniger gut funktionierte. Entsprechend waren in den im vorigen Abschnitt erwähnten drei Betriebsfällen, die wir vor 2020 detaillierter untersuchen konnten, bereits vor der Pandemie *unterschiedliche* Beschäftigungssysteme repräsentiert: Man kann sagen, dass das Werkvertragssystem bereits zu diesem Zeitpunkt langsam erodierte. Die Experimente mit neuen Beschäftigungsformen können zugleich als Hinweise auf mögliche Strategien des Managements gelesen werden, die nach dem Verbot der Werkverträge und der Leiharbeit *in Zukunft* an Bedeutung gewinnen werden. In unseren Untersuchungsfällen fanden sich drei Formen: Ein kleiner Betrieb (im Folgenden „Fleisch-A" genannt) mit rund 50 Arbeitenden beschäftigte seit Jahren nur „direkt", ein mittlerer Betrieb mit etwa 500 Beschäftigten experimentierte mit Insourcing und hatte bereits rund zwei Jahre vor der Durchsetzung des Arbeitsschutzkontrollgesetzes alle Werkvertragsnehmer ersetzt („Fleisch-B"). Schließlich arbeitete ein etwa gleich großer Betrieb, der zu einem transnational operierenden Konzern gehört, im Wesentlichen weiter mit dem System der Werkvertragsvergabe („Fleisch-C").

Tabelle 6. Betriebsfälle (2017–2019)

Fleischindustrie	Online-Versandhandel
Fleisch-A: Kleinbetrieb ohne Werkverträge	Versand-A: Distributionszentrum mit einem geringeren Anteil von migrantischen Beschäftigten
Fleisch-B: Mittelbetrieb kurz nach der Abschaffung von Werkverträgen	Versand-B: Distributionszentrum mit überwiegend migrantischen Beschäftigten
Fleisch-C: Großbetrieb (Konzern) mit Werkverträgen	(Versand-C: Aufgrund der geringen Zahl an Interviews hier nicht systematisch berücksichtigt)

Interessant ist für uns hier zunächst vor allem Betrieb Fleisch-B. Anders als der kleine Betrieb Fleisch-A, dessen Besonderheit damals war, dass er sich lediglich in der vom Auftragsvolumen sehr kontinuierlichen Schlachtung und Zerlegung engagierte und zudem überwiegend Nischenprodukte herstellte, konkurrierte Fleisch-B durchaus in einigen Bereichen mit den „Großen" der Branche, war im Ostasien-Export aktiv und bediente auch große inländische Nachfrager nach Schweinefleisch. Außerdem war es eine Zeitlang ein Vorzeigebetrieb für die Möglichkeit der Abschaffung von Werkverträgen. Das war auch der Grund dafür, dass wir schließlich einen Zugang zu dem in einer Kleinstadt im Oldenburger Münsterland gelegenen Betrieb bekamen. Er wurde von uns mit Genehmigung der Geschäftsleitung zwischen Ende 2017 und Mitte 2019 einige Male besucht. Wir konnten dort Gespräche sowohl mit dem Management (Geschäftsleitung, Personaler, Produktionsleitung) als auch mit einigen ausgewählten Beschäftigten führen.

Fleisch-B: Kontrollverlust und neue Konflikte

Bei der ersten Begegnung im November 2017 erklärt das Management meinem Kollegen Felix Bluhm ausdrücklich, dass wir hauptsächlich deshalb am Pförtner vorbeigelassen würden, weil es darum gehe, schlechte Presse zu korrigieren.[246] Schlechte Presse ist in der Fleischindustrie nicht nur im Allgemeinen schädlich, sie hat auch eine Art ansteckende Wirkung. So kann es vorkommen, dass Großkunden auf der Grundlage von Berichten über Gammelfleisch, Tierquälerei und Arbeitsausbeutung abspringen. Fleisch-B ist zu diesem Zeitpunkt stolz darauf, unlängst ein großes Möbelhaus, welches auch ein Restaurant hat, als Kunden gewonnen zu haben. Das Möbelhaus ist selbst auf den guten Ruf seiner Produkte bedacht, ein Umstand, der die Empfindlichkeit gegenüber dem Leumund in Fleisch-B noch steigert. Dass ursprünglich auch ein wilder Streik der Arbeiter*innen zur Abschaffung der Werkverträge beigetragen hatte, war für das Management zumindest zum Zeitpunkt der Befragung nur eine nicht der Erwähnung werte Randnotiz.

In dem Gespräch wird deutlich, dass Insourcing von Fleisch-B nicht zuletzt als Form verstanden wird, „Exzesse" zu vermeiden: Gewalt, Erpressung und Betrug an Arbeitenden können, wenn publik, schlecht für die Markposition sein. Das Management hat erkannt, dass Basis solcher Übergriffe und der sie auslösenden Skandale die Rekrutierung vermittels von Subunternehmen ist. Zugleich ist die erste Erfahrung nach der Abschaffung der Werkverträge, dass es nicht einfach ist, die Aufgaben der Subunternehmer von heute auf morgen selbst zu übernehmen:

> „Person 1 (Eigentümer): Die letzten 100 übernehmen wir jetzt auf einen Schlag, und dann kriegen wir das wohl, weil wir schon Rou-

246 Vgl. SOFI_F3_E_01, M.

> tine hatten. Aber zuerst ist es schon schwierig, wenn man mit einem Mal 50 Leute einstellen muss, allein mit Verträgen vorbereiten und das Ganze umzusetzen, Personalabteilung.
> Person 2 (Personaler): Ja, Wohnung, Transfer hin und her, und das ist schon ein bisschen was. Arztbesuche und so, die werden ja auch von uns mit übernommen. Sowas haben wir vorher halt nicht gewusst. Haben halt gedacht, der holt sich zehn Leute aus Rumänien und fängt damit hier an zu arbeiten. Und alles, was der dahinter gemacht hat, sieht man ja nicht."[247]

Im weiteren Verlauf des Gesprächs stellt sich heraus, dass es aus Sicht des Managements Effizienz- und Kontrollprobleme gibt, die für eine Abschaffung der Werkverträge sprechen – etwas, das zumindest zu diesem Zeitpunkt die Sprecher der Arbeitgeberverbände niemals zugeben würden.[248] In einem der nächsten Interviews erzählt uns ein Personaler Anfang 2018, wie die Arbeitskräfte schon auf dem Weg ins regionale Zentrum des Schweine- und Rinderschlachtens verloren gegangen waren: „Die stiegen dann in Bremen am Parkplatz aus dem Minibus aus und wurden nie mehr gesehen."[249] Als Antwort darauf waren horrende „Fahrpreise" oder der Entzug von Personaldokumenten eine durch informelle Machtbeziehungen ermöglichte Form der Ausbeutung. Derartige Methoden dienten den Subunternehmern dazu, die bestellte Ware Arbeitskraft an ihrem Bestimmungsort abzuliefern und dort für eine gewisse Zeit zu halten. Aus Sicht des Managements von Fleisch-B ist dies Ende 2017/Anfang 2018 nicht mehr die Methode der Wahl, denn es habe auch dazu geführt, dass die Vermittler im Arbeitsprozess eine eigensinnige Rolle spielten: Sie „ließen sich

247 SOFI_F_E_03, S. 15, 608–617.

248 S. hierzu das im Februar 2017 geführte Interview mit einem Vertreter des Verbands der Ernährungsindustrie: SOFI_F_abE_01, M. Werkverträge werden dort in größter Allgemeinheit mit einer „schwankenden Auftragslage" begründet. S. auch das hierzu prägnante Gespräch mit dem Management aus Betrieb A, in dem selbiges im Gegensatz dazu die Kontinuität des Aufkommens von Schlachtung und Zerlegung betont: SOFI_F_E_03.

249 Gespräch im Rahmen der Besichtigung des Betriebs, 14.12.2017: SOFI_F3_Prot_01, hier: S. 1.

nichts mehr sagen“: Arbeitsanweisungen seien nicht weitergeben, Aufträge nicht mehr ausgeführt worden.[250] Genauso abhängig, wie der Betrieb von den Arbeiter*innen war, war er von den Arbeitsvermittlern. Arbeitskräftemangel und mangelnde Kontrolle im Arbeitsprozess hingen insofern zusammen.

Zum Projekt des Managements von Fleisch-B wurde nicht nur, die Werkverträge als Beschäftigungsform abzuschaffen. Es wollte darüber hinaus die gesamte Kette, die zur Reproduktion der Arbeitskräfte gehört, hinsichtlich der eigenen Effizienzkriterien gestalten: von der Anwerbung über die Anreise bis zur Unterbringung. Entsprechend wurden einige frühere Vorarbeiter *nicht* von den Subunternehmen in ein festes Beschäftigungsverhältnis übernommen.[251] Zudem stellte man „Personalbetreuer“ extern ein, unter Umgehung der bisherigen Vermittlungsstrukturen. Die „Neuen“ machte man umfassend für die Organisierung des Alltags jenseits der Arbeit zuständig und begann ein viel beachtetes Projekt, Kleinwohnungen für Saisonarbeitskräfte zu bauen. Auch in dieser Hinsicht war Fleisch-B Avantgarde,[252] allerdings zeigt die Ausrichtung der Baumaßnahme (vor allem hinsichtlich der Wohnungsgrößen), dass weiterhin mit Saisonarbeit gerechnet wurde und nicht mit Menschen, die sich dauerhaft vor Ort befinden, Familien gründen usw.

250 Ein im Mai 2018 von Janos Mertin und mir befragter Produktionsleiter sagt dazu, dass auch die Neuentwicklung von Kriterien für eine Eingruppierung „nach Leistung“ unter dem Werkvertragssystem unmöglich gewesen sei. Im Prinzip habe man die Arbeitsverteilung und die Ausführung nicht (legal) kontrollieren können: SOFI_F 3_E_03, S. 6, 221–235.

251 Ibid.

252 Ziel dieses Projekts war insbesondere, wie der PR-Beauftragte des Betriebs uns erklärte, „alle Arbeiter an einem Ort zu haben“, um deren „Betreuung“ zu vereinfachen (SOFI_F 3_E_02, M, S. 1). Allerdings geriet das Bauvorhaben wegen einer Protestaktion von Anwohner*innen, die ein „neues Ghetto“ sowie das damit verbundene Sinken von Grundstücks- und Immobilienpreisen befürchteten, sofort in schwieriges Fahrwasser. Die Auseinandersetzung um den Wohnungsbau konnte leider von uns nicht bis zum Ende und im Detail verfolgt werden, sie zeigt aber, dass die stadträumliche (urbane) Dimension der Konflikte in der Fleischindustrie eine eigene Untersuchung verdiente.

In der Direktbeschäftigung blieben die Spuren der multiplen Prekarität erhalten. Das galt hinsichtlich der kurzfristigen Unterbringung, aber auch hinsichtlich des früheren Beschäftigungsmodells. Um dies zu begreifen, muss man sich die Umstellung der Beschäftigungsverhältnisse genauer ansehen. Was später im Kontext des Verbots der Werkverträge um den Jahreswechsel 2020/21 ebenfalls probiert, aber sofort von Gewerkschaften und Berater*innen skandalisiert wurde, geschah in Fleisch-B mehr oder weniger unkommentiert: Man übernahm die zuvor bei den Subunternehmen Beschäftigten nicht im Rahmen eines Betriebsübergangs, also unter Erhalt der sozialen Ansprüche aus den vorhandenen Arbeitsverträgen,[253] sondern setzte durch, dass neue Arbeitsverträge unterschrieben wurden. Diese waren durchgehend auf ein Jahr befristet, mit der Perspektive einer Verlängerung um ein weiteres Jahr nach dem Teilzeit- und Befristungsgesetz.[254] Sprich: Die Beschäftigten befanden sich in der Folge zunächst für ein halbes Jahr in der Probezeit, dann für ein weiteres halbes Jahr in der Befristung, um dann – wenn sie sich „bewähren" – ggf. fest beschäftigt zu werden. Eine Form der prekären Beschäftigung war durch eine andere ersetzt worden.

Der Produktionsleiter von Fleisch-B stellt dies in einen direkten Zusammenhang mit dem Versuch, die Belegschaft neu zu sortieren, hier nach dem Maßstab mehr oder weniger „geeigneter Kräfte":

> „So ein Vorarbeiter oder ein Bandleiter bei uns, der hat schon das Auge dafür, dass der erkennt, okay, der (die Arbeiter*in) ist wohl messerfertig, der kann damit umgehen, dem könnte ich das und das beibringen. Dann gibt es da welche, die haben seit zwei Jahren ein Messer in der Hand, das sieht aber trotzdem noch so aus,

253 Bei einem „Betriebsübergang" tritt der neue Arbeitgeber in alle Rechte und Pflichten der bis dato bestehenden Arbeitsverhältnisse ein (§613a, BGB).

254 Eine sachlich unbegründete Befristung ist nach §14 (2) dieses Gesetzes für zwei Jahre zulässig. Welche und wie viele Arbeitende letztlich später in ein unbefristetes Beschäftigungsverhältnis übernommen wurden und wie viele bis heute noch in Fleisch-B beschäftigt sind, konnten wir leider nicht in Erfahrung bringen.

> als wenn die das seit gestern erst in der Hand haben. Also da wird das schon optisch beurteilt. Ja, klar, wenn man da merkt, der kann das eigentlich gar nicht, oder er selber ist auch unzufrieden, dann lassen wir natürlich den Vertrag auslaufen."[255]

Im Rahmen der Abschaffung von Werkverträgen kommt es zu einer Neudefinition „wichtiger" Positionen in der Schlacht- und Zerlegekette, die logischerweise eine Definition „weniger wichtiger" Positionen einschließt. Dabei geht es einerseits um prekäre Beschäftigung, andererseits aber – im engen Zusammenhang damit – um das Verhältnis zwischen Lohn und Leistung. Auch in dieser Hinsicht zeigt sich ein deutlicher Zusammenhang zwischen Formen der Anwerbung, Beschäftigungsverhältnissen und dem Versuch einer Kontrolle des Arbeitsprozesses. So kam es Fleisch-B in unserem Untersuchungszeitraum zu Lohnerhöhungen für Arbeiter in durch die Vorgesetzten definierten Schlüsselpositionen. Das galt auch allgemein für den Sektor in dieser Zeit, interessant ist aber, wie Fleisch-B diese Lohnverbesserungen verallgemeinerte und verregelte, ein Prozess, den wir in den Vergleichsbetrieben mit weiterhin überwiegender Werkvertragsbeschäftigung zu diesem Zeitpunkt nicht beobachten konnten: Konkret wurden Mitte 2018 vier Lohngruppen eingeführt, die auf dem Papier Kenntnisse honorierten. Als entbehrlich und austauschbar galten umgekehrt vor allem die Beschäftigten der „Gruppe 1":

> „Also wir fangen an mit Tarifgruppe 1, da ist minderwertige Beschäftigte, und dann geht bis nach vier hoch. Vier ist dann sozusagen, wenn man will, ein ausgebildeter Metzger, der alles kann, (...) wo ich sagen kann: Heute fehlt mir da einer. Komm mal mit."[256]

Vordergründig vor allem an der Einsetzbarkeit der Arbeitenden orientiert, beinhaltet der Hinweis auf „minderwertige Beschäftigte" durch den hier zitierten Produktionsleiter zugleich eine Abwertung nicht nur der Funktion, sondern auch der Person, während

255 SOFI_F3_E_02, Gespräch mit der Produktionsleitung, S. 7f., 278–292.
256 SOFI_F3_E_03, S. 3f., 84–87.

umgekehrt in Bezug auf Stufe 4 auf einen (faktisch im Betrieb nicht vorhandenen) Ausbildungsberuf rekurriert. Im Anschluss erfahren wir in Interviews mit Beschäftigten aus Fleisch-B, dass die Definition dessen, was als „hochwertig“ bzw. „minderwertig“ zu gelten hat, keinesfalls „neutral“ oder „objektiv“, sondern vielmehr umkämpft ist. So hatten Frauen trotz aller Erfahrung kaum eine Chance auf diesen kleinen neuen „Lohngruppen-Aufstieg“.[257] In einem Gespräch im Frühjahr 2018 äußert eine Kollegin ihren Unmut darüber, dass sie seit zweieinhalb Jahren beschäftigt sei und noch keine Lohnerhöhung gesehen habe. Der – vom Manager bestellte – „Personalbetreuer“ dolmetscht, was sie über die Situation nach der Übernahme in Festanstellung denkt:

> „Also, die Arbeitszeiten sind fast gleich (…). Sie sagte also, was (…) besser sein (könnte). Die Leute bekommen die Löhne pro Stelle. Wenn man mehrere Stellen (Arbeitsverrichtungen) kann, dann verdient (man) mehr, aber wenn kommt ein Unerfahrener zum Beispiel und macht (das Gleiche), was sie zum Beispiel macht, bekommt (er/sie) die gleichen Löhne. Und ihre Meinung ist, wenn man schon lange hier arbeitet und kann also nach dieser Qualität arbeitet, dann sollte man ein bisschen mehr bekommen.“[258]

Die Kritik richtet sich gegen das neue Prinzip der Eingruppierung, das die vergeschlechtlichte Arbeitsteilung im Betrieb verstetigt: Frauen werden fast immer nur die vorgeblich leichten Arbeiten in der Feinzerlegung und/oder der Verpackung zugewiesen, Vorarbeiter und Maschinenführer sind überwiegend Männer. Das Management entscheidet in letzter Instanz, auf Vorschlag ebendieser Männer, über Höhergruppierungen. Die Interviewpassage ist überraschend und erstaunlich, denn sie lässt ein gewisses Selbstbewusstsein der Arbeitenden durchscheinen – schon zwei Jahre vor den Konflikten in der Pandemie. Man muss sich die Situation während des Interviews so vorstellen: Am Tisch sitzen ein PR-Mann und eine betrieblicher Vorgesetzter, außerdem ein paar Akademiker, ein

257 Zu den „Lohngruppen“ s. bspw. SOFI_F3_B_02, S. 3, 74ff.
258 SOFI_F3_B_01, S. 9, 319–324.

männlicher Kollege. Und trotzdem wird von der Kollegin kein Blatt vor den Mund genommen.

Gleichzeitig wendet sich die Befragte gegen Newcomer. Sie empört sich darüber, dass diese den gleichen Lohn erhalten wie sie selbst. Letztlich lässt sich auf der Grundlage ihrer in Anwesenheit von Vorgesetzten geäußerten Kritikpunkte nicht sagen, ob hier Solidarität eingefordert oder Konkurrenz betont wird. Es ist in gewisser Weise beides. In Kapitel 3 werden wir sehen, dass die durch das Arbeitsschutzkontrollgesetz ausgelöste Welle von Festanstellungen eine ähnliche Debatte um Lohngerechtigkeit ausgelöst hat, die ebenfalls beide Momente hat. Während in Fleisch-B 2018 eine Spannweite von zehn bis 14 Euro verhandelt wurde, wurde im Tarifvertrag für 2022 ein Mindestlohn von etwa 11 Euro vereinbart. Ein gewichtiger Unterschied zu jenen 7,50 Euro, die 2014 kurzfristig als allgemeinverbindlicher Mindestlohn galten, aber lediglich ein kleiner Unterschied zwischen „vorpandemisch" und „nachpandemisch". Das Beispiel des Betriebs B zeigt darüber hinaus, dass Festbeschäftigung keineswegs *automatisch* mit einer Verbesserung von Mitbestimmung und gewerkschaftlicher Organisierung einhergehen muss: Das Unternehmen war sowohl vor als auch nach der Abschaffung der Werkverträge gewerkschafts- und betriebsratsfrei, die neuen Lohngruppen waren eine einseitige Erfindung der Geschäftsleitung. Ist vielleicht die *Chance* auf gewerkschaftliche Organisierung für nachhaltige Verbesserungen der Arbeitsbedingungen die *eigentliche* Erneuerung „nach" der Pandemie?

Fleisch-C: Differentielle Inklusion im Werkvertragssystem

Bis zur Pandemie dachten die großen Fleischbetriebe – wie etwa Tönnies, Danish Crown, VION, für den Geflügelbereich auch die PHW-Gruppe –, nicht im Traum daran, Werkverträge in Deutschland aufzugeben: Das Umdenken war ausschließlich Folge der Konflikte seit März 2020; zuvor *stieg* der Anteil der bei Subunternehmen Beschäftigten bei den großen Unternehmen phasenweise sogar massiv an.[259] Auf dieser Grundlage war bis dorthin bei

259 Sozialpolitischer Ausschuss der Fleischwirtschaft (SPA) 2019, S. 4. Der SPA, vielfach mangels eines zentralen Verbandes als der „eigentliche" Arbeitgeber-

den „großen Fünf" der deutschen Fleischindustrie arbeitspolitisch eher die Kontrolle der Subunternehmen und ihre „sinnvolle" Verteilung das Hauptthema. So auch in Betrieb Fleisch-C.

Wir besuchen diese Fabrik, die ebenfalls am Rande einer Kleinstadt zwischen Oldenburg und Osnabrück liegt, erstmals im Januar 2019. Vom Bahnhof aus ist es ein langer Fußweg, unterwegs begegnen wir ein paar Arbeiter*innen, die bei kaltem, aber klarem Wetter ebenfalls zu Fuß unterwegs sind, allerdings in Gegenrichtung, nach Hause. Nach ein paar Kilometern tauchen die Werkshallen auf. Sie sind im Vergleich zu dem Betrieb von Tönnies in Rheda-Wiedenbrück geradezu winzig, auch bei weitem nicht so verbunkert und abgesichert. Es handelt sich um einen von einem multinationalen Unternehmen aufgekauften, früher eher kleinen Schlacht- und Zerlegebetrieb für Schweine. Seit ein paar Jahren wird Fleisch-C von diesem Multinationalen systematisch technisch weiterentwickelt, bei einer enormen Erhöhung der Schlachtzahlen. Der Rationalisierungsgrad ist allerdings noch lange nicht so hoch wie in einigen dänischen Betrieben oder bei Tönnies.

Im Fleisch-C angekommen, findet das Interview, ähnlich wie in B, mit einem PR-Mann und einem Personaler statt. Wir erfahren fast als Erstes, dass in der Fleischindustrie nicht Arbeitskräfte an sich, sondern vor allem Arbeitskräfte in „wichtigen" Positionen fehlten. Der Arbeitskräfteeinsatz würde entsprechend reguliert, in-

verband der Fleischindustrie gesehen, legt seit 2014 sogenannte Selbstverpflichtungsberichte vor, damals bereits als Reaktion auf die Thematisierung von Arbeitsausbeutung in der Presse und durch Ministerien der Länder und des Bundes. Von daher ist es durchaus glaubwürdig, dass diese Daten eine Tendenz abbilden. Die Rechtfertigung für das Steigen des Anteils der Werkverträge war 2019, dass gleichzeitig viele große Betriebe dazu übergegangen seien, eigene Subunternehmen zu gründen, wodurch dies ja „selbstorganisiert" sei. Der SPA entnimmt seine Daten der Statistik der Berufsgenossenschaft der Nahrungsmittel und Gastgewerbe (BGN). Für 2020 wurde kein Bericht vorgelegt, die Daten der BGN aus diesem Jahr weisen aber einen Anstieg der „Dienstleistungen in der Fleischwirtschaft" (die in dem Bericht des SPA mit Werkvertragsverhältnissen gleichgesetzt werden) um satte 61,1 Prozent aus. In den anderen Beschäftigungssegmenten sank die Zahl von bei der BGN registrierten unfallversicherten Beschäftigten zugleich um zehn bis 20 Prozent. Berufsgenossenschaft Nahrungsmittel und Gastgewerbe 2020, ohne Seitenzahlen, (S. 4).

dem man unterschiedlich kontinuierlich Werkvertragsnehmer mit unterschiedlichen Angeboten anheuere: Man strebe an, Gangs zusammensetzen, „die etwas können".[260] Diese verrichteten die als komplex geltenden und physisch äußerst anspruchsvollen Arbeiten in Grob- und Feinzerlegung, während andere Gangs für vermeintlich einfach zu erledigende Aufgaben zuständig seien, auch in diesem Falle inklusive einer Entwertung „weiblicher", „feinmotorischer" Arbeit. Ein Produktionsleiter erzählt uns bei einem späteren Gespräch im Rahmen der Besichtigung des Betriebs im Juni 2019:

> „Hier ist das so. Die Kolonne hat eben ihren (Punkt), wo sie sagen kann, okay jetzt machen wir einen leichten Zuschnitt, das kann ich ein bisschen schneller machen, weniger Handgriffe, und kommt nachher einer, der ein bisschen anspruchsvoller ist, (dann macht sie) etwas, bisschen langsamer. Und die Bestimmung darüber liegt eben, weil es ein Werkvertrag ist, klar bei denen. Wie ich vorhin gesagt habe, an jedem Band-Ende das gleiche Schema. Den Zuschnitt, die Prüfung, das Abpacken. Genauso wie bei dem Kollegen (Name des Subunternehmers), für diese Firma hier, sind auch ein paar Damen mit dabei. Wir haben das gesagt, es ist im Prinzip ein ähnliches Prinzip. Die leichteren, einfachere(n) Tätigkeit(en), (nichts Anderes) wie Filets putzen.
> (Interviewer: Weil das weniger kraftaufwendig ist?)
> (Befragter:) Genau. Weil das weniger Kraftaufwand ist. Wir haben einen Herrn mit dabei, der ihnen das Material auf Band macht, wenn sie wieder Nachschub brauchen, und dann arbeiten die Damen das ab. Und das ist ein Edelprodukt. Filet kennen ja alle, wenn man es denn noch isst, ist dann auch etwas höherpreisig und die Damen (haben da) viel mehr Gefühl für. Da sind wir Männer einfach zu rabiat."[261]

Und zum nächsten Bandabschnitt:

260 Vgl. ausführlich das Gespräch mit dem Produktionsleiter, SOFI_F_bE_07, S. 6–9.

261 SOFI_F_bE_07, S. 7f., 266–290.

> „Das ist Schinkenzerlegung. Man sieht, wieder andere Haarnetzfarbe, andere Kolonnen. Die machen nur Schinken und sind, wenn man denn so will, ich glaube, sie hatten das gefragt, so wie (Name des Subunternehmers) in Grobzerlegung und Verpackungsbereichen spezialisiert ist, die andere Firma, die wir gesehen haben in der Feinzerlegung, die Kotelett(s), die Vorderteile und die Bäuche macht, sind die Jungs hier, die Damen und Herren spezialisiert Schinken."

Die unterschiedlichen Tätigkeiten werden an verschiedene Subunternehmen vergeben. Der Produktionsleiter betont den Spezialisierungsgrad der entsprechenden Subs, die eben „in Schinken machen" oder auch „nur Filets putzen". Er betont auch die Bedeutung bestimmter Arbeiten sowie die Tatsache, dass die in solchen Bereichen Beschäftigten „bereits seit langem" am selben Bandabschnitt stehen.[262] Auffällig ist schließlich, dass die Beurteilung der „weiblichen" Arbeit hochgradig ambivalent ist. Sie sei (hier den Interviewer einbeziehend) „für uns Männer zu fein", andererseits würden „die Damen" aber auch „nur Filets putzen", die sie von einem Mann ans Band gehoben bekommen. Aber wie auch immer: Mit einem höherem Lohn war „weibliche" Arbeit auch in diesem Falle nicht verbunden.

Das auf dieser Grundlage entwickelte System hatte mehrere Momente: So markierte die Farbe der Hygienehauben die Zugehörigkeit zu einem bestimmten Subunternehmen, das, wie im Zitat ausgeführt, „eine bestimmte Qualität" produzierte. Die Arbeitskontrolle durch das auftragsgebende Unternehmen erfolgte wesentlich durch eine möglichst kleinteilige Kenntnis der Fähigkeiten nicht einzelner Personen, sondern vielmehr einzelner Kolonnen oder Gangs. Am Band gab es außerdem eine Teilung nach Geschlecht, die mit der Zuschreibung von Arbeiten als „weiblich" verbunden war. Und schließlich implizierte die Ersetzung einer Gang häufig die Ersetzung einer Gruppe mit Staatsbürgerschaft A durch eine mit Staatsbürgerschaft B. Die Interviewpassage illustriert, wie das Werkvertragssystem, um mit einem Begriff von Mezzadra und Neilson zu argumentieren, ein System der detaillierten und fle-

262 Ibid.

xiblen „differenziellen Inklusion“ in den Arbeitsprozess schaffte, die *erstens* Ausdruck von Migrationsverhältnissen war, indem am Band so gut wie ausschließlich Menschen ohne deutschen Pass beschäftigt wurden, *zweitens* aber eine geschlechtsspezifische Arbeitsteilung und Hierarchisierung enthielt, die dem Betrieb eine Differenzierung zwischen sogenannten einfachen und sogenannten komplexen Tätigkeiten ermöglichte.

Exkurs: Faule Leute, fleißige Leute

In dem Interview aus dem Januar 2019 gibt es eine erstaunliche Passage, in der die Vertreter aus Fleisch-C eine Verbindung zwischen der Teilung nach Staatsbürgerschaft und den Streiks der Arbeiter*innen nahelegen. Dabei kommt es zugleich zu einer merkwürdigen Verschiebung, denn die Geschichte spielt gar nicht in dem Betrieb, den wir besuchen, sondern wird am Beispiel Dänemarks erzählt. Denn das Management sieht das Problem des Arbeitskräftemangels als direkte Folge des grenzüberschreitenden Outsourcings, d.h. der Verlagerung der Produktion von Dänemark nach Deutschland. Die Antwort darauf sei nämlich umgekehrt die „Flucht“ von Arbeiter*innen in das nördlich von Flensburg gelegene „Hochlohnland“.[263] Dass vor allem nicht an Familien gebundene und männliche Arbeiter sich Anstellungsverhältnisse in Dänemark suchen, wo die Löhne etwa doppelt so hoch wie in der Bundesrepublik sind, ist kein Geheimnis. Allerdings sind für einen solchen Schritt nicht nur gewisse Fachkenntnisse und Erfahrungen wichtig, sondern auch Netzwerke und Zugänge zu Arbeitsmöglichkeiten. Dass Menschen mit polnischer Staatsbürgerschaft sich nach und nach diesbezüglich eine günstigere Position erarbeitet haben, ist schon angesichts der im Vergleich mit anderen osteuropäischen EU-Staaten länger bestehenden Arbeitnehmerfreizügigkeit naheliegend.[264]

263 Vgl. Refslund 2013.

264 Dass migrantische Arbeiter*innen in der dänischen Fleischindustrie ausschließlich „Polen“ seien, ist allerdings genauso falsch wie die Vorstellung, dass in der deutschen Fleischindustrie nur Rumän*innen arbeiteten.

Die „Flucht“ in einen anderen Betrieb, einen anderen Sektor, ein anderes Land bedeutet aber nicht, dass dies die einzige Form der Interessenwahrnehmung wäre. Nach und nach lernen die Leute, wie sie sich auch vor Ort wehren können. Der für die PR von Fleisch-C Verantwortliche verbindet diese Beobachtung mit einer grundlegenden Einschätzung über den schlechten Charakter „der Polen“:

> „(Befragter): Es ist (so), dass in X (Kleinstadt in Mitteljütland, P.B.) zum Beispiel, wir haben zu viele polnische Mitarbeiter, weil wir haben eine Gruppe da, die ist so groß, sie wollen nicht ein Teil für die Firma werden. Wir haben einen Streik gehabt mit polnischen Mitarbeitern, und sie haben gesagt: ‚Okay, wie lange sollen wir hier sitzen? Zwei Wochen, drei Wochen?“‘. (…) (Interviewer): Ja, ausschließlich die polnischen Mitarbeiter? (Befragter): Ja, und dann hat unsere Gewerkschaft gesagt: ‚Hey, wenn ihr (morgen) nicht arbeitet, dann werdet ihr alle gekündigt.‘ Sagen die: ‚Was?‘ Sie haben es überhaupt nicht verstanden, wie das System ist, und es ist, wie gesagt, immer das. Die polnischen Mitarbeiter verstehen niemals, wenn sie etwas müssen, aber wenn sie etwas haben (wollen), dann verstehen sie alle die Details. Und so ist es. Wenn eine Frau schwanger ist, dann wissen sie genau, wie sie den letzten Cent von (uns) bekommen, aber wenn sie etwas machen sollen in der Arbeit, dann: ‚Verstehen wir nicht.‘“[265]

Die Aussagen dieser Passage haben unter anderem den Hintergrund in einer Welle von wilden Streiks in dänischen Schlacht- und Zerlegungsbetrieben, die nach 2016 unter anderem den Betrieb in X betrafen. Wenn man diese Streiks auf Grundlage der recht umfangreichen Berichterstattung der dänischen Presse sowie wissenschaftlicher Analysen rekonstruiert, dann findet man merkwürdigerweise keinen einzigen „polnischen“ Streik. Was man findet, sind bspw. Proteste gegen die Resultate der Tarifrunde für die Industrie (Anfang 2017) oder Proteste gegen Verschlechterungen bei den Akkorden oder gegen die Disziplinierung eines gewerkschaft-

265 SOFI_F_bE_05, S. 21, 878–900.

lichen Vertrauensmanns (Ende 2017).[266] Die „spontanen" Arbeitsniederlegungen – die auch in Dänemark sehr häufig, aber in der Tat illegalisiert sind und regelmäßig zu durch die Arbeitsgerichte verhängten Bußgeldern für die Beteiligten führen – weisen auf eine ausgeprägte Militanz der dortigen Schlachtereiarbeiter *im Allgemeinen* hin. Es sind weder spezifisch *migrantische* Bewegungen, noch Bewegungen, die sich in der Öffentlichkeit mit dieser oder jener Staatsbürgerschaft verbinden. Dennoch ist interessant, dass wir in Fleisch-C in unserem ersten Gespräch vor Ort dieses Beispiel zu hören bekommen: Unverständnis wird als eine Form des Widerstands der Arbeiter*innen geschildert: „Wir verstehen eure Befehle nicht." Die Aktionen riefen im Management von Fleisch-C einen Diskurs hervor, aus dem die Lehre gezogen wurde, dass „nicht zu viele von denen" angestellt werden dürften.

Deutlich wird hier insbesondere die Enttäuschung und Wut darüber, dass die „neuen" Arbeiter*innen die Militanz und „Stur-

266 Zwischen Mitte 2016 und Ende 2017 wurden fünf wilde Streiks in der betreffenden Schlachterei öffentlich. In Bezug auf keinen dieser Streiks wurden in der dänischen Presse polnische Arbeiter*innen als besondere Gruppe erwähnt. Für die Arbeitenden spricht regelmäßig der Kollege Olesen, Leiter des Vertrauensleutekörpers, der, wie ich versichern kann, kein polnischer Staatsbürger ist. In dem Protest gegen die Resultate der Tarifrunde ging es um eine Verlängerung der Arbeitszeiten. Während bei der Urabstimmung eine knappe Mehrheit sich für die Annahme des Flächentarifvertrags aussprach, stimmten 98 Prozent (!) der Arbeiter*innen in Schlacht- und Zerlegebetrieben dagegen, ein Anteil, der es völlig absurd erscheinen lässt, von einer Protestaktion einer bestimmten Gruppe, und zwar welcher auch immer, zu sprechen (s. Forskningscenter for Arbejdsmarket og Organisationsstudier 2017). Mitte 2016 und Ende 2017 kam es zu Protesten gegen Akkordverschlechterungen, die teilweise (wie übrigens in Dänemark sowohl verboten als auch sehr verbreitet) die Form von Solidaritätsstreiks mit anderen Betrieben annahmen. Die bis zur Pandemie besonders günstige Arbeitsmarktsituation der Schlachtereiarbeiter in Dänemark wird durch einen Besuch des polnischen Botschafters in Horsens illustriert, der die dort beschäftigten Landsleute öffentlichkeitswirksam aufforderte, „zurück nach Hause" zu kommen, da die polnische Wirtschaft boome und unter Arbeitskräftemangel leide (der einzige Bericht, in dem „Polen" spezifisch erwähnt werden). Der Zusammenhang zwischen sozialen Kämpfen auf einem transnationalen Niveau wäre eine eigene Abhandlung wert, zu den Streiks s. Dupond und Heide Lund 2017, Faurholt 2017.

heit“ der „alten“ Kolleginnen und Kollegen übernehmen.[267] Die Rassifizierung des Konflikts geht gleichwohl gerade von dem Vorwurf aus, die Gruppe Y (man setze hier eine beliebige Staatsbürgerschaft ein) würde eine Art „unverständige“ betriebliche Subkultur bilden, die nicht einmal für die Anwürfe der lokalen Gewerkschaft zugänglich sei. Während die durchaus rationalen und für alle, die schon einmal einen Schlacht- und Zerlegebetrieb von innen gesehen haben, nachvollziehbaren Forderungen – hier vor allem: Begrenzung der Arbeitszeiten, Verbesserungen von Akkordsätzen – negiert werden, wird die Weigerung, sich dem Streikrecht zu unterwerfen, als „Unverstand“ interpretiert, aber eigentlich als *Eigensinn* dechiffriert, der wiederum zu einer *Eigenschaft* dieser spezifischen Gruppe umgedeutet wird. Was „dänische“ Arbeiter*innen seit Jahrzehnten machen (sich nämlich *nicht* dem dänischen Streikrecht zu unterwerfen) wird als von „außen“ kommendes Problem uminterpretiert, womit gleichzeitig ausgerechnet die länger ansässigen Schlachtereiarbeiter*innen und ihre in Wahrheit durchaus aktivistische Gewerkschaft „eingemeindet“ werden.[268] Diesen wird indirekt, wenn man so will, „noch einmal“ eine Staatsbürgerschaft verliehen, die aber ein vergifteter Apfel ist. Der Vorwurf der Unzuverlässigkeit gegenüber den „Anderen“ wird im nächsten Aussagefragment dann nicht nur auf den Streik, sondern auch auf den Arbeitsalltag insgesamt bezogen. Damit einher geht der Vor-

267 Hintergrund der Kämpfe in Dänemark war offenbar auch eine veränderte Arbeitsteilung. Am Anfang der grenzüberschreitenden Auslagerung ging es nicht um die Schlachtung und Grobzerlegung, sondern vor allem um die am wenigsten als automatisierbar geltenden Tätigkeiten in der Feinzerlegung und Verpackung. Deutschland und Polen galten damals als „verlängertes Fließband“ im Wortsinne, wodurch auch der im Vergleich heute noch immer geringere Rationalisierungsgrad von Fleisch-C erklärt werden kann: Politiken 2004. Dass die migrantischen Arbeitskräfte nach Dänemark wanderten, durchbrach dieses Muster, das auf den ersten Blick der „dualen“ Aufteilung bei Piore, nur in der Form einer „Kapitalwanderung“, entsprach. Eine genauere Untersuchung der Geschichte dieser „Wanderungen“ über die deutsch-dänische Grenze kann auf der Grundlage unseres empirischen Materials allerdings nicht geleistet werden (und steht auch ansonsten noch aus).

268 Zur „langen“ Geschichte der gewerkschaftlichen Militanz in der dänischen Fleischindustrie s. Birke 2007, S. 308–314.

wurf, dass die Angeklagten auf ihre sozialen Rechte (so bspw. bei Schwangerschaft) bestünden.

Diese für einen PR-Mann bemerkenswerten Aussagen – die nicht gerade dem weltgewandeten und toleranten Klischee entsprechen, das man ansonsten gerne verbreitet – zeigen zugleich, wie die Verlagerung von Betrieben nach Deutschland intern vermutlich unter anderem begründet werden konnte: mit aufsässigen Arbeiter*innen, die (anders als hier) gewerkschaftlich organisiert sind und ihre Rechte kennen. Dabei ist auch die Struktur des Arguments geradezu *toxisch*:[269] Die Aggression gegenüber Arbeitenden, die der Betrieb gerade zu dem Zweck der Pazifizierung importiert hat, *verdoppelt sich*. Nicht nur, dass sich Gruppe Y nicht an die Erwartung hält, „sie" tut nunmehr auch das, was die anderen Arbeiter*innen sich schon die ganze Zeit erlauben und was ja nun schließlich der Grund für den Import jener „Anderen" war.

Der Zusammenhang zwischen der Neuzusammensetzung von Belegschaften und der Rassifizierung wird aber nicht nur in dem Verweis auf die Flucht ins Hochlohnland Dänemark sichtbar. In unseren Interviews spielt er auch in Bezug auf die Erosion des Werkvertragssystems eine zentrale Rolle. Die Zusammenstellung „möglichst guter Trupps" führt, wie schon im Bericht von Herrn Mohn in Abschnitt 2.1 deutlich wurde, zu einem ständigen Spiel der Erneuerung, zu einer durch das Management forcierten Konkurrenz zwischen verschiedenen Gruppen von Arbeitenden und einzelnen Beschäftigten. Ein Moment dieser Konkurrenz ist die Behauptung, dass nicht Arbeitende, sondern Staatsbürgerschaften ausgetauscht würden. Dabei sind es mal diese, mal jene Leute, von denen es angeblich „zu viele" gibt und die angeblich „zu viele Forderungen" haben oder sich im Alltag „drücken".

Das ist kein Spezifikum von Fleisch-C. Auch ein Vertreter des Managements aus Fleisch-B erklärt uns auf die Frage, ob es denn

269 Das Wort *toxisch* sollte hier nicht als Polemik verstanden werden. Es soll den Charakter, die spezifische Form der rassistischen Zuschreibung beschreiben: Es geht um die Flexibilität und Anpassungsfähigkeit dieser Form, aber auch um ihre Erweiterung, Verselbstständigung und schließlich darum, dass sie in Bezug auf soziale Beziehungen eine eigenständige Prägekraft entfaltet.

in diesem Betrieb nur Unionsbürger*innen oder darüber hinaus auch Menschen ohne EU-Pass gäbe, etwas über die Eigenschaften „der Iraker“:

> „(Befragter): Wir haben auch schon Iraker. Ja. Und die lernen dann ganz schnell, easy. Irak! Die Schlimmsten! (Die) lernen schnell das Sozialnetz Deutschland. Und wissen dann, wie (…). Die haben ja meistens viele Kinder und so weiter. Und dann ist Hartz IV interessanter als zu arbeiten. (Interviewer): Oh (…). (Befragter): Ja. Die wissen dann ganz genau, die Firma muss sechs Wochen zahlen. Und dann, ich hatte letztens, vor zwei Jahren noch einen, der war 33 Jahre alt. Der war topfit. (Aber…) wir haben auch irakische Ärzte hier. (…) Der (ist) dann sechsmal, sechs Wochen, krank gewesen. Und jedes Mal eine verschiedene Krankheit, weil das Unternehmen zahlen muss. Das wird ausgenutzt. Und das liegt auch an unserem Staat, weil die (das nicht) klar regeln können. (Interviewter): Und ist das anderes als bei Leuten aus Osteuropa? (Befragter): Ja. Ganz klar, muss man sagen. Osteuropa, wesentlich besser. Rumänien, Ungarn, Polen, Letten. Die haben eine ganz andere Arbeitseinstellung. Weil die natürlich das von zu Hause. Und die südlichen Länder und so weiter (…): ‚Lieber nicht so viel arbeiten.‘ Ich sage mal nicht zu 100 Prozent, aber in der Tendenz.“[270]

„Rassifizierung“ spricht unterschiedlichen Gruppen eine unterschiedliche Arbeitsfähigkeit, Wertigkeit zu. Sie ist insofern Ausdruck des Transformationsproblems, aber zugleich eigenständige soziale Figur. Sie wird insofern auf der einen Seite auch von einem Teil der Beschäftigten übernommen, was damit zusammenhängen mag, dass auch eine toxische Staatsbürgerschaft von Arbeitenden zunächst als Verbesserung wahrgenommen werden kann. Auf der anderen Seite ist ein ethnisiertes Begreifen sozialer Konflikte ein Moment, das wir in Erzählungen zur Fleischindustrie selbst dort *immer* angetroffen haben, wo Arbeitende über wilde Streiks sprechen. So schildert beispielsweise Herr Sulat, der ebenfalls bei ei-

270 SOFI_F3_E_01_T, S. 4, 111–130.

nem zu Konzern C gehörendem Betrieb beschäftigt war, in einem Gespräch in der ALSO im März 2019 uns eine solche Aktion:

> „(Ein) deutscher Vorarbeiter (...) war ganz nett, so, und zugewandt, und wir haben dann immer mit ihm, also uns beschwert und unsere Probleme gesagt, und dann hat er gesagt, Mensch, so, das wird so nicht. Ihr müsst das so machen, wie die Polen das gemacht haben, weil die Polen haben wohl alle zusammen, 40, 50 Leute waren das, sind dann zum Chef gegangen, haben gesagt: Entweder du gibst uns unbefristete Verträge oder wir gehen. Und dann, wenn so viele Leute auf einmal gehen, das ist dann natürlich ein Problem für die. Und dann sind die alle, also haben alle gemeinsam die Kleidung, also die Arbeitskleidung weg, also runter geworfen auf den Boden und sind dann gegangen, und dann wurden die bei den Werkstoren quasi abgefangen, zurück, und die haben alle unbefristete Verträge. Und wir in unserem Team, wir haben das halt nicht hingekriegt und, ja, dann hat uns halt immer dieser Vorarbeiter, dieser Deutsche, gesagt: Ja, ihr müsst euch zusammentun, ihr müsst das gemeinsam machen, weil wenn ihr das einzeln macht, das interessiert die ja nicht, ob einer geht oder nicht."[271]

Interessant ist in diesem Bericht erstens die Geste des Wegwerfens der Arbeitskleidung – man denke an die eben erläuterte Bedeutung der Haubenfarbe in der vorpandemischen Fleischindustrie! Zweitens zeigt sich, dass man auch mit deutschem Pass in der Tasche solidarisch sein kann. Aber drittens zeigt sich in der Passage, dass in der Fleischindustrie vorpandemisch es so wahrgenommen wurde, als streikten nicht „Arbeiter*innen", sondern „Polen*innen" oder „Rumänen*innen" usw.: Das „rumänische Team", von dem der Befragte berichtet (obgleich er selbst kein Rumäne ist, aber das scheint hier unwichtig zu sein), schafft es letztlich nicht, die gleiche Aktion hinzubekommen wie „die Polen". Wir werden im Abschnitt über Arbeitskämpfe in der Pandemie sehen, wie solche imaginierten Zugehörigkeiten immer wieder beide Zugänge

271 SOFI_F1_B_12, S. 8f., 316–330. Das Interview wurde während des Gesprächs konsekutiv aus dem Rumänischen übersetzt.

zulassen: Abstreifen der Haubenfarbe und Solidarität, aber auch ethnisierte Zuschreibungen und Entsolidarisierung. Rassifizierung kann also nicht nur als Moment von Herrschaft und Kontrolle gesehen werden, sie taucht ironischerweise auch als „ver-rückter“[272] Ausgangspunkt der *Abwehr* von Herrschaft auf. Die große Frage, die daraus folgt, ist, ob und wie die Arbeiter*innen es auf dieser Grundlage schaffen können, nicht nur die Hauben und die Schutzkleidung auf den Boden zu werfen, sondern auch einen Kampf gegen Rassismus zu führen.

2.3.2. Online-Versandhandel: Diskrete Prekarität

An dieser Stelle ist es interessant, sich den Online-Versandhandel anzusehen. Es ist auffällig, dass ethnisierte Zuschreibungen in unseren Interviews aus der Fleischindustrie häufiger auftauchen als dort. Meines Erachtens muss diese Beobachtung mit dem je vorgefundenen Anwerbungs- und Beschäftigungsmodell verknüpft werden. Bei Amazon et al. werden Arbeitskräfte in der Regel nicht beim Vermittler „bestellt“, der dann „zehn Polen“ liefert, sondern auf einem überwiegend lokalen Arbeitsmarkt gewonnen. Dies bedeutet freilich nicht, dass es in diesem Zusammenhang keine Rassifizierung gibt. Aber diese hat andere und, wenn man so will, stärker „opake“, nach außen unsichtbare Verlaufsformen.[273]

272 Ingrid Artus hat diesen Begriff in ihrer Arbeit über „unwahrscheinliche“ Betriebsratsgründungen in Bereichen mit prekärer Beschäftigung eingesetzt. Er illustriert gut die notwendige Aufnahme von etablierten Formen der gesellschaftlichen wie betrieblichen Arbeitsteilung, die dann entweder affirmativ oder zum Zwecke ihrer Veränderung gedeutet und in der Praxis von Kämpfen relevant werden können. Ver-Rücken heißt dann auch, etwas „woanders hinstellen“: Vgl. zuerst Artus 2008a, S. 28, siehe auch: Artus 2008b.

273 Eine wichtige Frage ist dabei, wie stark die entsprechenden Rekrutierungsmuster als *pfadabhängig* gefasst werden können: In der Fleischindustrie gibt es, anders als im jungen und expandierenden Online-Versandhandel, eine Tradition der Ersetzung „alter“ durch „neue“ Gruppen. Anwerbung erfolgte auch in der Bundesrepublik traditionell häufig gerade in der Schlachtung und Zerlegung nicht individuell, sondern es wurden Gangs oder Kolonnen angeheuert. Es ist dies eine Tradition, die im Entsenderegime der 2000er-Jahre aufgenommen und transformiert wurde. In einem unserer Interviews schildert ein NGG-Gewerkschafssekretär, der selbst als junger Mann als

Im Online-Versandhandel haben wir zwei Betriebe genauer und auf Grundlage einer Reihe von Interviews untersuchen können (s. hierzu Tabelle 6). „Versand-A" existiert seit den späten 1990er-Jahren, hat einen Prozess gewerkschaftlicher Organisierung und zahllose Streiks erlebt, in denen die Gewerkschaft ver.di bis heute noch immer keinen Tarifvertrag durchsetzen konnte. Der Anteil von Arbeitenden ohne deutschen Pass ist relativ gering, während in dem Fall „Versand-B" der überwiegende Teil der Beschäftigten die lokale Staatsbürgerschaft nicht besitzt. „B" ist zudem ein neu gegründetes Distributionszentrum, mit einem auch in Vergleich zu „A" hohen Rationalisierungsgrad. „A" und „B" haben jedoch gemeinsam, dass es weder in dem einen noch in dem anderen Distributionszentrum Werkverträge oder in größerem Ausmaße Leiharbeit gibt.[274]

Anders als die Fleischindustrie kombiniert der Online-Versandhandel, allen voran Amazon, Anwerbung von Arbeitskräften mit aggressiver Image-Werbung. So erfährt man auf der Seite des Konzerns, wo man sich online um Jobs bemühen kann, nicht nur etwas über konkrete Stellenangebote, sondern auch über die „Mission", die mit dem Versenden von Päckchen und Paketen verbunden sei. Nahezu jede Stellenanzeige von Amazon enthält folgende Formulierung:

> „Jeden Tag tun wir Dinge, die nie zuvor jemand gemacht hat – mit einer riesigen Produkt-Auswahl und einer schnellen Abwicklung von Bestellungen. Komplexe Probleme lösen wir mit Einfallsreich-

Schlachtereiarbeiter gearbeitet hat, diesen Prozess der Verwandlung von „traditionellen" in „migrantische" Gangs, SOFI_F_abE_02, S. 19, 594–599.

274 Es wurde ja bereits erwähnt, dass diese beiden Betriebsfälle nicht das gesamte Spektrum der Expansion des e-commerce abbilden. Was das Beschäftigungssystem betrifft, ist eine weitere zu beobachtende Variante in den laufend neu entstehenden Verteilzentren von Amazon verankert, wo ein Großteil der Belegschaft in Leiharbeit *plus* Kurzzeitverträgen angestellt wird. Diese Konstellation müsste in einer eigenen Studie untersucht werden. Einige Interviews aus einer durch Joschko 2019 durchgeführten Masterarbeit fanden zudem in einer Leiharbeitsfirma statt, die Beschäftigte in Versand-B vermittelt. Zu den Verteilzentren s. zuletzt auch Maillasson 2020, Boewe et al. 2021.

tum und Praxissinn. Wir schreiben Geschichte und das Gute ist, dass wir gerade erst damit begonnen haben!“[275]

Im Anschluss wird man mit den Werten konfrontiert, die dieses Unternehmen verbreitet, als hätte man sie patentiert. Nicht zuletzt Antirassismus ist hoch im Kurs. Ganzseitige Anzeigen in großen bürgerlichen Tageszeitungen werben damit, dass Arbeiter*innen bei Amazon ein Kopftuch tragen dürfen, und auch sonst wird „Diversität“ großgeschrieben.[276] Ein denkbar großer Gegensatz zur Fleischindustrie. Die PR-Offensive des Unternehmens folgt dabei auch der Einsicht in die Notwendigkeit einer quasi permanenten Anwerbung, die im Online-Versandhandel zwei Quellen hat: Das Auftragsvolumen ist zumindest bis zu einem gewissen Grade mit den Bestellzyklen der Kundschaft verbunden, die es *just in time* bedient. Anders als in der Fleischindustrie dehnt sich die Belegschaft der Distributionszentren immer wieder ab September, mit dem Einsetzen des Weihnachtsgeschäfts, stark aus. Diese Expansion ist mit einer Verlängerung der Arbeitszeiten verbunden, indem ab Ende November phasenweise in einer Sechs-Tage-Woche gearbeitet wird. Die Menschen, die in dieser Phase in den Betrieb gespült und zum größten Teil nach Weihnachten wieder ausgespuckt werden, treten mit recht unterschiedlichen Perspektiven an: Einige wollen sich in der Hochsaison beispielsweise etwas zur Finanzierung des Studiums dazu verdienen, während andere das Versprechen ernst nehmen, durch Saisonarbeit auf Dauer bei dem Versandhändler einsteigen zu können. Auch diese Unterschiede tragen dazu bei, dass die Kritik am Amazon-System bei unterschiedlichen Kolleginnen und Kollegen mal stark, mal schwach ausgeprägt ist.

Auf der Seite des Managements gibt es andererseits in einer Hinsicht freilich ein ähnliches Problem wie in der Fleischindustrie: Man sucht händeringend nach Arbeitskräften. Der prekäre Charakter von Arbeitsverhältnissen, die sowohl in Versand-A als

275 Hier zum Beispiel in einer Anzeige, in der nach einem „Teamassistenten“ gesucht wird: Amazon.com 2021a.

276 „Diversity ist ein Teil unserer DNA“: Amazon-Blog 2021.

auch in Versand-B häufig sehr lange befristet bleiben, führt dazu, dass man Arbeitsmärkte förmlich abgrast.

Versand-A: Umstrittene Newcomer

Unsere Untersuchung im Versandhandel begann etwas später als jene in der Fleischindustrie. Die ersten Schritte der Befragung machten wir im Herbst 2018 bzw. im Wintersemester 2018/19 mit einer von Jürgen Kädtler und mir angebotenen Lehrforschung am Institut für Soziologie der Universität Göttingen. Im Rahmen der zweisemestrigen Forschungsprojekte fuhr ich zuerst nach Süden (Versand-A) und dann nach Norden (Versand-B), nicht immer, aber zu einem guten Teil gemeinsam mit dieser oder jener Gruppe von Studierenden. Der Zugang zu den Betrieben erfolgte, auch dies im Unterschied zur Fleischindustrie, wesentlich über im Betrieb präsente Organisationen. Es kam uns dabei zugute, dass Versand-A hinsichtlich seiner streikbereiten Belegschaft geradezu legendär ist. Als wir im 2018 zum ersten Mal dorthin fuhren, war der Zugang zu Betriebsrät*innen, Gewerkschafter*innen etc. entsprechend einfach: Wir nahmen schlicht als Beobachtende an insgesamt drei der alleine im Herbst und Winter stattfindenden Tarifstreiks teil. So lernten wir einen Teil der später Befragten vor dem Tor oder auf der Streikversammlung kennen, während uns die Betriebsleitung auch nach mehrmaligen Anfragen keine Audienz gewährte. In den Interviews wurde schnell klar, dass die Teilnahme am Streik vor allem eine Sache der „älteren" Beschäftigten war, während viele „neue" wegblieben – zumindest, solange sie in einem befristeten Beschäftigungsverhältnis waren. Bei der Gründung des Distributionszentrum Ende der 1990er hatten die Folgen der Deindustrialisierung der neuen Bundesländer nahe der ehemaligen deutsch-deutschen Grenze Versand-A und anderen Logistikern, die sich am selben Autobahnkreuz ansiedelten, noch in die Karten gespielt. Seither hat sich dies stark relativiert. Gleichzeitig waren die Menschen, die vor nunmehr fast 20 Jahren in Versand-A angefangen haben, mittlerweile eben auch 20 Jahre älter geworden und gesundheitlich nicht selten stark angeschlagen, sodass der Betrieb insgesamt gezwungen war, seine Beschäftigten in immer weiter entfernten Orten zu rekrutieren.

Die örtliche ver.di-Sekretärin fasst die Situation Ende 2018 so zusammen:

> „Die arbeiten zwar teilweise noch mit Personaldienstleistern zusammen, weil sie jetzt inzwischen das Problem haben, dass sie auf dem normalen Arbeitsmarkt gar nicht mehr diese ganzen Saisonkräfte kriegen und angefangen haben, dann auch Flüchtlinge mit einzubeziehen, und da gibt es ja dann das Problem, dass die gar nicht wissen, wie sie dahin kommen sollen, ja, also die haben kein Auto. Und können also die Schichtzeiten (...) mit öffentlichen Verkehrsmitteln nur sehr begrenzt erreichen. Personaldienstleister sind dann so Zwischenglied und sorgen dann dafür, dass da Busse eingesetzt werden und die Leute da irgendwie hingebracht werden usw."[277]

Die „Personaldienstleister" spielen in diesem Falle also eine punktuell ähnliche Rolle wie in der Fleischindustrie. Sie organisieren auch die Anfahrt zum Betrieb.[278] Gleichzeitig ist die Zahl der Leiharbeiter*innen in Versand-A recht gering, denn es gelingt Gewerkschaften und Betriebsrät*innen immer wieder, beispielsweise durch die Verweigerung von Überstunden, eine Ausweitung prekärer Beschäftigung zu unterbinden.[279] Dennoch begegnet uns in den Interviews auch bei gewerkschaftlich Organisierten eine Kritik am Einsatz von Geflüchteten. Ein befragter Arbeiter stellt Anfang 2019 einen Zusammenhang zwischen Prekarisierung und Unterschichtung her:

> „Ich vermute mal, dass sie Stellen extrem streichen wollen, weil die haben mittlerweile schon, ich glaube 250 Festangestellte sind aufgrund von Krankheit oder aufgrund von Aufhebungsverträgen dieses Jahr gegangen oder gegangen worden. (...) Die versuchen halt einfach die ganzen Festangestellten, das ist unsere Meinung, was wir so für uns daraus erblickt haben, loszuwerden. Weil die gan-

277 SOFI_L2_abE_01, S. 14, 603–613.

278 Aber sie organisieren nicht die gesamte Vermittlungskette, sondern nur bestimmte, durch den Arbeitskräftemangel notwendige Dienstleistungen – ein Modell für die postpandemische Fleischindustrie?

279 Die verhältnismäßig geringe Zahl wird auch durch Joschko 2019 bestätigt.

zen Neuen, die sie jetzt einstellen, sind entweder Langzeitarbeitslose oder halt Flüchtlinge, da bekommen sie die Hälfte vom Staat dazu, die sind günstiger. Können sie halt zwei Leute einstellen, obwohl; bei uns ist halt einer teurer als zwei von denen.[280]

In der Tat gibt es zur Zeit des eben zitierten Gesprächs ein durch das Land Hessen gefördertes Programm zur Beschäftigung von Geflüchteten, u.a. in Leiharbeit.[281] Während sich in der Äußerung ein Konflikt zwischen „alten“ und „neuen“ Beschäftigten andeutet, beobachten wir anlässlich der Streiks zudem eine Trennung zwischen deutschen und migrantischen Beschäftigen, zwei Gruppen, die durchaus teilnahmen, aber auch „für sich“ bleiben und kaum miteinander kommunizieren.[282] Die lokale Gewerkschaftsdebatte wird dabei durch die Altbeschäftigten dominiert: Jedoch ist die zum Zeitpunkt der Erhebung andeutende Neuzusammensetzung der Belegschaft offenbar noch nicht so weit entwickelt, dass sie eine Herausforderung für die „Farbenblindheit“ der deutschen Aktivist*innen darstellte. In allen Interviews mit Gewerkschafter*innen finden wir die Behauptung, dass Migration weder für den Alltag noch für den Streik eine besondere Rolle spiele.

Ein Gewerkschaftsaktivist, den zwei Studierende des Lehrforschungsprojekts am 4.12.2018 vor Ort treffen, sagt dazu Folgendes:

„Also: Alter, Aussehen, Herkunft – und das muss man Amazon als Unternehmen wirklich zugutehalten – ist völlig egal. Es ist egal,

280 SOFI_L2_B_02, S. 19, 561–569.

281 S. auch hierzu Joschko 2019. Man kommt nicht umhin, die etwas zynische Note zu bemerken, die es hat, wenn „das Modell“ einer kurzfristigen Beschäftigung von Geflüchteten in Leiharbeit als „gelungene Arbeitsmarktintegration“ bezeichnet wird: Vgl. Hofgeismar Aktuell 2017. Es handelt sich allerdings stets nur um relativ kleine Projekte. Dass eine groß angelegte Aktion zur Unterschichtung betrieblicher Arbeitsmärkte in der staatlich subventionierten Form schwierig ist, mag auch mit der Empörung zu tun haben, die ein entsprechender Versuch von Versand-A 2014 (hier mit Beschäftigten aus Spanien) ausgelöst hat: Knop und Gropp 2013.

282 SOFI_L2_Prot_01, S. 2. Es muss hier auch bemerkt werden, dass es sich um einen „Minderheitenstreik“ handelt: 2020 und 2021 beteiligte sich etwa jedeR fünfte bis jedeR dritte Beschäftigte, vgl. zuletzt Winter 2021.

wo du herkommst, es ist egal, wie du aussiehst, wie alt du bist. Es interessiert wirklich keinen. Auch sexuelle Orientierung, alles was dazu gehört, so wie es im Gesetz steht, ist es auch. Es interessiert keine, und es findet auch keinerlei Diskriminierung aufgrund dessen statt. Das einzige Einschränkung, habe ich vorhin schon ein bisschen genannt, ist gewerkschaftliche Betätigung. Das mal außer Acht gelassen. Aber ansonsten wird da erst mal jeder eingestellt, der den Hebertest schafft. Also, schafft einen Karton mit 15 kg zu heben."[283]

Das Interview ist eines der wenigen aus dem Versand-Sample, an dem ich nicht teilgenommen habe. Umso erstaunter bin ich, als ich diese Aussage in der transkribierten Fassung lese. Sie widerspricht ja einerseits dem, was wir bei den Streiks beobachteten. Und auch dem, was wir bei unterschiedlichen weiteren Befragten über Altersdiskriminierung („Loswerden" älterer Kolleginnen und Kollegen vermittels der sogenannten betrieblichen Gesundheitsförderung) als auch die Anwerbung insbesondere von Geflüchteten (als „Ersatz"?) erfahren haben. Ich bin erstaunt, dass der befragte Aktivist, der ansonsten überaus kritisch dem Konzern gegenüber ist, denselben zu einem Vorreiter des Antirassismus erklärt. Die Frage musste genauer untersucht werden. Im nächsten Schritt nahmen wir uns deshalb mit Versand-B ein Distributionszentrum vor, das in seiner Belegschaftszusammensetzung wesentlich näher an dem Beispiel der Fleischindustrie war. Geprüft werden sollte auch, ob es dort ähnlich einfach war, anzuheuern, wie das der eben Zitierte für Versand-A beschrieb: „Du musst nur in der Lage sein, ein paar Kisten zu stapeln."[284]

Halten wir bis hierhin zunächst fest, dass die Formen der Anwerbung erstens von den Zyklen der Produktion abhängen, zweitens von lokal zugänglichen Arbeitskräften, drittens von der Marktmacht von Unternehmen, die zugleich ein Indikator dafür ist, wie gut es ihnen gelingen mag, lokale staatliche Institutionen in die Anwerbung einzubinden. Für unsere Fragestellung ist es zudem wichtig, zwischen einer auf Vermittlern (Subunternehmen)

283 SOFI_L2_bE_13, S. 11, 300–320.

284 SOFI_L2_bE_03, S. 11, 310f.

beruhenden Form der Anwerbung und einer solchen zu unterscheiden, die „universell" ist, d.h. nicht auf einen spezifischen Ort und spezifische Communities bezogen. Versand-B beschäftigt anders als Versand-A fast ausschließlich Menschen ohne deutschen Pass. Auch hier behauptet das Management jene „Universalität". Man ist sehr stolz darauf, „viele Nationen" zu beschäftigen. Aber schaut man genauer hin, dann zeigt sich schnell ein Widerspruch zwischen dem propagierten Multikulti und der tatsächlichen betrieblichen Hierarchie.

Versand-B: Der lange Weg zu AMAZON

Harun Farocki hat in einem Dokumentarfilm Szenen aus der Filmgeschichte zusammengetragen, die sich am Werkstor zutragen. Er fragt, welche Bedeutungen das Überschreiten der Grenze zwischen Gesellschaft und Fabrik hat, aber auch, wie sich diese Grenze in der Gegenwart verändert.[285] Die Szenen, die Farocki gesammelt hat, sind in einer Art Zwischenraum angesiedelt. Die These ist, dass man an diesem Ort Informationen aus den „verborg'nen Stätten der Produktion" (Marx) gewinnt, die deren sonst opake gesellschaftliche Bedeutung transparent werden lassen. Allerdings hat sich nach und nach etwas Entscheidendes verändert. Bevor die Arbeitenden durch das Tor gelangen, werden sie auf eigenartige Weise vermessen. Sowohl zeitlich als auch räumlich hat sich der Übergang verdoppelt: Es gibt einen Arbeitstag vor dem ersten Arbeitstag, und es gibt einen Extraeingang für noch nicht Eingeweihte.

Am *Day Zero* endet bei Versand-B ein bürokratisch ausgedehntes Verfahren, in dem die Kandidaten getestet werden. Die meisten Informationen über die konkrete Ausformung von *Day Zero* hat uns Herr Kunstmann geben können, ein Studierender, der in der Peak Season 2019/20 für einige Monate in Versand-B arbeitete und seine Erfahrungen für eine Seminararbeit aufschrieb.[286] In einem

285 Farocki und Becker 1995.

286 Die Ergebnisse seiner teilnehmenden Beobachtung finden sich hier: Kunstmann 2021. Zu seinen Beobachtungen siehe auch Birke und Bluhm 2021.

Interview, das ich mit ihm Ende 2019 in einem Café führe, gerät die Vorstellung, dass jede und jeder in Versand-B sofort anfangen kann, deutlich ins Wanken. Im Interview bestätigt Kunstmann zwar zunächst, dass für die Einstellung keine großen Vorerfahrungen verlangt werden, keine Zeugnisse oder Formulare (bis auf die Aufenthalts- und Arbeitsgenehmigung, versteht sich). Aber das bedeutet noch lange nicht, dass Versand-B die Bewerber*innen nicht testet. Herr Kunstmann berichtet, dass er im Anwerbezentrum, noch bevor es zu einem persönlichen Gespräch kam, auf einem Tablet „40 bis 50 Fragen" in etwa 30 Minuten schriftlich beantworten musste.[287] Die Sprache habe man sich aussuchen können: Es standen nicht weniger als 42 zur Verfügung. Bemerkenswert sei freilich vor allem der Charakter der Fragen gewesen, in denen es mehr um „Moral" als um Vorkenntnisse und Fähigkeiten gegangen sei: Ob es legitim sei, mal zu lügen; ob man es zu melden habe, wenn man einen Arbeitskollegen beim Diebstahl erwische; ob Leute, die „vorher im Knast" waren, bei Versand-B arbeiten sollten; ob man sich selbst als teamfähig einschätze. Es habe, so Kunstmann, mehr Ähnlichkeiten mit einer sozialwissenschaftlichen Umfrage gehabt als mit einem Einstellungstest. Danach sei im Einstellungsverfahren allerdings nie mehr auf den Fragebogen Bezug genommen worden. Und dann?

> „Danach bin ich dann noch zu einem Bewerbungsgespräch gegangen (…), aber sie wollten auch nichts haben, also sie wollten keinen Lebenslauf haben, sie wollten keine Motivationsschreiben (…). Ich hatte alles ausgedruckt, (aber) die Frau meinte: ‚Nee, brauchen wir alles nicht.'"[288]

Das war im Juni 2019. Kunstmann rief, wie vereinbart, einige Tage später im Call Center von Versand-B an, um Ergebnisse zu erhalten, aber dort war nichts über seine Bewerbung bekannt. Bei einem weiteren Anruf, nunmehr schon im Oktober, bekam er die Auskunft, dass man ihn im System nicht mehr finde. Er suchte

287 SOFI_L1_B_13, S. 1, 35–90, auch im Folgenden.
288 Ibid.

dann das Anwerbezentrum erneut auf, wo er mit einer Kollegin sprechen konnte, die ihm freundlich mitteilte, dass an seiner Bewerbung nichts auszusetzen sei, dass man sich im Gegenteil über junge Leute von der Uni freue, die ja vielleicht sogar im Betrieb aufsteigen könnten. Per Mail bekam Kunstmann kurze Zeit später die Aufforderung, sich im Betrieb vor Ort zum *Day Zero* zu melden. Für die Neuen gab es einen eigenen Eingang:

> „Das lief im Endeffekt bisschen wie auf dem Amt. Du kommst rein, (…) dahinter so ein größerer Raum, wo wir mit etwa 35 Leuten erstmal rumsaßen. Läuft da so ein Imagevideo, (…) in einer Schleife. Ich habe dieses Video bestimmt 30 Mal gesehen an dem Tag. Kannst du auch angucken, gibt es im Netz. (…) Nach einer Zeit wirst du (…) reingerufen, und eine erste Person fragt dich nach deinen Unterlagen, gibst du ab, OK, und dann geht's wieder zurück in den Warteraum, wieder Video gucken, und dann wieder rein, machen sie ein Bild von dir für den Badge (elektronischer Werksausweis, der immer mitzuführen ist, P.B.). Bis hierhin waren etwa zwei Stunden vergangen. Dann wieder in Warteraum, wieder Video. (…) Dann werden die Leute in Deutsch und Englisch aufgeteilt, etwa 50/50, und dann (…) eine Belehrung in (…) Arbeitssicherheit, nennt man Ready-Steady-Go-Regeln, also, dass man den Rücken gerade hält beim Heben und dass man den Handlauf benutzt und so und eine Vorstellung der Inhalte des Arbeitsvertrags. (…) Dann gibt es so eine Art Ritual: Du bekommst deine Trinkflasche, selbst darf man wegen Klauen sowas nicht mit reinnehmen, dann setzt du deine Unterschrift unter den Vertrag. Und ab da wirst du von allen geduzt."[289]

Die Tests, die gemacht werden, bevor Bewerber*innen ins Werk kommen, machen insgesamt einen höchst widersprüchlichen Eindruck. Die Frage nach dem Diebstahl hat vielleicht noch die größte Rationalität, zumindest dann, wenn man weiß, dass einige Monate zuvor eine als Arbeiter*innen „getarnte" Bande in Versand-B Waren im Wert von mehreren 100.000 Euro organisiert aus dem

289 SOFI_L1_B_13, M, vgl. SOFI_L1_B_13, S. 9f., 436–473.

Werk entwendet hatte. Aber die Fragen sind vermutlich gar nicht vor diesem konkreten Hintergrund entstanden, sondern es handelt sich eher um einen Standardbogen. Während der Test standardisiert wirkt, entsprechend der gleich zu diskutierenden Vorstellung, die Arbeit sei völlig durchstrukturiert, gibt dies jedoch offenbar noch keinen Hinweis darauf, wie und von wem die Entscheidung der Einstellung letztlich getroffen wird. In der Tat scheinen hier persönliche, informelle Kontakte nicht unwichtig zu sein.

Am *Day Zero*, in der Schleuse zwischen Gesellschaft und Betrieb, wird dann wieder eine (vermutlich) in allen Distributionszentren einheitliche Präsentation gezeigt, mit ebenso einheitlichen Regeln („Ready, Steady, Go") und Ritualen (Wasserflasche als Metapher für Ehrlichkeit, aber auch dafür, dass sich der Betrieb um die Arbeitenden kümmere, Duzen als Symbol von Nähe, Gleichheit und Gemeinsamkeit). Während aber auch diese Regeln, wie schon die Tablet-Fragen, dem Arbeitsprozess äußerlich sind und auf allgemeine Verhaltensregulierung abzielen, sind es auch dort wieder die persönlichen Beziehungen, die wirklich zu zählen scheinen.

Kunstmann schildert, dass das Einstellungsgespräch positiv verläuft, weil er als hoffnungsvoller deutscher Universitätsabsolvent gilt.[290] Diese Erfahrung korrespondiert mit dem, was wir auch sonst hören: Vorgesetzte sind überwiegend Deutsche. Und in keinem der Berichte zum Einstellungsprozess, die wir von Migrant*innen gehört haben, wurde die Karrierefrage so aufgebracht.[291] Dabei fällt zugleich eine Spannung zwischen einer starken, äußerlichen Standardisierung von Verfahren und einer eher

290 Er zitiert die Personalerin: „Hey, du bist doch (…) ein toller Mensch, und du hast (…) studiert, und so und viele Leute haben genau so angefangen bei Amazon, dass sie sozusagen erst in der Logistik gearbeitet haben und dann, warum, vielleicht wirst du auch einfach Manager da und (…) hast du (…) das Potential, hier in der Amazon-Familie Großes zu bewirken": SOFI_L1_B_13, S. 5, 229–234.

291 Studierte aus afrikanischen Ländern bekamen diese Geschichte nicht zu hören (auch wenn sie, anders als der Befragte, ihr Studium bereits abgeschlossen hatten und dieses, anders als im Falle des Befragten, in Bezug auf die Logistikwirtschaft im engeren Sinne einschlägig war). Vgl. Birke und Bluhm 2021 sowie den Bericht einer Gruppe zur Rekrutierung aus dem erwähnten Lehrforschungsprojekt: Könecke et al. 2018.

informellen Interpretation dieser Verfahren auf: Die Adressierung als „hoffnungsvoller Bewerber“ erscheint auf den ersten Blick vor allem als Sache zwischen Herrn Kunstmann und der Recruterin, auf den zweiten Blick produziert der betriebliche Standard auch später im Arbeitsprozess immer wieder Lücken, die in ähnlicher Weise ausgefüllt werden können. Das scheint mir die Lösung des oben angesprochenen Rätsels zu sein, die Erklärung dafür, dass der Betrieb nach außen als „antirassistisch“ erscheinen kann, obwohl er in seinem Inneren eine Arbeitsteilung praktiziert, die offensichtlich rassifiziert ist. Die Entstehung dieser segmentierten Innenwelt muss mit einer spezifischen Form von Informalität zusammengedacht werden. Versand-B ist, wie gesagt, opak: Zwischen Image und Realität klafft ein großes, von außen unsichtbares Feld. In einem ebenfalls Ende 2019 stattfindenden Gespräch fragen wir einen Manager nach dem Anteil von Menschen ohne deutschen Pass unter den Vorgesetzten eines Bereichs („Area-Manager“):

> „(Interviewer): Im Bereich der Menschen ohne deutsche Staatsbürgerschaft? (Befragter): Da sind wir bei rund um die zehn Prozent, vielleicht sowas. Vielleicht ein bisschen höher, zehn, 20 Prozent. Weil wir halt vorwiegend rekrutiert haben über Universitäten, in Deutschland, ja. Da ist nun mal natürlich, dass es dann deutsch ist.“[292]

Mit anderen Worten: Es findet eine ebenso klare Segmentierung statt wie jene, die auf dem Einsatz von Werkvertragsunternehmen und direkter Anwerbung im Herkunftsland beruht. Und ähnlich wie in der Fleischindustrie wird das Resultat naturalisiert. Deutlich wird das jedoch erst auf der Grundlage einer Analyse der hierarchischen Arbeitsteilung im Arbeitsalltag, in der sich die informalisierten Rekrutierungsprozesse reflektieren.

292 SOFI_L1_bE_05, S. 31f., 1570–1575. Das Rechnen mit dem Anteil hinterlässt zudem einen etwas falschen Eindruck, weil die Gruppe der Vorgesetzten in Amazon-Lagern quantitativ in der Regel sehr klein ist.

Zwischenbilanz

Mangelnde Aufenthalts- und Sozialrechte tragen dazu bei, dass in vielen Betrieben der Fleischindustrie und des Online-Versandhandels fast hundert Prozent der als „einfach“ definierten Arbeit von Menschen verrichtet wird, die keinen deutschen Pass haben. Oder, wie es ein Arbeiter in einem Feature des WDR 5 zu den Wirkungen des Arbeitsschutzkontrollgesetzes ausdrückte: „Wenn es gute Arbeit wäre, würden die Deutschen hier arbeiten.“[293] Das war im April 2021, drei Monate nach dem Inkrafttreten des Gesetzes, und ein Vergleich der Beschäftigungsverhältnisse in der Fleischindustrie mit jenen bei Amazon gibt einen Hinweis darauf, wie es zu dieser Aussage kommt. Trotz unterschiedlicher Formen der Anwerbung von Arbeitenden gilt diese Aussage ohne Zweifel für weite Teile beider Branchen. In beiden haben sich Traditionen der Anwerbung von Arbeiter*innen entwickelt, die darauf abzielen, die Differenzen zu nutzen, die das Migrationsregime hervorbringt. Dies allerdings geschieht auf je spezifische Art und Weise. Dies fällt vor allem auf, wenn man sich die Nutzung der Ressourcen des (lokalen) Staats vor Augen führt. So wirbt Amazon sowohl in Versand-A als auch in Versand-B Arbeitskräfte unter massiver Nutzung dieser Ressourcen an, nicht nur, weil die Eröffnung neuer Standorte in der Regel lokalpolitisch unterstützt wird, sondern auch, weil das, was in der Fleischindustrie traditionell die Vermittler tun, durch den Staat oder parastaatliche Einrichtungen hervorgebracht wird: die Suche geeigneter Arbeitskräfte, die Anreise zur Arbeit, bei den Geflüchteten auch die Unterkunft. Dass Amazon eine „multinationale“ Belegschaft hat, ist nicht nur, aber auch Folge der Nutzung dieser Ressourcen. Anwerbeketten, die auf Communities bezogen sind, existieren auch dort durchaus, aber sie sind nicht wie in der Fleischindustrie vor Anfang 2021 im System der Werkvertragsvergebe verankert.

Am Beispiel der Fleischindustrie habe ich auch gezeigt, dass man strukturellen Rassismus aus dem Management im Kontext der daraus entstehenden Konflikte begreifen muss. „Rassifizierung“ hat nicht den Ursprung, entwickelt aber ein besonderes Potenzial

293 Oulios 2021.

offenbar dort: Die Neuzusammensetzung der Belegschaften wird beschleunigt und dynamisiert, wo Forderungen von Beschäftigten nach sozialen Rechten und besseren Arbeitsbedingungen laut werden. Arbeitskräftemangel und eine starke Fluktuation der Beschäftigten führen auf dieser Grundlage zu einem permanenten Austarieren der Zuschreibungen in Bezug auf das Arbeitsvermögen, das man bestimmten Ethnien oder Männer/Frauen zuschreibt. In unserem B-Beispiel aus dem Online-Versandhandel erscheint der Betrieb dagegen zunächst „offen für alle". Die Fragen nach der „Moral" sind dort schon im Bewerbungsverfahren mit der impliziten Forderung nach Wohlverhalten und Anpassung im Arbeitsprozess verbunden, und zwar so, dass andere und weitere Qualitäten, die die Arbeitenden mitbringen mögen, scheinbar keine Rolle spielen. Rassifizierung findet freilich „unter dem Radar" dieser Prozedur statt, mit dem Resultat, dass auch in Versand-B auf dem *shopfloor* fast keine Menschen mit deutschem Pass beschäftigt sind, während das Management überwiegend aus Deutschen besteht. In diesem Text wird es also jetzt endlich Zeit für *Day Two* – für die Analyse des Arbeitsprozesses, die Frage nach der Arbeitskontrolle sowie die Frage nach dem Widerstand gegen der Arbeitenden am „Punkt der Produktion".

2.4. Picken, Zerlegen, Putzen: Der Arbeitsprozess

In einem Video, das Mitte 2019 in der Hamburger Öffentlichkeit Aufsehen erregt, werden Aufnahmen von einigen hundert Menschen gezeigt, die auf dem Weg zur Arbeit in Versand-B sind. Der Autor des Videos behauptet jedoch, es handele sich um „1000 Afrikaner", die „ohne Wissen der Bevölkerung" in das Dorf „eingeschleust" worden seien, in dem ein Umsteigebahnhof in Richtung des Betriebes liegt.[294] In vielen Pressemeldungen wird dies umgehend als Falschmeldung, als *hate speech*, enttarnt. Sogar die lokal zuständige Polizei nimmt entsprechend Stellung. Schließlich entfernt der Betreiber des Kanals, auf dem das Video erschienen ist, das Machwerk aus dem Netz. Die Episode wäre wohl auch eine Gelegenheit für eine antirassistische Stellungnahme des Unter-

294 Boldt 2019, Echtermann 2019.

nehmens gewesen. Aber es kam keine. Das Schweigen kontrastiert mit der Beredtheit eines Blogbeitrags, auf dem das Unternehmen laufend kleine Filme einstellt, die so wirken sollen, als seien sie unverfälscht dem Arbeitsalltag entnommen:

> „Hatice hat vorher noch nie vor einer Kamera gestanden. Für den TV-Spot gab es kein (sic!) Skript und auch kein Fernsehtraining. ‚Ich bin lediglich gefragt worden, ob ich bei den Videos mitwirken möchte', sagt sie. Die 30-Jährige arbeitet im Logistikzentrum in Werne und hat dort eine bemerkenswerte Karriere gemacht: ‚Ich habe als ganz normale Versandmitarbeiterin angefangen. Dann war ich Teamleiterin und schließlich habe ich den Sprung zur Abteilungsleiterin geschafft. Wenn man den Willen hat, kann man bei Amazon alles erreichen.' Ihre Erfahrungen mit Arbeitgebern vor Amazon schildert Hatice als wenig positiv: ‚Ich bin Türkin und trage Kopftuch. In meinem früheren Job (…) hatte ich das Gefühl, meine Vorgesetzten sehen nur mein Kopftuch, aber nicht mich als Mensch. (Hier) darf ich so sein, wie ich bin.'[295]

Der Widerspruch innerhalb der PR-Arbeit des Konzerns ist interessant. Er löst sich auf, wenn man sich das „antirassistische" Gleichheitsversprechen von Amazon genauer ansieht. Dieses wird in dem Hatice-Blog in die Formel übersetzt, dass alle die gleichen Chancen hätten, in der betrieblichen Hierarchie aufzusteigen, weil das Individuum zähle, d.h. nicht die Herkunft, sondern die „Leistung". Demgegenüber werden strukturelle Formen der Ungleichheit nicht nur naturalisiert, sondern es wird auch, wie im oben geschilderten Bahnhofsfall, offener Rassismus gegenüber den „eigenen" Beschäftigten nicht offen kritisiert. Was die strukturellen Probleme betrifft, so sind die von uns Befragten ziemlich deutlich. So erklärt ein Beschäftigter in Versand-B in einem unserer Interviews, das im März 2019 in einem Bahnhofsrestaurant stattfindet, warum „einfache" Arbeit auf der niedrigsten Lohnstufe meist von Menschen ohne deutschen Pass erledigt wird:

295 Jarosch 2020.

„Im Großen und Ganzen denke ich, dass die Mehrzahl der Leute, die bei (Versand-B) arbeiten Ausländer sind, (die ...) den Job brauchen. (...) Oft sehe ich junge Deutsche, die nur einen Monat kommen und manchmal noch weniger. (...) Weil, es gibt hier nicht so viel Freiheit. Du musst acht Stunden stehen, und jede Minute sagt dir der Manager, was du zu tun hast."[296]

Es stellt sich nun die Frage, was im Detail gemeint ist, wenn hier von „mangelnder Freiheit" gesprochen wird: Wie wird Herrschaft und Kontrolle im Arbeitsprozess reproduziert und neu definiert? Welche Bedeutung haben Migrationsverhältnisse und Rassismus in diesem Prozess?

2.4.1. Arbeitsprozesse im Online-Versandhandel

Über Amazon gibt es mehrere Filme des öffentlich-rechtlichen Fernsehens, die umfangreich die Arbeitsabläufe darstellen: So etwa eine Reportage mit versteckter Kamera, die kurz nach der Eröffnung eines der neuen Werke gedreht wurde und in der eine „Totalüberwachung" der Arbeiter*innen konstatiert wird.[297] Aber zu jeder dieser Dokumentationen gibt es eine Gegen-Dokumentation, die die Abläufe eher affirmativ schildert – ein häufiges Motiv ist dabei, den Weg des selbst bestellten Pakets von der Lieferung an das Distributionszentrum bis ins Lager und von dort bis zur Auslieferung zu verfolgen. Nähern wir uns der Frage nach dem Arbeitsprozess zunächst von dieser Seite, in diesem Fall aus der Sicht eines aufblasbaren Planschbeckens.[298]

Das Planschbecken wird zuerst im LKW angeliefert und von der Rampe gehoben. Es wird dann mit einem elektronischen Code versehen, der den zeit-räumlichen Durchgang durch Lager und Versand jederzeit nachvollziehbar macht. Dies wird bei Amazon „Receive" genannt, man könnte es auch als Wareneingang bezeichnen. Das Planschbecken wird ausgepackt, mit anderen Waren in

296 SOFI_L1_B_04, S. 16, 779–799.

297 Kooroshy 2017.

298 Vgl. hier Kürbel 2019. Das Motiv als solches ist aber nicht besonders originell: Es werden anderswo auch lila Stoffeinhörner oder Espressobohnen zum Leben erweckt.

eine kleine schwarze Kiste gepackt, kommt auf ein Band und landet in jener Abteilung, in der es eingelagert wird. Dort arbeiten „Waterspider“, das sind Leute, die die Waren vom Band heben, und „Cartrunner“, die sie im Anschluss an die Einlagerungsstationen fahren. In der Einlagerungsstation selbst, einem abgegrenzten Einzelarbeitsplatz, von Interviewten aus Versand-B oft als „Käfig“ bezeichnet, bringt sodann wieder eine andere Person, nämlich der „Stower“, alle einzelnen Waren in einem Regal unter. Menschliche Arbeitskraft wird bis hierhin ansonsten unter anderem gebraucht, wenn Verpackungen entsorgt werden und nicht mehr benötigte Transportkisten eingesammelt werden.

Der Stower oder die Stowerin wiederum steht in einer Station, die um das Herzstück des Lagers herum gruppiert ist. In Versand-B begibt sich der Stower nicht wie noch in Versand-A zum Regal, sondern das Regal kommt zum Stower. Dieser verfügt über einen Bildschirm, scannt das registrierte Planschbecken ein und steckt es in eines der Fächer eines großen gelben Regalkastens. Der Code des Fachs wird ebenfalls eingescannt, damit die Zuordnung der Ware klar bleibt. Aufgabe der Stowerin ist, diese so einzulagern, dass sie platzsparend und einfach zugänglich ist, wenn sie bei Bedarf wieder ausgepackt werden muss. Zum Zeitpunkt unserer Untersuchung experimentiert Versand-B mit Stationen, an denen sowohl eingelagert als auch kommissioniert werden kann.

Wenn das gesamte Regal nach Auffassung des Stowers/der Stowerin voll ist, kann er/sie es abfahren lassen und es kommt automatisch ein Neues. Das Regal fährt nunmehr auf einem kleinen Roboter, der es leicht anhebt und über im Boden eingelassene QR-Codes gesteuert an eine beliebige Stelle im Lager führt. Dort bleibt unser Planschbecken so lange stehen, bis eine Bestellung für es eingeht. Im Rahmen der fachlich als „chaotisch“ bezeichneten Lagerhaltung ist der genaue Platz der Ware (Ort des fahrbaren Regals, Regelfach) nirgendwo sonst als in der Software registriert.

Bei einer Bestellung des Planschbeckens wird das gesamte Regal dann an eine Pickstation gefahren, wo es auf der Grundlage der Angaben am Bildschirm durch die sogenannte Pickerin (oder den Picker) wieder aus dem Regal gefischt („gepickt“) wird und erneut in eine standardisierte schwarze Kiste auf ein Band gelegt wird.

An dieser Stelle reist unser Planschbecken dann weiter, entweder, wenn es mit anderen Waren versandt wird, in den Multipack oder in den Singlepack, wenn es sich nicht um eine Sammelbestellung handelt. Die Packer*innen erhalten spezifische Anweisungen zur Verpackung des Produkts (wie zuvor die Stower*innen) an einem Bildschirm. Sie wählen zwischen unterschiedlichen Standardverpackungen aus, verpacken, kleben zu, bringen einen Aufkleber auf dem Paket an, scannen es ein und legen es auf ein Band. Im Multipack werden mehrere Waren, die zu einer einzelnen Sendung gehören, zunächst von einem Arbeitenden in ein großes, feststehendes Regal in einem Fach zusammengelegt und dann von einer anderen Person abgenommen und verpackt. Ob das Planschbecken nun alleine oder in Gesellschaft unterwegs ist, in beiden Fällen wird auf dem Laufband sodann ein Adressaufkleber von oben auf die Verpackung gedrückt, wonach die Ware in rasantem Tempo über ein System von Bändern in den Warenausgang geschickt und schließlich in Lastwagen verladen wird. Die Speditionen, die die Waren zum Kunden bringen, sind ebenso wie das Security-Unternehmen, das aufpassen soll, dass niemand etwas mitgehen lässt, zum Zeitpunkt unserer Untersuchung Subunternehmen.

Versand-B ist stolz auf die Warenmengen, die auf diese Weise umgeschlagen werden. Es sollen täglich 100.000 Pakete sein, in Spitzenzeiten 500.000,[299] was angesichts der Beschäftigungsschwankungen – die Belegschaft wächst in der Hochsaison lediglich um etwa 500 Personen oder ein Fünftel – einen Eindruck vom Rationalisierungsgrad des Betriebs vermitteln mag. Der Umstand, dass die Stower nicht mehr kilometerweit zu den Regalen laufen müssen, ist dabei ein wichtiger Aspekt. Zudem sind Robotik und KI so verbunden, dass im Computersystem der Füllstand beweglicher Regale erfasst wird. Ein Manager erklärt das System:

> „Der Stauer (Stower) (sucht sich selbst) das Fach zum Einlagern (aus). So erreichen wir eine maximale Vermischung der Regale. Damit erhöht sich die Chance, dass wir dem Picker später ein Regal bringen können, in dem sich gleich mehrere Produkte be-

299 S. bspw. turi2.tv 2018.

> finden, die an diesem Tag bestellt wurden. Und wir können viel mehr Ware auf weniger Platz lagern. Bei der Kommissionierung konnten wir unsere Effektivität im zweistelligen Prozentbereich steigern."[300]

Auf der Grundlage von Kundenbewertungen und Nachfrageprognosen wird zudem eine KI-gesteuerte Bedarfsplanung gemacht, die die Lagerhaltung minimieren soll. Dennoch gehe es, wie immer wieder betont wird, nicht ohne „manuelle Arbeit". Beim Stowen, Picken oder Packen seien technische Rationalisierungspotentiale weitgehend ausgeschöpft. Neuinvestitionen sollten, sagt das Management, wesentlich eine erhöhte Flexibilität gegenüber den sich ständig verändernden Wareneingängen und -ausgängen sichern, wie durch die erwähnte Umstellungsmöglichkeit der Stow- zu Pickstationen.

Digitalisierungskonflikte

Es ist insgesamt ein gutes Beispiel für einen Arbeitsprozess, der auf Grundlage einer digitalisieren Arbeitsplanung und Prozesssteuerung funktioniert. Wesentliche Momente werden durch Algorithmen gesteuert. Die Software organisiert dabei Wissensbestände, über die weder die einzelnen Beschäftigten noch die Vorgesetzten vollständig verfügen. In dieser digitalen Welt ist menschliche Arbeitskraft wesentlich an den Gelenken des Vorgangs, den Übergabepunkten zwischen verschiedenen Arbeitsgängen angesiedelt. Ein entscheidendes Moment bleibt freilich die Geschwindigkeit, in der in solchen Scharnier-Positionen gearbeitet wird. Wie schnell „gestowt" oder „gepickt" wird, hängt von der Bereitschaft der Beschäftigten ab, mehr oder weniger Tempo zu machen, und nicht von der Geschwindigkeit des Fließbands.[301]

300 Turi2.tv 2018.

301 Geprägt wird die Tätigkeit schließlich jeweils dadurch, dass es eine standortspezifische Spezialisierung gibt. So werden in Versand-B nicht nur Planschbecken, sondern auch platzsparende Dinge wie Kugelschreiber umgeschlagen. Überhaupt werden Gegenstände nur bis zu einer bestimmten Größe verarbeitet. Größere Dinge, aber auch Frischware oder Alkoholika werden

Dabei kommt ein Aspekt in den Blick, der nicht nur in unserer Forschungsgruppe eine große Rolle gespielt hat. Butollo et al. schreiben:

> „(Es) stellt sich (…) die Frage, ob eine digitale Fabrikdespotie nicht an die gleichen Grenzen wie der klassische Taylorismus stößt und somit zur Arena neuer/alter arbeitspolitischer Konflikte wird. Dies gilt insbesondere für die Bedeutung des Mitwirkens der Beschäftigten zur Behebung und Vermeidung von Störungen, der Rolle eben dieses Erfahrungswissens für die kontinuierliche Verbesserung von Prozessen und die Nachteile, die ein zu volatiles Beschäftigungssystem mit sich bringen kann, in dem Erfahrungsbestände durch permanente Fluktuation untergraben werden."[302]

Anders gefragt: Funktioniert der Betrieb wirklich so glatt, wie es selbst in durchaus kritisch gemeinten Berichten oft zum Ausdruck kommt, die Amazon eine „totale Kontrolle" über die Arbeiter*innen vorwerfen? Schon anhand des Berichts von Herrn Kunstmann kommen Zweifel auf: In unserem Interview schildert er den Einstellungs- und Anlernprozess bilanzierend als „absolut chaotisch". Er führt dies darauf zurück, dass „Recruiter*in" ein Job ist, der wie so vieles bei Amazon teils „nebenbei" und unprofessionell gemacht werde.[303] Nun könnte man einwenden, dass ja genau dies die dort vorherrschende Kontrollform zu sein scheint: Abwälzung der Verantwortung, Kontrolle durch Selbstkontrolle, Entgrenzung und Überlastung der damit Beauftragten. Das ist richtig, aber es bleibt dennoch wichtig, nicht ungeprüft vorauszusetzen, dass dieses Konzept reibungslos aufgeht. Es ist vielmehr zu überprüfen, in welchem Sinne und bis zu welchen Grenzen es funktioniert und insbesondere, *welche* Gelegenheiten für Widerstand *wie* genutzt werden. Denn jene programmierte, „algorithmische" Wehrlosig-

anderswo bearbeitet, und ebenso ist „B" nicht der Ort, an dem zurückgegebene Sendungen (Retouren) ankommen.

302 Butollo et al. 2018, S. 144.

303 SOFI_L1_B_13, S. 16f., 881–901.

keit korrespondiert ja nur allzu gut mit der gängigen Vorstellung von migrantischen Arbeiter*innen als „handlungsunfähig".

Deutlich wird die Brüchigkeit und Unvollkommenheit der betrieblichen Kontrollsysteme etwa schon anhand der besonderen Job-Bezeichnungen, die das Unternehmen vergibt. Es gibt jede Menge Titel und Ehrenbezeichnungen. Der zu dieser Ehre gehörige zusätzliche Aufwand wird allerdings meist nicht zusätzlich vergütet. So geschieht die Einarbeitung der neuen Beschäftigten durch einen „Instructor". Es ist dies ein Job, der vor allem deshalb attraktiv ist, weil er mit der zeitweisen Freistellung von der sich ständig wiederholenden Tätigkeit als Picker*in oder Packer*in verbunden ist. Mehr Geld erhält die Instructorin aber keineswegs, obwohl man meinen könnte, dass sie bei der Weitergabe von Erfahrungswissen und Regeln eine wichtige Position einnimmt. Ähnlich bei der Rolle des „Problem Solvers", der dafür zuständig ist, Störungen im Produktionsfluss zu beheben. Alles wird zur „Einfacharbeit" abgewertet, ob das Anlernen neuer Kolleg*innen, Problemlösungskompetenzen, besondere Sprachkenntnisse oder eben Teile des Recruitings. Eingesetzt werden dabei besonders aus Sicht der Vorgesetzten bewährte Arbeiter*innen, und es ist vielleicht nicht falsch zu vermuten, dass sich in diesem Selbstverständnis noch ein Rest des Garagenunternehmens verbirgt, als das man in den 1990er-Jahren gestartet ist. Auf jeden Fall handelt es sich um eine Mischung aus der symbolischer Anerkennung mitgebrachter oder vor Ort angeeigneter Fähigkeiten und der Ausbeutung ebendieser.

Der Betrieb geriert sich dabei als Pionier nicht nur hinsichtlich der eingesetzten Technologien, sondern auch in Bezug auf die Formen des Managements. Im Gespräch mit Vertreter*innen des Managements fällt uns mehr als einmal auf, welche Bedeutung dort der quasi-sozialwissenschaftlichen Identifikation von potenziellem oder tatsächlichem abweichenden Verhalten sowie der symbolischen Anerkennung von Leistungen zugemessen wird.[304] Es

304 Auch vermittelt durch sogenannte „Eins-zu-eins" und „Eins-zu-fünf-Gespräche", deren Systematik hier geschildert wird: SOFI_L1_bE_05, S. 20, 985f. Der Hinweis auf Methoden des gewerkschaftlichen Organizing scheint nicht abwegig, vgl. zu dieser Methode Birke 2010, S. 37. Wir gehen übrigens an anderer Stelle im Text der Vermutung nach, dass Amazon nicht zuletzt des-

sind dies Formen, die als Voraussetzung für Arbeitswilligkeit und Motivation gelten, und es sind zugleich Formen, an denen Kritik, Ironie und Unwille der von uns befragten Beschäftigten häufig ansetzen. Dabei gibt es auch in den Beschäftigten-Biografien eine Pionierphase. Nicht selten werden Chaos und Extraarbeit zunächst geduldet. Auch kommt nur eine kleine Minderheit der Befragten bereits mit einer gewerkschaftlichen Orientierung in den Betrieb. Aber die Geduld ist irgendwann verbraucht, und zu der Erfahrung des körperlichen Verschleißes gesellt sich der Eindruck, dass „das Management das alles nicht im Griff hat",[305] ein Eindruck, der durch die Wahrnehmung verstärkt wird, dass auch im Management die Fluktuation sehr hoch ist. Zu dieser Erfahrung kommt nicht selten das auf die erwähnten „Ehrenämter" bezogene Gefühl hinzu, nicht entsprechend der erbrachten Leistungen und der mitgebrachten Vorkenntnisse entlohnt zu werden.[306] Und schließlich leidet der Ruf des Unternehmens als „High-Tech-Betrieb", wobei die Risse im Image von den betroffenen Beschäftigten zunächst mit einigem Erstaunen wahrgenommen werden.

Ein Beispiel:

Es gibt im Amazon-System ein „Musterdesign" für die Fabriken, dieser Standard jedoch wird in Versand-B nicht eingehalten. Der Bau dort wurde von einem „Entwickler" errichtet, „B" hat ihn aufgrund der oben genannten Standortüberlegungen übernommen, was wiederum zu einigen Problemen bei der Anpassung der Arbeitsabläufe geführt hat.[307] Oder, schlichter formuliert: Die Pakete, ob mit lila Einhorn, Espressobohnen oder Planschbecken

halb so kategorisch Gewerkschaftsbildung ablehnt, weil der Konzern die Beschäftigten selbst „organisieren" will und dies in seiner Management-Praxis durch instrumentell-partizipative Strategien auch tut. Dabei kann nur, wer an eine Löschung sämtlicher sozialer Konflikte im Betrieb im „gemeinsamen Interesse" glaubt, den antidemokratischen und autoritären Charakter solcher Strategien übersehen.

305 Eine (auch unfreiwillige) Distanz zum Arbeitsalltag forciert diese Erkenntnis. Sehr prägend kommt sie etwa im Gespräch mit einem Kollegen zum Ausdruck, der zum Zeitpunkt der Befragung wegen eines Arbeitsunfalls krankgeschrieben ist. Vgl. SOFI_L1_B_03, S. 13, 620–624.

306 Ibid., S. 5, 194.

307 SOFI_L1_bE_05, S. 7, 308–318.

gefüllt, fallen vom Band, und manchmal blockieren sie es. Die Folge für die Arbeitenden ist gesundheitsgefährdende Mehrarbeit. Ein Befragter:

> „Wirklich, ich fliege buchstäblich – ich schwör's bei meiner Mutter – ich fliege, um überall Boxen aufzufangen, die vom Fließband gefallen sind, und ich mache die ganze Zeit Witze, dass es 2018 ist und Amazon ein High-Tech-Unternehmen."[308]

Auch ein anderer Befragter, Herr Tolan, war in einem Team eingesetzt, das für die Behebung der Störungen an den Bändern zuständig war.

> „(Interviewer): Und was waren das für Störungen, die ihr bearbeitet habt? Also die Lichtschranke, zum Beispiel, funktioniert nicht. Die muss man saubermachen (...)?
> (Befragter): Manchmal (...) muss mit Hand ein bisschen schieben, dann funktioniert. Manchmal muss saubermachen, manchmal muss (den Sensor oder den Sender) tauschen. (...) Manchmal nicht gut schieben. Dann ist Stau. Dann wir muss mit Leiter alles freimachen, und weiter ja.
> (Interviewer) Und das machen die Techniker?
> (Befragter): Normalerweise ja, muss Techniker machen, aber ich habe (...) diese Karte, habe ich bekommen, dann die andere(n) wissen, darf ich auch."[309]

Wir treffen Herrn Tolan wenige Tage vor Weihnachten 2018 in der Wohnung einer Aktivist*in aus der lokalen Welcome-Bewegung. Als meine Kollegin Sarah Könecke und ich dort eintreffen, sitzen er und Frau Tolan, die ebenfalls kurzzeitig bei Versand-B beschäftigt war, bereits im Wohnzimmer. Sie erzählen, dass das Stellenangebot von „B" das einzige war, das sie im Jobcenter bekommen haben. Beide hatten die Hoffnung, dass wenigstens Herrn Tolans

308 SOFI_L1_B_03, S. 13, 620–624. Meine Übersetzung aus dem englischsprachigen Originalinterview.

309 SOFI_L1_B_02, S. 4f., 101–110.

Tätigkeit im Techniker-Team den Weg zu einer Ausbildung ebnen würde, was nicht zuletzt deshalb ein großer Fortschritt für die beiden vor vier Jahren aus Teheran geflüchteten Christ*innen gewesen wäre, weil es ihren prekären Aufenthalt für einige Zeit gesichert hätte. Zum Zeitpunkt des Interviews läuft die Aufenthaltsgestattung noch genau einen Monat.

Für Herrn Tolans Tätigkeit im Techniker-Team gab es eine vergleichsweise längere Einarbeitungszeit, eine Woche statt ein paar Stunden, aber nicht mehr Lohn. Dies und der Umstand, dass die zertifizierten Techniker sich „in der Werkstatt ausruhen konnten", während Tolan zu Reinigungsarbeiten herangezogen wurde, wenn gerade kein Einsatz war, habe zu ersten Irritationen geführt. Doch zugleich, erzählen die beiden, habe es die Möglichkeit, eine Ausbildung zu machen, über die erstrebenswerte Ausbildungsduldung heraus noch attraktiver erscheinen lassen. Denn mit der dann errungenen Qualifikation wäre ja – dann in Zukunft – offensichtlich auch eine bessere Behandlung durch den Arbeitgeber verbunden. Doch während sich das Ehepaar Hoffnungen machte, war die Tätigkeit aus Sicht des Managements lediglich vorläufig. Denn der Job fiele ja weg, wenn man „die Bänder in den Griff bekommt". So fragte Herr Tolan immer wieder nach einer Möglichkeit der Ausbildung, aber er wurde immer wieder abgewimmelt: „Dieses Jahr nicht."[310]

Er erzählt uns schließlich konkret von dieser im Vergleich zum Picken oder Packen weniger einförmigen, aber doch sehr anstrengenden Arbeit: Man sei ständig in „Habacht" gewesen, dann unter starkem Druck, weil oft „Notstand" an mehreren Orten gewesen sei, wobei außerdem an gefährlich hohen Stellen gearbeitet werden musste:

> „(An einem Tag) (…) habe ich schon selber gearbeitet, mit Leiter, (…) immer Problem mit Leiter. Muss zwei oder drei Personen zusammen, jemand muss Leiter festhalten, dann andere arbeiten. Dann habe ich gesagt, OK, ‚ich muss mit Leiter arbeiten', dann (…) Manager hat gesagt ‚wir haben jetzt kein mehr Personen, die

310 SOFI_L1_B_02, S. 4, 97.

> arbeiten die andere Hallen, machst du alleine'. Dann habe ich schon alleine, dann runtergefallen.
> (Interviewer): Du bist runtergefallen von der Leiter?
> (Befragter): Ja, dann habe ich schon acht Wochen (...) meine Fuß (kaputt)."[311]

Und dann…

> „(…) hat (er) gesagt, das ist meine Schuld. Dann habe ich gesagt, erstmal mit Funk habe ich schon gesagt, bin ich alleine und brauch ich jemand, wo helfen. Aber sie haben gesagt: ‚Alle sind in Halle (X), du musst sofort reparieren, und so wir haben kein Mensch, so dann musst du alleine.' Dann hat gesagt: ‚Ja, aber (…) hast du erstmal ein' Zettel unterschrieben, dann weißt du, darfst du nicht alleine mit Leiter arbeiten."[312]

Im Grunde ist Herr Tolan somit auch in jene Lücke zwischen Regeln und Informalität gefallen, von der bereits die Rede war. Es gibt Regeln, man unterschreibt, dass man sie einhält, aber im Arbeitsalltag *kann* man sie nicht einhalten und *darf* sie auch nicht einhalten, wenn man (zum Beispiel) die Hoffnung auf eine Ausbildung nicht aufgeben will.

Also: Willst du die Ausbildung machen oder nicht? Die Vorgesetzten können die daraus entstehenden Probleme leicht unter den Teppich kehren. Herr Tolan ist einer der wenigen von uns Befragten, die in einem „Team" mit deutschen Technikern zusammenarbeiteten. Das änderte nichts an seinem Status: In dem Interview wird vielmehr der Zusammenhang zwischen dem Beschäftigungsverhältnis (befristet), dem Aufenthaltsstatus (prekär) und der Abwertung seiner konkreten Tätigkeit als „vorläufig", „verschwindend" deutlich. Dieser Zusammenhang ist unter den Bedingungen von Versand-B aber gleichsam nicht „markiert" (wie durch die unterschiedlichen Hauben von Werkvertragsnehmern in der Fleischindustrie vor 2021). Nach außen gilt für alle das gleiche

311 Ibid., S. 5, 130–142.
312 Ibid., S. 3, 80–87.

Aufstiegsversprechen, für Hatice, für Herrn Tolan und für alle anderen! Herr Tolan erzählt, er habe sich unter diesen Bedingungen am Anfang sehr angestrengt, umso größter schildert er aber die Enttäuschung und Verletzung, die aus der geschilderten Erfahrung folgt. Trotz der Gefährdung, die dies für den Aufenthalt des Paars sowie den Bezug von Lohnersatzleistungen bedeutete, kündigte er schließlich selbst noch vor Ablauf des Vertrags.

Eine ähnliche Geschichte erzählt uns Herr Jackson, der vor seiner kurzen Karriere in Versand-B als Englischlehrer an der Universität gearbeitet hat. Auch er berichtet, dass er, nachdem seine befristete Position an der Uni Sparmaßnahmen zum Opfer gefallen war, auf eine neue Herausforderung und eine Möglichkeit der Weiterqualifizierung gehofft hatte. Er hat im Receive-Bereich gearbeitet, wo die Pakete aus den Lastwagen auf ein Band abgeladen und dann ausgepackt werden. Nach kurzer Zeit sei er unter anderem für die Einarbeitung der neuen Kolleg*innen zuständig gemacht worden (also ein „Instructor“), wobei unter anderem seine englischen Sprachkenntnisse genutzt worden seien. Zudem habe er immer wieder Vorschläge für technische Verbesserungen gemacht, vor allem, weil die Bänder schlecht liefen. Die Geschwindigkeit der Bänder bezeichnet er in unserem Gespräch im Dezember 2018 als *insane*, als „wahnsinnig“. Dann war er für einen Moment abgelenkt:

> „Als ich mich verletzt habe, als ich durch ein (Paket) gehauen habe und gerade, bevor ich es traf, hat jemand meinen Namen gerufen: ‚Hey, (…), kannst du mir damit helfen?‘ Ich schaute mich um und fühlte, wie meine Hand auseinanderfiel.“[313]

Herr Jackson zog sich einen schweren Bänderriss zu. Zum Zeitpunkt des Interviews ist er seit mehreren Monaten krankgeschrieben. Er erzählt, dass er kaum Hoffnung darauf habe, dass die Hand jemals wieder voll genesen würde:

313 SOFI_L1_B_03, S. 8, 381–383 (Übersetzung aus dem englischsprachigen Original).

„Und es lief die ganze Zeit jemand herum (...) – die haben so viel Geld ausgegeben, überall gelbe Bänder hin geklebt, um zu sichern, dass du dich von den elektronischen Kontrollboxen fernhältst, und dass du jede Palette in der vorgeschriebenen Weise absetzt. (...) Aber dann, bevor ich mich verletzt habe, haben sie – haben wir – alle Regeln gebrochen, niemand hat sich mehr für *safety* interessiert (...) ... ich ging zu den Managern und habe gefragt, soll ich das machen, dies, aber es war ihnen egal, es war immer Produktion, Produktion, Produktion."[314]

Bei dem Gespräch sitzt ein Mann vor uns, der sehr stolz von seinen sportlichen Leistungen erzählt. Sein Arbeitsunfall verletzt seine persönliche Würde gleich in mehrfacher Hinsicht. Es ist auch eine Verletzung eines impliziten Vertrags, den er mit dem Betrieb gemacht zu haben glaubte: nämlich ein „Pionier" zu sein, sich einzusetzen für etwas Neues und dafür entsprechend gehört und beteiligt zu werden. Herr Jackson sagt auf der Grundlage dieser Erfahrung dann etwas analytisch sehr Interessantes, was man kaum besser auf den Punkt bringen kann. Der Online-Versandhandel sei die „coal industry of consumerism",[315] die Kohlenindustrie des Konsumismus, eine Wendung, die gleich am Anfang des Gesprächs fällt, die wir Interviewer*innen zuerst nicht wirklich verstehen, die sich aber auf jene über das Werkstor geschriebene Forderung „Geschichte zu machen" beziehen lässt, einen als Pionierphase deklarierten dauernden Ausnahmezustand zu akzeptieren, angesichts des schnellen, beeindruckenden Wachstums des Online-Handels, der eben nicht die Gegenwart, sondern vielmehr „die Zukunft" verkörpere. Nennen wir es *ursprüngliche Akkumulation*?

Ja, ich finde schon, denn was Herr Jackson beschreibt, kann gut mit dem in Kapitel 1 beschriebenen Prozess einer Aneignung zuvor nicht in Wert gesetzter Arbeitskraft identifiziert werden: eine schnelle Expansion eines neuen Sektors, die wesentlich auf der Grundlage neu angeworbener Arbeitskraft stattfindet. Was aus Sicht des Managements dabei eine permanente, beschleunigte Er-

314 Ibid., S. 5, 291–293.
315 Ibid., S. 2, 45.

folgsstory ist, ist aus Sicht zumindest der hier beiden vorgestellten Arbeiter*innen eine gebrochene Rippe und ein Bänderriss. Eine mögliche Antwort auf diese Erfahrung ist – vielleicht auch, weil die gewerkschaftliche Organisierung in jenem Untersuchungsbetrieb noch schwach ist – zunächst die Artikulation des Widerspruchs zwischen diesen beiden Sichtweisen. Herr Jackson bringt das so auf den Punkt: „Die können Raketen bauen, aber die können noch nicht mal ein Fließband bauen, bei dem die Pakete nicht runterfallen."[316]

In historischen Taylorismus-Debatten nimmt die Entdeckung der Dysfunktionalität von Management-Strategien einen wichtigen Platz ein.[317] Es muss – bezogen auf die oben zitierte Frage von Butollo et al. – auch auf Grundlage unserer empirischen Erhebung offen bleiben, ob man dieselbe Spannung für „digitalen Taylorismus" ebenfalls so allgemein konstatieren kann. Was aber in Bezug auf Versand-B gesagt werden kann, ist, dass bei vielen Interviewten die Erosion des Bilds vom „perfekten Betrieb" ein wichtiger Ausgangspunkt für Wut, Protest und eventuell gewerkschaftliche Organisierung ist. Verstärkt wird dieser Eindruck dadurch, dass diese Spannung in ähnlicher Weise im „alten", gewerkschaftlich bereits besser erschlossenen Distributionszentrum Versand-A zum Ausdruck kommt. Viele der Beschäftigten erzählen uns hier von der gesundheitlichen Vernutzung, die durch die ständig gleichen Bewegungen bei jenen hervorgerufen werden, die schon lange dort arbeiten.

316 Ibid., S. 13, 627. Man versteht den Punkt, den Herr Jackson hier macht, übrigens nur dann richtig, wenn man weiß, dass Bezos, als er noch CEO von Amazon war, anfing, als eine Art Hobby ein privates Raumfahrtunternehmen zu betreiben.

317 So mag man an dieser Stelle daran erinnern, wie befreiend die Erkenntnis wirkte, dass das gigantische FIAT-Werk in Turin-Mirafiori Anfang der 1960er-Jahre nach der Zerschlagung der kommunistischen Betriebszellen noch immer nicht funktionierte. Es war eine „Entdeckung", deren Potenzial sich daran ablesen lässt, dass sie die – wenngleich durchaus überzeichnete – Idee hervorbrachte, die Arbeiter*innen würden angesichts ihres Wissens „gesellschaftlich gesehen" alles hervorbringen, was als „Technik" definiert wird: Tronti 1964.

Umstrittene Arbeitskontrolle: Das Feedback

Arbeitsmarkt und Arbeitsprozess sind auch an diesem Punkt in den beiden untersuchten Versandfabriken miteinander verbunden: So ist die ständige Notwendigkeit des Anwerbens neuer Kräfte kein Naturgesetz und auch nicht alleine Folge der Hochsaison im Herbst und Winter. Vielmehr ist die Fluktuation auch Resultat des Arbeitsprozesses selbst, Ergebnis der Zumutungen einer Tätigkeit, die auf wenige, sich permanent wiederholende Handbewegungen reduziert ist. Nehmen wir als Beispiel den Stow, das Einlagern der Waren, ein Job, der in Versand-B gerne Neuanfänger*innen überlassen wird. Nach allgemeiner Auffassung – wir finden diese Aussage sowohl in Interviews mit Vorgesetzten als auch in solchen mit Beschäftigten – braucht diese Tätigkeit eine geringere Einarbeitungszeit als andere Aufgaben, wie etwa im Single- oder Multipack.[318] Der Arbeitstag einer Stower*in beginnt in der Frühschicht mit einem Morgen-Meeting, das immer gleich abläuft: Der Vorgesetzte gibt einen Sicherheitstipp und kurze Auskünfte zu Besonderheiten der an diesem Tag zu bearbeitenden Aufträge. Die Arbeiterin begibt sich dann in die Stow-Station. Der Bildschirm begrüßt sie mit einer Feedback-Frage. Dabei geht es auf den ersten Blick demokratisch zu, denn auch Vorgesetzte werden evaluiert. Eine „typische" Frage lautet: „Ist der Manager bei Problemen immer ansprechbar?"[319] Die Fragen werden dann mit einer dreistufigen Skala beantwortet, allerdings können sie auch übersprungen werden, und es gibt keine transparente systematische Auswertung, gleichwohl wird in den Meetings immer wieder auf die Bedeutung der „Morgenfrage" verwiesen. Danach geht es an die Arbeit. Frau Schmidt, die zur Zeit unseres Interviews im Stow wie auch im Pick tätig ist, beschreibt das Stowen kurz und prägnant wie folgt:

318 Tatsächlich dauere die Einarbeitung für den Stow nur wenige Stunden, eine Zeit, die nach und nach sogar noch verkürzt worden sei. Bei Herrn Kunstmann ist davon die Rede, dass es „früher zwei bis drei Tage gewesen" sein sollen: SOFI_L1_B_13, S. 20, 1.098. Der Instructor könne aber nach der Einarbeitung noch für einige Tage bei Problemen angesprochen werden.

319 Ibid., S. 15, 806.

> „(Befragte): Genau, du scannst den Artikel an. Packst es ins Fach. Scannst das Fach. Also ich sag, Arbeit für dumme Affen. Man braucht kein Hirn.“[320]

Das bedeutet keinesfalls, dass man keine Fehler machen kann, und die Interviewpassage geht so weiter:

> „(Interview): Das ist der Arbeitsvorgang?
> (Befragte): Die Kiste wird gescannt. Der Artikel gescannt und das Fach. Damit das System sagen kann, der Stower hat das da reingepackt und da muss es wieder raus. Aber wir haben auch teilweise ganz intelligente Leute. Die nehmen die Sachen raus und packen sie woanders rein, damit sie ihrs da reinkriegen. Und dann stehst du da als Picker.“

Es kann im Sinne der zu erreichenden Stückzahl mithin aus Sicht der Arbeiterin rational sein, eine Ware in ein Fach zu packen, wo diese einfach untergebracht werden kann, und eine andere, ohne neu einzuscannen, ins Nirgendwo zu verschieben, dorthin, wo die Software sie niemals finden kann. Und auch niemand sonst, denn die Software weiß alles, alle anderen wissen nichts. Dieses Problem wird auch dadurch nicht eliminiert, dass der Computer bestimmte Bestückungen nicht zulässt, wie zum Beispiel, wenn ein großes Produkt in ein dafür nicht vorgesehenes Fach oder wiederholt derselbe Artikel „oben drüber, unten drunter, rechts oder links daneben“ eingelagert wird.[321] Dass Fehler, die dem Picker das Leben schwer machen, wahrscheinlicher werden, mag auch mit dem enormen Arbeitstempo zu tun haben. In den über den Untersuchungszeitraum verteilten Interviews wird einhellig eine permanente tendenzielle Steigerung der entsprechenden Forderungen der Vorgesetzten geschildert. Es ist zudem ein Problem, das zugleich alle Abteilungen und Arbeitsgänge betrifft. Das sagt etwa Herr Tice, der ebenfalls die Erfahrung sowohl bezogen auf den Stow als

320 SOFI_L1_B_01, S. 5, 164, 165.
321 SOFI_L1_B_13, T, S. 35, 1899–1909.

auch auf den Pick gemacht hat, und der zum Zeitpunkt unseres Interviews im Mai 2019 schon einige Zeit in Versand-B arbeitet:

> „(Interviewer): Hat sich die Geschwindigkeit gesteigert (...)?
> (Befragter): Ja. Weil im letzten Jahr war noch die Rate (im Stow) bei 220 (Gegenständen pro Stunde), im Pick 320. Jetzt sind es (...) 250, 350.
> (Interviewer): (...) Wie haben sie das verkündet?
> (Befragter): Die haben alle Werke zusammengerechnet, alle Werke zusammen geguckt, alle Amazon-Werke, und da die anderen das ja auch schaffen oder so.
> (Interviewer): Weltweit oder bundesweit?
> (Befragter): Das hat keiner gesagt."[322]

Die zumindest für die von uns Befragten durchgehend intransparenten Kennziffern und Zielgrößen werden einhellig als anspruchsvoll bezeichnet.[323] Es muss aber betont werden, dass die durch diese Kennziffern symbolisierten Leistungen nicht erzwungen werden können. Das erklärt auch, warum zur Erhöhung der Geschwindigkeit auf das sogenannte *Feedback* zurückgegriffen wird. Feedback ist ein regelmäßiges Gespräch des Vorgesetzten (Lead) mit jedem einzelnen Beschäftigten und jeder einzelnen Beschäftigten. Das Amazon-Feedback hat 2019/20 eine starke und sichtbare Kritik in den bundesdeutschen Medien erfahren, die vor allem darauf abzielt, dass dort auf Daten zurückgegriffen wird, die laufend in Echtzeit die Leistung der Arbeiter*in abrufen.[324] Jene Kritik ist selbstverständlich auch in Versand-B bekannt. Man weiß auch, dass es anderswo dem Betriebsrat gelungen ist, das Feedback zu blockieren. Ein Betriebsrat aus Versand-A berichtet darüber:

> „Ich kann mich erinnern, noch an meinen Anfängen (...), dass es Tage gab, an denen hast du vier oder fünf Mal von deinem Lead,

322 SOFI_L1_B_05, S. 14f., 557–605.

323 S. auch im Interview mit einer HR-Managerin: SOFI_L1_bE_04, S. 25, 1050.

324 Siehe zu dieser Berichterstattung u.a.: Kooroshy 2017, Friedrich 2020, Friedrich und Jolmes 2020.

also nicht geschulter Vorarbeiter, Feedback bekommen: ‚Hier, was war denn jetzt los die letzten zehn Minuten? Bist ganz schön langsam geworden. Sieh mal zu, da geht noch was.' Das war auch ein Grund für mich, wo ich gesagt habe: Da muss ich was dran ändern. Und da haben wir auch als Betriebsrat einiges erreicht. Ich hatte vorhin ja schon erwähnt, dass wir da seit 2012 in einer Einigungsstelle sind, und in dieser Einigungsstelle haben wir eine Verfahrensabrede mit der Arbeitgeber(seite) geschlossen, die dem Arbeitgeber verbietet, auf Grund der nicht legal erhobenen Daten personelle Maßnahmen durchzuführen. Sprich: Ermahnungen, Abmahnungen, Kündigungen. Also, das passiert am Standort (...) definitiv nicht, weil es verboten ist und, was aber passiert, ist alles, was eben keine Ermahnung, Abmahnung oder Kündigung ist. Der Vorgesetzte sagt dann nicht: ‚Ich habe die Daten aus dem System.' Sondern der kommt zu dir, und wenn er dich dann fragt, zum Beispiel: ‚Kann ich dir helfen?', weißt du schon: Der will gerade, dass ich ein bisschen schneller mache."[325]

Aus der Äußerung dieses und anderer Kolleg*innen aus dem „alten" Distributionszentrum „A" geht hervor, dass die Datenschutzfrage nur einen Teil des Problems darstellt, denn es handelt sich um eine leicht informell zu vermittelte Form der Ansprache und Kontrolle. Es ist also etwas, das indirekt gesprochen wird, ein Teil der vielen Techniken, mit denen das Management letztlich versucht, die Leistungserbringung der Arbeitenden in den Griff zu bekommen. Sehr bewusst wird dabei mit der Forderung nach Selbstkontrolle gearbeitet. So erscheint die erreichte Stückzahl ständig in Echtzeit auf dem Monitor, was für manche von uns Befragten mit Reaktionen verbunden zu sein scheint, die man eher in einem Fitnessstudio vermuten würde. Eine Arbeiterin sagt, sich dabei zugleich selbst hinterfragend:

„Also beim Picken schaffe ich das teilweise, während einer 8-Stunden-Schicht, also in der Spätschicht, habe ich bis zu 36 Kilometer gemacht. In meiner Pickstation.

325 SOFI_L2_b_E_3_T, S. 15, 435–452.

> (Interviewer): Du hattest dann ein Tracking …?
> (Befragte) (zeigt ihre Uhr mit Tracking-Funktion): (…) Ich kann euch ja mal mein Bewegungsprofil von dieser Woche zeigen. (…) Ja. Also, das ist von heute (…). Das sind die Schritte jetzt. 20 Kilometer (…). Also diese Woche, Sonntag Montag habe ich jetzt 41 km gemacht.
> (Interviewer): Da weiß man, was man getan hat.
> (Befragte): Ich bin Bewegungsfanatiker, muss ich zugeben. Es gibt auch noch Schlimmere. (…) Monatsentfernung, liegen wir bis jetzt bei 215 km.[326]

Immer wieder gibt es Kolleginnen und Kollegen, die sich durch besonders hohe Stückzahlen herausheben. Der Umstand, dass das Feedback neben den Krankheitstagen als eine der Grundlagen für eine Übernahme in einen Festvertrag gilt, fördert die individuelle Motivation von Befristeten, nicht nur „Kilometer", sondern auch „Spitzenzahlen zu machen". Aber in den Interviews finden wir auch, dass die Entgrenzung der Arbeitsleistung bei Arbeiter*innen auftritt, die entfristet sind, und sogar bei solchen, die an der Spitze von Versuchen stehen, die gewerkschaftliche Organisierung im Betrieb voranzutreiben. Der Bezug auf den am Ende von Abschnitt 1.3 kurz erwähnten Prozess der „Gamification" liegt nahe. Widersprüche entstehen hier bspw. dort, wo das Stückzahl-Kriterium mit einem anderen Leistungskriterium nicht in Übereinstimmung zu bringen ist, weil beispielsweise Geschwindigkeit und Genauigkeit im Widerspruch zueinander stehen. Wir haben oben gesehen, dass „Spitzenzahlen" auch erreicht werden können, wenn man etwa als Stower*in durch das Durcheinanderbringen des Regals Chaos erzeugt, welches dann wiederum erst später auffällt.

Ein damit eng verbundenes Phänomen ist das bereits in Abschnitt 2.1 im Bericht von Herrn Tau erwähnte „Cherry Picking": Man sieht es der Kennziffer „Stückzahl" nämlich nicht an, ob sich dahinter eine Menge riesige lila Plüscheinhörner oder kleinste Kugelschreiber verbergen. Aber man sieht sofort ein, dass die

326 SOFI_L1_B_1_T, S. 6.

Kugelschreiber wohl schneller gestowt und gepickt sein dürften. Nochmal Herr Tau:

> „Eigentlich kannst du die Zahlen gar nicht vergleichen, weil es einfach einen Unterschied macht, ob du große oder kleine Teile kriegst. Na ja, aber manchmal, da kommen die an und sagen, oh, du schaffst ja deine Zielmarke nicht. (...) Aber dann hast du mit den großen Gegenständen gearbeitet, obwohl du die kleinen wolltest. Es ist einfach so, wenn die kommen, dann ignoriere ich sie, weil ich weiß, dass das (falsch) ist. Aber für einen neuen Arbeiter ist das nicht klar, und es ist schlecht, wenn sie dir erzählen, dass dein Feedback schlecht ist."[327]

Während Herr Tau den Aspekt der *Erfahrung* stark betont und umgekehrt die *Verunsicherung*, die für alle besteht, die sich im Gegensatz zu ihm noch in der Befristung befinden, sagt Herr Kunstmann, dass es zumindest im Stow darauf ankomme, ob man einen guten Kontakt zu der Person habe, die die Waren an die Station fahre. Ob man große oder kleine Gegenstände bekomme, hänge nicht zuletzt davon ab, ob man einer bestimmten Community angehöre oder eben nicht. Wie dem auch sei, beides kann aus Sicht des Managements als Problem gelten, denn es muss diesem letztlich gleichgültig sein, ob sie die Herabsenkung der Arbeitsleistung der Kollegin Y einem unbefristeten Beschäftigungsverhältnis oder einer wie auch immer definierten Bezugsgruppe verdankt.[328]

Demgegenüber setzt das Management in Versand-B massiv Techniken der Vergemeinschaftung ein, die allerdings die skizzierten Zielkonflikte höchstens überbrücken.[329] So wird im sogenannten After-Break-Meeting, in der Frühschicht in der Mittagszeit, auch ein *kollektives* Feedback über die bisherigen Leistungen des

327 SOFI_L1_B_04, S. 14, 680–682.

328 Dass es solche Ressourcen gibt, ist unstrittig. Es wird in fast allen Interviews betont.

329 Im prekären Dienstleistungsbereich sind solche Strategien keineswegs neu, wie Artus (2008a, S. 37f.) in einer Studie zeigt, deren empirische Erhebung Mitte der 2000er-Jahre stattgefunden hat. Sie verbindet dort ihre Beobachtung mit dem Begriff der „repressiven Integration".

Tages gegeben, hier im Vergleich mit und in Konkurrenz zu den anderen Stockwerken (im Stow gibt es drei „Floors" auf drei Stockwerken). Diese liefern sich ein ewiges „Battle". Manchmal ordnet der Manager dann auch etwas an, was er „Power Hour" nennt, eine Stunde, in der besonders schnell gearbeitet werden soll, wegen der Auftragslage, aber auch wegen eines angeblichen Rückstands gegenüber anderen Floors/Werken etc.[330]

Fasst man alle Eindrücke aus den Interviews zusammen, dann kann man sagen, dass das Feedback eine besondere, hervorgehobene Bedeutung in betrieblichen Konflikten hat. Die von den Befragten geschilderten Reaktionen sind ambivalent. Zwar geben viele durchaus an, dass ihnen das Feedback völlig gleichgültig sei. Dem widerspricht jedoch das oben geschilderte Selbst-Tracking ebenso wie die Feststellung, dass die Feedback-Ansprache Qualitätsprobleme hervorbringen kann. Festzuhalten bleibt, dass ähnlich wie in der Fleischindustrie sich in Versand-B solche individuellen, aber weit verbreiteten Formen der Ignoranz gegenüber den Unternehmenszielen nicht automatisch in kollektiver Organisierung verdichten. So sind trotz des Vorhandenseins eines Betriebsrats bis zum Zeitpunkt unserer Befragung keine mit Versand-A vergleichbaren Versuche unternommen worden, institutionelle Machtmittel gegen die halblegalen und zweifellos gesundheitsschädlichen Formen der Arbeitskontrolle einzusetzen. Es bleiben die skizzierten Formen der „Absprache unter Bekannten", die ein Spiegel der ständigen, hier wiederum auch an Ethnien festgemachten Unterschichtung der Belegschaft sind. Auch wenn es zu kurzen Streiks kommt, werden diese von einigen Befragten, ähnlich wie anhand der Fleischindustrie geschildert, in dieser Weise interpretiert. Eine Vorgesetzte erzählt bei einem Gespräch im Betrieb Anfang 2019:

> „Schwarz-Afrika (…), das ist ja ganz oft auch englische Kolonie. Und was sie auch nicht verstehen, man streikt nicht für alles Mög-

330 Das Meeting endet mit einem Abklatschritual, das ähnlich ist wie das, was man manchmal auf Fußballplätzen vor Anpfiff oder nach Abpfiff sieht. Herr Kunstmann berichtet, dass diese Formen durchaus Anklang finden, aber dass sie sich auf Dauer auch verschleißen.

liche. Man streikt halt nur für das Arbeitsrecht. Also ich meine, das haben sie sonst mal gemacht im Versand. Da hat ihnen irgendwas nicht gepasst, und dann haben sie alle gestreikt. Ich sage: ‚Leute, ganz schnell wieder an die Arbeit, bevor es hier größeren Ärger gibt.' Aber da, muss ich sagen, ist die Standortleitung auch echt nett. Also wirklich, da haben dann wirklich mal 40, 60 Leute gebockt. Okay, die haben wir dann mal einmal scharf angesprochen. Da ist aber auch nichts passiert."[331]

Worum es bei dem Streik ging, erfahren wir auch auf Nachfrage nicht. Dennoch bleibt, auch abgesehen davon, dass ganz „Afrika" in diesem Stück unversehens wieder in eine Kolonie zurückverwandelt wird, die „ethnische" Interpretation von kleinen Streiks als Ausdruck des Unverstands interessant. Sie findet sich in ganz ähnlicher Weise in unseren Interviews mit Managern aus der Fleischindustrie. Selbst in Arbeitskonflikten werden Grenzen sichtbar, die im Alltag wie aus Glas sind: Durchsichtig und oft schwer zu durchbrechen.

Migrationsverhältnisse: Grenzen aus Glas

In den Interviews, die wir zu Versand-B durchführen konnten, wird deutlich, dass für einen sehr hohen Anteil der Arbeitenden eine dreifache Prekarität besteht: erstens die Prekarität des Beschäftigungsverhältnisses, zweitens die Prekarität der Wohnverhältnisse, die in den in 2.1 vorgestellten Biografien deutlich wurde. Als Schwester dieser Prekaritätsdimension kann die Anreise in den Betrieb gefasst werden – zum Beispiel, weil die Wohnungsnot es unrealistisch erscheinen lässt, in der Nähe des Betriebs unterzukommen. Und drittens die Prekarität des Aufenthalts. Was auf dem kleinen rosa Kärtchen steht, das die Dauer des erlaubten Aufenthalts in der Bundesrepublik definiert, kann kaum ignoriert werden, wenn es um die Spielräume geht, die Arbeiter*innen haben, wenn sie den hohen Leistungsanforderungen der Vorgesetzten begegnen müssen. Durchaus akzeptiert bspw. Versand-B Arbeitsver-

331 SOFI_L1_bE_04, S. 15, 608–624.

träge über den Aufenthaltstitel hinaus, doch die Bedrohung einer Abschiebung bleibt.

Worum geht es, wenn auf dem rosa Kärtchen steht, dass man Deutschland „eigentlich" nächste Woche oder nächsten Monat verlassen müsse? Um das zu verstehen, kann man sich als Beispiel die Geschichte von Herrn Fuhm vergegenwärtigen:

> „Ich bin mit meiner älteren Schwester geflüchtet. Weil, als ich aus (Land 1) weg bin, war ich noch minderjährig, siebzehn Jahre. Meine Schwester war 26, 27, sie reiste mit mir. Und als wir in (Land 2) waren, das ist, (Pause …), alte Geschichte. Sie wurde vergewaltigt und ist gestorben.
> (Interviewer): Oh, Mann. Auf der Reise?
> (Befragter): Ja, auf der Reise. (…) Aus Algier sind wir nach Tripolis, aber da war der Krieg, da waren wir ein Jahr und sechs Monate. (…) Dann bin ich mit einem Boot nach Europa. (…) Dann nach Griechenland, dann nach Deutschland.
> (Interviewer): Also haben sie keine Verwandten in Deutschland?
> (Befragter): Nein, ich habe keine Verwandten. Nur meine Freundin und mein Baby, ist drei Wochen alt.
> (Interviewer): Ist (ihre Frau) deutsche Staatsbürgerin?
> (Befragter): Nein, sie kommt auch aus (Land 1).
> (Interviewer): Das (Baby) ändert nichts, was die Aufenthaltsgenehmigung betrifft?
> (Befragter): Ja.
> (Interviewer): Wenn Sie sich vorstellen, was in den nächsten Jahren passieren kann: Was denken Sie, wo werden Sie sein?
> (Befragter): Für mich, ich will mein Leben in Deutschland leben, weil ich habe nichts, wo ich sonst hingehen könnte."[332]

Herr Fuhm hat einen unbefristeten Arbeitsvertrag, doch sein Aufenthalt wird immer nur für drei Monate verlängert und läuft zum Zeitpunkt des Gesprächs in wenigen Wochen aus. Die verschwindende Perspektive ist bei den von uns Befragten oft stark mit der Befristung des Beschäftigungsverhältnisses verbunden. Noch dras-

332 SOFI_L1_B_08, S. 11f., 531–580.

tischer kann jedoch – wie in diesem Beispiel – ein Verlust der Aufenthaltsperspektive sein.[333] In unseren Interviews mit Beschäftigten aus Versand-B ist angesichts des hohen Anteils an Menschen mit Pässen aus Drittstaaten die Prekarität des Aufenthalts in Deutschland sehr häufig Thema. Die allgemeine Lebenssituation von Geflüchteten wird auch in einigen Interviews mit gewerkschaftlichen Aktivist*innen und Betriebsrät*innen problematisiert. Dabei sind in allen Fällen eigene Migrationserfahrungen ein wichtiger Schlüssel dafür, die Bedeutung dieses Moments für die kollektive Organisierung zu verstehen.

Wir treffen die Amazon-Betriebsrätin Frau Samuel, die in Eritrea geboren wurde, Ende 2018 in einem Bahnhofscafé. Befragt, warum sie sich für die Kandidatur zu dem erst vor einigen Monaten neu gebildeten Betriebsrat entschieden habe, berichtet sie, dass ihr vor allem eine Verbesserung der Situation von jungen Geflüchteten im Betrieb am Herzen liege. Dabei, betont sie, gehe es nicht nur um die Arbeit, sondern auch um die Lebenssituation im Allgemeinen. Allerdings sei das „nicht so leicht“, denn sie sieht auch das Problem, dass es für ältere Leute wie sie „sehr schwer“ sei, das von den Jungen vorgelegte Arbeitstempo zu halten.[334] Sie denke aber, dass sich das Verhältnis zwischen Alten und Jungen nur dann bessern werde, wenn die jungen Kolleginnen und Kollegen eine Chance auf einen sicheren Aufenthalt in Deutschland, eine Wohnung und einen sicheren Arbeitsplatz hätten. Diese recht differenzierte Einschätzung korrespondiert im Interview mit der Thematisierung von Rassismus. Frau Samuel sagt, es sei „eine Lüge, dass es

333 Für den Ausgang des Verfahrens bei der Ausländerbehörde spielt die Erwerbstätigkeit in diesem Fall formal *zunächst* keine Rolle, es handelt sich um eine Duldung, also um einen Aufenthalt, der mit „Abschiebehindernissen“ begründet ist. Die Entscheidung über deren Wegfall ist – solange der Aufenthalt nicht verstetigt ist – nicht vom selbstständigen Lebensunterhalt abhängig. Erst der Wechsel in einen anderen, sichereren Status setzt dies voraus. Zum Zeitpunkt des Interviews wurde auf Betreiben der CDU/CSU diskutiert, ob das Herkunftsland des Befragten in die Liste der „sicheren Herkunftsländer“ aufgenommen werden sollte, was die Abschiebung der Familie erheblich wahrscheinlicher gemacht hätte.

334 SOFI_L1_bE_01, S. 2, 20.

(in Versand-B …) keinen Rassismus gibt."[335] Dann erzählt sie die Geschichte einer Abteilung, in der nach Hautfarbe sortiert worden sei, wer Pause machen dürfe und wer in eine andere Abteilung versetzt werde, wenn momentan keine Ware angekommen sei: „Die Afrikaner mussten immer weiter arbeiten."[336]

Andere verweisen bei der Frage nach Rassismus vor allem auf die betriebliche Hierarchie. Herr Tyson, ein Kollege, der als Geflüchteter aus Nigeria kam, berichtet über seine Wahrnehmung der Aufstiegsmöglichkeiten:

> „(Interviewer): Erfahren Sie bei Amazon Rassismus?
> (Befragter): Hm, ich denke nicht. Denn es ist keine so offene Sache. Es ist nicht offen, weil niemand seinen Kollegen wegen seiner Hautfarbe beleidigen darf. Aber ich sage, es ist nicht offen, weil es einige Zugänge für dich nicht gibt, weil du (Pause). Vielleicht bewirbst du dich für eine Position als Lead. (…) Ich kenne einen Jungen, der einen Doktortitel von einer deutschen Universität hat (…). Er hat als normaler Arbeiter angefangen und wollte Lead werden, aber es hieß, oh, du sprichst aber nicht so gut Deutsch. Ich glaube, der Junge kommt aus dem Kamerun."[337]

Das Zitat ist interessant, denn hier wird ein Widerspruch durchdekliniert, der uns in den Interviews in beiden Branchen häufig begegnete. Auch hier geht es um „Grenzen aus Glas", etwas, das man kaum fühlen und erfahren, als Außenstehender nicht sehen kann, das aber doch da ist. Es ist auffällig, wie häufig von verschiedenen Seiten betont wird, dass Segmentierungen und Abgrenzungen der geschilderten Art in unserem Sample zum Online-Versandhandel „diskret" hergestellt werden, weniger markiert als in der Fleischindustrie, häufig viel subtiler, aber doch manifest, wenn man hinsehen möchte: Rassismus ist nicht nur Ausdruck einer Lücke zwischen Regeln und Informalität, er ist auch eingebettet

335 Ibid., S. 9, 391–411.
336 Ibid., 404–406.
337 SOFI_L1_B_04, S. 18f., 855–866, meine Übersetzung aus dem Englischen.

in weitere Formen der Prekarität, die außerhalb der Fabrik existieren. Man kann das Phänomen nur erkennen, wenn man diese Kontexte kennt, ansonsten bleibt es unsichtbar.

Ein großer Teil der Tätigkeiten im Online-Versandhandel besteht aus wenigen, standardisierten und kaum zu variierenden Handgriffen. Lebendige Arbeit hat fast immer eine Funktion als Scharnier zwischen den verschiedenen Funktionen des Distributionszentrums. Die Software ist ein die Arbeit organisierendes und kontrollierendes sowie die logistischen Operationen optimierendes System. Zugleich wird lebendige Arbeit weder vollständig ersetzt noch einseitig gesteuert. Vielmehr ist das Lohn-Leistungs-Verhältnis bei näherem Hinsehen stark umkämpft. Und es ist dies ein Kampf, in dem, ähnlich wie in der Fleischindustrie, sowohl der Arbeitskräftemangel als auch die errungenen festen und dauerhaften Beschäftigungsverhältnisse sehr wichtige Einsätze sind.

Dies gilt besonders für den „neuen" Betrieb Versand-B, in dem die Gewerkschaft noch kaum verankert ist und nicht einmal implizit soziale Ansprüche als Tarifforderungen oder Ansprüche des Betriebsrats auf Mitbestimmung formuliert werden. Entsprechend sind auch die Maßstäbe, wie Arbeitsleistungen bewertet, Aufstiegschancen ermöglicht und Leistungen gewürdigt werden, eher Gegenstand alltäglicher, kleiner Kämpfe, die von einzelnen Beschäftigten und kleineren, absoluter Diskretion verpflichteten kollektiven Zusammenhängen geführt werden. Im Schatten der Standardisierung der technischen Abläufe wie der managerialen Kontrolle öffnet sich in diesen kleinen Kämpfen ein Feld, in dem auch „von unten" neue Regeln definiert werden können. Ebenso von der anderen Seite: So wird „offiziell" kein Unterschied zwischen Arbeitenden gemacht, solange sie eben arbeiten, aber „inoffiziell" existiert gleichwohl ein Feld der Willkür und Unberechenbarkeit, dessen Metapher das „Feedback" ist und deren dramatische Ausdrucksform die erwähnten *Release Days* beim Auslaufen der Befristungen sind.

Der „gläserne" Charakter solcher Teilungen kommt gerade darin zum Ausdruck, dass eine ganz offensichtliche Segmentierung des betrieblichen Arbeitsmarkts vielfach geleugnet oder für nicht bedeutend erklärt wird, ebenso die Hierarchien im Arbeitsprozess selbst, die explizit oder implizit als „natürlich" gefasst werden. Auch dies ist ein Grund dafür, dass das Unternehmen oft wenig Gegenwind bei seiner PR erfährt, in der behauptet wird, man sei quasi ein „antirassistisches" Unternehmen.

Es ist ein Kampf auf einem vagen Terrain, das eine formalisiert-bürokratische Struktur mit einem informellem „Schatten" verknüpft. Einerseits ist *alles*, bis hin zur Haltung der Arbeitenden beim Packen und der Benutzung des Handlaufs im Treppenhaus, standardisiert, vereinheitlicht, vorgegeben. Andererseits ist damit *nichts* geklärt, nicht einmal die gerade aus der tayloristischen Perspektive entscheidende Frage, wie viel der Arbeitende in welchem Qualitätsmaßstab zu produzieren habe: Sicherlich hat das Management eine ausgearbeitete Vorstellung von Mengen und Zeiten. Aber ihre Durchsetzung bleibt ein ewiger Konflikt im Arbeitsalltag. Was auf den ersten Blick als leicht lächerlich und auf jeden Fall stark pathetisch erscheint – die vielen Gimmicks, die die Geschäftsleitung zur Förderung der Arbeitsbereitschaft parat hat, die Meetings, das Feedback, das Abklatschen, *Power Hour* und Mitarbeiter des Monats –, ist tatsächlich Zeugnis eines verbissenen Kampfs gegen den Eigen-Sinn der Arbeitenden. Gerade angesichts dessen, dass sich die Gimmicks verbrauchen und zunehmend missachtet werden, treten nach und nach Strategien stärker hervor, die mit den vielen „gläsernen" Decken in einer auch ansonsten auf den ersten Blick durchsichtigen und offenen Fabrik „hart" operieren: Die Einforderung von stärkerer Disziplin, Kündigungen „in letzter Instanz", und das Ausspielen rassifizierter Gruppen.

2.4.2. Arbeitsprozesse in der Fleischindustrie

Unsere Analyse zu Fleischindustrie plus fleischindustrielle Industriereinigung basiert auf einem im Vergleich zum Online-Versandhandel stärker fragmentierten Gesamtbild. Sieht man von den drei Betriebsfallstudien ab, wurden hier Berichte aus mehr als einem Dutzend unterschiedlichen Unternehmen berücksichtigt. Etwa ein Drittel der Interviewpartner*innen war zum Zeitpunkt der Gespräche in der Geflügelschlachtung und -zerlegung beschäftigt, der Rest fast durchgehend in Betrieben, die Schweine zerlegten und teilweise auch weiterverarbeiteten. Einige Beschäftigte hatten zudem auch in der Ausstallung gearbeitet, ein extrem harter Job, bei dem es konkret vor allem um das Treiben von unterschiedlichen Sorten Geflügel in Lastwägen ging. Die Industriereiniger*innen arbeiteten ausschließlich in der Nachtschicht bei einem großen Geflügelbetrieb. Aus dem Management haben wir PR-Leute, Personaler und Produktionsleiter befragt, ausschließlich Männer, mit der Ausnahme einer Frau, die in einem Leiharbeitsunternehmen Personalerin war.

Ich gehe im Folgenden zunächst auf die Unterschiede zwischen Arbeitsprozessen im Versandhandel und in der Fleischindustrie ein, im zweiten Schritt schildere ich Rationalisierungsprozesse in der Fleischindustrie, die auch für die aktuelle Debatte um die Wirkung des Arbeitsschutzkontrollgesetzes wichtig sind. Schließlich beschreibe ich den Ablauf der Schlachtung und Verarbeitung anhand des größten von uns untersuchten Betriebs („Fleisch-C"). Während die Arbeitsprozesse in der Fleischindustrie vielfältig sind, werden dort wesentliche Elemente zunächst exemplarisch anhand der Schlachtung und Zerlegung von Schweinen geschildert.

Der modernste Schlachthof der Welt

Ich habe in Kapitel 1 bereits einiges zur Frage des Branchenvergleichs gesagt. Zum Beispiel, dass es sich um einen Vergleich von Äpfeln und Birnen handelt: Einerseits „Handel", andererseits „Produktion", einerseits „Industriearbeit", andererseits „Verkaufsarbeit". Allerdings sind diese Begriffe für die Analyse der Arbeitsprozesse kaum nützlich. So kann man die Arbeit im Online-Versandhandel zwar als Verkaufsarbeit bezeichnen, allerdings handelt es sich doch um überwiegend hoch arbeitsteilige, stark auf digitaler Steuerung und Kontrolle beruhende Tätigkeiten. Zwar könnte man argumentieren, dass das für die Arbeit an der Supermarktkasse in vielerlei Hinsicht auch gilt. Aber die meisten von uns Befragten würden die Bezeichnung „Fabrikarbeiter*in" wohl eher unterschreiben als „Verkäufer*in". Dagegen handelt es sich in der Fleischindustrie eindeutig um Industriearbeit. Allerdings gibt es auch hier eine Besonderheit: Es geht um die industrielle Tötung von Lebewesen. Die traditionelle Unsichtbarkeit der Tätigkeiten in der Fleischindustrie hat auch damit zu tun, dass dieser Prozess verdrängt wird. Nicht nur von den Kund*innen, auch von den Beschäftigten: In dieser Hinsicht bringt die Arbeit an der Schlacht- und Zerlegekette andere Probleme hervor als die Arbeit mit Päckchen und Paketen.

Ein Bericht der Deutschen Gesetzlichen Unfallversicherung aus dem Jahr 2020 kann das illustrieren: Dort sieht man „eine potenziell hohe, jedoch bisher wenig beachtete Gefährdung durch psychische Beanspruchungen" sowie „ein hohes Risiko für posttraumatische Belastungsstörungen":[338] Die Arbeitenden erlebten „Schlachtung als Trauma und berichten infolge der permanenten Gewaltausübung gegenüber den Tieren von wiederkehrenden Albträumen, vor allem in den ersten Monaten ihrer Tätigkeit." Es entstehe ein Risiko für ungünstige Bewältigungsstrategien wie z. B. Substanzmissbrauch, emotionale Distanzierung, Verhärtung. Die industrielle Form der Arbeit, vor allem die extreme Arbeitszerlegung, helfe bei der Verdrängung. Sie sei selbst jedoch massiv gesundheitsschädlich. Ein unaufhebbarer Widerspruch, denn bei Störungen rücke „das Tier als Lebewesen (...) in den Fokus – und damit wächst auch die psychische Beanspruchung." Hier soll nicht gesagt werden, dass die Arbeit als Picker oder Packer nicht auch psychisch und physisch belastend ist und auf Dauer ähnliche persönliche Folgen haben kann. Aber es muss doch betont werden, dass selbst in unseren Management-Interviews in einzelnen Fällen ein Bewusstsein darüber zum Ausdruck gebracht wird, dass Arbeitende speziell in der Schlachtkette massiv in Gefahr sind, „Abstumpfung" zu erleiden.[339]

Es fällt darüber hinaus auf, dass in Schlachtung, Zerlegung und Verarbeitung – nicht in allen Arbeitsschritten, aber beispielsweise zwischen Tötung und Grobzerlegung – ein *kontinuierlicher*,

338 Institut für Arbeitsschutz der Deutschen Gesetzlichen Unfallversicherung 2020, S. 7, 10, auch im Folgenden.

339 Welche zu vermeiden sei, um Schlachtgeschwindigkeit und Qualität aufrecht zu erhalten: Der Geschäftsführer aus dem kleinen Betrieb Fleisch-A, wo lediglich Schlachtung und Grobzerlegung betrieben wird, nennt das „Verrohung" und plädiert dafür, dieser durch ein Abwechseln der Tätigkeiten vorzubeugen: SOFI_F_bE_03_T, S. 13, 389–391.

durch das Band gesteuerter Prozess stattfindet. Das hängt nicht nur mit dem Produktionsmodell zusammen, sondern auch mit dem Gegenstand der Produktion – die Tötung und Verarbeitung von Lebewesen ist als solche „zeitkritisch", d.h. sie erfordert teils sofortige Weiterverarbeitung, teils schnelles Herunterkühlen. Auf dieser Grundlage ist in der Schlacht- und Zerlegekette in einigen der Arbeitsschritte etwas möglich (wenngleich nur eingeschränkt sinnvoll), wovon das Management anderswo nur träumen kann: Man kann chaplinesk das „Band hochdrehen". Das wird insbesondere im Betriebsvergleich deutlich. Ein Geschäftsführer fasst es so zusammen:

> „Also jeder arbeitet mit einer kontinuierlichen Geschwindigkeit, aber bei anderen ist die Geschwindigkeit halt drei, vier, fünf Mal höher. (…) Also es gibt, natürlich gibt es auch Schlachtbetriebe in unsere(r) Größe, die schlachten ähnlich schnell. Wir liegen jetzt bei 320. Es gibt welche, die schlachten mit 400 Schweinen die Stunde, aber es gibt auch welche, die mit 900 oder 1.200 Schweinen die Stunde (schlachten)."[340]

Die Folgen schildert ein von uns in einem betrieblichen Gruppeninterview im Juni 2019 Befragter anhand seiner Arbeitsbiografie:

> „Ich bin in Deutschland von 2014/15. Meine erste Arbeit war in Cloppenburg, auch eine Zerlege- und Schlachterei. Ich war am Band, nach (den) Vakuummaschinen. Aber in zwei Jahren (waren) meine Gelenke kaputt. (… Interviewer: Von der Arbeit?) Weiß es nicht, vielleicht. Ich hatte vorher Probleme mit meine Gelenke, aber die Arbeit in der Schlachterei ist nicht leicht. Darum (kommen hier) welche, die sind (…) nach zwei Stunden, zwei Tagen oder zwei Wochen schon wieder weg."[341]

Dass die harten Arbeitsbedingungen von Beschäftigten als wesentlicher Grund für die hohe Fluktuation gesehen werden, ist in fast

340 SOFI_F_bE_04, S. 3, 79–88.
341 SOFI_F 3_B_02, S. 9, 383–397.

allen Interviews ein zentrales und wiederkehrendes Motiv. Wir hören dies nicht nur von Arbeitenden in der Schweinezerlegung, sondern auch von solchen, die „im Geflügel“, in der Verarbeitung oder in der Verpackung gearbeitet haben.[342]

Herr Revell, der 2010 aus der Elfenbeinküste nach Deutschland gekommen war, hatte in den ersten Jahren seines Aufenthalts ein Arbeitsverbot.[343] 2014 konnte er einerseits endlich legal arbeiten. Aber andererseits war er auch bei Strafe der Kürzung von Sozialleistungen und aufenthaltsrechtlichen Problemen dazu gezwungen, mehr oder weniger jede Arbeit anzunehmen. Er schildert uns Ende 2017 sehr eindrücklich seine ersten Erfahrungen beim Schnitzelverpacken in einer Oldenburger Verarbeitungsfirma. Die Vorarbeiter, erzählt er, veranstalteten eine Art Wettbewerb. Auf die Frage nach dem Arbeitstempo antwortet er:

> „Ja, (das Tempo ist hoch), weil das kann man schneller, schneller machen und langsam machen, aber die Maschinenführer hatten immer schneller so gestellt. (…) Stellt das immer schnell, dass wir also eine gute Menge pro Tag erreichen können so. Weil kann sein, dass wir für eine Schicht Beispiel für acht Stunden etwa zwei oder drei Tonnen (…) Schnitzelfleisch (auf das Band heben).
> (Interviewer): Und was ist passiert, wenn ihr das nicht geschafft habt?
> (Befragter): Also für uns ganz genau nichts, aber vielleicht für die (Vorgesetzten).“[344]

Die Passage verdeutlicht, dass es auch in der Fließbandarbeit möglich ist, das Höherstellen des Bands in unterschiedlichen Formen zu obstruieren, indem man es etwa „leer“ weiterlaufen lässt, anhält, Ausschuss produziert usw. Von daher handelt es sich auch bei der geschilderten Tempoerhöhung nicht um einen Automatismus, sondern um einen Mechanismus, dem die soziale Beziehung

342 S. zur Geflügelzerlegung bspw. SOFI_F 1_B_04.

343 SOFI_F 1_B_10. Das Gespräch fand in französischer Sprache statt und wurde konsekutiv übersetzt.

344 Ibid., S. 11, 416–434.

zwischen Vorgesetzten und Beschäftigen zu Grunde liegt, eine Beziehung, die, wie gerade in der Pandemie sehr oft dokumentiert wurde, nicht selten von Druck, Gewalt und Erpressung geprägt ist.[345]

In unseren Interviews aus der Fleischindustrie fällt auf, dass die sozial-moralische Begleitung, die Einstellungsrituale, Übergabe der Trinkflasche, Morgenmeeting, Abendmeeting, Feedback usw. nicht existieren. Diese dienen zwar auch bei Amazon – nachdem wir wissen, dass es auch als *Release Days* bezeichnete Tage gibt, an denen die Arbeiter*innen buchstäblich massenhaft vor die Tür gesetzt werden – nicht allein der „Mitarbeiterbindung", sondern vor allem der Förderung der Leistungsbereitschaft.[346] Ähnliche Techniken des Coachings, der Psycho-Motivation und der organisierten, lehrbuchangeleiteten Vergemeinschaftung haben wir freilich in keinem der Interviews aus der Fleischindustrie gefunden, weder beim Management noch bei den Beschäftigten.[347] Wir müssen uns dem Arbeitsprozess detaillierter zuwenden, um eine Erklärung hierfür zu finden. Damit bin ich beim zweiten Punkt: der unterschiedliche Grad der Rationalisierung und die daraus abgeleiteten Forderungen des Managements an die Arbeiter*innen. So sind, im Vergleich zu den Betrieben im Ausland, die Betriebe in Deutschland, die wir gesehen haben, zwar in einiger Hinsicht auf dem neuesten Stand der Technik. Es gibt aber auch eine Rationalisierungsgrenze, die u.a. mit der unterschiedlichen Größe

345 Vgl. hierzu Kapitel 3.1.

346 Vgl. Friedrich und Jolmes 2020.

347 Erklärungen für das Vorhandensein dieser Techniken bei Amazon sind umgekehrt auch nicht so einfach. Der Umstand, dass viele der Techniken direkt aus der US-Zentrale in Boston importiert werden, kann vielleicht etwas beitragen, ist aber nicht das letzte Wort. Es wäre immer noch darzulegen, warum sich diese Techniken im Kontext anderer industrieller Beziehungen (noch) relativ stabil immer wieder im nächsten eröffneten Distributionszentrum reproduzieren. Einfacher scheint es insofern im Vergleich der beiden Branchen zu sagen, wie sich dieser Unterschied *nicht* begründet. So handelt es sich auch im Falle der deutschen Fleischindustrie dominant um hochmoderne, sehr schnell aus ihren Schuhen gewachsene multinationale, weltmarktorientierte Unternehmen, die teils deutlich mehr als 1.000 Beschäftigte haben.

der Fabriken zusammenzuhängen scheint. Ein Produktionsleiter erzählt, von uns protokolliert:

> „Als Grund dafür, dass verfügbare Maschinen im Schlacht- und Zerlegebereich nicht eingesetzt werden, verwies (er) auf eine Kombination aus räumlichen Beschränkungen und der begrenzten Geschwindigkeit der Maschinen. Mit nur einer Linie würden die Maschinen die erforderlichen Kapazitäten (ca. 700 Schweine die Stunde) nicht erreichen. Für eine Aufstellung mehrerer automatisierter Linien nebeneinander fehle aber der Platz. Stattdessen erreicht (der Betrieb) das angestrebte Tempo durch eine sehr weit fortgeschrittene Zergliederung der Arbeit und die Streckung der Linien. Durchaus interessant war in diesem Zusammenhang der ungebrochen positive Taylorisierungsbezug (mit dem Verweis, man verwende hier das ‚amerikanische System')".[348]

Der „positive Bezug zum Taylorismus" entspricht der Vorstellung, dass menschliche Arbeitskraft bis zu einfachsten Bewegungen gewinnbringend arbeitsteilig organisiert werden könne. Zwar ist der Hinweis, dass es sich im Distributionszentrum um „subjektivierten", während es sich im Schlachthof um „alten" Taylorismus handele, für Leute, die im Pick angehalten sind, immer höhere Stückzahlen umzuschlagen, wenig tröstlich. Aber es ist dennoch wichtig, zu wissen, dass die Strategie, den Output durch höhere Bandgeschwindigkeit und größere Zergliederung der Tätigkeiten zu erreichen, ein zentrales Argument für das Werkvertragsregime war: Die Voraussetzung dafür war, dass in Bezug auf den Arbeitsprozess Arbeitende lange Zeit als universell austauschbar galten, was damals schon ein Irrtum gewesen sein mag, aber dennoch realitätsmächtig wurde. Was bedeutet das für die in Kapitel 1.2 skizzierte Debatte über „digitalen Taylorismus"?

Digitale Formen der Prozesssteuerung spielen zwar in Schlachthöfen hierzulande durchaus eine Rolle, aber vorwiegend für die Organisierung der Lagerhaltung und des Verkaufs. Außerdem sind in der Schlacht- und Zerlegekette in betriebsabhängig unterschied-

348 SOFI_F_Prot_02, S. 2.

lichem Ausmaß Messvorgänge notwendig, die Qualität oder Gewicht des Fleischs bestimmen. Jedoch sind diese bislang nur in wenigen Bereichen mit dem Vorgang der Zerlegung als solchem verbunden. Der „automatische Schlachthof" bleibt bis dato im deutschen Kontext eine Fabrik der Zukunft, einschließlich der damit einhergehenden Erleichterung der körperlich schweren und vernutzenden Hebe- und Schneidearbeiten.[349] Nicht zufällig finden sich entsprechende Rationalisierungsstrategien in Dänemark. Das Beispiel illustriert, dass vergleichsweise hohe Löhne und staatliche Regulierung von Beschäftigungsverhältnissen auch spezifische Rationalisierungsdynamiken prägen können. Dies gilt vor allem in Großbetrieben, denn entsprechende Losgrößen müssen selbstverständlich vorhanden sein oder eingeplant werden können.

Als Beispiel für die auf konkrete Arbeitsprozesse bezogenen Unterschiede kann die in den 2000ern eröffnete Fabrik von Danish Crown in Horsens (Dänemark) gelten. Dort führt man unter anderem die Arbeitsschritte von der Tötung des Tieres bis zur Halbierung ohne menschliche Arbeitskraft aus.[350] Die Länge des Tieres wird zunächst elektronisch gemessen, und die für die Teilung notwendigen elf Schritte werden durch Roboter ausgeführt. Die Automatisierung reduziert – wie das Unternehmen stolz berichtet – den gesamten Prozess von der Tötung bis zur Teilung auf weniger als zehn Minuten – die Hälfte der in nicht vollautomatisierten Verfahren veranschlagten Zeit.[351] In den Interviews, die wir

349 Vgl. Institut für Arbeitsschutz der Deutschen Gesetzlichen Unfallversicherung 2020, S. 7.

350 Danish Crown unterscheidet zwischen einer „black slaughtering line" – der Tötung der Tiere – und einer „clean slaugthering line" – dem Beginn der Grobzerlegung, der Teilung der Tiere vor dem Ausweiden. Wer sich in diese Unterscheidung im laut Eigenbezeichnung „modernsten Schlachthof der Welt" vertiefen möchte s. Danish Crown, o.J.

351 Ob mit der seit dem Arbeitsschutzkontrollgesetz möglicherweise verteuerten Arbeitskraft auch ein Rationalisierungsschub einsetzen wird, der Arbeitsprozesse wie jenen in Horsens verallgemeinert, bleibt abzuwarten. Das Wechselverhältnis zur Betriebsgröße deutet an, dass Automatisierung durch den beobachteten Konzentrationsprozess (s. Abschnitt 1.2) gefördert wird (und umgekehrt). Das bezieht sich auch auf die Zerlegung des Tierkörpers im weiteren Verlauf, denn die Schlachtlinie vor der Grobzerlegung beschäftigt

mit Management und Produktionsverantwortlichen von Betrieben in Deutschland geführt haben, werden die Umsetzungschancen solcher Verfahren in Fabriken mit weniger gigantischen Schlachtzahlen und gleichzeitig etwa halb so hohen Stundenlöhnen wie in Horsens vorläufig noch skeptisch gesehen.[352] Der Aufbau einer Fabrik in Spanien durch Tönnies, die in wenigen Jahren mit einem Sechstel der Beschäftigten die halbe Schlachtmenge des riesenhaften Betriebs in Rheda hervorbringen soll, ist jedoch ein Hinweis darauf, dass sich diese Skepsis schnell als überholt erweisen könnte.[353]

Ein Tag im Schlachthof

Unabhängig vom Grad der Rationalisierung: Schlachtung, Zerlegung und Verpackung von Schweinen bleibt überall im Grundsatz auf menschliche Arbeitskraft angewiesene Massenarbeit. Es bleibt auch eine Tätigkeit mit vergleichsweise wenigen Spezifikationen. „Flexible Spezialisierung" hin zur „Losgröße 1" ist, anders als in an-

auch in ihrer „manuellen" Verfassung nur einen sehr kleinen Anteil an Arbeiter*innen.

352 Die Lohndifferenz korrespondiert erstaunlich klar mit dem Rationalisierungsgrad. In Horsens werden mit mehr als 100.000 Schweinen wöchentlich fast doppelt so viele Tiere getötet und verarbeitet wie in einem vergleichbaren Betrieb im Oldenburger Münsterland, der mit exakt der gleichen Zahl von Beschäftigten (!) in der gleichen Zeit nur etwas mehr als die Hälfte der Tiere verarbeitet. Der Geschäftsführer von Betrieb A, das nicht zu dem dänischen Multi gehört, verweist hingegen auf das Problem der Fachlichkeit: „Und für manche ist das Halbieren des Schweines, das wird bei uns noch mit einer Säge händisch gemacht. Inzwischen gibt es da auch schon Roboter dafür. Wir sagen, unsere Mitarbeiter sind so gut qualifiziert, dass sie besser sind als ein Roboter. Solange ich noch so gute Mitarbeiter habe, kann ich das auch so weiterbetreiben. Irgendwann, wenn es die nicht mehr gibt, wir versuchen natürlich immer neue Leute anzulernen." SOFI_F_bE_03, S. 12, 378–383.

353 Arden und Müller 2020. Freilich ist dabei auch zu beachten, dass sich der Grad der Rationalisierung und einzelne konkrete Verfahrensweisen in den drei von uns besichtigten schweineverarbeitenden Betrieben ebenfalls unterscheiden. So hängt die Bereitschaft zu einer Erweiterung des Einsatzes digitaler Mess- und Steuerungssysteme auch vom eingesetzten Kapitalvolumen ab, also der Größe des Betriebs und der in unseren Untersuchungsfällen unterschiedlichen Produktionsmengen. Festzuhalten bleibt, dass eine vollautomatisierte Schlachtung und Teilzerlegung der Tiere in allen drei Betrieben, in denen wir mit dem Management sprechen konnten, zum Zeitpunkt der Interviews nicht zum Einsatz kam.

deren industriellen Fabriken, nicht die Haupttendenz der Entwicklung. Es geht hier vielmehr, wie wir in der Analyse der Ökonomie des Schlachtens in Kapitel 1 gesehen haben, um eine andauernde und enorme Expansion der Schlacht- und Verarbeitungszahlen, insbesondere im Bereich Schweinefleisch und Geflügel. Auch die Abhängigkeit von der Nachfrage des Einzelhandels – die Forderung der Discounter nach Billigfleisch – wirkte sehr lange in diese Richtung. Gleichwohl ist wichtig, zu betonen, dass diese Entwicklung der Logik der Kapitalakkumulation folgt: Es ist gerade *keine* zwingend „überholte" Erscheinung, und es sind in der Tat nicht die dänischen Betriebe, die in den letzten Jahrzehnten expandierten, sondern die deutschen. Eine Banalität: Abwertung und Senkung der Reproduktionskosten der Ware Arbeitskraft ist eine von mehreren möglichen politischen Strategien auch und gerade von transnational agierenden Unternehmen, die Lohnkostendifferenzen nutzen. Von „altem" und „neuem" Taylorismus zu sprechen, ist insofern in der Tat anachronistisch. Beide Formen existieren gleichzeitig. „Taylorismus" ist ein Set von Managementstrategien, keine „Epoche". Sehen wir uns also den Arbeitsprozess in einem typischen Fleischbetrieb im Oldenburger Münsterland im Detail an.

Betrieb Fleisch-C liegt am Rande einer Kleinstadt, einige Kilometer von der Haltestelle der Regionalbahnstrecke Osnabrück-Oldenburg entfernt. Auch diese Fabrik trägt ihren Teil zur Expansion der Schlachtzahlen bei, wenngleich im Vergleich zu Horsens in einem nicht so großen Maßstab. Täglich werden hier zum Zeitpunkt der Befragung im Jahr 2018 etwas mehr als 10.000 Tiere getötet und verarbeitet, 64.000 in der Woche. Damit hat der Betrieb „nur" eine mittlere Größe. Gleichzeitig produziert die Fabrik in Deutschland für den Weltmarkt: Nach Auskunft des Managements geht etwa die Hälfte der Produktion in den Export. Der Produktionsleiter erklärt uns bei einer Besichtigung Mitte 2019 freundlicherweise die eben erwähnten Unterschiede zwischen großen und kleinen Betrieben in Bezug auf die ersten Arbeitsschritte:[354] In Fleisch-C werden die Tiere durch eine Schleuse in einen Kasten getrieben, in dem sie betäubt und dann mit einem gezielten Schnitt getötet

354 Die Besichtigungsprotokolle finden sich hier: SOFI_F_Prot_02.

werden, danach werden sie an einen Haken gehängt, entblutet und in einer Anlage enthaart und gebrüht. Für diesen Vorgang werden drei bis fünf Arbeiter*innen gebraucht. Danach werden die Innereien von unterschiedlichen Arbeitern entfernt und für eine eventuelle Verarbeitung sortiert. Die Tötungsmethoden werden von Tierschützer*innen – vor allem die für das Unternehmen kostensparende Variante mit der Betäubung durch CO^2 – stark kritisiert: Gerechtfertigt werden sie managementseitig mit der Geschwindigkeit der Schlachtung und Zerlegung. Nach ihrer Auskunft blieben nach dem Tötungsvorgang nur wenige Sekunden für die geschilderten Schritte, wenn die verderbliche Ware danach schnell gekühlt werden soll.[355]

Schließlich erfolgt der Übergang in die Zerlegung.[356] Die Kette von aufgehängten, toten Schweinen bewegt sich jetzt durch eine große Halle, in der sich jeweils etwa drei Meter breite Bahnen schlängeln. Grob- und Feinzerlegung werden von unterschiedlichen Werkvertragsnehmern ausgeführt, die jeweils eigene Vorgesetzte haben, mit denen der Leiter des Werkvertragsgebers kommuniziert. Die verschiedenen Gangs führen unterschiedliche Aufgaben mit unterschiedlich hohen Anforderungen aus: In der Feinzerlegung werden die Schweinehälften von einer Person von der Deckenbeförderung auf das Förderband gebracht. Die Schweinehälften werden mit einer Säge wiederum in drei Teile getrennt, teils bereits als ganze Hälften eingefroren und verkauft, teils weiter in ihre verschiedenen Bestandteile zerlegt. Danach teilt sich die Verarbeitung in mehrere Linien auf, in denen unterschiedliche Teile des Schweins verwertet werden. Der Produktionsleiter erzählt, dass Qualifikationsanforderungen in Grob- und Feinzerlegung durchaus variieren können, in vielen Bereichen jedoch Fingerfertigkeit, Verständnis von Anatomie und Erfahrung benötigt werden.[357] Die im laufenden Betrieb Anzulernenden sind mit einer eigenen Haubenfarbe gekennzeichnet. In allen Zerlegebereichen ist, wie bereits

355 Diese Rechtfertigung mag freilich als etwas tautologisch erscheinen: „Wenn man massenhaft Tiere schlachtet, muss man Massenschlachtung machen."

356 Ibid., S. 2.

357 Ibid., S. 3.

ausgeführt, eine Minderheit von Frauen beschäftigt, in der Feinzerlegung deutlich mehr als in der Grobzerlegung.

Mit der Abschaffung der Werkverträge werden auch in diesem Betrieb die Arbeitenden „direkt“ angestellt werden: Es ist zu vermuten, dass die aus Sicht des Managements vorzunehmende Differenzierung, wie bereits in Abschnitt 2.3.1 anhand der Analyse der Verhältnisse in Betrieb Fleisch-B beschrieben wurde, auch hier stärker durch mehr oder weniger befristete Verträge sowie unterschiedlich hohe Löhne etc. hergestellt werden wird. Die Unterschichtung der Belegschaft wird – folgt man der Logik der bei unserer Besichtigung vorgefundenen Arbeitsteilung – nach dem Kriterium „Frauenarbeit“/„Männerarbeit“ ebenso definiert werden wie nach der Unterscheidung zwischen „alten“ und „neuen“ Arbeiter*innen. Falls dem nicht auf die eine oder andere Weise die gewerkschaftliche Organisierungsoffensive und der Kampf um Tarifverträge einen Strich durch die Rechnung machen.

Was sich auch dann jedoch vermutlich nicht kurzfristig ändern wird, ist, dass die Arbeit nicht nur psychisch, sondern auch physisch belastend ist. Das gilt gleichermaßen für Schlachtung und Zerlegung: Die Bearbeitung eines Teils dauert zwischen zehn und 20 Sekunden, das Tempo ist besonders in der Feinzerlegung ungeheuer hoch, es werden je Teil mehrere schnelle Schnitte (mit leider nicht immer ausreichend scharfem Werkzeug) ausgeführt. Hinzu kommen die Wintertemperaturen, auch dies ein Umstand, der seit den Skandalen um die Masseninfektionen in der Fleischindustrie traurige Berühmtheit erlangt hat. Kann man so eine Arbeit auf Dauer aushalten? Herr Sulat, den wir gemeinsam mit seinem kleinen Sohn Ende 2019 in der ALSO treffen, sagt dazu:

> „Nein, das glaube ich, das kann ich mir nicht vorstellen. Ich kann jetzt zum Beispiel gar nicht arbeiten ohne (…) so einen Rückstützgurt oder so, und also ich bin ja beim Arzt, (…) weil ich Probleme mit der Wirbelsäule habe, und ich kann gar nicht heben, wenn ich das nicht umgebunden habe. Ja, sehr schwere Arbeit.“[358]

358 SOFI_F1_B_12, S. 16, 635–643.

Herr Sulat ist ausgebildeter Schlachter. Er betont, dass es einen Unterschied zwischen der Arbeit in einer handwerklichen Schlachterei und der maschinenmäßigen Schlachtung und Zerlegung gebe. Die Arbeit in der Industrie sei viel einförmiger, härter. „Auch die jungen Leute" machten sie in den großen Betrieben deshalb oft nur ein paar Wochen oder Monate.[359] Ein großer Teil der von uns Interviewten sieht es wie Herr Sulat. Auch viele weitere Befragte bringen die Tätigkeit mit gesundheitlichen Problemen in Verbindung: Rücken- und Gliederschmerzen, Kopfschmerzen und Übelkeit, starke Erschöpfung. Es wird häufig von schwersten Arbeitsunfällen berichtet. Die meisten äußern ihre Hoffnung, den Sektor zu verlassen oder zumindest in einen „besseren Betrieb" zu kommen. Diejenigen Interviewten, die früher in der Industrie gearbeitet haben, sehen es durchgehend als Verbesserung, dies nicht mehr zu tun.[360]

Arbeitsmarktmacht, Produktionsmacht

Die Schilderung dieser Belastungen sollte davor bewahren, die „Flucht aus der Fabrik" einseitig als Arbeiter*innen-Widerstand zu verstehen. Sie ist auch Resultat der gesundheitlichen Vernutzung. Das ändert nichts daran, dass Arbeitsmarktmacht und Produkti-

359 Ibid.

360 Der oben zitierte Bericht der Unfallversicherung illustriert das Vernünftige in solchen Überlegungen: „Solange Schlachtbetriebe noch nicht vollautomatisiert aufgestellt sind, erledigen Schlachthofbeschäftigte in industrialisierten Großschlachtereien eine hochrepetitive Arbeit. Sie arbeiten stehend oder gehend und müssen häufig auch schwere Tierkörper anheben, schieben oder drehen und/oder schwere handgeführte Arbeitsmittel bedienen." Der Bericht nennt „Durchblutungsstörungen", „krankhafte Veränderungen an Gelenken und Sehnenscheiden", „Tendonitis" (eine Schwellung von Gliedmaßen), „Karpaltunnel-Syndrom" (ebenso, nur im Karpaltunnel), „Rückenschmerzen" und „Weißfingerkrankheit" als Folgen. Ein großes Problem sei auch das Herunterkühlen des Fleischs: „Beweglichkeit, Sensibilität und Geschicklichkeit der Extremitäten schränken sich ein. Reaktionsvermögen, Aufmerksamkeit und Leistung nehmen ab, wodurch die Unfallgefahr steigt. Wiederkehrende längerfristige Expositionen gegenüber Kälte begünstigen die Entstehung chronischer Erkrankungen des Muskel-Skelett-Systems (z.B. Rheuma)." Institut für Arbeitsschutz der Deutschen Gesetzlichen Unfallversicherung 2020, hier: S. 7–10.

onsmacht Geschwister sind. Sie verbinden sich auch dort, wo es, wie in der Fleischindustrie, bis Ende 2020 so gut wie nirgends Tarifverträge und gewerkschaftsnahe Betriebsräte gab. Die in Fleisch-A und Fleisch-B durchgesetzte Festanstellung, die leicht erhöhten Löhne usw. wurden auch nicht als Geschenk verpackt, sondern müssen als Versuch gesehen werden, als wichtig angesehene Arbeitskräfte zu halten. Aber was konnten wir in unserer Studie darüber erfahren, welche Tätigkeiten vom Management als „wichtig" bezeichnet werden? Zunächst: In einem Schweineschlachthof trifft man durchaus auf Arbeiten, die einfach zu erlernen sind. Solche Aufgaben fallen vor allem in der Grobzerlegung und der Verpackung an. Fleischstücke an Transportsystemen auf- und abhängen, die Entnahme aus Kisten und das Einlegen in einen Verpackungsautomaten, die Befestigung oder Entfernung von Markierungen oder auch der Abtransport heruntergefallener Schweinehälften erfordern kaum Geschick, Kenntnisse oder Einarbeitungszeit – sehr wohl jedoch in vielen Fällen Körperkraft und Ausdauer. Hinzu kommt: Mangelnde Einarbeitung führt nicht unmittelbar zu Qualitäts- bzw. Materialverlusten, auch wenn diese Bereiche durchaus wichtig sind und Probleme am Band etwa die ganze eng getaktete Produktion aufhalten können.

Daneben gibt es in Fleischbetrieben eine Vielzahl von Tätigkeiten mit mittlerem Qualifikationsniveau, die sich auch im laufenden Betrieb relativ schnell anlernen lassen, aber dennoch zunächst durch eine anleitende Person unterstützt werden müssen, um das hohe Tempo halten zu können.[361] Dazu gehören am Band z.B. die Entfernung von Schwartenresten und einfachere Schnitte mit dem manuell geführten Messer. Schließlich gibt es noch jene Aufgaben mit hohen Qualifikationsanforderungen, die einen durchaus erheblichen Anteil der Belegschaft in den Produktionsbereichen binden. Es handelt sich dabei keineswegs um vereinzelte Spezialist*innenpositionen, sondern um große Bereiche der Schlachtung und Feinzerlegung. Auch im Bereich von Grobzerlegung und Verpackung gibt es solche Tätigkeiten, wie zum Beispiel beim Halbieren des Tiers oder beim Einrichten von Verpackungsmaschinen.

361 Vgl. ausführlich Mertin 2020.

Da eine unsachgemäße Ausführung teilweise umfangreiche Material- bzw. Qualitätsverluste nach sich zieht, lassen sich viele dieser Tätigkeiten kaum im normalen Produktionsbetrieb anlernen, vielmehr ist eine ausgiebige Schulung erforderlich. So kann etwa eine fehlerhafte Öffnung der Bauchdecke mit einer Beschädigung des sogenannten „Darmpakets" zu einer Verunreinigung des gesamten Schlachtkörpers führen. Auch andere Tätigkeiten wie das Auslösen von Knochen stehen hinsichtlich des Anlernaufwands im Kontrast zu gängigen Vorstellungen von der Fleischindustrie. Und auch dies ist *Handarbeit*, wie ein Produktionsleiter, selbst ausgebildeter Schlachter, darlegt:

> „Wenn wir in den Bereich der Zerlegung gehen, ja, auch jetzt Beispiel (Name einer Stadt), wo wir (…) Vorderteile (…) zerlegen, das dauert schon drei Monate, ja, bis man da wirklich auf einem Niveau ist, ja, was auch wirklich dann nachher ausreicht, um dementsprechend eine nachhaltige Produktion zu gewährleisten. (…) Weil auch da geht es nachher darum, wenn ich auslöse und auch ausbeutetechnisch auch, ich sage mal, den Nagel auf den Kopf treffen will, dann muss ich, na klar, auch wenig Fleisch an den Knochen lassen. Das muss man schulen. In Dänemark verwenden die auch Einzeltische, wo man auch den Partnern die Möglichkeit gibt, das anzueignen. Also man kann nicht die Leute an ein Band stellen und sagen ‚an', und es funk(tioniert)."[362]

Die sich aus diesem unterschiedlichen Charakter der Tätigkeiten ergebenden Anforderungen lassen sich nicht durch Anweisung oder Teilung in einfache Handgriffe programmieren: Selbst der einzelne Schnitt kann kompliziert einzuüben oder zu erlernen sein und bei fehlerhafter Ausführung einigen Schaden verursachen. Die Probleme, die sich aus dieser Tatsache für die Kontrolle der Arbeiter*innen aus Sicht des Managements ergeben, wurden zum Zeitpunkt unserer Befragung vor 2020 durch die Dominanz der Werkvertragsbeschäftigung verschärft. Der Zusammenhang zwischen Arbeitsprozess und Werkvertragssystem wurde auch in

362 SOFI_F_bE_05, S. 8, 310–321.

Fleisch-B thematisiert, wo Werkverträge durch Direktbeschäftigung ersetzt wurden. Der Geschäftsführer des Betriebs schildert die Motivation:

> „Ein Werkvertrag heißt also vom Prinzip: Ich habe ein Nackenband. Dieses Nackenband braucht 15 Leute. Dieses Nackenband bekommt jetzt einen Vorarbeiter (…), ist zuständig für diese 15 Leute. Was uns nicht gefällt an den Leuten, (z.B.) Mann Nummer fünf, sieben, acht schneidet falsch. Können wir die Leute nicht ansprechen, das muss dann dieser Vorarbeiter machen. Also wir brauchen diesen Mann (…). Und wir brauchen unseren Vorarbeiter. Weil unsere Spezifikationen sind ja unterschiedlich. Es gibt nicht nur eine Spezifikation beim Nacken, es gibt 15 Spezifikationen. Es ist ja nun nicht so, dass dieser Vorarbeiter vom Werkvertrag, dass der das alles begreift. (…) Jetzt haben wir natürlich die Möglichkeit, (…) dass unser Vorarbeiter direkt mit den Leuten, hier haben wir dann wieder Effizienz, dass wir etwas Leute einsparen. Früher haben wir gesagt, wir geben für den Nacken 50 Cent. Heute sagen wir, wir geben unseren Mitarbeitern zehn Euro die Stunde und vielleicht schaffen wir das (…) effizienter."[363]

Das Zitat verdeutlicht gut, dass Werkverträge in Fleisch-B *unter anderem* aus zwei Gründen ersetzt wurden. Erstens, weil die Kontrolle von komplexen Schnitten mit vielen Spezifikationen (hier am Beispiel des Zerschneidens des Nackens) durch mangelnde Anweisungsmöglichkeiten gegenüber den Subunternehmen und eventuell auch sprachliche Hürden schwierig geworden ist. In diesem Zusammenhang rechnet der Geschäftsführer zweitens vor, dass es effizienter sei, die Leute direkt zu beschäftigen, auch, weil unter diesen Umständen weniger Vorgesetzte beschäftigt werden müssten. In Interviews in anderen Betrieben wird allerdings über Probleme mit einer versuchten Ersetzung von Subunternehmen berichtet. Auch hier geht es wiederum sowohl um Macht in/über die Anwerbekette als auch um Produktionsmacht – und zwar be-

363 SOFI_F3_E_01, S. 16, 579–593.

sonders dort, wo die Beschäftigten nicht von einem auf den anderen Tag ersetzt werden können:

> „Wenn wir von heute auf morgen die Schinkenzerlegung, die Kolonne wechseln würden, den Werkvertragspartner, ja, das wäre für uns ein herber Rückschlag, ja, weil auf das Niveau wieder zu kommen, was wir heute haben, den Standard – fast unmöglich."[364]

In welchem Kontext auch immer: Die Abwanderung einer größeren Zahl von erfahrenen Arbeitskräften kann aus Sicht der Unternehmen eine erfolgreiche Kapitalverwertung infrage stellen, weil viele Arbeiter*innen nicht kurzfristig ersetzbar sind. So verwandeln sich unversehens Leute, die angeblich nach „dem amerikanischen System" gesteuert werden können, in gesuchte „Fachkräfte":

> „(L)etzte Zeit ist es ja auf dem ganzen Markt so, dass halt einfach die Fachkräfte fehlen. Also ich sage mal, Produktionshelfer zu bekommen oder Bewerbungen, die sind viel, und Facharbeiter, das wird halt schon schwieriger.
> (Interviewer): Was heißt jetzt in dem Zusammenhang Facharbeiter?
> (Befragter): Also, die wirklich alles können, die bewegen sich meistens in den skandinavischen Ländern, Schweiz. Da sind die mehr unterwegs. Früher gab es ja ganz viele Polen im Schlacht- und Zerlegebereich. Die sind ja fast komplett weg, gibt es ja fast gar nicht mehr in Deutschland."[365]

Das klingt vielversprechend, wenn man an die Durchsetzungsmöglichkeiten von Forderungen nach einer Verbesserung der Arbeitsbedingungen denkt. Dennoch muss auch gesehen werden, dass die an den Arbeitskräftemangel gebundenen Strategien faktisch nicht universell sind, sondern daran gebunden, dass Einzelne oder Gruppen spezifische Ressourcen mitbringen:

1. Den richtigen Pass: Für Leute im Asylverfahren, mit Wohnsitzauflage etc. gibt es Umsetzungsprobleme. Die Abwande-

364 SOFI_F_bE_05, S. 9, 366–369.
365 SOFI_F3_E_03, S. 8, 310–321.

rung nach Dänemark, um Lohnverbesserungen zu erreichen, ist sehr schwierig, und legal derzeit oft fast unmöglich.

2. Persönliche Mobilität ist oft eine Voraussetzung für die „Flucht aus der Fabrik“: Keine Familie vorhanden oder Familie, die weit entfernt ist.
3. Die jeweils gefragten Qualifikationen und die entsprechende Produktionsmacht müssen vorhanden sein. Das trifft nur auf einen der drei oben ausgeführten Qualifikationstypen zu.
4. Rationalisierungsprozesse und neue Managementstrategien können die Machtrelation verändern, u.U. auch kurzfristig.

Schließlich können 5. Gewerkschaften neue Beschäftigte, die kein formal dokumentiertes Vorwissen mitbringen, durch die Vereinbarung von Tarifverträgen abwehren, wenn sie die entsprechende Definition von Tätigkeitsbeschreibungen und Qualifikationsanforderungen durchsetzen. Obwohl dies bis 2020 noch sehr unwahrscheinlich erschien, hat es sich mittlerweile (Mitte 2021) zu einem punktuell (besonders in der Schlachtung und Zerlegung) nicht mehr völlig ausgeschlossenen Szenario entwickelt. In diesem Falle, konkret angesichts von Verhandlungen um einen Manteltarifvertrag, geht es allerdings nicht um das *Fehlen* von Ressourcen oder die Zersetzung derselben durch die Gegenseite, sondern vielmehr um den *Einsatz* von Ressourcen mit *ambivalenten* Wirkungen, namentlich im Rahmen einer Formalisierung der vorhandenen betrieblichen Arbeitsteilung.

Diese fünf Punkte reichen vielleicht aus, um den widersprüchlichen Charakter betrieblicher Arbeitskämpfe zu illustrieren. Die Mobilisierung von Produktionsmacht und Arbeitsmarktmacht ist eine elementare Form kollektiver Organisierung. Sie ist aber nicht frei von Ambivalenzen, denn diese Machtressourcen sind selbst einerseits vergeschlechtlicht, andererseits rassifiziert. Betriebliche Kämpfe können, wenn sie nicht beispielsweise im Rahmen transnationaler gewerkschaftlicher Kämpfe und Organisationen politisch anders orientiert werden, durchaus Faktoren sein, die am Ende lediglich den Unterschichtungsprozess neu konfigurieren.

2.4.3. *Industriereinigung: Die Nachtseite der Fleischindustrie*

Der letzte Schritt in der Analyse des Arbeitsprozesses verhandelt einen Bereich, der formal gar nicht zur Fleischindustrie gehört. Die Reinigung des Maschinenparks wird durch große Serviceunternehmen organisiert,[366] die sowohl vor als auch nach der Pandemie auf Werkvertragsbasis arbeiteten und arbeiten werden, weil das Arbeitsschutzkontrollgesetz diesen Bereich nicht umfasst. Mit der IG Bauen-Agar-Umwelt (IG BAU) ist zudem eine andere Einzelgewerkschaft für diesen Bereich zuständig als die für die Fleischindustrie verantwortliche NGG. Und doch gehören die Reinigungsarbeiten ebenso wie die Ausstallung zum Produktionsprozess in Schlachtung und Zerlegung. Industriereinigung ist zudem für die Fleischindustrie eine sensible, weil potenziell öffentlichen Ekel und deshalb viel Kritik anziehende Tätigkeit. Die Reinigungsarbeiter aus der Nachtschicht bei einem großen Geflügelproduzenten, mit denen wir Interviews geführt haben, sind bei einem Werkvertragsunternehmen beschäftigt, das anders als die in den Kernbereichen von Schlachtung und Zerlegung zu diesem Zeitpunkt eingesetzten verhältnismäßig kleinen Subunternehmen mehrere tausend Beschäftigte umfasst. Auch dieses Unternehmen ist auf einen guten Ruf bedacht: Man verbreitet in der Öffentlichkeit gerne, dass man tarifliche Bezahlung und regelmäßige Arbeitszeiten biete.

Die Interviews zur Industriereinigung wurden u.a. mit Geflüchteten geführt, die meisten aus Syrien und Kurdistan, eine Person aus dem Irak. Auch andere Beschäftigte, die wir befragt haben, arbeiteten in der Reinigung von Maschinen und Anlagen, darunter viele Unionsbürger*innen. Es handelt sich nicht immer, aber in den meisten unserer Interviews um eine Arbeit in Dauernachtschicht, Arbeitsbeginn offiziell um 21 Uhr, Arbeitsende um 6 Uhr am nächsten Morgen. Die Befragten berichten häufig über

366 Im Oldenburger Münsterland bspw. häufig durch die zu einer größeren Holding gehörende Firma Birfood. Im Vergleich zu anderen, insbesondere transnationalen Unternehmen der Reinigungsbranche wie ISS ist die Birgroup ein „kleiner Fisch“ mit Anfang 2021 „nur“ rund 5.000 Beschäftigten in vier Unternehmen (Birgroup o.J.).

eine Sechs-Tage-Woche, manche haben für einige Wochen auch schon mal ununterbrochen 7/7 Tage gearbeitet.

Die Aufgaben der Reinigungskolonnen können in zwei Bereiche unterteilt werden. Diejenigen, die Bereiche des Unternehmens wie bspw. in der Nähe der LKW-Rampe säubern, müssen eine „trockene" Reinigung machen, d.h. Papierreste von Kisten wegräumen und ähnliches. Nach Auskunft eines Befragten werden an seinem Arbeitsplatz Gruppen von drei Arbeitenden zusammengestellt, die von einem Vorarbeiter beaufsichtigt werden. Konkret arbeitet der Befragte in der Regel mit zwei polnischen Frauen zusammen, und es scheint so, als sei der Frauenanteil in diesem Bereich höher als in der „feuchten" Reinigung.[367] Die „trockene" Reinigung zeichnet sich durch eine größere Unübersichtlichkeit aus – der gesamte Bereich muss geputzt werden und nicht einzelne Objekte/Maschinen. Das bedeutet, dass die Belastung vor allem darin besteht, große Flächen in kurzer Zeit säubern zu müssen, so nach Angaben der Befragten pro Schicht zu dritt etwa 6.000 Quadratmeter.[368] Auf der anderen Seite ist die Kontrolle durch den On-Site-Manager des Werkvertragsunternehmens und das beauftragende Unternehmen nicht so gründlich wie im Bereich der Maschinenreinigung, und es ist verhältnismäßig leicht, sich Wissen darüber anzueignen, wie „alles akzeptabel aussieht". Der Objektleiter macht am Morgen einen Durchgang und eine Foto-Dokumentation. Ein Beschäftigter erzählt:

> „Die laufen auch mit den Kontrolleuren mit und wissen dann ganz genau, das sind relevante Bereiche, da ist wichtig, da muss drauf geachtet werden. (…) Wenn jetzt wirklich total Stress ist und Not am Mann ist, dann wissen die auch, okay, da wird wirklich immer geguckt, da das muss blitzeblank sein, und an anderer Stelle,

367 Dass der Befragte überhaupt in diesem Bereich untergekommen ist, sei eine Folge des Mangels an „Damen" gewesen, die auf Dauer für die Nachtarbeit zur Verfügung stünden: SOFI_F2_B_03, S. 10, 454f. Das Interview wurde konsekutiv aus dem Arabischen übersetzt.

368 Ebd., S.12, 557–562. Das Problem der „immer größeren Flächen" ist seit langem ein Belastungsfaktor in der Reinigungsbranche: Mayer-Ahuja 2003, S. 158–163.

da gucken sie nie, da kannst du auch mal vernachlässigen. Ja, am Samstag waren (sie) zu zweit (…). Waren die da nur zu zweit und wäre so tendenziell ein Drei-Mann-Job gewesen und wo er dann auch da die Dame rüber beordert hat, halt gesagt hat, hier, wir müssen jetzt am Fließband da, wo die Fleischreste sind, weil das ist wichtiger jetzt.“[369]

Dass die Reinigung der Maschinen absolute Priorität genießt, verdichtet also, „wenn Not am Mann ist“, einerseits die Arbeit in der Trockenreinigung. Andererseits ist die „feuchte" Reinigung berüchtigt wegen der hohen gesundheitlichen Belastung und der mit ihr verbundenen Unfallgefahr. Im Werkvertragssystem würde (und wird in Zukunft in diesem Falle auch weiterhin), so berichten die Befragten, die Verantwortung für das eventuelle Scheitern an den Hygieneanforderungen systematisch vom Auftraggeber auf das Subunternehmen abgewälzt, d.h. hier konkret auf On-Site-Manager, Vorarbeiter*innen und, last not least, die Beschäftigten. Zugleich klagen unsere Interviewten durchgehend darüber, schlecht eingearbeitet worden zu seien. Ein Befragter erzählt:

> „Da (gibt es) so eine Art Sicherheitsknopf oder so einen Alarmknopf, wo man (…) drei Mal draufdrücken muss. (…) Und, ja, (ein Kollege) war neu und wusste auch wohl nichts, hat wohl einmal gedrückt. (…) Das war schon eher verwunderlich, dass der am Stück wieder rausgekommen ist. (…) Arbeitsunfälle passieren (auch), weil tendenziell hohe Fluktuation. Also jemand, der zwei, drei Jahre dabei ist, ist schon eigentlich ein ganz alter Hase. Sind viele dabei, die zwei, drei Monate und (dann) wieder wechseln. (…) Also dann, ja, dann wird eigentlich so, legt mal los, und dann kommt dann im Endeffekt nach der Reinigung der Vorarbeiter und guckt sich das an, und dann kommt die Endinspektion von (Auftraggeber), und wenn alles gut gelaufen ist, ist alles sauber und die Personen sind noch alle am Stück.“[370]

369 SOFI_F2_B_03, S. 11, 525–537.
370 SOFI_F2_B_01, S. 8, 322–337. Übersetzung aus dem Arabischen.

Mangelnde Einarbeitung bedeutet auch eine ungenügende Warnung vor der Arbeit mit gefährlichen Chemikalien. Diese werden eingesetzt, wenn Maschinen und Aggregate von Fleischresten befreit sind. Nach einer Grobreinigung mit Luftdruck und Wasser werden desinfizierende „Medikamente" (Chemikalien) aufgebracht. Die Verwendung von Schutzkleidung sowie Gesichts- und Augenschutz ist unbedingt notwendig, erschwert es aber zugleich, das geforderte Tempo zu halten.

> „Wie bei ‚Outbreak', im Endeffekt. (…) Augenschutz. Mundschutz ist (…) integriert in diesen Anzug. (…) Dadurch, dass viel da auch gespritzt wird, ist halt viel Dampf und so unterwegs. Und dass da halt schon zum Atmen das dann schwer wird mit dem Mundschutz und dass er tendenziell, und nicht nur er alleine, sind wohl einige dann auch, den Mundschutz tatsächlich abnehmen, auch die Brille halt nur, wenn Medikamente und so verspritzt werden, dann setzen sie sie auf, aber auch quasi eher das Gesicht eigentlich frei ist, weil (es) sonst zum Atmen einfach zu schwer wäre."[371]

Unfälle und Verletzungen entstehen auf Grund einer Delegation der Verantwortung für Produktionserfolg und Gesundheitsschutz „nach unten".[372] So nimmt der Druck auf die Reinigung immer dann stark zu, wenn in Schlachtung und Zerlegung Überstunden gemacht werden. Dies führt zu deutlichen Verzögerungen beim Arbeitsbeginn der Reinigungskolonne und einem entsprechend verdichteten Pensum. Es kommt dabei sowohl zu Überstunden als auch zur (illegalen) Streichung der arbeitsrechtlich vorgeschriebenen halbstündigen Pause. Die resultierende Arbeitsverdichtung ist eine Ursache für die Unfälle, von denen die Befragten berichten. Gerade die Kombination aus Zeitdruck und mangelnder Einarbei-

371 Ibid., S. 10, 425–430. „Outbreak" ist ein Science-Fiction-Film aus dem Jahre 1995, der den „lautlosen" Ausbruch eines Virus beschreibt.

372 Diese schafft gleichzeitig eine Möglichkeit für die Vorarbeiter, die Kontrolle über die Arbeitenden zu bewahren: Ein Befragter berichtet, dass der Verzicht auf das Tragen von Schutzbrillen als Vorwand für Abmahnungen gebraucht werde: SOFI_F2_B_03, S. 5, 186f.

tung macht die Arbeit in der Industriereinigung vielleicht zu einer der gefährlichsten Tätigkeiten in der Fleischindustrie.[373]

Wie in einem Interview deutlich wird, das unsere Kollegin Mouna Maaroufi während eines gemeinsamen Aufenthalts im Oldenburger Münsterland im Rahmen ihrer Doktorarbeit geführt hat, erfahren die Arbeitenden solche Zumutungen aber nicht alleine als gesundheitsgefährdend, sondern im Kontext unterschiedlicher Würdeverletzungen:

> „Sechs Monate und ein(en) Tag hatte ich einen Festvertrag, unbefristet meine ich, und ich habe dafür 1.200 Euro bezahlt, stell dir mal vor, ich habe dafür 1.200 Euro bezahlt an einen Chef, nur damit ich endlich arbeiten kann, endlich etwas machen kann, aber der Arbeitsmarkt hat mich die Arbeit in Deutschland hassen lassen, (…) Erschöpfung, Erschöpfung, Erschöpfung, und es gibt kein Ergebnis, du hast nicht das Gefühl, dass gut mir dir umgegangen wird. Ich muss entspannt zur Arbeit gehen, mir reicht der Druck aus meinem Land, mir reicht der Druck, den ich von meiner Familie bekomme, die mich jeden Tag anrufen und fragen, wann können wir kommen, wann wirst du uns holen, ich habe zum Beispiel kleine Kinder, sie verstehen dort nicht, was Gesetze bedeuten, sie denken, dass wir nicht an sie denken. Und noch dazu kommt (…) noch ein bisschen rassistisches Verhalten dir gegenüber auf der Straße, all das verursacht unsere Probleme."[374]

Es geht in dieser exemplarischen Passage nicht nur um das Arbeitsverhältnis, sondern auch um andere „gläserne Wände", mit denen die Ankommenden immer wieder konfrontiert werden. Sie alle markieren ihre Nichtzugehörigkeit: auf der Straße, in der Schlange, auf dem Wohnungsmarkt, in der Tatsache, dass man

373 Anders als in Bezug auf die Fleischindustrie im Allgemeinen habe ich leider zu diesem Thema keine detaillierte statistische Auswertung der Berufsgenossenschaften oder Unfallversicherungen gefunden. Auch dies mag jener „Taschenlampe" geschuldet sein, die angesichts öffentlicher Skandale das Licht auf problematische Arbeitsverhältnisse nur selektiv wirft.

374 Das Gespräch fand im Anschluss an die erwähnte arbeitsrechtliche Beratung statt, vgl. SOFI_F3_B_09, S. 2, 50–58.

„Eintritt" bezahlen muss, um einen Arbeitsplatz zu erhalten. Im Betrieb wird zudem das Tragen von markierter Kleidung, die einen als Mitarbeiter*in des Subunternehmens ausweist, als Zurücksetzung empfunden. Oder der Umstand, dass Reinigungskräfte andere Pausenräume benutzen müssen als die Festbeschäftigten.[375]

Insgesamt ist die branchenspezifische Industriereinigung so etwas wie die Nachtseite der Fleischindustrie, ein Set von Tätigkeiten, die in der Öffentlichkeit noch weniger beobachtet werden wie die Schlachtung und Zerlegung selbst. Es ist zu befürchten, dass sich der Druck auf die dort Arbeitenden in Zukunft, was etwa Personalausstattung, Arbeitsverdichtung und Arbeitszeiten betrifft, noch verschärfen könnte. Für diese Befürchtung spricht, dass angesichts der gesetzlichen Vorschriften zur Reduzierung der Ausbeutung in der unmittelbaren Schlacht- und Zerlegekette die Unternehmen Einsparmöglichkeiten in den neuen „Randbereichen" sehen könnten.

Der Umstand, dass unterschiedliche Betriebsräte wie Gewerkschaften auch in Zukunft für diese Beschäftigten zuständig sein werden, hier die IG BAU (Reinigung), dort die NGG (Schlachtung und Zerlegung etc.), wird die Durchsetzung der Einhaltung von Arbeitsrechten oder besseren Arbeitsbedingungen wohl zusätzlich erschweren. Die Segmentierung der Belegschaften erhält somit eine weitere Dimension: Neben die rassifizierte und vergeschlechtlichte Arbeitsteilung in der Schacht- und Zerlegungskette tritt potenziell eine Verstärkung der Unterschiede zwischen „Tagseite" und „Nachtseite", Kernen und Rändern. Ich werde auf diese Diskussion anlässlich der Frage nach den Auswirkungen des Arbeitsschutzkontrollgesetzes in Kapitel 3 zurückkommen.

2.5. Arbeiten, um zu leben: Einkommen und Reproduktion

Ein schöner, warmer Abend im Juni 2018 – wir befinden uns im lokalen Jugendzentrum in Lohne (Oldenburg). Die Initiative „Gemeinsam gegen Einsam" hat Arbeiter*innen aus der Indust-

375 SOFI_F2_B_03, S. 8, 333f.

riereinigung zu einer Rechtsberatung eingeladen. Nach und nach füllt sich der Raum. Gesprochen wird zuerst über die im letzten Abschnitt verhandelten „Eintrittsgelder“: Man zahlt zwischen einigen hundert und deutlich mehr als tausend Euro an einen Vermittler, um überhaupt einen Arbeitsvertrag zu erhalten oder einen bestehenden Vertrag zu verlängern. Die beiden Berater*innen – ein Gewerkschafter der NGG und eine Kollegin von „Arbeit und Leben“ – sagen, dass das selbstverständlich nicht legal sei und man vor allem das Subunternehmen und den Werkvertragsgeber damit konfrontieren müsse. Weniger eindeutig ist die Rechtslage bei den Arbeitszeiten: Bei den Reinigungskräften beginnt die Arbeitszeit um 21 Uhr; vorher müssen die Arbeitsmittel zusammengestellt werden. Man kommt um 20 Uhr, zieht sich um und beginnt um 20.30 Uhr mit den Vorbereitungen.[376] Es wird geraten, die Zeiten zu notieren und von einer Zeugin oder einem Zeugen unterschreiben zu lassen. Was die Wochenarbeitszeiten betrifft, so verstoße eine Sieben-Tage-Woche ohne Ersatzruhetage, von der ebenfalls viele der von uns Befragten berichtet haben, zudem gegen das Arbeitszeitgesetz. Am Ende schließlich geht es um das Verhältnis zwischen Arbeitszeit und Lohn. Ein Beschäftigter hat seinen Arbeitsvertrag dabei. Dort steht, dass das Unternehmen Tariflohn zahle, eingetragen sind 9,80 Euro. Aber das stimme nicht, sagt er, denn es werde nur das bezahlt, was offiziell gearbeitet worden sei: Die geklauten Minuten und Stunden fallen einfach unter den Tisch. Wieder kommt von den Beratenden der Hinweis, dass die Arbeitszeit vollständig notiert und bezeugt werden sollte.

Soviel zum Recht, aber wie kann man es durchsetzen? Es stellt sich heraus, dass einige der Anwesenden nur wenige Wochen nach unseren Interviews, die Anlass für die Beratungsveranstaltung waren, nicht mehr in der Industriereinigung arbeiten. Also kann es nur noch um das Einklagen von Ansprüchen im Nachhinein gehen. Schwierig, wenn die Arbeitszeit nicht dokumentiert worden ist. Die Beraterin von „Arbeit und Leben“ weist auf die Möglichkeit hin, entgangene Lohnbestandteile gegenüber dem Arbeitgeber juridisch geltend zu machen, ohne dass es zur Klage

376 SOFI_F2_B_01, S. 7, 285–290.

komme. Aber wenn die Arbeitszeiten nicht dokumentiert werden, wird auch das schwierig. Nach dem Meeting bleibt ein unangenehmer Nachgeschmack: Es ging ja um die Einhaltung geltender Rechtsansprüche. Ratschläge beziehen sich darauf, wie erfahrenes Unrecht *im Nachhinein* korrigiert werden kann. Aber die Frage, wie das Unrecht *von vornherein* vermieden werden könnte, ruft bei uns allen – den Arbeitenden selbst und den sie begleitenden Angehörigen, Berater*innen, Gewerkschafter*innen, Forschenden – Ratlosigkeit hervor. Zudem wird nicht die Arbeitssituation als Ganze zum Thema, sondern vor allem die Frage nach dem Verhältnis zwischen Lohn und Arbeitszeit. Der Eindruck, zu spät zu sein und, wenn überhaupt, nur einen Teil der legalen Ansprüche zurückfordern zu können, ist kaum zu vermeiden.

Aber wie kann es sein, dass gegen Rechtsansprüche – bei formal korrekten Arbeitsverträgen und dokumentierter Arbeit – derart massiv verstoßen werden kann? Ungestraft, ohne Möglichkeit für die Leute, sich etwas zurückzuholen? An diesem Abend gerät noch ein weiterer Faktor in den Blick, der zur Beantwortung dieser Frage beiträgt: die Position des betreffenden Unternehmens in der lokalen Gesellschaft. Dort spielt der lokale Fleischbaron eine wichtige Rolle. Es ist ein Familienunternehmen, dessen Vertreter im lokalen Parlament sitzen, ein Gönner, der Sportvereine und Feste sponsert. Nicht so einfach, solchen lokalen Wohltätern Rechtsbrüche vorzuhalten, ohne dass es zum Gegenangriff auf dem lokalen Terrain kommt. Noch schwieriger, wenn es um Rechtsbrüche geht, die von einem Subunternehmer begangen werden, Verstöße, von denen man in der Chefetage des „seriösen" Werkvertragsgebers vielleicht weiß, aber formal nichts wissen muss. Und am Schwierigsten, wenn es sich um Übergriffe handelt, die von einzelnen Vorgesetzten vor Ort ausgehen, in einem Subunternehmen, das überall in Deutschland verstreut seine Leute einsetzt. Im Nachgespräch werden wir übrigens darauf aufmerksam gemacht, dass selbst das Zentrum, in dem wir uns getroffen haben, von einem angesehenen lokalen Unternehmen finanziert wird. Allerdings nicht vom Fleischbaron, sondern von einer anderen lokalen Größe.

2.5.1. *Informelle Löhne in der Fleischindustrie*

In der Pandemie wurde öffentlich über „Lohnbetrug" in Branchen mit überwiegend migrantischen Arbeiter*innen diskutiert, von der Landwirtschaft bis zu den Paketdiensten. In Bezug auf die Fleischindustrie war dies schon vorher Thema, so in einer Untersuchung des Arbeitsministeriums in Nordrhein-Westfalen, die im Oktober 2019 der Öffentlichkeit vorgestellt wurde.[377] Der Bericht dokumentiert Kontrollen in 30 Betrieben. Nur zwei blieben ohne Beanstandungen. Neben einem in jeder Hinsicht mangelhaften Arbeitsschutz[378] stellte man vor allem Verstöße gegen Arbeitszeitrecht fest, so Schichten von über zwölf Stunden, darüber hinaus mehr als 3.000 Verstöße gegen gesetzliche Höchstarbeits- und Ruhezeiten, die oft mit der Aneignung unbezahlter Arbeitsstunden verbunden waren. Wie der von einem CDU-Minister initiierte Bericht zeigt, kann kaum Zweifel bestehen, dass Verstöße gegen Entgelt- und Arbeitszeitvorschriften 2019 überall Normalität waren.

Das ist kein Zufall, und es kann an dieser Stelle zunächst nur wiederholt werden, was bereits umfangreich geschildert und in unseren Interviews selbst von Managern aus multinationalen Unternehmen bestätigt wurde: Die Expansion der Fleischindustrie in Ostwestfalen, im Oldenburger Münsterland und anderswo in Deutschland ist vor allem Resultat einer „Niedriglohnstrategie". Gleichwohl stellt sich die Frage, wie sich diese Strategie entwickelt hat und wie sie sich vor dem Hintergrund jener staatlichen Regulierung veränderte, die bereits Jahre vor 2020/21 einsetzte. Was die Lohnhöhe betrifft, so kann man zunächst feststellen, dass bis zum Jahr 2014 nach Einschätzung der Hans-Böckler-Stiftung „in vielen deutschen Schlachtbetrieben reale Löhne weit unter fünf Euro pro Stunde für Werkvertragsarbeiter keine Seltenheit" waren.[379] 2014 wurde dann – im Kontext der Einführung des gesetzlichen

377 Ministerium für Arbeit, Gesundheit und Soziales des Landes Nordrhein-Westfalen 2019.

378 So wurden in rund hundert Fällen „technische Arbeitsschutzmängel mit hohem Gefährdungspotenzial, (wie) entfernte Schutzeinrichtungen, gefährlicher Umgang mit Gefahrstoffen, abgeschlossene Notausgänge, gefährlich abgenutzte Arbeitswerkzeuge" gefunden. Ibid., Anlage 3 (ohne Seitenzahl).

379 Stracke 2017, S. 16.

Mindestlohns – ein Branchenmindestlohn von anfangs 7,75 Euro zwischen Gewerkschaften und Arbeitgeberverbänden vereinbart. Es war eine Ausnahmeregel, die für neun Monate unter dem allgemeinen Mindestlohn lag.

Dass es also faktisch ein Absenkungsvertrag war, wurde der zu diesem Zeitpunkt in den Betrieben eher schwach verankerten Gewerkschaft NGG dadurch versüßt, dass das Bundesarbeitsministerium den Vertrag als allgemeinverbindlich für die gesamte Industrie erklärte. Dies wiederum führte dazu, dass er nunmehr auch für entsendete Beschäftigte zur Anwendung kam, was wiederum dazu führte, dass die Entsendung in der Fleischindustrie in kurzer Zeit stark zurückging: Von nun an waren Werkverträge zu „deutschen" Bedingungen die Hauptform der Beschäftigung. Bis Ende 2017 stieg dieser Mindestlohn auf 8,75 Euro pro Stunde, minus Sozialabgaben und Steuer. Danach wurde ein neuer Flächentarifvertrag verhandelt, der neun Euro pro Stunde vorsah. Eine Erklärung der Allgemeinverbindlichkeit wurde jedoch nicht erreicht, sodass der letzte Rest von Flächentarif in der Fleischindustrie (vorerst) verschwand.[380] Das bedeutete nicht automatisch Lohnstagnation: Der Arbeitskräftemangel in der Fleischindustrie trug nach 2017 in vielen Betrieben zu faktischen Lohnsteigerungen bei, wie Daten der Berufsgenossenschaft zeigen: Stundenlöhne über zehn Euro waren demnach bereits 2018/19 häufig anzutreffen.[381] Ein Fragezeichen, das freilich hinter diese Statistik gestellt werden muss, hat damit zu tun, dass informelle Lohnabzüge wie „Vermittlungsgebühren", „Anreisegebühren", „Gebühren" für Werkzeuge, Abzüge für „Fehler" usw. immer ein Teil der betrieblichen Wirklichkeit waren. So konnten „offizielle" Steigerungen dazu führen, dass der Druck auf die Subunternehmer zunahm, sich den entgangenen Profit „inoffiziell" zu holen. In welchem Ausmaß die Vermittler, die auch nach der Regulierung von 2014 weiterhin überwiegend

380 S. hierzu Weinkopf und Hüttenhoff 2017. Im Rahmen eines international vergleichenden Projekts, das auch die Bedeutung der industriellen Beziehungen in einigen osteuropäischen Ländern und Italien berücksichtigt, s. Whittal und Trinczek 2019. Im Kontext der Einführung des Mindestlohns in Deutschland: Mayer-Ahuja 2020b.

381 Sozialpolitischer Ausschuss der Fleischwirtschaft 2019, S. 2–3.

die Subunternehmen führten, nach der Allgemeinverbindlichkeit auf solche Methoden zurückgegriffen haben, lässt sich zwar nicht präzise ermitteln – dass sie es getan haben, zeigt aber nicht zuletzt der oben erwähnte Bericht aus NRW.

Die öffentliche Skandalisierung der Arbeits- und Entlohnungsbedingungen in der Fleischindustrie hatte aber auch jenseits der Frage nach dem Mindestlohn bereits vor 2020 Folgen. Zunächst setzte der Staat dabei auf die „Freiwilligkeit", wie in der „Selbstverpflichtung" der Fleischindustrie aus dem Jahre 2015.[382] 2017 legte die Bundesregierung mit dem „Gesetz zur Sicherung von Arbeitnehmerrechten in der Fleischwirtschaft"[383] (GSA Fleisch) eine Generalunternehmerhaftung für die Sozialversicherungsbeiträge und eine Dokumentationspflicht der Arbeitszeiten fest. Obwohl anfangs als Ausgangspunkt für die Verbesserung von Arbeitsbedingungen auch von Gewerkschafter*innen begrüßt,[384] blieb das Gesetz faktisch ohne positive Auswirkungen. Verstöße gegen das GSA Fleisch wurden kaum geahndet.

Vor allem wurde weder das Modell der exportorientierten Expansion noch das Setzen auf die „flüssige" migrantische Arbeitskraft aufgegeben. Eher könnte man von einer Verschiebung des Terrains sprechen. Weinkopf beschrieb die Transformation von Werkverträgen auf Grundlage der Entsendung so: Es seien vielfach „die bisherigen osteuropäischen Werkvertragsunternehmen – teils mit Unterstützung der Unternehmen der Fleischwirtschaft – in deutsche GmbH's umgewandelt (worden…). Die Beschäftigten blieben dieselben, und den osteuropäischen Geschäftsführungen wurden deutsche Geschäftsführer*innen zur Seite gestellt."[385] Einige neue Werkvertragsunternehmen entstanden zudem als Ausgründungen, die von leitenden Angestellten der Konzerne und Unternehmen selbst geführt werden. Während die staatliche Regulierung kaum Wirkung zeigte, kamen Lohnerhöhungen vor allem durch das Interesse der Betriebe an der Stabilisierung des Arbeitskräfteeinsatzes

382 Sozialpolitischer Ausschuss der Fleischwirtschaft 2015.
383 Weinkopf und Hüttenhoff 2017, S. 538, Deutscher Bundestag 2017.
384 Weinkopf 2018, S. 216.
385 Weinkopf 2018, S. 214.

für bestimmte Tätigkeiten zustande, die eine längere Einarbeitungszeit, mehr Sorgfalt bei der Ausführung und eine verbindliche Kommunikation mit Vorgesetzten erfordern.

Wie bewerten die von uns interviewten Arbeiter*innen ihre Löhne? Sehen wir uns ein Beispiel aus einem Interview mit einem Arbeiter an, der seit 2011 in Deutschland ist und viele unterschiedliche Erfahrungen gemacht hat. Herr Landis hat die ersten vier Jahre in der Ausstallung gearbeitet, wie die Reinigung ein Bereich, der auch nach Anfang 2021 noch mit Werkverträgen arbeiten darf. Wir treffen ihn Ende 2017 zu einem unserer ersten Interviews in der ALSO, wo er seit einiger Zeit als Berater arbeitet:

> „Dann habe ich (2011) gearbeitet erst mal in einer Ausstallungsfirma. Da muss, wo die Leute Hähnchen greifen (…) und in Container verpacken. Und, ja, da habe ich keine andere Möglichkeit gehabt, weil ich hatte keine Deutschkenntnisse und diese war die einzige Möglichkeit. Und, ja, ich habe zu Anfang in einer Wohngemeinschaft gewohnt mit anderen sechs, sieben Personen. Wir haben gesamt die Miete bezahlt und so. Ja, die Arbeit beginnt immer abends um acht und neun Uhr. Dann manchmal fahren wir 300 Kilometer hin und zurück nur für einen LKW, und die Wegstunden sind nicht bezahlt. Die bezahlen nur diesen einen LKW. Das waren zehn Euro. Vier Stunden für zehn Euro in Nacht (…). Und nochmal, es gibt auch 20 LKW. Dann muss man 20 Stunden bereit sein, um die Arbeit zu machen, ohne Pause, ohne Schlafen oder gar nichts. Nur mit zehn Minuten Pause für einen Kaffee, Zigarette und ein Brötchen zu essen und dann weiter zur Arbeit. (…) Denn alle Bauern hier in Norddeutschland hatten zwei, drei, vier, fünf Stall mit Hähnchen. Es gibt nicht so kleine Bauern. Es gibt nur die großen Bauern. Und dann pro Stall sind circa fünf, sechs LKW und dann, wenn die Schlachterei kauft das Hähnchen von den Bauern, dann die macht alle Ställe leer. Nicht nur einen Stall und dann morgen wieder einen Stall. Da wird immer ein Termin, alle Ställe leer. Und dann sind 20 LKW. Und, ja, die Leute sind bezahlt nur pro LKW. Es gibt keinen Stundenlohn. Das ist nur pro LKW-Lohn. Dann muss man ganz viele LKW monatlich ein-

packen, ja, um für einen guten Lohn zu haben, aber, ja, ich habe den besten Lohn gekriegt 1.200 Euro."[386]

Netto, fragen wir weiter; netto, sagt Herr Landis. Aber:

> „Für 160 LKW monatlich. Aber dann die Person ist kaputt. Du hast keine Freizeit mehr, du brauchst die ganze Freizeit du brauchst zum Schlafen, weil du bist ganz fertig. Und ich habe den Job gemacht vier Jahre. (…) Ja, ich bin raus von diesem Job, weil ich habe gesundheitliche Probleme. Dann habe ich einen Bandscheibenvorfall gehabt. Dann habe ich nach sechs Monaten Physiotherapie gemacht. Dann hat mir nicht geholfen. Dann bin ich hier nach Oldenburg gekommen. Dann habe ich ein Jahr Reha-Sport und da auch nicht geholfen, und dann jetzt ich spreche mit meinem Arzt über eine Operation."

Für die neu Ankommenden ist das Kriterium für ein akzeptables Einkommen zunächst der Nettolohn. Auch Herr Landis hat, wie er berichtet, zunächst danach gefragt, was am Ende unter dem Strich herauskommt. In dieser Hinsicht sicherte die Arbeit in der Ausstallung anfangs nur knapp seine Existenz. Aus dem weiteren Verlauf des Interviews wird deutlich, dass es drei Faktoren gab, die ihn zunächst über Wasser gehalten haben: Erstens teilte er sich mit anderen Arbeiter*innen eine sehr kleine Wohnung und musste „nur" 300 Euro Miete zahlen. Zweitens kam er mit dem Einkommen knapp zurecht, weil er alleinstehend war sowie anders als die meisten anderen Arbeiter*innen kein Geld nach Rumänien schicken musste bzw. eine Familie zu versorgen hatte. Und drittens stieg er nach zwei Jahren zum Vorarbeiter auf und verdiente etwas mehr.

Gefragt nach den größten Belastungen, nennt Herr Landis nicht den Lohn an erster Stelle: „Ja, das Schlimme war immer die Arbeitszeit. Ja, weil du weißt nicht, wann du zum Arbeiten gehen musst, du weißt nicht, wann zu Hause du kommst".[387] Die Belastung durch die extrem ausgedehnte und extrem flexible Arbeitszeit

386 SOFI_F1_B_03, S. 1f, 4–40.
387 Ibid., S. 21f., 1031–1032.

verschließt sowohl alle Möglichkeiten, lokal ein Freundschaftsnetzwerk aufzubauen und/oder eine Familie zu gründen, sondern die sich aufbauende Müdigkeit macht auch den gesundheitlichen Verschleiß unübersehbar.

Deutlich wird aber zugleich die auch für andere Arbeitsverhältnisse geltende Banalität, dass Arbeitszeit und Lohn auf Dauer in einem Verhältnis stehen müssen, damit der Lohn akzeptabel bleibt. Herr Landis wird in seiner Zeit als Ausstaller „pro Lastwagen" bezahlt, und er berichtet, dass die Subunternehmer versuchen, immer weniger Geld pro LKW zu zahlen. So wurde der Druck stärker: Die extrem harte und Verletzungen hervorrufende Tätigkeit in der Ausstallung – Landis berichtet über Tiere, die sich im Überlebenskampf wehren und beißen – führte mit Anfang 30 zu starken körperlichen Beeinträchtigungen. Nach vier Jahren entkam Herr Landis mit Unterstützung der ALSO zunächst durch eine dauerhafte Krankmeldung. Für viele seiner Kollegen erschien vor dem Hintergrund der geschilderten Erfahrungen sogar eine Stelle in Schlachtung und Zerlegung als Verbesserung.

Informeller Lohn und multiple Prekarität

Für das Lohn-Leistungs-System, das in der Wertschöpfungskette der Fleischindustrie vorherrschend war, war der ständige Austausch der Beschäftigten zentral. In diesem wiederum spielte die Regulierung dessen, was aus Staatsbürgerschaft für soziale Rechte und Ansprüche folgt, in den 2010er-Jahren eine entscheidende Rolle. In diesem Fall ging es um jene aufgrund der späteren Eintritte von Rumänien und Bulgarien in die EU geltenden Übergangsregeln in Bezug auf die Arbeitnehmerfreizügigkeit: Sie galt für diese beiden bereits 2007 in die EU eingetretenen Staaten erst ab dem 1.1.2014. Es fand also eine doppelte Bewegung statt: Während Mindestlohnregelung, Selbstverpflichtung und GSA Fleisch zu einer Formalisierung der unmittelbar auf Arbeitsverhältnisse bezogenen Regeln beitrugen, führte die faktisch immer wieder „geschichtete" Unionsbürgerschaft gleichwohl zu einem ständigen Nachschub an billiger Arbeitskraft. Die Ausbeutung der Arbeiter*innen, die staatliche Politik mit der „einen Hand" zu regeln und zu begrenzen suchte, machte sie mit der „anderen Hand" möglich.

Dass es sich um zwei verschiedene Zuständigkeitsbereiche handelt, hier das Arbeits-, dort das Innenministerium, ändert daran nichts.

Dabei geht es bei der Forderung, man müsse dem Staat auf die Finger schauen, nicht um die Frage der *Wirksamkeit* staatlicher Politik schlechthin, sondern eher darum, eine widerspruchsvolle *Logik* zu berücksichtigen. Dieser Punkt ist auch für die Beurteilung der staatlichen Eingriffe nach der Pandemie wichtig, aber eigentlich nichts Neues oder Überraschendes. Man kann das gut am Schicksal des GSA Fleisch zeigen, das mit großen Hoffnungen gestartet war, die 2020 angesichts der Corona-Skandale endgültig verblassten. Zur Erklärung des Scheiterns wurde gefunden, dass die Bußgelder bei Verstößen zu gering gewesen seien, Kontrollen zu selten stattgefunden hätten, mit zu wenig staatlichem Personal.[388] Aber die begrenzte Wirksamkeit des GSA Fleisch kann man nur dann verstehen, wenn man feststellt, dass sich bspw. die Einkommen von Arbeitenden nicht nur auf der Grundlage einer mangelnden Einhaltung dieses oder jenes Gesetzes oder Vertrags konstituieren. Sie setzen sich vielmehr auf der Grundlage von Faktoren zusammen, die man im Betrieb nicht sehen kann und die auch nicht alleine im Arbeitsrecht oder in Tarifverträgen geregelt werden. Ihre Definition ist vielmehr eingelagert in Machtbeziehungen, die (migrantische) Arbeits- und Lebensverhältnisse umfassend prägen – vom Aufenthaltsrecht bis zur Wohnraumbewirtschaftung.[389]

In unserer Studie fanden wir ein zynisches Argument, das diesen Punkt gut illustriert: Die Wohnverhältnisse seien vor allem so schlecht, weil die Arbeiter sparen wollten. Sie seien ja freiwillig hier und dürften selbst über ihre Wohnbedingungen bestimmen.

388 Bosch et al. 2020, S. 12.

389 In diesem Sinne stellt sich bspw. die Frage, ob die Verhältnisse in der vorpandemischen Fleischindustrie wirklich „deutlich weniger reguliert" waren als im allgemein geltenden Maßstab hierzulande: Das mag für die formale Regulierung der Arbeitsverhältnisse gelten, für die allgemeinen Lebensverhältnisse gilt es keinesfalls. Zur internationalen Debatte über Informalität s. Mayer-Ahuja 2017, vgl. auch Mayer-Ahuja 2020b, S. 17. Ich gehe im resümierenden vierten Kapitel dieses Textes noch einmal systematisch-bilanzierend auf die Frage der Informalität und des transnationalen Vergleichs ein.

Und sie wollten eben Geld nach Hause schicken. Abgewandelt begegnete uns diese rhetorische Verschiebung, die im Grunde argumentiert, dass die Ausbeutung „schon im Interesse der Arbeiter" sei, in dem ersten Gespräch, das wir mit einem Vertreter eines Arbeitgeberverbands zu Beginn unseres Projekts Anfang 2017 geführt haben. Die damalige Antwort auf die Frage, wie der Übergang vom System der Entsendung auf „deutsche" Werkverträge zu beurteilen sei, haben wir wie folgt protokolliert:

> „Es seien jetzt überall ‚deutsche Unternehmen' zu ‚deutschen Bedingungen' als Werkvertragsgeber aktiv. Integration in feste Beschäftigungsverhältnisse würde mitunter angeboten, inklusive von Sprachkursen, sei aber nicht so leicht. Migrant*innen hätten oft das Interesse, nicht zu ‚deutschen' Bedingungen zu arbeiten, da sie keine Abgaben zur Sozialversicherung zahlen wollen."[390]

Mit anderen Worten: Die Beschäftigten hätten kein Interesse an der Abschaffung der Entsendung, weil sie in der Beziehung zu den „Onkels", die diese organisierten, immer noch mehr verdienten als im Rahmen einer formalisierten Beziehung (zu weitgehend denselben Onkels), auf deren Grundlage aber Abgaben an die Sozialversicherung fällig werden. Die Aussage aus dem Jahr 2017 ist in jeder Beziehung zweifelhaft, vor allem hinsichtlich der Idee, dass die Arbeitenden gerne – von wem auch immer – mit einem Hungerlohn bezahlt wurden. Mit strukturell ähnlichen Argumenten verteidigte man sich gleichwohl, wie wir in Abschnitt 3.1 sehen werden, auch 2020 noch gegen die Vorwürfe der Öffentlichkeit und versuchte, den Erhalt der Werkverträge zu rechtfertigen. Aber „wahr" ist an dieser Äußerung, dass der Bruttolohn für neu ankommende Arbeitende zunächst nicht ganz so wichtig ist wie der Nettolohn. In den ersten Jahren interessieren sich migrierte Arbeitende in der Tat nicht so sehr dafür, Sozialversicherungsabgaben abzuführen. Es ist dies ein in der Geschichte wiederholt beobach-

390 SOFI_F_ab_E_01, M, S. 1.

tetes Phänomen,[391] und es hängt einerseits damit zusammen, dass die erste Generation – einschließlich der aktuellen Migrant*innen aus den osteuropäischen EU-Ländern – sich von vielen mit dieser Einzahlung verbundenen Leistungen a priori ausgeschlossen sieht, und andererseits damit, dass Migrierende zunächst verständlicherweise oft an alles andere denken, nur nicht an eine zukünftige Rente in Deutschland.

2.5.2. Lohn und Arbeitszeit im Online-Versandhandel

Auch im Online-Versandhandel ist die Lohnfrage extrem umstritten. Dass sie Gegenstand öffentlicher Debatten wurde, hat vor allem damit zu tun, dass in einem Teil der Amazon-Distributionszentren seit Mai 2013 regelmäßig Streiks für eine Anhebung der Löhne auf das Niveau des Einzelhandels stattfinden.[392] Jenseits von Amazon gelten in der Branche zum Teil Tarifverträge, wenngleich diese seit Mitte der 2000er-Jahre auf der Grundlage der Argumentation, dass es sich um „Logistik" und nicht um „Einzelhandel" handele, immer wieder lokal durchlöchert werden.[393] Gleichwohl muss die Bezeichnung als „Niedriglohnsektor" vor dem Hintergrund der Nettomonatslöhne mit einer Einschränkung benutzt werden: Bei Amazon erzielt man bspw. in der Dauernachtschicht einen Monatslohn, von dem man im Großraum Hamburg (gleichwohl oft nur sehr, sehr knapp und/oder als Single) existieren kann.[394]

Allerdings ist die Forderung nach einer Erhöhung der Löhne bzw. nach einer Tarifierung wie im Einzelhandel zugleich eine Art Metapher für die (fehlende) Anerkennung der Arbeitsleistung, ein Aspekt, auf den ich oben im Zusammenhang mit den Tätigkeiten

391 Piore 1979, S. 2–14, für die bundesdeutsche Nachkriegsgeschichte s. Birke 2007, hier S. 120f.

392 Boewe und Schulten 2019, Barthel und Rottenbach 2017.

393 Das gilt etwa für den bereits 2006 unterzeichneten Absenkungstarifvertrag bei der Otto-Group, um den 2007 für vier Wochen gestreikt wurde, s. ver.di 2007.

394 Die Frage, ob Lohnerhöhungen wirklich zu den Prioritäten individuell befragter Beschäftigter gehören, folgt aus dieser Anordnung. Sabrina Apicella argumentiert in einem internationalen Vergleich dafür, auch auf diesem Niveau stärker für eine Verbesserung von Arbeitsbedingungen im Allgemeinen zu streiten. Vgl. hierzu Apicella 2021.

als Instructor etc. und den mangelnden Aufstiegsmöglichkeiten eingegangen bin. Zudem stehen vermittels der Lohnforderung implizit die Arbeitsbedingungen zur Debatte. So können Verbesserungen der Arbeitsbedingungen in relativ gut gewerkschaftlich organisierten Zentren u.a. durch Streiks erreicht werden, die formal die Lohnforderung formulieren und damit die Friedenspflicht[395] aushebeln, auch wenn in ihnen faktisch auf eine Vielfalt von betrieblichen Konflikten in- und explizit Bezug genommen wird. Aus dieser Sicht stellt sich im Zusammenhang mit den Lohnkämpfen nicht nur die Frage, *ob* man von seinem Einkommen existieren kann, sondern auch, *wie lange* man unter den gegebenen Arbeitsbedingungen arbeiten kann, ohne dass gesundheitliche Probleme die Arbeitsfähigkeit und das allgemeine Wohlbefinden beeinträchtigen. Auf dieser Grundlage verändert sich das Bild, das die Beschäftigten vom Lohn-Leistungs-Verhältnis haben. So kann die Dauernachtschicht in Versand-B in den ersten Monaten oder Jahren noch als starke soziale und persönliche Belastung erscheinen, die aber in Kauf genommen wird, weil man mit dem Nettolohn einigermaßen klarkommt. Mit der Zeit erodiert dieses Arrangement jedoch wie in der Fleischindustrie. Vor allem die Erfahrung, dass Leistung nicht honoriert wird, kann zu einer Art inneren Kündigung auch bei „alten Hasen" führen, die zunächst stolz auf das gebrachte Tempo und ihre besondere „Eignung" waren.[396]

Die Frage nach Konflikten um die Entlohnung kann auch im Online-Versandhandel nicht von der Frage nach den Arbeitszeiten getrennt verhandelt werden. Freilich ist eine extensive Ausdehnung des Arbeitstags dort nicht möglich, da es sich um 24-Stunden-Schichtbetriebe handelt. In unseren Untersuchungsbetrieben bezieht sich angesichts dessen der Konflikt um die Ausdehnung von Arbeitszeiten erstens auf den arbeitsfreien Sonntag. Zweitens geht

395 In Deutschland sind Streiks während der Laufzeit eines Tarifvertrags illegal, was bspw. bedeutet, dass nicht für Lohnverbesserungen gestreikt werden darf, wenn es diesbezüglich einen geltenden Vertrag gibt. Da Amazon sich Tarifverträgen aber insgesamt verweigert, kann dort bislang legal immer dann gestreikt werden, wenn ver.di einen Tarifvertrag fordert (was aber auch heißt, dass deren Gegenstände „tarifierbar" sein müssen).

396 Ein gutes Beispiel für diesen Prozess findet sich hier: SOFI_L1_B_01, S. 27f.

es um die Einrichtung von Arbeitszeiten, die mit Betreuungs- und Pflegeaufgaben vereinbar sind. Die konkrete Verteilung der Arbeitszeiten ist dabei in unseren Untersuchungsbetrieben nicht einheitlich, so existiert im „alten" Versand-A eine von den Interviewpartner*innen als „Mutti-Schicht" benannte Zwischenschicht, während auf Kinderbetreuung und andere Sorgeaufgaben in Versand-B zum Zeitpunkt unserer Untersuchung keine Rücksicht genommen wurde. Alle Arbeiter*innen sind dort in feste Dauerschichten eingeteilt, früh in der Regel mit Beginn um 6.30 Uhr, spät mit Beginn um 15.15 Uhr, Ende 24 Uhr, sowie in einer etwas kürzeren Nachtschicht bis am Morgen um 6.30 Uhr. Auf den ersten Blick ist eindeutig, dass – vor allem, wenn man die häufig lange Anreise bedenkt – keine dieser Schichten mit Betreuungsaufgaben vereinbar ist. In der Nachtschicht sind entsprechend bspw. laut der eben zitierten Interviewten „nur maximal fünf Prozent Frauen" beschäftigt.[397]

Die Beschäftigten haben zudem in Versand-B rotierend einen der Werktage frei, sodass sie einerseits auf die 5-Tage-Woche kommen, andererseits der sechste Tag dem Management die Möglichkeit gibt, jenseits von Neueinstellungen den Output hochzufahren, indem die Arbeitswoche verlängert wird. Das passiert regelmäßig in der Hochsaison von September bis Anfang des Folgejahres. Es passiert aber auch bezogen auf die Arbeitswoche insgesamt, insofern der Sonntag angesichts der Komplexität der technischen Anlagen der Distributionszentren in den ersten Jahren ihrer Entstehung für Wartungsarbeiten vorgesehen ist, wonach dann regelmäßig versucht wird, ihn in die allgemeine Arbeitszeit einzubeziehen.[398] Insgesamt geht es aber in den von uns untersuchten Betrieben des Online-Versandhandels (hier abgesehen von Versandzentren und Auslieferung) anders als in der Fleischindustrie bei der Definition der Grenzen des Arbeitstags grundsätzlich legal zu. So bringt das kontinuierliche Schichtsystem mit sich, dass die Aus-

397 Ibid., S. 10.

398 Bundesweite und für elf Distributionszentren verlangte regelmäßige Ausnahmereglungen in Bezug auf kontinuierliche Sonntagsarbeit wurden vom Bundesverwaltungsgericht jedoch in der letzten Instanz im Februar 2021 als rechtswidrig definiert, vgl. Bundesverwaltungsgericht 2021.

dehnung der Arbeitszeiten über die Grenzen des Arbeitszeitgesetzes kaum möglich ist.[399]

Der im Arbeitsvertrag festgelegte Grundlohn betrug nach Angaben des Konzerns 2019 zwischen 11,30 und 12,70 Euro pro Stunde. Zu diesem Basissatz kamen nach ein bis zwei Jahren Arbeit bis zu zwei Euro hinzu. In einem uns vorliegenden Vertrag aus Versand-B wird Ende 2019 von 11,71 Euro Anfangslohn ausgegangen, eine Summe, die 2021 leicht anstieg.[400] Bei einer regelmäßigen wöchentlichen Arbeitszeit von 40 Stunden ist von einem Bruttomonatslohn von rund 2.000 Euro die Rede.[401] Der „Mitarbeiter" bekommt außerdem eine Art Einstiegsprämie von rund 90 Euro brutto. Nach allen Abzügen und ohne weitere Prämien kommt man als Einsteiger*in auf einen Nettolohn von rund 1.400 Euro. Hinzu kommen durch das Unternehmen bestimmte freiwillig gezahlte Lohnbestandteile, vor allem Prämien. Eine weitere Einkommensform ist die Ausschüttung von Aktien, die allerdings in der früheren Phase des Unternehmens eine größere Rolle gespielt hat als heute. Die Auseinandersetzung um zusätzliche Lohnbestandteile kann eine Rolle in betrieblichen Konflikten spielen, wie insbesondere aus dem gewerkschaftlich gut organisierten Versand-A berichtet wurde.[402] Das mag auch der Grund dafür sein, dass das Aktienpaket in neuen Betrieben, wenn überhaupt, nur noch eine Nebenrolle spielt.

Hingegen werden leistungsgebundene Lohnzahlungen aufrechterhalten, die spezifisch auf den Arbeitsprozess bezogen sind: Im Rahmen eines komplizierten Berechnungssystems erhalten die Beschäftigten Zuschläge, wenn ihr unmittelbarer Arbeitszu-

399 Umso mehr gerät das Arbeitstempo in das Blickfeld des Managements, wenn es um die Steigerung des Outputs geht.

400 SOFI_L1_Dok_01.

401 Der oder die Beschäftigte hat, wie überall, einen gesetzlichen Urlaubsanspruch von 20 Tagen pro Jahr, hinzu kommen acht Tage, die das Unternehmen „freiwillig" gewährt. Außerdem ist im vorliegenden Vertrag die Klausel enthalten, dass der Beschäftigte für bis zu zwölf Wochen im Jahr an einen anderen Standort versetzt werden kann.

402 Dort hat sich die Aktie als das Gegenteil von dem entpuppt, was es aus Sicht des zentralen Managements ursprünglich sein sollte, und statt „leistungsfördernd" zu wirken, wurden Kürzungen bei den Aktien wie „einfache" Lohnkürzungen begriffen: SOFI_L2_bE_01, S. 17, 730–756.

sammenhang wenig Krankheitstage oder einen hohen Output vorweist, der Vorgesetzte wenige Fehler entdeckt usw. Das diesbezügliche Leistungslohnsystem ist also an die moralische Ordnung der „feedbacks" gebunden und ergänzt diese, wenngleich es für die meisten Beschäftigten angesichts der geringen zusätzlichen Löhne faktisch eine geringe Bedeutung behält, die eher vergleichbar ist mit Belohnungen („Gadgets") in Form von Taschen, Trinkflaschen etc. für besondere Arbeitsleistungen. Viele der Interviewten sehen die Prämien mit ironischer Distanz.[403] Das Management von Versand-B erzählt uns 2019, dass auch die Lohnhöhe ein Moment des Kampfes mit anderen Firmen um Arbeitskräfte sei, was dazu nötige, einen Betrag auszuzahlen, der deutlich über dem gesetzlichen Mindestlohn liegt.[404] Freilich will man sich auch in Zukunft von den Gewerkschaften diesbezüglich nicht reinreden lassen:

> „Aber wir haben eine Projektgruppe, die schaut sich die Arbeitsmärkte an, die schaut sich an, wie viel wird in der Konkurrenz bezahlt, die schaut sich an, wie ist das Lohnniveau. Und auf der Basis wird dann, werden Vorschläge erarbeitet für die entsprechenden Regionen. (...) Das ist so ein Prozess, der über ein Jahr geht in der Regel, und dann im September wird dann entschieden, wie die Lohnhöhe, Lohnerhöhung entsprechend aussieht."[405]

Verhandlungen mit Gewerkschaften werden durch Amazon in Deutschland, aber auch in anderen Ländern grundsätzlich und kategorisch als „Einmischung von Dritten" zurückgewiesen.[406] Die von uns befragten Gewerkschafter*innen halten dem entgegen, dass das Ziel, den Tariflohn des Einzelhandels durchzusetzen, der etwa 20 Prozent über dem von Amazon gezahlten Entgelt liegt, zwar bislang nicht erreicht wurde. Doch hätten die Tarifstreiks seit 2013

403 Eine Befragte bezeichnet bspw. Zuschläge, Prämien und Gimmicks als „endlos amerikanische(n) Mist" (und trifft damit die Stimmung vieler Interviewter): SOFI_L1_B_01, S. 25, 1216–1246.

404 SOFI_L1_bE_05, S. 13.

405 Ibid., 605–610.

406 Einen Tarifvertrag hat Amazon bislang weltweit lediglich 2018 mit drei Gewerkschaften in Italien abgeschlossen: Vgl. Apicella 2020, S. 88f.

immerhin dazu beigetragen, den Konzern zu zahlreichen „freiwilligen“ Verbesserungen zu nötigen, von denen letztlich auch die nicht direkt am Arbeitskampf beteiligten Belegschaften profitierten.[407]

Die Löhne lagen im Online-Versandhandel, anders als in der Fleischindustrie, vor der Pandemie also durchgehend über dem Mindestlohn. Die Lohnpolitik war nicht primär von Interventionen des Gesetzgebers geprägt, sondern zumindest indirekt stärker vom Eingreifen der Gewerkschaft. Andererseits findet die Anwerbung von Beschäftigten im „neuen“ Betriebsfall Versand-B auf einem Arbeitsmarkt statt, auf dem der Staat bereits für Grundlagen der Reproduktion der Arbeitskräfte sorgt. So werden Unterkünfte für Geflüchtete bereitgestellt, die Anreise wird mit öffentlichen Verkehrsmitteln organisiert etc.

Auch für die Löhne gilt, was für das Kontrollregime festgestellt wurde: Der Konflikt verlagert sich in den Produktionsprozess selbst, er ist hier, genauer gesagt, Ausdruck des Lohnsystems im engeren Sinne: Dieses legt fest, dass die meisten Amazon-Beschäftigten in einem Level 1 verharren, also einen einheitlichen Grundlohn bekommen, der nur durch die genannten, nicht sehr bedeutenden „Gimmicks“ ergänzt wird. Level 2 gibt es in Versand-B nicht. Level 3, die Arbeit der kleinen Vorgesetzten in der Koordinierung und Zurechtlegung der Tätigkeiten, wird besser vergütet, doch machen diese Beschäftigten nur einen sehr kleinen Teil der Belegschaft aus. Wenn wir über informelle Löhne sprechen, dann sprechen wir gleichwohl über eine andere Konstellation als in der Fleischindustrie. Amazon eignet sich bestimmte Fähigkeiten und Kenntnisse von Beschäftigten kostenlos an, systematischen Lohnbetrug gibt es in den Distributionszentren zumindest nach unseren Erkenntnissen jedoch nicht.

2.5.3. Löhne, Geschlechterverhältnisse, soziale Rechte

Dass Geschlechterverhältnisse eine wesentliche Rolle im Rahmen betrieblicher Herrschaft und Kontrolle spielen, wirkt sich nicht

407 Vgl. u.a. das Gespräch mit einer für „A“ zuständigen ver.di-Sekretärin, die diese Erfahrung als „von Anfang an“, also seit den ersten Streiks im Jahre 2013, prägend bezeichnet. SOFI_L2_abE_01, S. 9, 365–367.

nur auf die Arbeitsbedingungen, sondern auch auf die Lohnverhältnisse aus. Die Zuschreibung von bestimmten traditionell als „niedriger" angesehenen Tätigkeiten als „weiblich" ist ein Moment, das in beiden Branchen eine große Rolle spielt. Hier kreuzen sich rassifizierte und auf das Geschlecht bezogene Segmentierung und Hierarchisierung zwischen den Arbeitenden. Jedoch ist, während in der Fleischindustrie eine Zuschreibung „schwerer" Arbeiten als männlich in ganz tradierter Weise stattfindet, die Definition bestimmter Tätigkeiten als „männlich" oder „weiblich" im Online-Versandhandel auf den ersten Blick kaum ausgeprägt. Hier wird die vergeschlechtlichte Arbeitsteilung etwa hergestellt, indem die Arbeitszeiten so geschaffen sind, dass sie mit Sorgearbeit unvereinbar sind. Während Zuschreibungen in der Fleischindustrie offen erfolgen, erscheinen sie im Online-Versandhandel als „vorausgesetzt": Vorausgesetzt die vergeschlechtliche Arbeitsteilung ändert sich in den Privathaushalten nicht, wird die Arbeit auch in diesen „neuen" Fabriken mehr und mehr zu einer Männerdomäne. Gerade das Beispiel des Online-Versandhandels zeigt dabei sehr deutlich, dass „Vergeschlechtlichung" einerseits seine Wurzeln in der hierarchisierten familiären Arbeitsteilung hat – wer kümmert sich wann um Kinder, Alte, Haushalt –, andererseits im Betrieb aber auch immer wieder neu hergestellt wird.

Dabei finden wir einen Zusammenhang zwischen dem Muster der Anwerbung und der vergeschlechtlichten Arbeitsteilung. Teilzeit, versetzte Schichten finden sich im „alten" Betrieb „A" des Versandhandels durchaus. Der Grund dafür ist, dass dort die Anwerbung von Arbeitskräften bei Gründung des Betriebs sich auf das (erwerbslose) lokale Umfeld des Betriebs bezog und insofern besonders auch Frauen als wichtiges Arbeitskräftereservoir galten. Versand-B kennt solche Arbeitszeitordnungen hingegen (noch) nicht, weil zunächst hinreichend Arbeitskräfte im weiten Umfeld der naheliegenden Großstadt auch unabhängig von besonderen Arbeitszeitangeboten für Frauen angeworben werden konnten.[408]

408 Doch in welcher Konstellation auch immer – von uns befragte Frauen aus beiden Sektoren berichten unisono immer wieder von sexistisch inspirierter Ausgrenzung und sogar von Übergriffen: SOFI_L1_B_01, S. 3, 94f., S. 10, 448–480.

Aber die Ordnung der Geschlechter ist nicht einseitig Resultat von Zuschreibungen durch das Management und diskreten Übersetzungen gesellschaftlicher Konventionen. Sie ist zugleich umkämpft. So spielen Frauen eine auffällige und wichtige Rolle, wenn es um die Organisierung von Gegenwehr geht: Als Betriebsrätinnen waren sie nach den ersten Wahlen in Versand-B stark repräsentiert. Die von uns befragten Personen begründen dies gerade mit einer „sorgenden" Haltung, also mit einem Bezug, der sich die tradierte gesellschaftliche Arbeitsteilung aneignet und diese eigensinnig interpretiert. Eine Betriebsrätin aus Eritrea bezeichnet sich selbst als „Mama", die vor allem den jüngeren Kolleginnen und Kollegen helfen wolle.[409] Eine andere Kollegin, die ebenfalls im Betriebsrat engagiert ist, sieht ihre Rolle in der Weitergabe von Erfahrungen aus migrantischen Kämpfen und gewerkschaftlicher Organisierung, betont dabei aber ebenfalls eine „Mütterlichkeit".[410] Ein ähnlicher, auf den ersten Blick paradoxer, weil Geschlechterrollen durchaus affirmierender Ausgangspunkt selbstständigen Handelns ist die Rolle, die Frauen sich bei der Organisation von Einkommen jenseits der Lohnarbeit aneignen. So werden Ansprüche an Lohnersatzleistungen vor allem im Rahmen der organisierten Verweigerung derselben für EU-Migrant*innen Gegenstand von Konflikten. Anda Nicolae-Vladu, Beraterin der ALSO, fasst die Rolle von Geschlechterverhältnissen in diesem Zusammenhang so zusammen:

> „Frauen spielen eine sehr aktive Rolle. Bei sehr vielen unserer Erstgespräche, wenn es um Ansprüche an Arbeitslosengeld, SGB II, Elterngeld, Wohngeld geht. Meistens tauchen die Frauen zuerst auf, bringen dann andere mit. Manchmal fragen sie für sich selbst, manchmal für die ganze Familie."[411]

Der Kampf um soziale Rechte ist vom Konflikt um bessere Arbeitsbedingungen kaum zu trennen: Bei einer extrem gesundheitsschäd-

409 SOFI_L1_bE_01, S.31, 1532.
410 SOFI_L1_bE_02, M.
411 SOFI_F (P)_E_02, M, S. 1.

lichen Arbeit wie in der Fleischindustrie wird dies umso deutlicher. Denn die Frage, wie bspw. Ansprüche auf Lohnersatzleistungen oder andere soziale Ansprüche eingeklagt werden, die normalerweise mit der Unionsbürgerschaft verbunden sein sollten, tritt hier notwendigerweise dauernd auf. Es ist äußerst wahrscheinlich, dass angesichts der Arbeitsbedingungen mehr oder weniger schnell ein Punkt eintritt, an dem man aus unterschiedlichen Gründen andere Quellen des Überlebens benötigt. Außerdem ist die Übernahme von Sorgeaufgaben angesichts von Anreisewegen, Arbeitszeiten und Arbeitsbedingungen oft fast unmöglich. Es bleibt also oft nur die Möglichkeit der Rückkehr ins Herkunftsland (eine Art Geschenk an den deutschen Sozialstaat, denn einer massenhaften Einzahlung in die Sozialversicherung etc. folgt der faktische Verzicht auf daraus abgeleitete Ansprüche) oder der Versuch, solche Ansprüche trotz der erwähnten Ungleichbehandlung und systematischen Ausgrenzung von osteuropäischen EU-Bürger*innen auf den Ämtern durchzusetzen.[412]

Die so entstehenden Konflikte werden von Beratungsstellen wie der ALSO begleitet. Auch in unseren Interviews mit Berater*innen wird deutlich, wie diese Konflikte von der vergeschlechtlichten Arbeitsteilung geprägt sind und wie sie diese wiederum selbst verändern können. Dabei trägt die Erfahrung, bei dem Kampf um soziale Ansprüche ebenso wichtig zu sein wie die Männer, dazu bei, ein Licht auf die Hierarchien in der Hausarbeit, aber auch im Arbeitsprozess zu werfen, in dem Frauen oft damit konfrontiert werden, dass sie angeblich minderwertige Arbeit verrichteten. Die „Flucht" aus der Fleischindustrie ist auch eine praktische Kritik an diesen Verhältnissen. Es ist kein Zufall, dass viele der Berater*innen in der ALSO Frauen aus migrantischen Communities sind, sondern vielmehr ein Teil des alltagspraktischen Versuchs, vergeschlechtlichte Hierarchien zu verändern sowie auf lange Sicht und in einem größeren Kontext patriarchale Herrschaft zu brechen.

412 Das Standardwerk zu solchen Konflikten (am Beispiel einer teilnehmenden Beobachtung in einem sozialen Zentrum in München hat Lisa Riedner verfasst (Riedner 2018).

In diesem Zusammenhang ist „Familie“ ein wichtiger und ambivalent konnotierter Ort, über den wir nochmal nachdenken sollten. Während sich Familiensysteme im Zuge von Konflikten um soziale Reproduktion verändern, können sie an anderen Stellen und in anderer Hinsicht auch zur Zementierung vergeschlechtlichter Arbeitsteilung beitragen. So waren – zumindest in der präpandemischen Fleischindustrie – Vermittlungsstrukturen auffällig oft Teil von Familiensystemen. Wir haben oben das Beispiel der Familie Mohn erwähnt, die von einem Verwandten auf die Möglichkeit der Arbeit in Deutschland aufmerksam gemacht wurde. Und mehr noch: Ein „Onkel“ übernimmt mitunter – auch ohne dass dies angesichts der informellen Formen, die diese Verhältnisse annehmen, vertraglich vereinbart wird – zugleich die Rolle des Vermittlers, Vermieters oder Arbeitgebers. Wenn es um die Analyse von „Vermittlungsinfrastrukturen“ in EU-Migration geht, ist nach meiner Auffassung eine vertiefte Debatte über die Bedeutung von Familiensystemen im Rahmen der Informalisierung von Arbeits- und Lebensverhältnissen sehr wichtig. Das Thema kann in der vorliegenden Arbeit nur angeschnitten werden, denn es müsste auch jenseits von der Analyse einzelner Sektoren und wohl auch auf Grundlage einer vertieften Analyse von Beratungseinrichtungen und migrantischen Biografien untersucht werden.

An dieser Stelle muss also genügen, die Ambivalenz der Bedeutung von „Familie“ zu konstatieren: Sie ist überall durch die Janusköpfigkeit von Ermöglichung, Versorgung und patriarchaler Herrschaft gekennzeichnet, eine Janusköpfigkeit, die sich in der Vermittlerrolle quasi kondensiert. In den Berichten der Interviewten finden sich die Spuren dieser Janusköpfigkeit etwa in der Rolle dessen, der die Reise nach Deutschland organisiert und die Tätigkeit in der Fleischindustrie ermöglicht, der sich aber auch durch den Abzug einer Vermittlungsgebühr (bzw. unterschiedlicher Formen von Gebühren) bereichert. Indem die (erweiterte oder nahe) Familie somit zum *Problem* wird, wird sie zudem auch zum Brennpunkt für *Konflikte*.

Die Krise des Wohnens

Der Kampf um bessere Arbeits- und Lebensbedingungen für migrantische Arbeiter*innen kann keinesfalls auf das Feld des Betriebes begrenzt werden. Wenn auf Dauer Verbesserungen erreicht werden sollen, müssen Reproduktions- und Geschlechterverhältnisse in den Blick genommen werden. Damit ist auch die Wohnungsfrage angesprochen. In der Geschichte migrantischer Kämpfe hatten Konflikte um Wohnraum immer eine besondere Bedeutung. Sie waren häufig integrierter Teil von Arbeitskämpfen, man könnte sogar mit einigem Recht behaupten, dass Migrant*innen nicht selten *zuerst* gegen miserable Wohnverhältnisse und *dann* gegen schlechte Arbeitsbedingungen antraten.[413] Auch in der aktuellen Situation spielt diese Reihenfolge eine Rolle. So waren schlechte Wohnverhältnisse schon in den 2010er-Jahren im Kontext der Arbeitsverhältnisse in der Fleischindustrie ein entscheidender Kritikpunkt. Der Begriff der „Waldmenschen“[414] bezog sich in all seiner problematischen Ambivalenz auf die Erpressbarkeit durch den Entzug der vom Subunternehmer zur Verfügung gestellten Unterkunft im Falle von „Disziplinlosigkeit“ oder „Widersetzlichkeit“. Ohne Arbeit war man oft „automatisch“ wohnungslos. Wer aus der Unterkunft flog, ging buchstäblich „in den Wald“. Die Disziplin an der Schlacht- und Zerlegungskette wurde nicht zuletzt dadurch aufrechterhalten, dass mit dem Arbeitsplatz auch der Wohnraum wegfallen konnte.

In der Zeit, in der unsere Studie stattfand, spielte der Protest gegen die Verknappung und Verteuerung von Wohnraum, wie fast überall in der Bundesrepublik, auch in unseren Untersuchungsregionen eine wichtige Rolle. Eine Studie der Hans-Böckler-Stiftung ermittelte Ende des Jahrzehnts im Vergleich der niedersächsischen Großstädte für Oldenburg die stärkste Mietbelastung in jenem Wohnungssegment, in dem vorwiegend Menschen mit niedrigen Einkommen unterkommen.[415] Auch andere Großstädte der für die Fleischindustrie wichtigen Regionen wie Osnabrück oder

413 Birke 2007, S. 117–122.

414 Kunze 2014.

415 Holm und Junker 2019, S. 1835–1836. Vgl. auch NDR 2021.

Gütersloh waren in dieser Zeit von exorbitanten Steigerungen der Immobilienpreise und Mieten geprägt. In den kleineren Städten wie Lohne, Cloppenburg oder Vechta profitierten nicht nur die Unternehmen der Fleischindustrie, sondern auch unzählige private Vermieter*innen von der Wohnraummisere und der hohen Nachfrage migrantischer Arbeiter*innen.[416] Lokale Gewerkschaften, Sozialverbände und NGOs wiesen im Rahmen von Kampagnen für mehr, besseren und bezahlbaren Wohnraum immer wieder auf die besondere Belastung hin, die hohe Mieten für neu in die Region kommende Arbeiter*innen bedeuten. Immer wieder wurden dabei besonders drastische Fälle von Mietwucher und/oder gesundheitlich belastenden Wohnbedingungen thematisiert.[417] Schon vorpandemisch kam es in diesem Zuge zu Skandalen, die den Zusammenhang zwischen Erkrankungen und beengten und unhygienischen Wohnverhältnissen bei Arbeiter*innen hervorhoben, so in Bezug auf einen Fall von TBC in Cloppenburg.[418] Auch jenseits der Fleischindustrie waren Wohnverhältnisse von Werkvertragsarbeiter*innen in Massenunterkünften mit Mehrbettzimmern immer wieder von Skandalen begleitet, bis hin zu Todesfällen.[419]

Mit Wohnraum wird ein eigenes Geschäft betrieben, das unter anderem auch von jenen Subunternehmen und/oder Vermittlern übernommen wird, die Arbeitskräfte für die Fleischindustrie rekrutieren. Es verbilligt oft die Kosten dieser Arbeitskraft zusätzlich, während es gleichzeitig Gewinn für lokale Immobilienbesitzende verspricht. Es ist dies ein Geschäft, das die Macht- und Eigentumsverhältnisse vor Ort stabilisiert und erheblich zur gesellschaftlichen Segregation im Sinne einer sozial-räumlichen Zonierung beiträgt. In einem der ersten Interviews, das wir in Oldenburg im Februar 2017 geführt haben, schildert uns Bernd Bischoff von der Bera-

416 Vgl. ausführlich Geiges et al. 2017.

417 Nämlich bereits vor einigen Jahren: Arbeitslosenselbsthilfe Oldenburg 2014.

418 Körner 2019.

419 Der Brand in einer Unterkunft, die von Arbeiter*innen der großen Meyer-Werft in Papenburg bewohnt war, und bei dem zwei rumänische Kollegen zu Tode kamen, wurde 2013 zu einem Anlass massiver öffentlicher Kritik, die auch zur Vorgeschichte der Reformversuche ab 2014 in Bezug auf die Fleischindustrie gehört. Vgl. Läsker 2013.

tungsstelle bei „Arbeit und Leben“ die Verhältnisse im ehemaligen Fliegerhort Ahlhorn, in dem ein Vermieter die Zimmer mit einer Maximalzahl an Betten vollstellt, an Saisonarbeiter*innen vermietet und so „Millionen macht“.[420] Zur selben Zeit untersuchen Kolleg*innen die Bedingungen von Arbeiter*innen, die in der Fleischindustrie beschäftigt sind und als Dauercamper auf einem Campingplatz im Oldenburger Münsterland leben.[421] Entsprechende Beobachtungen können überall gemacht werden, wo osteuropäische Arbeitskräfte angeworben werden: Vielfach werden hygienische Probleme berichtet, wird auf Schimmel- und Ungezieferbefall verwiesen, auf sanierungsbedürftige Wohnungen mit alten und mangelhaften elektrischen Anlagen.

Anders gelagert sind die Wohnverhältnisse von Migrant*innen aus Drittstaaten. Nachdem sie einen Asylantrag gestellt haben, sind sie auf öffentliche Unterkünfte angewiesen. Allerdings sind dort die Wohnverhältnisse oft ähnlich schlecht und unzureichend.[422] So handelte es sich besonders zu Beginn der sogenannten Flüchtlingskrise um sehr anspruchslose und kaum ein Privatleben ermöglichende Massenunterbringung. In der migrationssoziologischen Debatte über Arbeitsmarktöffnungen und Integration wird Massenunterbringung als Hindernis gesehen, das beispielsweise dazu führt, dass die Betroffenen sich nicht auf Ausbildungen konzentrieren können und nicht in der Lage sind, sich hinreichend von der anstrengenden Arbeit zu erholen.[423] Die repressive Politik insbesondere gegenüber Menschen aus sogenannten sicheren Herkunftsländern kann diese Situation verlängern, wenn sie jahrelang in solchen Unterkünften verbleiben. Aber ob es sich um Unionsbürger*innen oder Menschen aus Drittstaaten handelt, Veränderungen sind in beiden Fällen davon abhängig, dass auf dem Wohnungsmarkt dezentrale Alternativen zu den privaten oder öffentlichen Massenunterkünften zur Verfügung stehen. Das gilt

420 SOFI_F_abE_04, M, S. 2.
421 Fiedler und Hielscher 2017.
422 Vgl. bereits: Wendel 2014.
423 Bluhm et al. 2021, S. 10–11.

sowohl für das Oldenburger Münsterland wie für das großstädtische Umfeld, etwa von Betrieb „B" im Online-Versandhandel.

Insgesamt wirkt der Wohnungsmangel wie ein Katalysator, der vorhandene Probleme verstärkt. Im ersten Schritt werden dabei die Kosten an die Betroffenen weitergegeben, während im zweiten Schritt die Anwerbung von Arbeitskräften durch die Unternehmen problematisch werden kann. So macht der Wohnungsmangel es für viele Arbeitende notwendig, weite Anreisewege in Kauf zu nehmen. Dass Unternehmen wie Fleisch-B aus unserer Studie schließlich *selbst* im Wohnungsbau aktiv wurden, hat auch diesen Grund (vgl. Abschnitt 2.3). Im Kontext der Ersetzung von Werkvertragsnehmern könnte diese Tendenz verallgemeinert werden: Sowohl Tönnies als auch Westfleisch kündigten Ende 2020 unter dem Eindruck der drohenden Gesetzesänderung und der Masseninfektionen den Ankauf bzw. den Bau von Wohnraum an.[424] Es besteht seitdem kein Zweifel mehr, dass die Krise der Arbeit in der Fleischindustrie gleichzeitig eine Krise des Wohnens ist.

2.6. Vor der Pandemie: Die multiple Krise

Krise wird allgemein als Bruch mit der Normalität verstanden: Aus krisenhaften Situationen kann eine Sehnsucht nach einer Rückkehr zum Normalzustand entstehen, aber auch danach, einen besseren, vernünftigeren Zustand herzustellen. Deshalb polarisieren Krisen, denn sie bringen potenziell einerseits eine Stärkung reaktionärer Bewegungen mit sich und machen andererseits sichtbar, dass grundlegenden Veränderungen möglich und wünschenswert sind. Das wurde zuletzt auch in der Wirtschafts- und Finanzkrise von 2008/09 deutlich, weltweit sogar, und es ist erstaunlich, dass sich die sozialwissenschaftliche Debatte zu den Folgen der Pandemie seit 2020 kaum an damalige Erkenntnisse zu erinnern scheint.[425] Dabei gibt es insbesondere in Bezug auf

424 S. bspw. Tönnies 2021.

425 Vgl. etwa Demirović et al. 2011. Ähnlich (wenngleich mit einer fundamental anderen politischen Ausrichtung auf eine Art Bewegungs-Populismus) argumentierte später Streeck 2013.

Arbeit und Migration zwei Aspekte, für die die Debatte vor zehn Jahren anschlussfähig ist.

Der erste Aspekt ist, dass die Wahrnehmung, es handele sich bei der aktuellen Krise um einen Bruch mit der Normalität, von einer sehr problematischen Vorstellung des *Normalen* ausgeht. Dies zeigt sich etwa dort, wo es vor dem Hintergrund des hier Berichteten sicherlich kaum untertrieben ist, den Alltag migrantischer Arbeitender als permanenten Ausnahmezustand zu kennzeichnen. Dieser Ausnahmezustand ist eng mit der sozialen Konstruktion von Grenzen verbunden. Diese sind nicht einfach identisch mit denen der Nationalstaaten oder der EU-Außengrenze. Sie existieren nicht allein in einer linearen geografischen Form. Sie „erweitern" sich in Form von verweigerten sozialen Ansprüchen, als segregiertes Wohnen, als Verweigerung des Zugangs zum Arbeitsmarkt und in betrieblichen Hierarchien – als „Grenzen aus Glas", die überall zu sein scheinen, aber nicht allgemein sichtbar sind. Rassismus ist wesentlich über diese gläsernen Grenzen vermittelt, als verfestigte Zuschreibung, dass diejenigen, die sie nicht überschreiten können oder denen segregierte Rollen und Räume zugewiesen werden, dies kraft ihrer unentrinnbaren Natur, ihrer persönlichen Eigenschaften usw. auch nicht anders könnten. Für den Ausnahmezustand werden diejenigen verantwortlich gemacht, die ihm auf der Grundlage dessen, was wir multiple Prekarität genannt haben, strukturell dauernd ausgesetzt werden.

In Bezug auf die Krisendebatte ist die logische Schlussfolgerung, dass das, was Post-2008 als „multiple Krise" oder „Vielfachkrise" bezeichnet wurde und als wesentliches Moment der weltweiten Sozialproteste gegen die Krisenfolgen galt,[426] in der Analyse von Migrationsverhältnissen auf die Prekarität des Alltagslebens bezogen werden muss. Post-2010-Untersuchungen, etwa von Johanna Neuhauser, haben bereits gezeigt, dass die Wahrnehmung der Krise als *Bruch* und *Ausnahme* bei Arbeitenden, die kontinuierliche Prekaritätserfahrungen haben, überhaupt nicht vorhanden ist: Nicht nur (multiple) Krise, sondern auch (multiple)

426 Birke und Henninger 2012.

Prekarität ist in dieser Erfahrung „jederzeit“ und „überall“.[427] Auch unabhängig von der Frage, ob es ein „back to normal“ postpandemisch überhaupt geben kann oder wird, impliziert die Einsicht in die Dauerkrise und ihren „multiplen“ Charakter eine andere Zeitwahrnehmung: Nicht-normaler Alltag ist durchaus mit Planung verbunden (Träume davon, zurückzukehren, weiterzukommen, anderswo zu sein, etwas zu erreichen), aber es zeigt sich, dass diese Planungen ständig revidiert werden müssen, dass sich permanent neue Perspektiven entwickeln, und dass man sei eigenes Leben nur auf Sicht fahren kann.

Auch dies ist keine spezifisch migrantische Erfahrung, gleichwohl wird die ständige Revision der Lebensperspektiven durch die gläsernen Grenzen strukturiert: Prekarität ist eben sowohl „allgemein“ als auch „besonders“. Der zweite wichtige Aspekt der Krise ist insofern, dass sie überraschende, neue Perspektiven „hinter der nächsten Ecke“ hervorbringt, was aber zugleich „nichts Neues“ ist. So waren, bedenkt man Erfahrungen mit TBC-Fällen bei Arbeiter*innen aus der Fleischindustrie 2017 und 2018, die COVID-19-Skandale von 2020 pp. kaum überraschend. Die neuen Perspektiven hängen auf dieser Grundlage nicht mit jenem zeiträumlichen Bruch zusammen, den die Krise in der Gesellschaft hervorgerufen hat, sondern machen vielmehr lediglich etwas *sichtbar*, das als Alltagsverhältnis bereits bestand. Es ist dies insgesamt eine wichtige Feststellung über Zeit und Zeitwahrnehmung, die auch erklären mag, warum in den Interviews mit Arbeiter*innen während der Pandemie die Erwartungen an Reformen seitens des deutschen Staates teilweise sehr gedämpft waren.

„Krise“ ist aus dieser doppelten Erfahrung – als Dauerzustand, als Krise vor der Krise – etwas Anderes als das, was im öffentlichen Diskurs verhandelt wird. So dominierte beispielsweise die Fleischindustrie in der Pandemie phasenweise die Hauptschlagzeilen, aber es wurde, wie ich im nächsten Kapitel zeigen werde, „Ausbeutung“ letztlich nur sehr selektiv thematisiert. Dennoch, anders als in vielen anderen Sektoren kam es nicht nur zu heftigen Protesten von Arbeiter*innen und Unterstützer*innen, son-

427 Neuhauser 2019a. Vgl. auch bereits Detje et al. 2011.

dern auch zu einer Reform, mit der kaum jemand, der oder die sich zuvor mit der Branche auseinandergesetzt hatte, gerechnet hatte: Das Bundesarbeitsministerium kündigte im Mai 2020 für das Ende des Jahres umfangreiche Gesetzesänderungen an, die sich im Verbot der Werkverträge verdichteten.

Mitte 2020 bin ich wieder im Oldenburger Münsterland, drei Jahre nach unseren ersten Interviews. Am 29. Juni holt Guido Grüner von der ALSO mich am Morgen vom Bahnhof Oldenburg ab. Es ist nach dem ersten Lockdown wieder möglich, wir fahren für einen Tag in den Landkreis Vechta, wo er auch in der Corona-Zeit weiterhin Sozialberatung anbietet. Guido und seine Kolleg*innen haben eine Art mobiles Büro, das sie in verschiedenen Gemeindehäusern und Sozialzentren des Oldenburger Münsterlands aufschlagen, dort, wo die meisten Menschen, die Sozialberatung in Anspruch nehmen, keinen deutschen Pass haben und wo sehr viele in der Fleischindustrie arbeiten. Kurz nach dem Ende des ersten Lockdowns und mitten in der Tönnies-Krise ist alles anders geworden: Beratung kann nur unter strenger Wahrung der Abstandsregeln stattfinden. Dort, wo die ALSO im Innenraum berät, gibt es Plastikscheiben zwischen den Leuten und Masken auf den Gesichtern. Guido berät deshalb am Liebsten draußen, zwischendurch hat er mir per Mail Bilder von blühenden Landschaften geschickt („perfekt, nur der Geruch stört ein wenig"). So machen wir es auch heute.

Auf dem etwa einstündigen Weg über die A 5 in Richtung Süden, zuerst nach Steinberg, dann nach Lohne, sprechen wir über die aktuelle Situation. Plötzlich ist die Fleischindustrie doch noch berühmt geworden, sagt Guido, mit Blick auf die Masseninfektionen bei Tönnies in Rheda-Wiedenbrück. Auch im Oldenburger Münsterland gibt es ein paar Betriebe, die kurzzeitig schließen mussten. Es fragt sich also, wie es den Arbeiter*innen dort geht, wo die Betriebe geschlossen wurden, und dort, wo sie weiterlaufen? Guido berichtet zunächst, dass die Beratung boomt. Seit Januar hatten er und seine Kolleg*innen mehr als 700 Termine.[428]

428 SOFI_F (P)_E_02, M, S. 1.

Wo die Betriebe laufen, sei für die Beschäftigten „totaler Arbeitsstress angesagt“. Wo sie nicht laufen, müssten die Leute sehen, wie sie an Sozialleistungen kommen oder, „wie in der Mehrzahl, nach Hause fahren. Manchmal, nachdem sie monatelang in der Ausstallung geschuftet haben und ihr Arbeitnehmerstatus von den Jobcentern trotzdem nicht anerkannt wird.“[429] Ein paar Wochen nach der Insolvenz eines Ausstallungsbetriebs sei schon die Hälfte der 30 vormals dort Beschäftigten nicht mehr auffindbar gewesen.

Am Ende der kleinen Reise ins Oldenburger Münsterland treffen wir Herrn und Frau Mohn wieder, die ich vor drei Jahren kennengelernt und danach immer wieder getroffen hatte. Auch im Juli 2020 besuchen Guido Grüner und ich sie in ihrer Wohnung. Die beiden Kinder haben laufen und sprechen gelernt. Frau Mohn ist mittlerweile Beraterin bei der ALSO geworden, nicht entprekarisiert, sondern in einem zeitlich befristeten Projekt beschäftigt. Sie ist aber doch ihrem Ziel, auf Dauer nicht mehr in der Fleischindustrie, sondern in ihrem gelernten Beruf als Sozialarbeiter*in zu arbeiten, ein gutes Stück näher gekommen. Herr Mohn arbeitet ebenfalls nicht mehr in der Fleischindustrie, sondern in einer Spedition. Eine Verbesserung? Ja und nein, sagt er:

> „Der Weg zur Arbeit ist kürzer, und es ist gut, nicht mehr am Band zu stehen: Die Arbeit ist besser als früher, aber ich habe Rückenprobleme und kann deshalb nicht alles machen, vor allem kann ich einige der Hochregale nicht gut füllen.“[430]

Herr Mohns Lohn ist deshalb niedriger als der vieler seiner Kollegen. Zudem hat er keinen festen Vertrag und befürchtet, nicht entfristet zu werden. Ich frage ihn, was eigentlich aus dem vor drei Jahren geäußerten Plan geworden ist, in einem Fleischindustrie-Betrieb anzufangen, der entfristet und direkt anstellt und der nur einen Katzensprung vom Wohnort der Familie entfernt liegt. Die Antwort: Erstens, es habe nicht geklappt, aber zweitens, die Arbeit werde dadurch, dass sie entprekarisiert ist, nicht grundsätzlich an-

429 Ibid., S. 3.
430 SOFI_F (P)_B_05, S. 3.

ders. Sie bleibe hart, gesundheitsschädlich, schädlich für den Rücken. Damit gibt Herr Mohn gleichzeitig eine erste Einschätzung zu den Grenzen und Möglichkeiten der Reformpläne der Bundesregierung, die zum Zeitpunkt unseres Gesprächs Schlagzeilen machen. Seine Einschätzung ist, dass die Abschaffung der Werkverträge oder der Leiharbeit nicht reicht, um die in der Fleischindustrie verrichteten Tätigkeiten wirklich auf Dauer erträglich zu gestalten. Am Ende sprechen wir darüber, wie es ist, in dieser Zeit nach Litauen zu fahren und ob es eine Möglichkeit gibt, ganz zurückzukehren. Im Moment ist es schwierig, sagen die Mohns, manchmal sind die Grenzen dicht, dann kann man nicht durch Polen und muss den langen Umweg über Schweden fahren, mal geht es wieder, und es ändert sich dauernd. Für viele Arbeiter*innen sei dies ein großes Problem, eine Belastung, auch, aber nicht nur, weil es Saisonarbeit extrem erschwert. Und auf Dauer? „Ja", sagt Frau Mohn, „die Wirtschaft in Litauen ist besser geworden". Aber, ergänzt Herr Mohn, „mein Rücken ist in Deutschland kaputt und bleibt auch kaputt, wenn wir nach Litauen gehen." Und dann: „Es wird überall schwierig, eine Arbeit zu finden, wenn man nicht mehr jung ist."[431]

431 Ibid., S. 5.

3. Migration und Arbeit unter COVID-19

Übrigens kann es nicht verwundern, dass es den Historikern späterer Zeiten angenehmer war, die Vorzüge des Montagebandes und der Massenproduktion am Beispiel der Automobilindustrie hervorzuheben. In den automatisierten Schlachthallen von Chicago war der Geruch des Todes ..., das Gedränge ausgeweideter Tiere, die in endloser Prozession vorbeischaukelten, so betäubend, dass auch die Begeisterung des überzeugtesten Befürworters der neuen Produktionskonzepte gedämpft wurde.
Rifkin 2001, S. 84.

3.1. Masseninfektionen und Reformen in der Fleischindustrie

Im durch die Pandemie ausgelösten Lockdown des März 2020 gerieten Tätigkeiten in den öffentlichen Fokus, die für die Aufrechterhaltung des Alltagslebens von besonderer Bedeutung sind.[432] Beschäftigte in Alten- und Krankenpflege und an den Supermarktkassen wurden öffentlich gelobt und beklatscht. Während die Grenzen geschlossen waren, erlaubte die Regierung Anfang April zehntausenden Erntehelfer*innen die Einreise. Als andere Sektoren in die Krise schlitterten und der Anteil der Kurzarbeiter*innen Tag für Tag stieg, boomten Online-Versandhandel und Fleischindustrie. Schnell wurde deutlich, dass *Social Distancing* dort kaum möglich ist. Ein Feature im Deutschlandradio nannte die Pandemie-Krise deshalb im Mai ein „Kontrastmittel für soziale Ungleichheit“. Als Metapher diente das Straßenbild in der Innenstadt von Frankfurt am Main:

432 Gruppe Blauer Montag 2020, S. 97–98.

„Die Anzüge, die Krawatten und Kostüme der Bankerinnen, der Broker und Berater sind von den Straßen verschwunden. Die Frauen und Männer, die sich morgens in einem Frankfurter Linienbus unterhalten oder telefonieren, tun das mehrheitlich nicht auf Deutsch. Bei den Männern mit leuchtenden Helmen und Warnwesten auf den Baustellen im Zentrum ist es ähnlich. Dort arbeitet Radu, der seinen Nachnamen nicht sagen will, er hat sich in einem Einkaufszentrum einen Kaffee geholt. ‚Angst hat jeder, will niemand krank stehen irgendwo in einem Krankenhaus.' Reporterin: ‚Was wäre dann?' Radu: ‚Wir haben nicht mehr Geld, ohne Geld kannst du nicht mehr überleben.'"[433]

Aber nicht nur in Frankfurt am Main, in aller Welt wurde deutlich, dass prekär Beschäftigte und insbesondere migrantische Arbeiter*innen vor einem Dilemma standen. Häufig blieb nur die Wahl zwischen einem erhöhten Krankheitsrisiko und dem Verlust der Existenzgrundlage.[434] In der ersten Phase der Pandemie wurde die Ansteckungsgefahr deshalb in vielen Ländern Gegenstand heftiger Konflikte. In den Krankenhäusern von Hongkong, Italien oder Spanien, wo die Beschäftigten Hygiene- und Schutzmaßnahmen verlangten, ebenso wie in französischen oder US-amerikanischen Amazon-Lagern, in denen Arbeiter*innen eine vorläufige Schließung und Desinfektion der Anlagen forderten.[435] Zu heftigen Verwerfungen kam es auch in der Landwirtschaft. Im April und Mai 2020 infizierten sich in Singapur und Indien Tausende von Erntearbeiter*innen, die neben der engen Kooperation im Arbeitsprozess bei physisch harter Arbeit auch angesichts überfüllter Unterkünfte ihre Gesundheit riskieren.[436]

433 Stange und Scholz 2020.

434 Vor diesem Hintergrund zeigen erste quantifizierende Untersuchungen zu den Folgen der COVID-19-Krise eine verstärkte soziale Polarisierung in diversen Dimensionen, und zwar sowohl für die Bundesrepublik (Holst et al. 2020) als auch im transnationalen Maßstab. Ausschlaggebend sei hierfür nicht zuletzt die Variable „Migration" (OECD 2020).

435 Für eine Übersicht zu Arbeitskämpfen im globalen Maßstab: Cook et al. 2020. Mit einem speziellen Fokus auf Europa: Nowak 2020.

436 Cook et al. 2020, S. 74, Ratcliffe 2020, Pandey 2020.

Im späten Frühjahr 2020 geriet die Fleischindustrie international in den Fokus der Aufmerksamkeit, und es war nur eine Frage der Zeit, bis der Konflikt um die Arbeitsbedingungen, der sich mit der COVID-19-Krise verband, auch in Deutschland ankommen würde. Aus etlichen Ländern wurden Masseninfektionen bekannt. In den USA steckten sich Zehntausende an, es gab mehrere Todesfälle.[437] In Brasilien sollen mindestens 100.000 Arbeiter*innen an dem COVID-19-Virus erkrankt sein.[438] Infektionen, die zu Firmenschließungen und Einfuhrverboten von Produkten der betroffenen Firmen auf den Exportmärkten führten, wurden außerdem unter anderem aus Österreich, Australien, Irland, England, Spanien, Polen, den Niederlanden und Dänemark gemeldet.[439] In Deutschland fiel die wachsende Aufmerksamkeit für die Arbeitssituation in der Fleischindustrie mit jener Phase zusammen, in der nach dem ersten Lockdown eine langsame Öffnung mit kleinräumiger Überwachung verbunden wurde. Betriebe und Unterkünfte wurden plötzlich als *gefährliche Orte* gezeichnet, gepaart mit der Forderung, die von dort ausgehenden Infektionsketten nachzuvollziehen und umgehend zu unterbrechen. Für die Arbeitenden war damit häufig die Auflage verbunden, sich in Quarantäne zu begeben, mitunter ohne hinreichende Versorgungs- und Einkaufsmöglichkeit, manchmal mit Kindern im Haushalt, die jetzt rund um die Uhr zu betreuen waren, nicht selten bei gleichzeitigem Verlust des Einkommens. Für diejenigen aber, die weiterhin am Zerlege- oder Verarbeitungsband standen, konnte die Arbeit nunmehr vollends unerträglich werden: Einerseits hatte der Produktionsdruck im Lockdown zugenommen, andererseits führte die angesichts der sich verbreitenden Masseninfektionen vorgenommene zeitweise Schließung von Betrieben dazu, dass das Management in vielen verbliebenen Fabriken eine Ausweitung der Arbeitszeit oder eine

437 Für die USA war Mitte Mai von rund 41.000 Infizierten die Rede: Lakhani 2020.

438 Das ist rund ein Fünftel der in der Fleischindustrie Brasiliens Beschäftigten: Freitas 2020. Für einen kurzen Überblick über die transnationale Dimension der Krise in der Fleischindustrie Birke 2021b.

439 Zu den EU-Ländern s. European Federation of Food, Agricultural and Tourism Trade Unions (2020).

Erhöhung der Arbeitsgeschwindigkeit forderte. Schließlich nahmen angesichts der geschlossenen Grenzen auch die Lücken im Personalbestand zu.

Als Anfang Mai 2020 Masseninfektionen einen öffentlichen Skandal nach dem anderen produzieren, erwies sich die neue, „kleinräumige" Pandemie-Bekämpfung auch im öffentlichen Diskurs als janusköpfig: Wer oder was hatte die Infektionskette genau ausgelöst? War es die Verantwortungslosigkeit der Arbeiter*innen? Es fand sich immer jemand, der einen anderen beim Rauchen im Park oder beim Einkaufen im Supermarkt beobachtet hatte. Politiker*innen entdeckten, dass die „Leute ja freiwillig hier sind" und nicht die Arbeitsbedingungen schuld seien, denn aus freien Stücken würde man „in engen Quartieren hausen", um „möglichst viel Geld nachhause zu schicken."[440] Solche Anwürfe hielten sich gegenüber der Erkenntnis, dass die Arbeitsbedingungen in der Schlacht- und Zerlegekette miserabel sind, zumindest angesichts der Situation im Mai nicht lange: Als sich etwa 1.500 der etwas weniger als 6.500 Arbeiter*innen bei Tönnies in Rheda-Wiedenbrück ansteckten, in den Landkreisen Gütersloh und Warendorf Schulen geschlossen wurden und ein erneuter Lockdown drohte, machten die meisten Beobachter*innen dafür eher das Unternehmen als den Mann oder die Frau am Schlacht- und Zerlegeband verantwortlich.

Am 20. Mai 2020 kündigte das Bundeskabinett angesichts der Berichte über Bedingungen bei Subunternehmen, die die Fleischwirtschaft mit Arbeitskräften beliefern, ein Verbot von Werkverträgen an. Im Juli folgte ein Gesetzesentwurf, der Werkvertragsbeschäftigung zum 1. Januar 2021 und Arbeitnehmer-

440 Die Schuldfrage war heftig umkämpft. Ähnlich wie im Falle von Infektionen unter der armen Bevölkerung in Hochhäusern in Göttingen oder Berlin-Neukölln gab es eine Tendenz, die Verbreitung des Virus zu „migrantisieren". Es wurde vor einer „Ausbreitung auf die Bevölkerung" gewarnt, ganz so, als würden die Arbeitenden der Fleischindustrie oder die Bewohner*innen von sogenannten sozialen Brennpunkten nicht zur Bevölkerung gehören. Die Bedeutung der sozialen Fragmentierung von Stadtgesellschaften und ihrer rassistisch konnotierten Bearbeitung wäre eine eigene Untersuchung wert, vgl. Bäckermann und Birke 2020, Mayer-Ahuja 2020a. Ich gehe unten genauer auf den spezifischen Diskurs zur Krise in der Fleischindustrie ein.

überlassung („Leiharbeit") zum 1. April 2021 für die Schlachtung, Zerlegung und Verarbeitung von Fleisch in Betrieben mit über 50 Beschäftigten untersagte. Bis Ende des Jahres war dieses Verbot, wie ich im Folgenden etwas detaillierter schildern werde, stark umkämpft. Während zahlreiche Initiativen für bessere Arbeitsbedingungen und eine Verschärfung des Gesetzes stritten, tat die Lobby der Fleischindustrie alles, das Teilverbot prekärer Beschäftigung zu verhindern oder zu verwässern. Gleichwohl beschloss der Bundestag Ende 2020 das Arbeitsschutzkontrollgesetz, das die Regulierung der Beschäftigungsverhältnisse im Prinzip wie vorgesehen kodifizierte, jedoch mit einigen, ebenfalls näher zu beschreibenden Einschränkungen in Bezug auf die Verarbeitung von Fleisch.

Im Folgenden schildere ich Konflikte um Arbeit und Migration nach dem März 2020. Anders als in Kapitel 2 konzentriere ich mich zunächst auf die Fleischindustrie, um erst im Anschluss die Entwicklung im Online-Versandhandel darzustellen. Dies erscheint angemessen, weil sich in beiden Sektoren in der Pandemie eine ausgeprägte Eigendynamik und Eigenlogik entfaltete. Arbeitsbedingungen und Arbeitsteilungen, die sich über Jahre entwickelt hatten, waren massiven Veränderungsimpulsen ausgesetzt. Insbesondere die Fleischindustrie wurde phasenweise in der Öffentlichkeit geradezu zur Metapher für eine Produktionsweise, die Mensch wie Tier ausbeutet und die natürliche Umgebung zerstört. Aber was gab den Anstoß für diese Diskussion? Welche Perspektiven entwickelten sich aus ihr, insbesondere bezogen auf die Situation der Arbeitenden? Und welche Resultate kann man von den Reformen der Bundesregierung erwarten?

Multiple Prekarität und Masseninfektionen[441]

Die Situation von migrantischen Arbeiter*innen in der Corona-Krise kann grob in drei Tendenzen beschrieben werden: Erstens, es gab erhebliche Probleme, die EU-Binnengrenzen zu überschreiten. Es setzte sich sogar eine geradezu dystopische Si-

441 Dieser Abschnitt wurde wegen der aktuellen Bedeutung des Themas Anfang 2021 in einer Vorversion veröffentlicht sowie für das vorliegende Buch bearbeitet und aktualisiert, vgl. Birke 2021.

tuation durch, in der die Passage auch für Unionsbürger*innen weitestgehend nur zugelassen wurde, wenn sich die Arbeitskraft in Deutschland unmittelbar verwerten ließ. Dabei war die Situation chaotisch und, was ja auch allgemein und für viele Menschen in der Krise galt, sehr schwer zu planen. Ob man beispielsweise als LKW-Fahrer*in bei der Rückkehr nach Rumänien in Quarantäne musste oder doch bei der Ausreise, ob man durch Polen reisen durfte, wenn man nach Litauen wollte usw. – alles war stark abhängig von kurzfristigen Entscheidungen von Regierungen und Grenzbehörden, eine Entwicklung, die sich in der zweiten Pandemie-Welle im Herbst/Winter 2020/21 wiederholte. In der Folge wurde die Verhandlungsposition von Migrant*innen gegenüber Arbeitgeber*innen und Vermittler*innen angesichts der mangelnden Mobilität geschwächt. Hinzu kam zweitens, dass einige jener Sektoren, die einen überdurchschnittlich hohen Anteil von Menschen ohne deutschen Pass beschäftigen, stark vom Lockdown betroffen waren. Das galt für die Gastronomie, aber auch für Leiharbeit in traditionellen Industrien. Zu diesem Problem, das angesichts der Grenzschließungen und mangelnden Ansprüchen auf Lohnersatzleistungen punktuell zu extrem prekären Situationen (Obdachlosigkeit, Verlust der Krankenversicherung etc.) führen konnte, kam drittens eine Paradoxie: Während einige ohne Erwerbsarbeit dastanden, hatten andere zu viel davon.[442] In der Fleischindustrie stand zu Beginn des Lockdowns das zweite der beiden Probleme im Vordergrund.

442 Der Wechsel zwischen Verwertung und Entwertung muss als Zusammenhang begriffen werden. Zuschreibungen bestimmter fester Eigenschaften, Qualifikationen usw. sind ein Moment dieses Wechsels, weder willkürlich noch allein durch die Verwertungsdynamik selbst strukturiert, sondern historisch und insofern umkämpft. Bei Marx ist dieser nur auf den ersten Blick paradoxale Zusammenhang im ersten Band des „Kapital" definiert als „der charakteristische Lebenslauf der modernen Industrie, die Form eines durch kleinere Schwankungen unterbrochnen zehnjährigen Zyklus von Perioden mittlerer Lebendigkeit, Produktion unter Hochdruck, Krise und Stagnation. (Jener Zyklus) *beruht* auf der beständigen Bildung, größern oder geringern Absorption und Wiederbildung der industriellen Reservearmee oder Übervölkerung. Ihrerseits rekrutieren die Wechselfälle des industriellen Zyklus

Frau Manuela ist 2015 zusammen mit ihrem Mann nach Deutschland gekommen. Beide sind über einen Subunternehmer in der Verarbeitung von Geflügel beschäftigt. Sie berichtet am 2. Juni 2020, in einem Gespräch, das ich mit ihr auf Vermittlung der ALSO in einer Beratungsstelle im Oldenburger Münsterland führen konnte:[443]

> „Also seit März ist es so, da gab es eine Woche, (...) wo alles entspannter war (...) so, dass wir dann wirklich die vorgeschriebene Arbeitszeit gearbeitet haben (...). Ja, und (...) danach, also wieder diese Zehn-Stunden-Schichten oder länger. (...) Also, ich habe einen Arbeitsvertrag ursprünglich, den ich unterschrieben habe mit fünf Tage die Woche, acht Stunden. (...) Aber (...) wir arbeiten eigentlich jeden Samstag, und zwar alle Schichten, auch erste und zweite Schicht und arbeiten regelmäßig zehn Stunden, und das ist auch so, jetzt auch gerade mit dieser aktuellen Situation, dass zum Beispiel die zweite Schicht fängt um 5 Uhr nachmittags an. Die arbeiten dann ungefähr bis 4 Uhr nachts, und dann um 5 Uhr morgens kommt schon die erste Schicht, und die haben eigentlich gar keine Zeit mehr, dazwischen zu reinigen. Also ich weiß nicht, ob die überhaupt einmal die Woche es schaffen, da richtig zu reinigen. Also gerade mit diesen besonderen Maßnahmen, müsste es doch eigentlich anders sein. Ja, und das ist unsere Firma."[444]

Auch alle anderen von uns in der ersten Zeit der Pandemie geführten Interviews weisen auf eine extensive Ausdehnung des Produktionsdrucks hin. Der Fleischindustrie-Boom dieser Periode lässt sich schließlich durch Zahlen illustrieren, die das Statistische Bundesamt zur Verfügung gestellt hat.[445] Die größeren Betriebe der Schlachterei und Fleischverarbeitung steigerten demnach im ersten Quartal 2020 ihren Umsatz auf eine Rekordhöhe. Im Vorjahres-

die Übervölkerung und werden zu einem ihrer energischsten Reproduktionsagentien" Marx 1982, S. 658, meine Hervorhebung.

443 Vgl. zu diesem Aspekt auch: Claussen 2020, Bernhold und Lütten 2020.

444 SOFI_F (P)_B_01, S. 3. Das Gespräch wurde durch Anda Nicolae-Vladu aus dem Rumänischen übersetzt und gemeinsam mit Tobias Neef-Methfessel geführt, vgl. auch Neef-Methfessel 2021.

445 Statistisches Bundesamt 2020.

vergleich wurde ein Plus von 14,8 Prozent erreicht. Dabei stach der März 2020 als historischer Rekordmonat heraus. Die Entwicklung lässt sich relativ gleichmäßig in den verschiedenen Sparten nachzeichnen. Eine besondere, durch den Außenhandel dynamisierte Konjunktur erlebte die Schlachtung, Zerlegung und Verarbeitung von Schweinefleisch. Dort waren die Exporte, insbesondere nach China, schon 2019 auf einen Höchststand gestiegen. Wesentlicher Grund war die in Südost-Asien herrschende Schweinepest. Im ersten Quartal 2020 kam es im Vergleich zum Vorjahr zu einer glatten Verdoppelung der Ausfuhren, was zugleich den Erzeugerpreis für Schlachtschweine fast ebenso stark ansteigen ließ. Der Boom begünstigte große, exportorientierte Betriebe wie Tönnies, VION oder Danish Crown und verstärkte die ohnehin starke ökonomische Konzentration der Branche.[446]

Hinzu kam zunächst eine konstante bis leicht wachsende Inlandsnachfrage, insbesondere aus dem Lebensmitteleinzelhandel, was dazu beitrug, dass der Boom unmittelbare, drastische Folgen für die Nachfrage nach Arbeitskraft und damit für die betriebliche Situation der Arbeitenden hatte. Clemens Tönnies sprach im April 2020 von einer „durch Corona um ein Drittel erhöhten Nachfrage nach unseren Produkten",[447] während er zugleich die versickernde Arbeitskräftezufuhr durch die Schließung der osteuropäischen Grenzen beklagte. In der Pandemie verwandelten sich die Verdichtung des Arbeitsprozesses und die Ausdehnung der Arbeitszeiten in ein krisenverschärfendes Moment: Es wurde nicht nur *überhaupt* weiterhin gearbeitet, sondern angesichts von Auftragslage und Personalstand *mehr, länger und intensiver*.

Die Masseninfektionen, die durch die Intensivierung und Verdichtung der Arbeit befördert wurden, führten zu einem Umschlag: Auf den Super-Boom folgte die Super-Krise. Der Scheitelpunkt dieses Umschlags lässt sich auch statistisch gut nachzeichnen. Noch im Frühjahr 2020 begann ein Sturz der Endverbraucherpreise bei Schweinefleisch, zunächst offensichtlich vor allem aufgrund einer sinkenden Inlandsnachfrage. Danach lösten die durch die Positiv-

446 Zur Entwicklung der Eigentumsverhältnisse vgl. Stracke 2019, S. 5.
447 Claussen 2020, S. 12.

testungen von Beschäftigten erzwungenen Betriebsschließungen Exportverbote nach China aus: Für die Großbetriebe der Fleischindustrie muss dies wie der GAU gewirkt haben. Mitte September 2020 kam ein Ausbruch der Schweinepest in Brandenburg dazu, die sich nach und nach verbreitete und zu einem weiteren Verlust von Exporten führte. Die möglichen Folgen eines Verbots von Werkverträgen, die Debatte über Tierschutz und Ausbeutung, außerdem die volatile internationale Nachfrage – das alles ließ die ökonomische Situation der Branche als unsicher erscheinen.

Die Statistik für das zweite Quartal, also bis in den Hochsommer, verzeichnet einen Rückgang in allen Bereichen: Die gesamte Fleischproduktion sank im Vergleich zum Vorjahresquartal um 2,6 Prozent.[448] Das erscheint angesichts der Dramatik der Ereignisse recht geringfügig, doch ist hier ein zweiter Blick notwendig: In NRW ging die Schlachtmenge um fast zehn Prozent zurück, während sie in Niedersachsen kurzfristig um zwei und in Sachsen-Anhalt sogar um 12,9 Prozent stieg. Dies verweist bspw. darauf, dass die vierwöchige Schließung des größten deutschen Werks, Tönnies in Rheda-Wiedenbrück, an anderen Standorten des Unternehmens, in denen sich die Pandemie zunächst weniger drastisch auswirkte, wie bspw. Weißenfels in Sachen-Anhalt, kompensiert wurde. Krisenverschärfend wirkte schließlich die komplizierte Situation an den EU-Binnengrenzen und der zunehmend schlechte Ruf der Branche in den Herkunftsländern der Migrant*innen: Beides rief Probleme der Betriebe bei der Rekrutierung von Arbeitenden hervor, und zwar besonders solchen, die eine Schlüsselposition am Band einnehmen oder komplexe Arbeiten in der Schlachtkette erledigen.[449] Die Arbeitskräfteverknappung und die Verlagerung der Produktion zwischen den Betrieben führten dazu, dass der Druck dort, wo noch gearbeitet wurde, auch in den Folgephasen der Pan-

448 Differenzierungen gab es allerdings in Bezug auf die unterschiedlichen Bereiche, so stand einer starken Reduzierung der Schlachtungen von Rindern und Schweinen ein leichter Anstieg bei Geflügel gegenüber. Vgl. Lehmann 2020. Die in der Tendenz rückläufige, aber zugleich volatile Umsatzentwicklung illustriert Statista.de 2021.

449 Birke und Bluhm 2019, S. 38–39, 2020a, 2020b.

demie kaum spürbar nachgelassen zu haben scheint: Die von uns Befragten berichten unisono, dass er überall anhielt.[450]

Am Ende konnte angesichts der geschlossenen Grenzen das System der andauernden Auswechslung der Arbeitenden nur noch durch institutionelle Unterstützung des Staates funktionieren, so durch ein kontingentiertes Einfliegen von Arbeitenden. Die wachsende Rolle des Staates in der Corona-Krise ist ein Aspekt, der den Mitte Mai ergriffenen Initiativen des Arbeitsministeriums zur Reform der Arbeitsbeziehungen in der Fleischindustrie zugutekam, der aber auch die grundlegende Ambivalenz staatlichen Eingreifens aufzeigt, das stets auch im Sinne der Aufrechterhaltung einer „systemrelevanten" Exportindustrie funktionierte.[451]

In der öffentlichen Wahrnehmung erschienen freilich diese ökonomischen Entwicklungen nicht als Auslöser von Krise und Reform. Im Mittelpunkt stand vielmehr das Infektionsgeschehen.

Arbeitsquarantäne in Birkenfeld

Die erste Masseninfektion mit dem Corona-Virus wurde bei der Firma Müller-Fleisch in Birkenfeld bei Pforzheim in Baden-Württemberg gemeldet. Das Unternehmen mit vier Standorten gehört zu den größeren Mittelbetrieben der Fleischindustrie, es handelt sich um einen Schlacht- und Zerlegebetrieb für Schweine und Rinder (vgl. Tabelle 4). Am Hauptsitz in Birkenfeld werden auch gefrorene, verpackte und ggf. zubereitete Teilstücke verarbeitet. Dort arbeiten ca. 1.100 Menschen, weniger als 400 sind direkt beim Unternehmen angestellt, 700 haben einen Vertrag bei zwei Subunternehmern, angeworben zu etwa zwei Dritteln aus Rumänien.[452] Der Austausch von Arbeitenden zwischen den verschiedenen Teilen der Wertschöpfungskette verstärkt bei Müller-Fleisch die

450 SOFI_F (P)_B_01, S. 3, 95–102, SOFI_F (P)_B_02, S. 11, 452f., SOFI_F (P)_B_03, S. 16, 658–685.

451 Dieser Aspekt bleibt in den meisten Analysen des Verlaufs leider unbeachtet. Das gilt auch für die wenigen vorliegenden systematisch-wissenschaftlich angelegten Zusammenfassungen, denen entgeht, dass der Staat nicht nur potenzieller Verhinderer, sondern auch Ermöglicher von Prekarität ist: Vgl. etwa Bosch et al. 2020, S. 16–18.

452 Zu den Zahlen siehe: Müller Fleisch o.J.

Fluktuation im Einzelbetrieb: Das Unternehmen kooperiert mit einem Fleischwerk des Einzelhandels in Karlsruhe, dem halbierte Tiere geliefert werden und in das viele Arbeitende des Hauptwerks regelmäßig versetzt werden.[453]

Immer wieder hatte es gegen die Arbeitsbedingungen bei Müller-Fleisch Proteste gegeben. So ist aus dem September 2013 eine Aktion gegen Lohnbetrug dokumentiert, bei der sich mehrere Tage hintereinander Arbeiter*innen vor dem Werkstor der Firma postierten und Pappschilder mit der Aufschrift „Ungarische Arbeiter sind keine Sklaven" in die Höhe hielten.[454] Im April 2020 berichtete der lokale Gewerkschaftssekretär über extrem ausgedehnte Arbeitszeiten bei Müller-Fleisch: „Das Gesetz sieht acht bis zehn Stunden vor, unserer Erfahrung nach sind es mindestens zehn Stunden. (Es) kommt schnell eine Arbeitszeit von deutlich über 200 Stunden bei einer Sieben-Tage-Woche zusammen, man spricht sogar von 250 Arbeitsstunden im Monat."[455] Am 7. April 2020 wurde der erste Infektionsfall bei Müller-Fleisch entdeckt, am 9. April öffentlich bekannt. Das Management behauptete umgehend, dass die Unterkünfte der „Fremdarbeiter" (sic!) sowie deren „Freizeitverhalten" für die Situation verantwortlich seien. Es sei „erschreckend", dass nun gefordert werde, „man solle Wohnzimmer, Schlafzimmer, Bad und Küche sowie Freizeitverhalten der Mitarbeiter kontrollieren".[456] Die lokalen Behörden und das

453 Dies kann ähnlich bei Tönnies oder Danish Crown beobachtet werden. Es scheint für die großen Schlachtbetriebe ein (quantitativ allerdings unklar, wie stark verbreitetes) Phänomen zu sein: Die zwischen den Standorten zurückzulegenden Entfernungen sind teilweise beträchtlich, denn diese sind über das ganze Bundesgebiet verteilt. Auch tobt hier der Kampf um die Autonomie migrantischer Mobilität: „Versetzungen" stellen für die Unternehmer ein zusätzliches Druckmittel dar, „Verschwinden" ist eine Waffe der Arbeitenden.

454 KA-News 2013.

455 Reinhardt und Wuhrer 2020.

456 Mutschler 2020b. In der Öffentlichkeit wurde dieser Schachzug im Frühjahr 2020 noch häufig zurückgewiesen: Klawitter 2020. Es ist allerdings interessant, dass er später, in der Abwehr von Verbesserungen bei der Wohnsituation 2021 wiederum eine Rolle spielte: Viele Massenunterkünfte wurden offenbar von Werkswohnungen in „Privatvermietungen" verwandelt, um mit dem vor dem Hintergrund der Hygiene- und Mietwucherskandale nur

zuständige Gesundheitsamt unterstützten faktisch diese Haltung und waren dem Betrieb auch sonst sehr wohlgesonnen. Die Produktion wurde kaum eingeschränkt, die Beschäftigten wurden in eine sogenannte Arbeitsquarantäne geschickt. Nach einer Allgemeinverfügung des Landratsamts durften sie die eigene Wohnung nicht verlassen, öffentlichen Raum nicht betreten und außer auf dem Weg zur Arbeit den ÖPNV nicht benutzen.[457] Außerdem wurden – zunächst auf Kosten des Kreises (also der Steuerzahler*innen) – drei Sammelunterkünfte für unter Quarantäne stehende Beschäftigte organisiert, die bis Anfang Mai bestanden und in denen zeitweise bis zu 161 Menschen einquartiert waren.[458] Insgesamt sollten sich rund 300 Menschen in Quarantäne befunden haben, während etwa 400 Positivtestungen (alle bei den Subunternehmen) gemeldet wurden.[459]

Die Art und Weise, wie die Masseninfektion bei Müller-Fleisch bearbeitet wurde, ähnelt in vielem dem, was danach in anderen Betrieben und Regionen geschah: Im Rahmen des Versuchs, Infektionsketten konkret nachzuvollziehen, öffnete sich auch eine Tür für Schuldzuweisungen gegenüber Infizierten und die Erklärung von Infektionen mit sogenanntem Fehlverhalten. Tatsächlich war für viele Arbeiter*innen angesichts des Umstands, dass faktisch ja nur etwa die Hälfte der Beschäftigten sich in den Quarantänezentren aufhalten konnte, der verbotene Gang bspw. zum Supermarkt kaum zu vermeiden. Die Alternativlosigkeit wurde dadurch verstärkt, dass sich die Quarantäne bis Mitte Mai auch auf die Familienmitglieder der Betroffenen erstreckte, während eine externe Versorgung nicht vorgesehen war. Vor Ort entstand freilich, in einer drastischen Ignoranz gegenüber diesen Umstän-

als zynisch zu wertendem Argument, die „Wohnung ist lt. Grundgesetz unverletzlich“, jegliche Kontrollen abzuwehren. S. hierzu auch Abschnitt 3.3.

457 PZ-News 2020b. Erst am 4. Juni 2020 wurde die Verfügung aufgehoben.

458 Kopf 2020. Das Unternehmen verweigerte zunächst jegliche Beteiligung mit dem Hinweis auf eigene Kosten für Hygienemaßnahmen. Eine Verantwortung für die Situation wurde strikt zurückgewiesen.

459 Schwarzwälder Bote 2020. Den Zusammenhang zwischen der Verantwortung des Unternehmens für die Situation in den Unterkünften und bei den Subunternehmen stellten einige Tage später bemerkenswerterweise CDU-Abgeordnete im Kreistag fest.

den, nach dem 9. April 2020 Unruhe bei Teilen der Bevölkerung in Bezug auf die „Sicherheit" der Supermärkte. Eine Unruhe, die, statt auf die strukturellen und für die Betroffenen unlösbaren Probleme zu verweisen, eine deutlich rassistische Konnotation bekam. Zeitgleich wurde öffentlich kritisiert, dass das Unternehmen falsche oder unzureichende Informationen über die Wohnorte der „Mitarbeiter" geliefert habe.[460] Der Ruf nach Kontrollen wurde immer stärker. Ende Mai machte der Zoll dann eine Razzia, über die die örtliche Presse berichtete:

> „Der Karlsruher Zoll hat Dienstag und Mittwoch Schlacht- und Fleischbetriebe im Enzkreis und im Kreis Freudenstadt kontrolliert. Dabei haben 47 Zöllner der Finanzkontrolle Schwarzarbeit in Zusammenarbeit mit dem Regierungspräsidium Karlsruhe vier Ghanaer mit falschen Ausweispapieren gefunden, die sich illegal in Deutschland aufhalten. Zudem sei Schwarzarbeit und Passfälschung festgestellt worden."[461]

Die Forderung nach verschärften Kontrollen dominierte in der Folge die öffentliche Debatte und bekam fast ein ebenso großes Gewicht wie die Forderung nach einem Ende der Ausbeutung. Die Problematik der ungleichen Sanktionierung kam dabei weder jetzt noch in den späteren Debatten um Masseninfektionen auf den Tisch: Während sich Geldstrafen für die Unternehmen in Grenzen halten, sind die gefundenen illegalisiert Beschäftigten von Abschiebung bedroht. Auch insgesamt war das Thema Migration in der Debatte entweder merkwürdig abwesend oder trat als Bezugnahme auf Herkunftsländer auf: So kümmerte sich um die in Arbeitsquarantäne Befindlichen auch am Schwarzwald vor allem die lokale deutsch-rumänische Gesellschaft sowie das rumänische Konsulat, welches zu Gunsten der eigenen Staatsbürger*innen einzugreifen versuchte.[462]

460 Mutschler 2020a.
461 PZ-News 2020c.
462 Andere Auslandsvertretungen traten zumindest medial nicht in Erscheinung, vgl.: PZ-News 2020a.

Im Müller-Fleisch-Fall gab es durchaus viel Kritik am Unternehmen, von Tierschützer*innen, aus Gewerkschaften, aus den Parteien. Aber es gab auch Entscheidungsträger, die für die Fleischindustrie massiv in die Bresche sprangen. So besuchte am 25. Mai 2020 der zuständige Minister der grün-schwarzen Landesregierung von Baden-Württemberg, Peter Hauk, Pforzheim. Auf einer gemeinsamen Pressekonferenz mit dem Landrat und dem Chef von Müller-Fleisch bescheinigte das CDU-Mitglied den örtlichen Funktionären, die Krise gut verwaltet zu haben.[463] Schließlich sei die Fleischindustrie systemrelevant und die Fortführung der Arbeit deshalb notwendig. Zudem sei niemand gezwungen, „bei uns in Deutschland" zu arbeiten: „Keiner der ausländischen Mitarbeiter kommt auf Zwang, um Frondienste zu leisten." Firmenchef Müller ergänzte: „Die Leute wollen nur für eine gewisse Zeit bei uns arbeiten, um Geld zu verdienen." Die Arbeitenden würden, so Hauk weiter, die Situation in der Unterkunft verschulden, da sie freiwillig auf engem Raum wohnten, um möglichst viel Geld zu sparen. Der Minister protestierte zudem gegen ein mögliches Verbot von Werkverträgen und Leiharbeit: „Es ist (…) falsch, jetzt eine Branche herauszugreifen und ins Zwielicht zu rücken." Es ist sehr zu bezweifeln, dass irgendein Politiker oder irgendeine Politikerin es in den darauffolgenden Wochen gewagt hätte, ähnlich frei von der Leber weg zu sprechen. Auch die Äußerungen von Hauk wurden, nicht zuletzt durch die Opposition in Baden-Württemberg,[464] deutlich kritisiert, was freilich nichts daran änderte, dass er nach den Landtagswahlen einige Monate später sein Amt behielt.

Im Müller-Fleisch-Fall wurden die Behauptung, „die Leute" seien nur zum Arbeiten hier, und der Euphemismus, ihre prekären Arbeitsverhältnisse kämen einem Bedürfnis nach Flexibilität entgegen, in ihrer latenten Verachtung den Arbeiter*innen gegenüber nur noch durch den Gebrauch der NS-Begriffs des „Fremdarbeiters" getoppt. Im Rahmen einer kleinräumig begrenzten, ständig neu zu definierenden und auf die Absonderung von Problemgruppen abzielenden Pandemie-Verwaltung wurde auf der einen Seite die ver-

463 Vgl. auch im Folgenden: Kapp 2020a.

464 Kapp 2020b.

antwortungslose Haltung der Infizierten betont. Auf der anderen Seite wurde Unternehmen wie Behörden korrektes oder alternativloses Vorgehen attestiert. Es verbanden sich neoliberale mit rassistisch-autoritären Mustern: Deutungsmuster der Pandemie, die nie vollkommen dominant wurden, aber als Tendenz zweifellos bedeutend waren. Dass in der Berichterstattung zu Corona und Fleischindustrie Migrationsverhältnisse und Rassismus kaum thematisiert wurden, trug zur Stabilisierung dieser Deutungsmuster bei.

Das Beispiel zeigt insgesamt, dass durchaus bezweifelt werden kann, dass der schnelle Konsens über das gesetzliche Teilverbot prekärer Beschäftigung wirklich allen an der Gesetzgebung beteiligten Abgeordneten in Bundestag und Bundesrat aus dem Herzen sprach. Die Einlassung Hauks erhält zudem bereits einige der Argumente, die in den nächsten Monaten und bis ins Jahr 2022 im voraussehbaren Roll-Back der Reformen eine wichtige Rolle spielen werden – wie etwa das Argument, dass man eine Branche „willkürlich herausgegriffen habe".

Masseninfektionen in Rheda

Dass sich die Arbeiter*innen nicht nur in den Unterkünften angesteckt haben, sondern auch am Arbeitsplatz, ist mittlerweile sicher. Eine Ansteckung mit dem COVID-19-Virus ist durch Klimaanlagen und das Herunterkühlen des Fleischs, wie eine medizinische Studie zeigt, sogar über größere Distanzen möglich, erst recht auf engem Raum.[465] Aber es scheint nicht nur die räumliche Enge am Band und auf dem Arbeitsweg eine Rolle zu spielen, sondern auch die ausgedehnten Arbeitszeiten, die Wintertemperaturen am Arbeitsplatz, die entsprechende Erschöpfung. Dazu kommt, dass basale Hygienevorschriften (Abstand, Masken, Desinfektion) offenbar nicht eingehalten wurden, wie der Westdeutsche Rundfunk in Bezug auf die Zustände bei Tönnies in Rheda bereits vor der Masseninfektion zu berichten wusste.[466]

465 Guenther et al. 2020.

466 Markert und Neuhaus 2020. Danach wurde diese Kritik durch die Einsicht in interne Prüfberichte bestätigt: Westfalen-Blatt 2020.

Dasselbe wurde auch in unseren Interviews geschildert. Frau Manuela, die bereits zitierte Arbeiterin in der Geflügelverarbeitung, erzählt vom Transport in einen Betrieb, in dem es kurze Zeit später zu einem massiven Ausbruch kam:

> „Ja, also bis mindestens Ende März waren so Acht-Sitze-Kleintransporter, waren dann auch acht bis neun Leute drin, also es war auch total überfüllt und, ja, das war eigentlich bis vor kurzem. Jetzt haben sie wohl neue Transporter gekauft und jetzt werden sechs Leute pro Transport, also in so einem Acht-Sitz-Wagen (...) und aber auch von unterschiedlichen Unterkünften (...), also immer unterschiedliche Leute. Aber genau, das war dann die erste Zeit, war das eigentlich wie immer, und jetzt haben die wohl auch reagiert.“[467]

Während Frau Manuela zudem berichtet, dass die Desinfektion des Arbeitsplatzes völlig unzureichend gewesen sei,[468] schildert Herr Robert, der im Reinigungsbereich in einem ebenfalls stark von Infektionen betroffenen Betrieb arbeitet, in einem Gespräch am 30. Juni 2020, wie er und seine ebenfalls dort angestellte Frau im April die Corona-Hygiene wahrnahmen:

> „Also, eigentlich hat sich an der Arbeit nichts geändert. (...) Also, meine Frau arbeitet noch da im Lager und (...) was jetzt noch passiert ist, (...) es gab eine Kontrolle, und dann haben sie in der Kantine die Tische auseinandergerückt, weil sie wussten, dass eine Kontrolle kommt und ja, (...) die Masken, Schutzmasken, ehrlich gesagt, die habe ich meiner Frau selber gekauft.“[469]

Der auch anderswo erhobene Vorwurf, dass sich die lokalen und überregionalen Behörden für die Situation erst interessierten, als

467 SOFI_F (P)_B_01, S. 21f., 259–265.

468 Ibid., S. 14: Es entsteht hier der Eindruck, dass das Augenmerk in der Reinigung vor allem auf Schlachtung und Zerlegung im engen Sinne liegt, während andere Bereiche aufgrund einer geringeren innerbetrieblichen und auch externen Kontrolldichte eher vernachlässigt werden. Dies scheint sich unter Corona-Bedingungen fortgesetzt zu haben.

469 SOFI_F (P)_B_02, S. 7, 259–265.

es zu spät war, ist vor dem Hintergrund solcher Schilderungen kaum von der Hand zu weisen.[470]

Als Problem wurde die Situation in der Fleischindustrie von Medien, Politik und Verwaltung überregional erst „entdeckt", als Positivtestungen in Coesfeld und in Rheda ganze Städte und Landkreise zurück in den Lockdown warfen, mit Maßnahmen wie Schul- und Kita-Schließungen. Plötzlich wurde sichtbar, dass das Produktions- und Beschäftigungsmodell der Eigentümer fleischindustrieller Betriebe direkte Folgen für die Allgemeinheit haben konnte. Nach COVID-19-Fällen bei VION in Bad Bramstedt, Schleswig-Holstein, am 5. Mai führte die Infektion von mehr als 100 Beschäftigten bei Westfleisch am 8. Mai in Coesfeld, NRW, erstmals zu einer Debatte über die Notwendigkeit eines lokalen Lockdowns.[471] Die Liste verlängerte sich danach pandemisch. Am 12. Mai erfolgte ganz in der Nähe die kurzfristige Stilllegung der Firma Frischfleisch Boeser, NRW. Am 13. Mai kam es zu Positivtestungen bei Wiesenhof in Straubing, Bayern. Am 17. Mai folgte WestCrown in Dissen, Niedersachsen, am 5. Juni mit Wiesenhof in Lohne, Niedersachsen, der größte Schlacht- und Weiterverarbeitungsbetrieb für Geflügel.[472] Obwohl es keineswegs überall zu Firmenschließungen kam und lokale Behörden, wie zuvor bei Müller-Fleisch, versuchten, mit begrenzten Quarantäneanordnungen durch das Problem zu navigieren, wurde der Skandal von Tag zu Tag sichtbarer. Sowohl die Schließungen als auch die öffentliche Debatte begannen, die Produktion in der Fleischindustrie ernsthaft zu gefährden.

Im Laufe des Mai unternahm die führende Figur der deutschen Fleischindustrie, Clemens Tönnies, noch den Versuch, drohende Eingriffe des Gesetzgebers abzuwehren. Dabei kam er nicht nur mit Schuldzuweisungen, sondern auch mit Scheinkonzessionen: So erklärte er, künftig auf entsendete Arbeiter*innen verzichten zu wollen.[473] Eine merkwürdige Äußerung, denn nach der „Selbstver-

470 Für den „verzögerten" Ablauf in NRW s. Claussen 2020, S. 3.

471 Ibid., S. 3–5.

472 Ibid., S. 3.

473 Konfusion entsteht immer wieder durch die Verwechslung verschiedener Formen prekärer Beschäftigung. So titelten auf der Grundlage jener PR-

pflichtung" zur Regulierung der Werkvertragsbeschäftigung von 2014 sowie der Einführung von allgemeinverbindlichen Mindestlöhnen war genau dies zu diesem Zeitpunkt nicht mehr das Problem. Arbeitsverträge wurden nur noch ausnahmsweise im Rahmen der Entsendung, d.h. von Firmen mit Sitz im Ausland und nach ausländischem Recht abgeschlossen. Am 20. Mai 2020, dem Tag, an dem Hubertus Heil verkündete, dass sich das Bundeskabinett auf ein Verbot von Werkverträgen verständigt habe, brachte Tönnies einen Mindestlohn von zwölf Euro pro Stunde ins Spiel.[474]

Die explizit zur Abwehr eines Gesetzes gedachte PR-Offensive war freilich auch mit der Behauptung einer „guten Hygiene" im Schlachthof von Rheda verbunden. Wenige Tage später wurden dort die ersten Beschäftigten positiv getestet. Am 15. Juni 2020 wurde der Massencharakter des Problems in der größten Schlachterei Deutschlands deutlich, am 17. Juni kam es zu einer überraschenden Eskalation: Die vorläufig vierzehntägige Schließung des Betriebs mit seinen etwa 6.500 Beschäftigten wurde verkündet – sie dauerte insgesamt vier Wochen. Die beiden umgebenden Landkreise wurden wieder „heruntergefahren", Eltern protestierten massiv gegen die Folgen für die Betreuung ihrer Kinder. Der Beliebtheitsgrad des Unternehmens sank weiter, als es forderte, die bei Schließung anfallenden Lohnkosten erstattet zu bekommen.[475]

Proteste und Reformen

Ein wichtiges Moment der Kritik an der Arbeit in der Fleischindustrie waren Proteste der Arbeitenden selbst. In der Pandemie diffundierten diese zunächst nicht über die allgemeine Öffentlichkeit, sondern über „intime" bzw. gruppenbezogen organisierte Medien wie Facebook. Netzwerke, in denen auch sonst allerlei Tipps

Kampagne des Konzerns die Ruhr Nachrichten: „Gibt es bald keine Werkverträge in der Fleischindustrie mehr?" Dass genau dies, jedenfalls zu diesem Zeitpunkt, von Tönnies nicht gemeint war, verweist darauf, dass sich Nebelkerzen in bestimmten Diskurssituationen auch gegen deren Werfer*innen richten können.

474 Fisser 2020.

475 NTV 2020. Im Dezember wurde dieses Anliegen durch das Land NRW abschlägig beschieden.

weitergegeben, „gute“ und „schlechte“ Unternehmen vorgestellt werden usw. Von dort verbreiteten sich die Berichte zuerst in rumänische und andere osteuropäische Medien, wobei den Anfang Erntehelfer*innen und nicht die Arbeiter*innen in der Fleischindustrie machten, was angesichts einer großen Schnittmenge von Erfahrungen kaum einen Unterschied macht. Erste Aufmerksamkeit erhielt die Kritik, als die Bundesrepublik Anfang April 2020 die Einreise von je 40.000 Erntehelfer*innen für Mai und Juni erlaubte, während ansonsten die europäischen Binnengrenzen geschlossen waren.[476] Anda Nicolae-Vladu, Beraterin bei der Arbeitslosenselbsthilfe Oldenburg, die in der Zeit der Pandemie lange in Rumänien war, berichtet:

> „Man muss sich das vor dem Hintergrund dessen vorstellen, dass es in Rumänien teils ein sehr strenges Ausgangsverbot gab. Die Leute konnten also zum Beispiel nicht auf ihre eigenen Felder. Aber in Deutschland Spargel ernten, das geht? Und was ist Spargel, kein Mensch will in Rumänien Spargel essen! Da haben viele gesagt, das darf doch nicht wahr sein. Und dann kamen die Bilder vom Flughafen in Cluj: keine Masken, kein Abstandsgebot, nichts.“[477]

Die von den Ausreisenden gefilmten und verbreiteten Bilder der dicht gedrängten Menschenmassen vor dem Flughafen in Cluj-Napoca, Rumänien,[478] schürten den Unmut weiter, Nicolae-Vladu:

> „Der nationalliberale Ministerpräsident sagt, der Verkehrsminister sei zuständig, der Verkehrsminister sagt dann, der Flughafenbetreiber ist schuld, der Flughafenbetreiber sagt, die Firma, die den

476 Michel-Berger 2020. Es mag mit der Skandalisierung der Bedingungen zusammenhängen, dass das Kontingent bis Mitte Juli lediglich zur Hälfte ausgeschöpft wurde.

477 SOFI_F (P)_E_02, M, S. 3: Interview mit Anda Nicolae-Vladu, ALSO, 2. September 2020. Das Interview musste telefonisch geführt werden, liegt nur als Memo (in der Signatur: „M“) vor. Die Aufzeichnungen wurden der Befragten nach dem Gespräch zur Verfügung gestellt und mit ihr abgestimmt. Das gilt im Folgenden auch für alle weiteren Gespräche mit der M-Signatur.

478 Marin 2020, Euronews 2020, Antena 3 2020.

> Parkplatz betreibt, ist schuld, der Parkplatzbetreiber sagt, es ist die deutsche Firma, die die Leute rekrutiert hat. Es wird immer kurioser. Am Ende mussten die Flüge sogar vorläufig gestoppt werden."[479]

Ein YouTube-Video rückte danach die Arbeitsbedingungen ins Zentrum. In der Bundesrepublik angekommen, filmten rumänische Erntearbeiter*innen auf einer Farm zwischen Nienburg an der Weser und Verden ein Gespräch mit einer Vorgesetzten. In der Passage wird deutlich, dass den Arbeiter*innen die Reisedokumente gestohlen wurden und statt der vereinbarten 13 Euro Stundenlohn nur ein Akkordsatz gezahlt wird (65 ct. pro Kilo), sowie dass 13 Stunden am Tag gearbeitet werden soll, auch am Samstag und am Sonntag. 250 Euro für ein Flugticket werden vom Lohn abgezogen. *Social distancing* gibt es wie am Flughafen auch bei der Anreise zur Arbeit mit dem Minibus nicht, auch nicht auf dem Feld, wo Schutzkleidung ebenso wie Desinfektionsmittel fehlen. Diejenigen, die sich nicht damit abfinden wollen, werden entlassen und aus der Unterkunft gejagt. Die Betroffenen gehen danach wie üblich im Wald schlafen, finden einen anderen Arbeitgeber und machen weiter. Das Video erschien Ende April auf der Seite des rumänischen Journalistenbüros „Inclusiv",[480] begleitet von weiteren Augenzeugenberichten. Die Meldung prägte mehrere Wochen den öffentlichen Diskurs in Rumänien. Anda Nicolae-Vladu:

> „Wenige Tage nach dem Video von der Spargelernte erschien ein weiterer Film, der einen fast identischen Konflikt von Arbeitern bei Tönnies mit ihrem Vorarbeiter zeigt. Der wurde zwar auf YouTube schnell gelöscht, aber jetzt kamen die Leute überall zu Wort. Es gab Live-Sendungen, direkt vom Feld, viele Interviews mit Betroffenen, die in Deutschland in den Medien nie gefragt werden. Ein Höhepunkt war erreicht, als Leute dokumentierten, dass sie selbst am

479 SOFI_F (P)_E_02, M, S. 4.

480 Dort wird zur Kontaktaufnahme mit den Beratungsstellen der Fairen Mobilität und mit der rumänischen Botschaft geraten. Vgl. Inclusiv 2020. Der Betrieb wurde später wegen Verstößen gegen die Hygienebestimmungen angezeigt und musste eine Geldstrafe zahlen. Im Mai meldete er Insolvenz an.

Sonntag des orthodoxen Ostern, dem höchsten Fest, zum Arbeiten genötigt wurden. Alle redeten darüber, alle waren empört. Für die Fleischbetriebe in Deutschland scheint das, auch wenn niemand sonst in Deutschland was davon mitbekommen hat, ein Problem gewesen zu sein: Tönnies verbreitete zu seiner Rechtfertigung in Rumänien sogar ein Werbevideo, in dem erklärt wird, wie gut die Löhne bei ihm sind."[481]

Ende Mai machte dann ein Streik auf einem Spargelhof in Bornheim in der Nähe von Bonn erstmals nicht nur in Rumänien, sondern auch in deutschsprachigen Medien die Runde. Etwa 200 Beschäftigte forderten, nachdem die Farm insolvent gegangen war, die Zahlung der vereinbarten Löhne. Zugleich protestieren sie gegen ihren Rauswurf aus den Werksunterkünften. Vor Ort wurden die Proteste unter anderem von der Freien Arbeiter*innen Union (FAU) unterstützt, die auch wesentlich die Öffentlichmachung bewirkte.[482] Die Aktion war bezogen auf die Abwehr von Obdachlosigkeit und einen Teil der Lohnforderungen erfolgreich und wichtig, weil sie die miserablen Arbeitsbedingungen auch in Deutschland sichtbar machte.

Nur kurze Zeit später wurde eine bereits länger existierende Kampagne für eine Verbesserung der Arbeitsbedingungen in der Fleischindustrie medial stark sichtbar. In ihr engagierten sich Beratungsstellen, Gewerkschaften und Kirchen, aber auch Tierschutzverbände und Umweltschützer*innen.[483] Schnell waren die

481 SOFI_F (P)_E_02, M, S. 4. Regelmäßig kamen auch Berater*innen der Fairen Mobilität in Deutschland in den rumänischen Medien zu Wort. Allerdings war die geäußerte Botschaft, individuelle Rechte einzuklagen, im rumänischen TV nicht unbedingt überzeugend. Gemessen an dem Skandal der „gezwungenen" Arbeit erschien bspw. der ansonsten durchaus wichtige Tipp, man möge seine Arbeitszeiten notieren, um sie später einklagen zu können, nicht weitgehend genug. S. etwa: Antena 3 2020.

482 Eine Zusammenfassung der Resultate bietet: Freie Arbeiter*innen-Union Bonn 2020.

483 Vgl. Initiativenkonferenz 2020. Ich selbst habe diese Kampagne, nebenbei gesagt, seit ca. 2018 im Rahmen unserer SOFI-Forschungen von Herzen unterstützt und begleitet, und ebenso den 2020 entstandenen „19er-Kreis", der mit dem Ausgangspunkt NRW und Kellinghusen (Schleswig-Holstein)

Aktivist*innen vor den fleischverarbeitenden Betrieben präsent, von der Fairen Mobilität bis zur zuständigen Einzelgewerkschaft Nahrung-Genuss-Gaststätten (NGG). Vor den Toren wurde über Arbeitsrechte informiert, aber es kam auch zu grundlegendem Protest unter dem Motto „Shut down Schweinesystem"[484]. Ziele waren nicht zuletzt Tönnies und seine Zweigbetriebe: Abgesehen vom Hauptsitz in Rheda fanden Aktionen in Kellinghusen (Schleswig-Holstein) oder in Weißenfels (Sachsen-Anhalt) statt.[485] Einige Exponent*innen der Kampagne wurden im Frühjahr und Sommer 2020 häufig in der deutschsprachigen Presse zitiert. Sie wurden insofern zu einer Art Sprachrohr der Fleischindustrie-Kritik.[486]

Exemplarisch ist hierfür ein Bild, das im Mai 2020 vor dem Werkstor des drittgrößten Schlacht- und Zerlegebetriebs Westfleisch im nordrhein-westfälischen Coesfeld anlässlich der dortigen Masseninfektion aufgenommen wurde.[487] Man sieht den Priester Peter Kossen, einen bekannten Kritiker der Fleischindustrie, zusammen mit einer unbekannten Person. Beide tragen Mund- und Nasenschutz, im Fluchtpunkt des Bildes liegen Schriftzug und Logo der kritisierten Firma. Kossen hält ein selbstgemaltes Schild mit der Aufschrift „Moderne Sklaverei beenden", sein Kollege hat auf seines „Würde und Gerechtigkeit statt Ausbeutung" geschrieben. Die Kampagne konnte erfolgreich das Deutungsmuster der *Ausbeutung* dem rassistischen Gerede von dem *mitgebrachten Virus* gegensteuern. Die geschah leider allerdings auf der Grundlage

ähnliche Ziele verfolgte und verfolgt wie die Initiativenkonferenz, dabei aber bspw. stärker nicht-institutionelle Tierschutzinitiativen einbinden konnte.

484 WDR 2020b.

485 Aktions- und Kampagnenbeispiele finden sich in: Jour Fixe Gewerkschaftslinke 2020.

486 Das gilt etwa für die Vertreter*innen der NGG, aber auch für Sprecher*innen aus dem DGB Schleswig-Holstein sowie für einige Vertreter*innen der Beratungsstellen. Einer Aktivistin der Rhedaer Initiative gegen Tönnies, Inge Bultschnieder, wurde sogar das Titelbild der EMMA gewidmet: Ross 2020. Schließlich hat ein Dokumentarfilm im Sommer 2020 Furore gemacht, in dem unter anderem Tönnies-Arbeiter*innen begleitet wurden (allerdings nicht in den Betrieb): Lokshina 2020.

487 Das Bild findet sich mehr oder weniger überall, so auch hier: Westfälische Nachrichten 2020.

einer Zuschreibung, die die Arbeitenden als verwundbar und nicht handlungsfähig kennzeichnete.[488] Das (in der Kampagne selbst umstrittene) Hantieren mit dem Begriff der Sklaverei trug insofern seinen Teil dazu bei, dass der Gesetzesentwurf der Regierung letztlich vielfach, vor allem in den Medienberichten, als ausschließliches Moment der Veränderung wahrgenommen wurde. Nur der Staat kann die Arbeiter*innen retten, war nunmehr das Motto: Und auch der Bundesarbeitsminister ließ daran keinen Zweifel.

Das „Arbeitsschutzprogramm für die Fleischwirtschaft" wurde am 20. Mai 2020 als Beschluss des Bundeskabinetts verkündet.[489] Minister Heil präsentierte ein Eckpunktepapier: Ab 1. Januar 2021 werde das Schlachten und Verarbeiten von Fleisch nur noch Betriebsangehörigen erlaubt.[490] Außerdem versprach man häufigere Kontrollen, die Pflicht der digitalen Aufzeichnung von Arbeitszeiten, die Verstetigung der Förderung der Beratungsstellen der Fairen Mobilität. Insbesondere der letztgenannte Punkt zeigt die Einsicht des Ministeriums, dass es mit der gesetzlichen Regelung alleine nicht getan sein würde. Aber die Unterstützung der Betroffenen durch Individualberatung blieb der einzige Punkt auf der provisorischen Liste vom 20. Mai, andere Möglichkeiten wie ein Verbandsklagerecht der Gewerkschaften gegen als systematisch zu betrachtende Fälle von Lohnbetrug blieben unbeachtet. Ausgeblendet wurden zudem weitere strukturelle Aspekte wie mangelnde Ansprüche auf Lohnersatzleistungen oder die Situation auf dem Wohnungsmarkt etc. Und schließlich wurde an keinem Punkt der Debatte die Forderung nach einer Stärkung der sozial- und aufenthaltsrechtlichen Position der Migrant*innen aufgenommen. Damit waren Veränderungen in Bezug auf einen der wichtigsten Aspekte der Prekarisierung migrantischer Arbeiter*innen zunächst versperrt.[491]

488 Eine lobenswerte Ausnahme findet sich hier: Götzke 2020.

489 Bundesministerium für Arbeit und Soziales (BMAS), 2020c.

490 BMAS 2020a.

491 Das Protokoll der ersten Lesung im Bundestag bestätigt diesen Eindruck. Die problematischen Aspekte des Gesetzes (u.a. die zunächst vorgesehene Verknüpfung von Wohnraum und Arbeitsvertrag) wurden kaum angespro-

Diese blinden Flecken kontrastieren merkwürdig mit dem Umstand, dass die öffentliche Debatte zur Fleischproduktion wenigstens im Sommer 2020 keineswegs frei von grundlegenden Erwägungen war. Die Debatte funktionierte wie eine Taschenlampe in einem stockdunklen Raum: Etwas erscheint in grellem Licht, was drum herum geschieht, ist umso mehr in Dunkelheit getaucht. So wurden einerseits strukturelle Formen von Herrschaft, wie solche, die durch Migrationsverhältnisse ausgelöst werden, öffentlich beschwiegen, während die Frage nach dem Sinn des privaten Eigentums in der Produktion von Lebensmitteln vergleichsweise breit diskutiert wurde. Hatten vor der Pandemie lediglich wenige Aktivist*innen und Initiativen aus dem Tierschutzbereich diesen Punkt vorgebracht, geriet er nun in den Vordergrund.[492] Im Sommer 2020 wurde er in der Klimagerechtigkeitsbewegung wichtig. Gleichzeitig wurde in der Corona-Krise die Bedeutung systemrelevanter Bereiche ein Diskussionspunkt in der Arbeits- und Wirtschaftspolitik. Auf dem Höhepunkt der Krise der Fleischindustrie gelang es in der Folge, ähnlich wie es 2019 im Zuge der Klimagerechtigkeitsbewegung der Fall gewesen war, zunächst vor allem der Partei Bündnis 90/Die Grünen, in solchen grundlegenden sozial-ökologischen Fragen zu punkten, obwohl die Forderungen nach Mindestpreisen für landwirtschaftliche Produkte oder nach einem „Green New Deal" insgesamt keineswegs als systemfeindlich zu bezeichnen sind.[493]

Die Debatte um das Arbeitsschutzkontrollgesetz

Dass die Regierung eine Abschaffung von Werkverträgen und Leiharbeit anstrebte, war trotz dieser Begrenzungen und blinden Flecken eine kleine Sensation. Das Vorhaben traf auf breite Zustimmung in Gewerkschaften, Initiativen und der parlamentari-

chen, die Frage nach erweiterten sozialen Rechten für Migrant*innen tauchte nicht auf. Vgl. Deutscher Bundestag 2020b, S. 21648–21650.

492 Ein Beispiel hierfür ist die gemeinsame Pressemitteilung von Bund für Umwelt und Naturschutz Deutschland, Arbeitsgemeinschaft bäuerliche Landwirtschaft und Arbeitslosenselbsthilfe Oldenburg, 14.05.2020 (BUND et al. 2020).

493 Bündnis 90/Die Grünen 2020.

schen Linken. Kaum überraschend wurde es ebenso vehement von der Fleischindustrie abgelehnt. Im Mittelpunkt der Abwehrbemühungen stand der Vorwurf, dass die Abschaffung einem „Systemwechsel" gleichkomme, der sich in Zukunft auf alle Beschäftigungsverhältnisse und in letzter Instanz auf die „Freiheit des Unternehmertums" auswirken würde.

Doch zunächst trieb der Tönnies-Fall dem Arbeitsministerium den Wind in die Segel, um das Gesetz vorantreiben zu können. So konnte Clemens Tönnies am 18. Juni noch behaupten, dass die „Arbeiter das Virus aus ihren Heimatländern" mitgebracht hätten, und der damalige Ministerpräsident des Landes NRW, Armin Laschet, konnte sich dem anschließen.[494] Aber schon am Tag danach wurden Tönnies und sein permanent durch die Medien polternder Chef zu Symbolfiguren in einer scharfen Kritik an der Fleischindustrie.[495] Nach einem Sturzflug in den Meinungsumfragen ruderte Laschet zurück und erklärte das Gegenteil: „Die Arbeitsbedingungen und die Unterbringung der Menschen (haben) dazu beigetragen, dass sich der Corona-Virus derart unter den Mitarbeitern des Schlachtbetriebs in Gütersloh ausbreiten konnte."[496]

Die Kehrtwendung markierte das vorläufige Scheitern des Versuchs der Fleischindustrie-Lobby, eine Abwehrargumentation gegen die Kritik an den Arbeitsbedingungen aufzubauen. Es sollte allerdings neben der wochenlangen Schließung der Firma auch der Effekt der Abschottung des chinesischen Markts für als „infiziert" geoutete Betriebe nicht unterschätzt werden. Handelte es sich doch um ein bis dahin ungesehenes Phänomen, welches das exportorientierte Expansionsmodell der „Großen" der Bran-

494 Die Zeit 2020a.

495 Vor den Werkstoren in Rheda fanden Dutzende Aktionen statt, u.a. ließen sich Tierschützer*innen blicken, die NGG, auch Greenpeace. Ein Höhepunkt waren die Demos zur Wiedereröffnung der Fabrik. Die Webseite *Land & Forst*, die eine detaillierte Chronik der Ereignisse veröffentlicht hat, notierte für den 17. Juli: „Update, 13 Uhr: Zahlreiche Demos vor der Firmenzentrale sind angekündigt. Darunter Klima- und Tierschützer. Für die Gegenseite riefen Landwirte zu einem Grillen vor der Firmenzentrale auf" (Revermann 2020).

496 Dass der Betrieb keineswegs in Gütersloh liegt, sei am Rande bemerkt. Für einen besseren Überblick sorgt: Tagesspiegel 2020.

che in reale Gefahr brachte.[497] So waren es mithin nicht nur der öffentliche Druck und nicht nur die – in der Rückschau gesehen eher kurzfristig artikulierte – Wut der örtlichen Bevölkerung auf das Unternehmen, die eine für die Durchsetzung des Verbots der Werkverträge günstige Situation hervorbrachten, sondern eben auch der entstandene ökonomische Druck.

Jedenfalls blieb es zunächst bei einem ungewöhnlich breiten Konsens über das gesetzliche Verbot eines Teils prekärer Beschäftigung in einem Teilbereich der Branche. Der Bundesarbeitsminister konnte sich, zunächst weitgehend unwidersprochen, gegen eine schwache gesetzliche Regelung wie im GSA Fleisch von 2017 aussprechen. Oder genauer gesagt: für eine Verschärfung desselben, die in die Struktur der Beschäftigungsverhältnisse eingreifen würde.[498] Heils Position war nun Common Sense in den Landesregierungen in NRW (schwarz-gelb), Niedersachsen (rot-schwarz) und Baden-Württemberg (grün-schwarz), wo spätestens nach der Ankündigung von Müller-Fleisch, selbst die Werkverträge abzuschaffen, das Eis gebrochen war.[499] Sehr deutlich setzte sich auch der CDU-Arbeitsminister von NRW, Karl Josef Laumann, Mitte Juli 2020 für ein Verbot von Werkverträgen ein.[500]

Bis zum Spätsommer blieb die Fleischindustrie in der Defensive. Weitere massive Infektionen, etwa bei der Geflügelschlachterei Heidemark in Niedersachsen,[501] trugen dazu bei, dass die Lobbyisten sowie die Unternehmen weit von ihren vor der Krise vertretenen Positionen zurückweichen mussten. In den letzten Juniwochen erklärten alle großen Unternehmen und ihre Verbände in vorauseilendem Gehorsam den Verzicht auf Werkverträge. Zugleich versicherten die Unternehmen, Rekrutierung und Wohnungsbau nunmehr selbst in die Hand zu nehmen. In einem „10-Punkte-Zukunftsprogramm" des Westfleisch-Konzerns wurde zudem die Einführung einer digitalen Zeiterfassung für alle Beschäftigten an-

497 Dieses Moment wurde eher in der Fachpresse diskutiert: Bach 2020.

498 Bosch et al. 2020.

499 Schiermeyer 2020.

500 Bei dieser Gelegenheit wies der CDU-Politiker auch Regressforderungen von Tönnies zurück: Der Spiegel 2020a.

501 Rohdenburg 2020.

nonciert und angekündigt, die „konzernweite Mitbestimmung (zu) stärken".[502] Die Westfleisch-Genossenschaft hatte in dieser Hinsicht in der Tat ein Alleinstellungsmerkmal: Es war der einzige größere Betrieb, der Arbeitsbeziehungen per (Haus)-Tarifvertrag regelte.[503] Nur wenige Tage nach Westfleisch verkündete auch Tönnies eine halbjährige Frist zur „Einstellung aller Werkvertragsbeschäftigten in Schlachtung, Zerlegung und Verarbeitung". Man habe zudem zwei Wohnungsbaugesellschaften gegründet, um das auch im Ostwestfälischen knappe Angebot an Wohnraum zu erhöhen.[504]

Dagegen wurde die etwa zeitgleiche Gründung von 15 Tochterunternehmen durch Tönnies in der Öffentlichkeit als Vorbereitung interpretiert, das Gesetz unterlaufen zu können.[505] Dieser Verdacht trug angesichts der öffentlichen Empörung über die Fleischindustrie zu diesem Zeitpunkt allerdings lediglich dazu bei, die Gesetzesinitiative zu präzisieren. Am 27. Juli 2020 verkündete Heil einen im Vergleich zu den „Eckpunkten" revidierten Entwurf.[506] Dieser sah für Schlachtung, Zerlegung und Verarbeitung in Betrieben mit über 50 Beschäftigten ein Kooperationsverbot zwischen verschiedene Eigenunternehmen vor, um eine „interne" Unterbietungskonkurrenz und Verantwortungsverschiebung zu unterlaufen. Beim Verbot von Werkverträgen blieb es beim Termin zum 1.1.2021, ein erster kleiner Erfolg der Fleischlobby deutete sich jedoch an, indem Leiharbeit nunmehr erst zum 1.4.2021 untersagt werden sollte.

Was die Kontrolle der Arbeitsbedingungen betrifft, hier insbesondere der Einhaltung von Vorschriften zum Arbeitsschutz, so verwies die Regierung auf die Arbeitsschutzbehörden der Länder. Dabei blieb der Gesetzesentwurf vage und legte lediglich eine auf

502 Westfleisch 2020.

503 Vgl. Erol und Schulten 2020, S. 13. Auch die Übernahme von tausenden Werkvertragsbeschäftigten wurde dort im Anschluss per Haustarifvertrag geregelt.

504 Tönnies 2020. Kurzfristig werde man 400 Wohneinheiten anmieten. Wenig später wurde erklärt, „70 Häuser mit bis zu 1.500 Wohnungen" bauen zu wollen. Vgl. Der Spiegel 2020b.

505 Keuchel und Verfürden 2020a.

506 Auch im Folgenden: Bundesregierung 2020.

alle Betriebe (nicht nur der Fleischindustrie) bezogene Kontrolldichte von fünf Prozent fest, die bis 2026 nach und nach Geltung erlangt.[507] Ebenso vage blieb die Festlegung zur „elektronischen Arbeitszeiterfassung". Hier einigte man sich darauf, *dass* etwas gemacht werden solle, aber nicht, *wie*. Vor allem aber wurde die Forderung aus Gewerkschaften und Beratungseinrichtungen, dass die Beschäftigten ein Recht auf Einsicht in diese Arbeitszeiterfassung erhalten sollten, nicht berücksichtigt. Unklar blieb auch das Schicksal der Forderung nach einer Verbesserung der Wohn- und Unterbringungssituation. In die Arbeitsstättenverordnung, in der so etwas geregelt werden kann, wurde die Kategorie der „Gemeinschaftsunterkünfte" eingeführt. Die von den Ländern auszuführenden Mindestbedingungen für die Unterbringung blieben unkonkret, genauer wurde der Regierungsentwurf zunächst nur hinsichtlich einer Verschlechterung: Erstmals wurden dort Wohnrecht und Arbeitsvertrag legal verknüpft. Was zuvor häufig, aber illegal war, dass bei mangelndem Wohlverhalten der Arbeiter oder die Arbeiterin gleichzeitig mit der Entlassung in die Obdachlosigkeit getrieben wurde, schien nunmehr legalisiert zu werden. In den Wochen vor der ersten Lesung im Bundestag wurde insbesondere dieser Punkt kritisiert. Bereits Mitte August 2020 hatte

507 Die Bußgelder bei Verstößen gegen die Arbeitszeitgesetze wurden von 15.000 auf 30.000 Euro erhöht. Das Problem der Kontrolldichte der in Länderhoheit verwalteten Arbeitsschutzbehörden muss vor dem Hintergrund einer Mischung aus Sparen und wachsenden Anforderungen gesehen werden, die diesen Arbeitsbereich in den vergangenen Jahren geradezu verwüstete. Während im Bundesgebiet 2008 noch über 330.000 Betriebsbesichtigungen stattfanden, ging die Zahl bis 2018 auf rund 167.000, also etwa die Hälfte, zurück. Durchschnittlich wird jeder Betrieb nunmehr nur alle 25 Jahre aufgesucht – 2008 waren es noch 11,8 Jahre, und auch dies kann man wohl kaum als beeindruckende Quote bezeichnen. Während die Zahl der Betriebsstätten in dieser Periode stark wuchs, ging die Zahl der Aufsichtsbeamt*innen zurück. Am Beispiel der Fleischindustrie: 2019 wurden dort 349 Arbeitgeber*innen kontrolliert, wobei bspw. wegen Nichtgewährung des Mindestlohns Geldbußen von insgesamt 185.201 Euro verhängt wurden, 2017 war es rund das Doppelte gewesen. Unklar bleibt, ob diese Summe auch eingetrieben wurde. Zur Erinnerung: Im März 2020 machte die Fleischindustrie in Deutschland rund 3,7 Milliarden Euro Umsatz. Vgl. Bosch et al. 2020, S. 13–15.

die erwähnte Initiativenkonferenz, zu der sich auf Einladung des DGB Nord und des Kirchlichen Diensts in der Arbeitswelt Beratungsstellen, Bürger*innen-Initiativen, NGG und andere trafen, zwar die Abschaffung der prekären Beschäftigung begrüßt, zugleich aber vehement jene Legalisierung des Übergangs in die Obdachlosigkeit kritisiert.[508] Ein Berater der ALSO schilderte uns in einem Interview, wie massiv dieses Problem aus seiner Sicht ist:

> „Das ist großes Problem, ich hatte eine Familie in der Beratung. Beide sind um Weihnachten krank geworden, Unternehmen hat sofort gekündigt, also Arbeit verloren, Zimmer verloren. Dann haben die mich angerufen: Wir sind jetzt, im Moment, jetzt stehen wir auf der Straße. Was sollen wir denn jetzt bloß machen?"[509]

Die Kritik an der Verknüpfung von Arbeitsvertrag und Unterbringung fand, verglichen zu der Welle, die die Infektionsfälle und der damit verbundene Blick hinter das Werkstor und in die Unterkünfte im Hochsommer ausgelöst hatte, im Spätsommer 2020 und danach nur noch ein bescheidenes Echo. Immerhin wurde der Punkt in seiner expliziten Form nach der ersten Lesung im Bundestag Anfang Oktober aus dem Gesetzesentwurf entfernt. Die konkrete Form der Kontrolle der Unterbringung blieb damit zunächst offen. Als das Parlament das Gesetz am 10. September zum ersten Mal debattierte, ging es im Kern aber weder um Unterkünfte noch um Migration. Vielmehr wurde erstens debattiert, ob Werkverträge und Leiharbeit *überhaupt* in Gänze abgeschafft werden sollten. Zweitens stritt man sich darum, wie man die Einhaltung der Gesetze *kontrollieren* könne. *Dass* beides geschehen müsse, war mehrheitsfähig. Nur die FDP, hier in Gestalt des Abgeordneten Cronenberg, wandte sich explizit gegen das Verbot der Leiharbeit, während die AfD forderte, möglicherweise inspiriert durch gute Kontakte zur Fleischindustrie, dass 15 Prozent

508 Süddeutsche Zeitung 2020.
509 SOFI_F (P)_B_04, M, S. 2.

der Belegschaften weiter Leiharbeiter*innen sein könnten.[510] In der Frage nach der Kontrolle waren sich allerdings *alle* Parteien einig. Durchgehend wurde in mal mehr, mal weniger markigen Worten ein Eingreifen des Staats gegenüber der skandalösen Situation in der Fleischindustrie befürwortet.

Auch ein gewichtiger Teil der Forschung schrieb sich in diesen Diskurs ein, indem sie den Ausnahmecharakter der Fleischindustrie markierte. Eine Gruppe von Wissenschaftler*innen schrieb:

> „Die in anderen Branchen erfolgreiche Selbstregulierung über starke Sozialpartner und Branchentarife funktionierte in dieser Branche, wie auch in anderen deutschen Niedriglohnbranchen, schon lange nicht mehr. Hilfe konnte nur noch vom Staat erwartet werden."[511]

Aber war wirklich „Hilfe vom Staat" zu erwarten? Die Ambivalenz staatlichen Eingreifens wurde am 23. September allen Interessierten deutlich. An diesem Tag unternahm die Bundespolizei eine Razzia in Geschäftsräumen von Zeitarbeitsfirmen sowie Unterkünften von Arbeitenden. Gegenstand der Durchsuchung war der Verdacht auf Urkundenfälschung und Arbeiten ohne Aufenthalts- bzw. Arbeitsgenehmigung.[512] Sanktioniert wurden Täter wie Opfer, heißt:[513] Wer besonders dreist ausgebeutet wird, wird potenziell auch abgeschoben. Wer besonders dreist ausbeutet, wird nur insofern belangt, als er oder sie sich direkt des „Schleusens" schuldig gemacht hat, während die mit frischer Arbeitskraft belieferten Konzerne ihre Hände in Unschuld waschen. Die Razzia habe sich,

510 Deutscher Bundestag 2020b, S. 21651. Die LINKE forderte in einem eigenen Antrag eine Herabsetzung der Mindestbeschäftigung, die Erhöhung der Kontrolldichte usw., vgl. Deutscher Bundestag 2020c.

511 Bosch et al. 2020, S. 2.

512 Hecking und Klawitter 2020.

513 Der Zoll war nur wenige Tage vorher in einer ähnlich groß angelegten Kontrolle der Paketdienste aktiv. Ein Kollege konnte im Rahmen einer Studie zur aktuellen Situation in der niedersächsischen Fleischindustrie auch einen Vertreter der beim Zoll angesiedelten Finanzkontrolle Schwarzarbeit sprechen, der zum Ausdruck brachte, dass die FKS dafür zuständig sei, wenn dem „Staat Geld vorenthalten wird"; wenn die Arbeitenden ihr Geld nicht erhalten, seien dagegen „Andere" zuständig. Vgl. Neef-Methfessel 2021, S. 20.

wie *Der Spiegel* berichtete, laut Bundespolizei ausdrücklich „nicht gegen die fleischverarbeitende Industrie" gerichtet.[514]

Welche Arbeiter*innen waren betroffen? Anlässlich der Razzia wurde die in unseren Interviews geäußerte Beobachtung bestätigt,[515] dass schon in der Pandemie offenbar verstärkt Neurekrutierung außerhalb der EU stattfand.[516] Die von der Bundespolizei ermittelten „Vergehen" bestanden wesentlich darin, mit falschen EU-Papieren Leute aus Nicht-EU-Ländern anzuheuern: Kosovo, Georgien, Ukraine, Belarus. Bei Tönnies in Weißenfels (Sachsen-Anhalt) soll ein relevanter Teil der in Schlachtung und Zerlegung Beschäftigten mittlerweile aus diesen Ländern kommen. Dass eine Abschiebedrohung die Verwundbarkeit von Arbeitenden nicht eben verringert, sollte in diesem Zusammenhang zu denken geben: Eine Amnestie-Regelung für die so Aufgegriffenen wäre dringend notwendig. Leider wurde sie von (fast) niemandem gefordert.[517]

Kein Zweifel: Die wichtigste Motivation für den Konsens über das Arbeitsschutzkontrollgesetz war die Furcht davor, Verantwortung für die Auswirkungen von Masseninfektionen tragen zu müssen. Dies erklärt zwar nicht bis zum Ende die Position von Hubertus Heil, der zumindest eine Empörung über die Arbeitsbedingungen immer wieder zum Ausdruck gebracht hat, aber doch die Positionswechsel in der CDU/CSU, deren Agrarminister in den für die Fleischindustrie wichtigsten Bundesländern mehrheitlich eingeschlossen. So war die Pandemie-Motivlage, der Verweis auf die Masseninfektionen, auf die „Gefährdung der Bevölkerung" usw., zugleich ein Grund dafür, dass die Reform hinsichtlich ihres Eingreifens in die Arbeits- und Wohnverhältnisse unvollständig blieb. Zudem begann praktisch mit der Verkündung des Entwurfs im Hochsommer die Gegenoffensive.

Sie fand im Laufe des Herbstes 2020 immer unverblümter statt, siehe die begleitend zum Gesetzgebungsverfahren in Bundestag und Bundesrat eingegangenen Stellungnahmen einer erstaun-

514 Hecking und Klawitter 2020.

515 SOFI_F (P)_E_02, S. 4.

516 Frankfurter Allgemeine Zeitung 2020.

517 Vgl. Wigand 2020.

lich zahlreichen Menge von Geflügel-, Schweine- und sonstigen Fleischverbänden.[518] Ihre gemeinsame Ausrichtung war nun nicht mehr die Verhinderung, sondern die Verzögerung und inhaltliche Verwässerung des Gesetzes. So wurde gegen die festgelegten Betriebsgrößen und Termine argumentiert, gegen das Kooperationsverbot und, mit AfD und FDP im Rücken, gegen das Verbot der Leiharbeit. Man wurde nicht müde zu betonen, dass kurzfristige Auftragsschwankungen mit dem Gesetz nicht mehr reguliert werden könnten. Allerdings ist insbesondere die Schlachtung kein Saisongeschäft, während Verarbeitung auf unterschiedliche Nachfrageschübe bezogen ist, die sich über das Jahr jedoch so stark ausgleichen, dass kaum erklärt werden kann, warum man diese nicht mit anderen Mitteln als mit externer Rekrutierung (so etwa Arbeitszeitkonten usw.) ausgleichen kann.

Selbstverständlich wurde weiter gejammert: „Im Frühjahr waren wir noch systemrelevant", klagte etwa ein Herr Ripke, Präsident des Generalverbands der Deutschen Geflügelwirtschaft, gegenüber der „Welt".[519] Er habe „damals die Politik beruhigen können, dass die Versorgung mit Geflügelfleisch und Eiern gesichert ist". Aber Undank ist der Welten Lohn, denn: „Für die Zukunft sieht Herr Ripke schwarz." Das Arbeitsschutzkontrollgesetz bedrohe „akut die Existenz." Es bestehe die Gefahr, dass „deutsche Tierwohlware" aufgrund des laufenden „Tribunals" der Politik vom Markt verdrängt werde. „Wir vermissen die Wertschätzung für unsere Arbeit."

Wenige Tage nach dem Protest der Geflügelschlachter meldeten CDU und CSU massive Bedenken an, die in ihren Reihen insbesondere gegen das Verbot der Leiharbeit aufgekommen seien. Das zum Beschluss vorbereitete Gesetz wurde Anfang Oktober von der Tagesordnung des Bundestags genommen. Es folgten zähe Verhandlungen im Koalitionsausschuss, die im Dezember 2020 damit endeten, dass das Gesetz für Schlachtung und Zerlegung weitgehend in der vorgesehenen Form verabschiedet wurde, für die

518 Vgl. Deutscher Bundestag 2020e.
519 Diering 2020.

Verarbeitung aber ein auf acht Prozent der Belegschaft begrenzter Einsatz von Leiharbeiter*innen zugestanden wurde.[520]

Es bleibt festzuhalten, dass sich bis zum Winter 2020/21 der Diskurs grundlegend verschoben hatte: Der Auftritt der Arbeiter*innen, von den vielen Augenzeugenberichten im Frühling ausgelöst, von den Medien und Botschaften einiger Herkunftsländer in die Öffentlichkeit transportiert, war vorläufig beendet. Die erste Verschiebung fand angesichts der Wahrnehmung statt, dass die Regierung im Prinzip jener Kritik folgt, die die Arbeit im Schlachthof als „moderne Sklaverei" gefasst hatte. Der Gesetzesentwurf blieb freilich „halbiert"; er war ein großer Schritt nach vorn, namentlich im Verbot eines Teils der prekären Beschäftigungsformen, dem ein kleiner Schritt zurück folgte, namentlich angesichts der blinden Flecken in Bezug auf die Forderung nach sozialen Rechten und Ansprüchen sowie der wenig konkreten Regeln bezüglich menschenwürdigen Wohnens.[521] Im Herbst wurde dann selbst diese halbe Reform porös, die Fleischindustrie setzte auf Verwässerung und Zeitgewinn, und in der CDU/CSU wurde deutlich, dass nicht alle, aber wichtige Teile der Landtags- und Bundestagsfraktionen die Initiative des Arbeitsministeriums nur mit halbem Herzen oder gar nicht unterstützten.

Innerhalb der Gewerkschaft NGG setzte sich die Linie durch, dass die Abschaffung von Werkverträgen und Leiharbeit, wie auch immer konkret ausgeformt, ihre betriebliche Verankerung verbessern könnte: Sie organisierte u.a. Aktionstage als Versuch, vor den Werkstoren mit den Arbeiter*innen ins Gespräch zu kommen.[522]

520 Bundesministerium für Arbeit und Soziales 2020b.

521 Deutscher Bundestag 2020e, Art. 4. Die Regelungen über Unterkünfte sind im Ende des Jahres verabschiedeten Gesetz noch immer wenig konkret (vor allem, was „angemessener Wohnraum" sein soll, bleibt unklar und ggf. auf Landesebene und lokal auszufüllen). Gleichzeitig umfasst diese Neuregelung die Arbeitsstättenverordnung insgesamt und damit nicht nur die Fleischindustrie. Problematisch ist weiterhin, dass die Regelung nur „Unterkünfte" im Sinne der Arbeitsstättenverordnung umfasst, was, wie wir unten sehen werden, eine Tür öffnet, um Unterkünfte als „Privatvermietung" umzudeklarieren und damit ganz aus dem Regelungsbereich des Gesetzes herauszunehmen.

522 Gewerkschaft Nahrung-Genuss-Gaststätten 2020.

Der schließlich im Dezember 2020 verabschiedete Gesetzesentwurf unterstützte diese Orientierung. So wurde die Zulassung von Leiharbeit (im Rahmen der oben erwähnten Quote) daran gebunden, dass die Unternehmen einem Tarifvertag beitreten. Außerdem finanzierte der Staat „Campaigner", die sich vor Ort um die Information der Beschäftigten über das neue Gesetz bemühen sollten.

Eine Antwort auf die Frage, ob das Arbeitsschutzkontrollgesetz letztlich kollektive Organisierung befördern wird, kann wohl erst in einigen Jahren gegeben werden. 2023 soll das Gesetz evaluiert werden, und es besteht zudem für unabsehbare Zeit die Gefahr eines Roll-back. Darüber hinaus ist bei Redaktionsschluss dieses Buchs eine Verfassungsklage aus der Zeitarbeitsbranche gegen die Regelungen zur Leiharbeit anhängig.[523] Es gibt noch einen anderen Aspekt, der über die Frage der Regulierung hinausgeht: Um die Entwicklungschancen kollektiv-gewerkschaftlicher Organisierung diskutieren zu können, müssen wir zur Frage zurückkehren, was Organisierung in den Betrieben der Fleischindustrie bisher ausmacht. Welche Rolle spielt dabei das Thema Migration?

Konflikte und Arbeitskämpfe in einer Übergangszeit

Morrison, Sacchetto und Cretu haben in einer Studie zu Arbeitsmigration aus der Republik Moldau nach Russland und Italien die These entwickelt, dass die dort beobachtete Fluktuation der Arbeitenden als Form des Widerstands gegen schlechte Arbeitsbedingungen verstanden werden müsse.[524] Will man Arbeitskämpfe und kollektive Organisierung in der Fleischindustrie verstehen, so ist diese Perspektive unentbehrlich.[525] Ebenso wichtig ist die Feststellung, dass sich für eingearbeitete Kolleg*innen Marktmacht mit Produktionsmacht verbindet. Dies haben wir in Kapitel 2 im Zusammenhang mit der Darstellung der Interdependenzen von Arbeitsmarkt und Arbeitsprozess geschildert. Es macht also we-

523 Specht 2021. Weitere Klagen werden vermutlich folgen. Drei Eilanträge aus der Fleischindustrie-Lobby gegen das Gesetz wies das Bundesverfassungsgericht Anfang 2021 zurück. Zur Frage der Verfassungskonformität des Gesetzes s. auch: Deutscher Bundestag 2020f.

524 Morrison et al. 2013.

525 Birke und Bluhm 2019.

nig Sinn, beides als unabhängige Variablen zu verstehen. (Wilde) Streiks und die Drohung des Weiterwanderns werden nur dann im Betrieb Wirkung zeigen, wenn man damit den Arbeitsprozess stören kann. Umgekehrt sind sie nur möglich, wenn das betroffene Unternehmen nicht so leicht einen Ersatz findet. In den Konflikten vor der Pandemie waren solche Streiks Indikatoren einer verbesserten Position eines Teils der Beschäftigten: „Entweder du zahlst besser oder wir gehen." „Entweder du stellst uns fest an oder wir gehen." Jedoch lassen sich die konkreten Folgen solcher, bis auf wenige Ausnahmen öffentlich nie wahrgenommener Aktionen kaum genau bestimmen. Auch ihre Zahl und ihr Umfang lassen sich aufgrund mangelnder Dokumentation nicht abschätzen. Die Interviews aus unserem Forschungsprojekt zeigen für die Zeit *vor* dem ersten Lockdown zwar, dass die wenigen öffentlich beachteten kleinen Streiks nur die Spitze des Eisbergs sein dürften. Sie zeigen aber auch, dass sich derartige Aktionen fast nie mit politischen Kampagnen verbinden oder mit lokalen Gewerkschaftsgruppen verbünden.[526] Hat sich daran 2020/21 etwas geändert?

Die Antworten, die in unseren Interviews auf diese Frage gegeben wurden, deuten darauf hin, dass sich die Form als solche erhalten hat, aber die Aktionen zugleich in einem stark veränderten Kontext stattfanden, namentlich *erstens* als Abwehrreaktionen gegenüber einer in der Pandemie eskalierenden Arbeitsverdichtung und *zweitens* als Kampf um die konkrete Ausgestaltung der Arbeitsbedingungen nach der Reform.

Abwehrkämpfe

Herr Jakob, 50 Jahre alt, ist nach einem schweren Arbeitsunfall krankgeschrieben. Er hat seit 2012 mehr als drei Jahre in einer berüchtigten Sammelunterkunft in einer alten Kaserne im Oldenburger Münsterland gewohnt und ist nach eigener Auskunft einer der wenigen, die es fünf Jahre in der Grobzerlegung eines Schlacht- und Zerlegebetriebs ausgehalten haben. 2015 kam auch seine Frau nach Deutschland, die ebenso wie er in der Grobzerlegung beschäftigt war. Das Paar hat fünf Kinder, die mittlerweile

526 Birke und Bluhm 2019, S. 40.

alle in die Kita oder in die Schule gehen.[527] In unserem Gespräch Ende Juni 2020 schildert Herr Jakob wie so viele andere die Tätigkeit als außerordentlich belastend:

> „Ich habe in Rumänien auf Baustellen und im Wald gearbeitet. Ich weiß, was schwere Arbeit ist, aber was ich hier erlebt habe, das ist kaum zu übertreffen. (...) In den ersten Monaten hatte ich (an den Handgelenken) solche Schmerzen, dass ich nicht einschlafen konnte. Ich saß da, Hände immer im Wasser, und verbrachte die halbe Nacht in unserem Gemeinschaftsraum am Waschbecken."[528]

Es gab in der Zerlegung auch mal ein paar Deutsche, so Herr Jakob weiter, aber die waren immer nur ein paar Tage da, dann haben sie aufgehört, denn „die Arbeit war zu brutal". Fluktuation hat also – und das ist für uns an dieser Stelle nichts Neues mehr – zunächst Gründe jenseits einer selbstbewussten Nutzung als Kampfmittel. Herr Jakob sagt, dass nur drei oder vier von hundert Arbeiter*innen für mehrere Jahre bleiben.

Herr Andreas, seit beinahe zwei Jahren in Deutschland, ebenfalls verheiratet und gemeinsam mit seiner Frau hier, aber ohne Kinder, ist derzeit in einer großen Geflügelschlachterei beschäftigt. Er berichtet uns am selben Tag, dass er in jener kurzen Zeit in vier verschiedenen Betrieben der Fleischindustrie beschäftigt war, teilweise Monate, dann mal länger. Zwischendurch war er auch einige Wochen ohne Arbeit. Er führt aus, dass es bei den Subunternehmen, bei dem er derzeit beschäftigt ist, ohnehin nur Halbjahres- oder Jahresverträge gibt. Eine Entfristung sei wie eine „Prämie".

Es ist davon auszugehen, dass – wie wir in Kapitel 2 am Beispiel von Fleisch-B gesehen haben – auch in diesem Fall von einer verbreiteten Praxis die Rede ist: Befristung wird auch in Zukunft ein Mittel bleiben, die Erpressbarkeit der Arbeiter*innen zu erhalten, insbesondere nach der Abschaffung von Werkverträgen und Leiharbeit. Zwar haben die meisten Fleischbetriebe die Beschäf-

527 SOFI_ F (P)_B_04, S. 18, 747–725.
528 Ibid.

tigten nach dem 1.1.2021 in feste Arbeitsverhältnisse übernommen. Und dabei haben die meisten nach punktuellen Konflikten und Streiks u.a. um diese Frage die vorhandenen Arbeitsverträge und Laufzeiten nach den gesetzlichen Regeln zum Beschäftigungsübergang akzeptiert. Jedoch waren die Verträge, wenn sie vorher beim Subunternehmer eine Befristung hatten, danach auch nicht entfristet.[529] Wie hoch der Anteil der Befristungsprekarität aktuell im Sektor ist, kann niemand genau sagen. Dennoch ist es sicher nicht falsch anzunehmen, dass dies ein zweiter Grund für die anhaltende Fluktuation der Arbeiter*innen ist. Herr Andreas* überlegt derzeit freilich auch noch aus einem dritten Grund, das Land zu verlassen. Im O-Ton:

> „Wir haben zwei Vorarbeiter, ein Mann, eine Frau, die schreien einen an, sind sehr vulgär, egal ob jemand älter ist (oder) keine mehr Kraft hat. Die ganze Zeit, egal was ist, man wird ständig beschimpft und gestoßen und geschubst. Die nutzen auch aus, dass die Mehrheit an unserem Band kein Deutsch spricht. Eine Frau hat sich beim Chef darüber beschwert. Sie hat sogar gedolmetscht, ist aber trotzdem sofort rausgeflogen.“[530]

In dem Interview mit Herrn Andreas wird eine permanente Gewalterfahrung thematisiert, eine Gewalt, die nach seiner Aussage nicht zuletzt von den oft selbst migrantischen „kleinen“ Chefs ausgehe. Der letzte Grund für die Fluktuation: die Übergriffe der Vorgesetzten, die willkürlichen Entlassungen, die körperliche Gewalt, kurz, die *Entwürdigung.*

529 Über diesen Anteil konnte ich jedenfalls im Sommer 2021 in keinem der abschließenden Gespräche, die ich mit Menschen aus Initiativen, Beratungsstellen und Gewerkschaften geführt habe, Genaues in Erfahrung bringen (s. hierzu auch Abschnitt 3.3). Daten sind hier aber wichtig, denn nur so kann die Frage beantwortet werden, ob es wirklich zu einer umfassenden Entprekarisierung in den Kernbereichen der Fleischindustrie kommt. Vielleicht wäre dies ein wichtiger Erkenntnispunkt für die im Arbeitsschutzkontrollgesetz vorgesehene Evaluation?

530 SOFIF (P)_B_04, S. 1f., 29–44.

Es ist schließlich an Herrn Jakob, die Verbindung von Fluktuation und Unzufriedenheit mit den strukturellen Bedingungen zu thematisieren. Er sagt aus eigener bitterer Erfahrung: „Man wird auch krank, dann will man paar Tage zuhause bleiben, dann fliegt man." Aber „manche gehen aber auch nach Holland oder Frankreich, weil man da mehr Geld kriegt." Ich frage, ob das auch für ihn denkbar wäre, aber: „Ist doch klar, ich habe fünf Kinder, wie soll ich das machen?"[531] Die Exit-Option ist voraussetzungsvoll, sie hängt bspw. von der Familiensituation ab, aber auch von der Position im Arbeitsprozess, dem Aufenthaltstitel, dem Geschlecht. Aber dennoch, es gibt ja Leute, die nach Dänemark, oder Holland weiterwandern, nicht zuletzt, weil dort besser gezahlt wird. Und in ihrem Fluchtpunkt verdichtet sich dieses Weiterziehen auch zu kollektiven Aktionen in den hiesigen Betrieben. Herr Jakob sagt:

> „Letzte Woche haben so 20 das Band angehalten, Polen und Albaner, weil sie es einfach nicht mehr ausgehalten haben. Es waren auch sechs Rumänen dabei. Sie hatten 12-Stunden-Schichten. Und sie sind einfach nicht mehr gekommen. Dolmetscherin: Das habe ich auch von (Betrieb X) gehört, da haben sie auch das Band angehalten und die Arbeitszeiten sind dann kürzer gemacht worden. Befragter: (…) Ja. Was zu viel ist, ist zu viel. Ist sowieso sehr harte Arbeit, aber in der Corona-Zeit, noch vier Stunden mehr, das geht nicht. Die Chefs sind dann hinterhergerannt, bitte, bitte, bitte, wollt ihr nicht zurück? (Alle lachen). Aber die Polen und die Albaner waren schon weg. Nur wir Rumänen sind mal wieder zurückgekommen."[532]

Solche Aktionen sind von der Stellung der Arbeitenden im Produktionsprozess abhängig. Es streikt sich unbekümmerter, wenn man weiß, dass man unentbehrlich ist. Die hierarchische Ordnung am Band reproduziert sich insofern, als die Wahrscheinlichkeit groß ist, dass eher jüngere und männliche Arbeitende sich derartigen Aktionen anschließen können. Die gemeinsame Aktion ist, wie

531 SOFI_F (P)_B_04, S. 14, 560–580.
532 Ibid., S. 16, 666–673.

in Abschnitt 2.3 ausführlich geschildert, oft eine „rumänische", „albanische" usw., also auf die jeweilige Sprachgruppe bezogen.[533] Aber wie kommt man von dort zu einer erweiterten gewerkschaftlichen Organisierung?

Der aufrechte Gang

Teilen die von uns befragten Arbeiter*innen die Perspektive der NGG und nehmen das Verbot der Werkverträge als Organisierungschance wahr? Im Interview mit Frau Manuela gibt es diesbezüglich eine interessante Passage. Sie dreht den Spieß um und fragt mich als Interviewer immer wieder, was man denn machen könne, um etwas an der Ausbeutung in der Fleischindustrie zu verändern.[534] Meine Antworten sind nicht besonders originell – Beratung, Betriebsrat, Gewerkschaft –, und bei allen diesen Antworten kommentiert sie, ach ja, Herr Soundso, Frau Soundso, dort sei sie auch schon gewesen. Am Ende wird von ihr die Frage, was man denn unternehmen könne, dennoch wiederholt. Man kann dieses kommunikative Pingpong in zwei Richtungen interpretieren: Erstens ist der sehr hohe Informationsgrad von Frau Manuela, auch verglichen mit unseren über die Beratungsstelle vermittelten Interviews „vor Corona", sehr bemerkenswert. Das ist kaum erstaunlich, denn bevor sie sich mit uns traf, war sie in einen intensiven Konflikt mit der Geflügelschlachterei bzw. dem Subunternehmer geraten, der sie wegen einer kurzen Krankheitsphase mitten im Lockdown, nach fünf Jahren am selben Arbeitsplatz, vom einen auf den anderen Tag entlassen hat. Dass sie in der erwähnten Passage das Frage-Antwort-Spiel umdreht, mag verdeutlichen, dass trotz der erfahrenen Unterstützung der Beratungsstellen die begründete Vermutung bleibt, der Unternehmer werde sich in letzter Instanz durchsetzen, wenngleich mit der Einschränkung, dass

533 Herr Jakob schilderte, dass er jahrelang am selben Band mit seiner Frau gestanden hat – während er für die Grobzerlegung zuständig war und als gut angelernt angesehen wurde, hätten die Frauen „die Weichteile entfernt", eine Tätigkeit, die zwar zu diesem Zeitpunkt noch nicht schlechter bezahlt wurde, aber erheblich weniger Ansehen bei den Vorgesetzten genossen habe. SOFI_F (P)_B_04, S. 7, 289–294.

534 SOFI_F (P)_B_01, S. 1, 19f.

er eventuell Löhne nachzahlen oder das Ehepaar nicht sofort aus der Unterkunft werfen kann.

Die Macht-Asymmetrie und die damit verbundene tiefe Verletzung und Entwürdigung bleibt also erhalten, selbst dann, wenn man sich erfolgreich Hilfe holen kann. Aber was bleibt, wenn man die Chance darauf verpasst hat, in der Pause mit den Kolleginnen und Kollegen in der Kantine sitzen zu bleiben und zum Ausdruck zu bringen, dass man so lange sitzen bleiben wird, bis jemand kommt und eine Zusage zu dieser oder jener Forderungen macht? Faktisch nicht viel mehr als das, was Frau Manuela schon unternommen hat. Was die Einschätzung der Reformen betrifft, überwiegt in den Interviews vielleicht auch deshalb Skepsis. Hilfe vom Staat wird zwar gefordert, aber im Grunde kaum erwartet. Und schließlich befeuert die prekäre Lebenssituation, die sich ja nicht nur auf die Arbeit bezieht, die Skepsis. Deshalb drückt Frau Manuela Unsicherheit darüber aus, was die Reform für sie konkret bedeutet:

> „(Man) hat (…) gehört, (…) dass ab 1. Januar es (das Subunternehmen) nicht mehr geben wird, und jetzt sind alle ein bisschen, ja, haben Angst. Also (…), ja die Rumänen haben sowieso immer Angst und, ja, jetzt weiß man nicht, was passiert? Wird (man) sie (in einen Festvertrag) übernehmen? Müssen sie zurück nach Rumänien? Man wartet, ob das wirklich wahr ist oder ob das wirklich passieren wird oder nicht, ja. Ja, eine Sache oder die einzig gute Sache, die (das Subunternehmen) aber wirklich macht, ist, dass sie pünktlich bezahlen. Manchmal sogar einen Tag vorher. Wenig, aber zumindest pünktlich. Bleibt das so?“[535]

Derartige Befürchtungen hatten durchaus eine Grundlage. In der Übergangssituation entstanden viele Konflikte. So löste die Übernahme in Direktbeschäftigung auch eingespielte Arrangements ab, die nunmehr mit dem formal neuen Arbeitgeber erneut ausgehandelt werden mussten, woran auch ein juridisch korrekter Betriebsübergang nicht unbedingt etwas änderte: Zeitpunkt der

535 Ibid., S. 17, 688–697.

Lohnzahlungen, Arbeitszeiten, Laufzeit der Arbeitsverträge, Höhe der Löhne, ggf. Eingruppierung. Ich komme auf diese Konflikte in Abschnitt 3.3 zurück – zuerst müssen wir noch fragen, ob es angesichts der Debatte um das Arbeitsschutzkontrollgesetz Mitte 2020 auch Erwartungen gab, Hoffnungen. Und wenn ja, welche? Herr Jakob sagt:

> „Am Wichtigsten wäre mir, dass die Arbeitszeit normal wird. Nicht mehr zwölf oder 13 Stunden am Tag. Vielleicht auch der Lohn, wenn die Leute direkt bei (Unternehmen) eingestellt werden, dann bekommen sie vielleicht zwölf, dreizehn Euro in der Stunde. Und dass die Urlaubszeit bezahlt wird, nicht so wie jetzt, nur halb."[536]

Schädlich für die Vorstellung, dass kollektive Organisierung Verbesserungen bringen könnte, sind auch in dieser Frage tagtägliche Niederlagen. Frau Manuela etwa schildert einen Konflikt um die Forderung des Unternehmens, am 1. Mai 2020 zu arbeiten. Es hätten sich 60 Leute in der Kantine versammelt, aber in der Frage, ob man sich verweigern könne, habe am Ende die Angst vor der Rache der Vorgesetzten überwogen: sich die Leute „einzeln vor[zu]nehmen", den Vermittler zu informieren, der oft ein „Onkel" oder eine „Tante" des Betroffenen ist, mit Entlassung oder anderen Konsequenzen zu drohen.[537] Könnten da nicht die angekündigten Kontrollen, die im deutschen Parlament so lautstark verhandelt wurden, helfen? Auch dies wird von den Befragten an vorhandenen Erfahrungen gemessen. Frau Manuela:

> „Ja, also bezüglich dessen kann ich ja noch sagen, also letzte Woche war der Zoll da, also (…) irgendwer hat ja vielleicht irgendwas gemacht oder Beschwerden, und dann (…) sind die dann zu unserem Fließband gekommen und (…). Dann kommt der Zoll zu einer rumänischen Firma und (die) haben keinen Dolmetscher. Ja, und dann hat dann unser Chef (Name) übersetzt. Aber wie kann das sein, also ich meine, was werden die Leute denn sagen, wenn

536 SOFI_F (P)_B_04, S. 25, 1043–1051.
537 SOFI_F (P)_B_01, S. 10, 387f.

unser Chef der Dolmetscher ist? Also, das muss doch irgendwie alles, irgendwie abgekartet sein, und das ist doch irgendwie keine richtige Kontrolle dann so."[538]

Herr Jakob weiß von einem noch drastischeren Fall zu berichten:

> „Bei uns hat sich ein Arbeiter bei einem Unfall alle zwei Beine zerschnitten. Dann kam jemand vom Landkreis, das kontrollieren. Aber war angekündigt, ein Tag vorher. Wenn Kontrolle, niemand schreit, sind alle freundlich. Das Fließband läuft langsam."[539]

Die Forderung nach einer unabhängigen Stelle, bei der man sich anonym beschweren kann, findet sich häufig. Auch an Betriebsräte wird diese Erwartung gerichtet. Allerdings vertreten sie die in Subunternehmen oder Zeitarbeit Beschäftigten formal, und manchmal auch gemäß ihres eigenen Selbstverständnisses, im Sommer 2020 nicht.[540] Mit der Abschaffung der Werkverträge richten sich die Hoffnungen von Vertreter*innen der NGG auf diesen Aspekt, namentlich auf die 2022 in den meisten Betrieben turnusmäßig bevorstehenden Betriebsratswahlen. Das ist nachvollziehbar, denn es lässt sich leicht errechnen, dass ein Betriebsrat eines der drei Unternehmen, die zu Tönnies in Rheda gehören, und der im Dezember 2020 ein paar hundert Beschäftigte vertritt, sich grundlegend verändern wird, wenn sich diese Zahl im Januar 2021 mindestens verfünffacht.

Das optimistische Bild von den Möglichkeiten nach der Reform wird Ende 2020 durch Berichte gestärkt, nach denen es zunehmend zu kleinen Streiks kommt, in denen Lohnnachzahlungen und Festbeschäftigung gefordert werden: So bei Danish Crown in Essen (Oldenburg) Ende November, wo Arbeiter*innen neue Leiharbeitsverträge vorgelegt wurden, die mit der Probezeit beginnen sollten, selbst, wenn die/der Beschäftigte seit Jahren ange-

538 Ibid., S. 6, 237–245.

539 SOFI_F (P)_B_04, S. 12, 482–488.

540 Vgl. auch Erol und Schulten 2020, S. 14. Die beiden Autor*innen stellen fest, dass Betriebsräte in der Branche sehr selten sind. Mehr dazu in Abschnitt 3.3.

stellt war. Der Streik führt dazu, dass diese Verträge zurückgezogen werden und Danish Crown eine Zusage macht, alle Arbeitenden zum 1.1.2021 fest einzustellen, was später auch in die Tat umgesetzt wurde.[541] Dass Arbeiter*innen um die konkrete Ausgestaltung der neuen Bedingungen kämpfen, führt Daniela Reim, Beraterin bei „Arbeit und Leben" in Oldenburg, im November 2020 einerseits auf deren gewachsenes Selbstbewusstsein, andererseits auf die Situation auf dem Arbeitsmarkt zurück:

> „Ist doch klar, die Leute wissen, dass sie gebraucht werden, und wenn sich die Arbeitsbedingungen nicht verbessern, dann gehen sie zu Amazon oder es kommen auch keine Arbeiter mehr aus Rumänien, Bulgarien oder Moldawien, um in der Fleischindustrie zu arbeiten."[542]

Dass Tönnies, wie Anda Nicolae-Vladu von der Arbeitslosenselbsthilfe Oldenburg berichtet, nicht nur ein Anwerbebüro in Bukarest eröffnet hat, sondern auch eine PR-Kampagne in Rumänien startete, in der den Arbeitenden phantastische Löhne, Gold und grüne Wälder versprochen wurden, verweist darauf, dass Daniela Reims Einschätzung richtig sein könnte.[543] Aber nicht überall sind solche Kampagnen notwendig. Frau Mohn, mittlerweile Beraterin der ALSO mit Bezug zur litauischen Community, erklärt: „Bei uns ist davon gar nichts angekommen, in Litauen war auch nichts von Ausbeutung und Sklaverei in der Fleischindustrie zu hören. Ich kenne jedenfalls keinen einzigen Bericht darüber."[544] Der Medienrummel wirkte mit anderen Worten in unterschiedlichen Communities unterschiedlich, was auch damit zusammenhängen mag, dass die in der Coronaphase gestarteten Transporte nicht in Litauen, sondern in Bulgarien und Rumänien die Massen an Flughäfen zusammenbrachten.

541 Kaiser 2020.
542 SOFI_F (P)_E_05, S. 11, 449–455.
543 SOFI_F (P)_E_01, M, S. 2.
544 SOFI_F (P)_B_05, M, S. 3.

Dass kontinuierliche, verstetigte Beschäftigung als Organisierungshilfe wirkt,[545] ist kein Automatismus. Ich habe dies bereits anhand unserer Betriebsfallstudie zu Fleisch-B gezeigt. 2018 hatte dieser Betrieb alle Beschäftigten direkt angestellt, seitdem hat sich dort keine sichtbare gewerkschaftliche Verankerung entwickelt. Wenn Fleisch-B als exemplarisch gelten kann, dann wird in einer solchen Konstellation eine Tarifierung der Branche lediglich entweder als ressourcenaufwändiges Organizing oder als Prozess „von oben" denkbar (etwa in Form der Allgemeinverbindlichkeitserklärung von Verträgen). Letzteres kann nicht ausgeschlossen werden, aber es trüge vermutlich nur wenig zur Erhöhung alltäglicher Handlungsfähigkeit der Kolleg*innen bei. Was auf die Regulierung der Arbeits- und Beschäftigungsverhältnisse in der Fleischindustrie folgt, hängt nicht zuletzt daran, ob sich Kerne aktiver und dauerhaft im Sektor beschäftigten Kolleginnen und Kollegen bilden, die helfen können, Betriebsräte und Gewerkschaften alltäglich zu verankern. Und die dabei auch Grenzen überwinden, die die Hierarchien zwischen Männern und Frauen, unterschiedlichen Communities, Gangs usw. in den vergangenen Jahren aufgezogen haben.

3.2. Amazon und der Pandemie-Boom

Im August 2020 bekam der Konflikt um die Arbeitsbedingungen in der Fleischindustrie eine zusätzliche Dimension: „Tönnies ringt mit Amazon um seine Arbeiter", titelte das *Handelsblatt*:

> „Das Jobangebot liegt im Briefkasten. ‚Du suchst einen neuen Job? Bewirb dich bei uns!', steht in großen Buchstaben auf den orangefarbenen Zetteln, die Amazon seit Anfang Juli im nordrhein-westfälischen Kreis Gütersloh verteilt."[546]

545 „Tarifierung" ist immer mit formaler gewerkschaftlicher Organisierung verbunden. Erol und Schulten 2020, S. 14, schätzen den gewerkschaftlichen Organisationsgrad in der Branche auf zwischen zehn und 30 Prozent. Das erscheint mir optimistisch: Unter den von uns Interviewten fand sich so gut wie kein Gewerkschaftsmitglied.

546 Keuchel und Verfürden 2020b.

Einen Monat zuvor hatte der Online-Versandhändler auf einer Grünfläche der rund zwölf Kilometer von Rheda entfernten Kleinstadt Oelde (Kreis Warendorf) ein neues Distributionszentrum bauen lassen. Der Konzern suchte nach eigenen Angaben zunächst 1.000 und später noch einmal 500 Arbeiter. Als Stundenlohn war von 11,82 Euro die Rede.[547] Tönnies teilte der Presse empört mit, dass es bereits „direkte Abwerbeversuche“ gegeben habe, und fragte rhetorisch, ob sich der Newcomer „gute Nachbarschaft“ so vorgestellt habe.[548] Die aus Sicht der Großschlachterei unerwünschte Konkurrenz um Arbeitswillige kann als Folge zweier Beobachtungen aus Kapitel 2 gesehen werden kann: Erstens ist ein mobiles Arbeitskräftereservoir Existenzbedingung der Amazon-Betriebe. Für Standortentscheidungen sind demnach nicht alleine gute Bedingungen für die Logistik der umgeschlagenen Waren zentral, sondern auch die Verfügbarkeit von Arbeitskräften. Insofern ist es gar nicht so weit hergeholt, dass das Billiglohnland zwischen Münster und Osnabrück ein in dieser Hinsicht interessanter Standort ist, vor allem, wenn man den zusätzlichen Faktor berücksichtigt, dass Rheda direkt an der Autobahn A2 liegt, die das Ruhrgebiet und Norddeutschland miteinander verbindet. Zweitens ist die Konkurrenz um Arbeitskräfte auch Ausdruck der nicht enden wollenden Expansion von Amazon in Deutschland, das derzeit jährlich mehrere Großbetriebe neu eröffnet.

Wenn man an die Begegnung im Luna-Center denkt, die ich am Anfang dieses Buchs geschildert habe, also daran, dass viele Arbeitende Amazon als die „erste“ oder „letzte“ Chance sehen, dann ist es vielsagend, dass man sich in Oelde und Umgebung verhältnismäßig leicht als bessere Alternative auszugeben vermag: In der Tat wird sich manch ein*e Bewerber*in so sehr aus der Fleischindustrie wegsehnen, dass der Tausch zwischen Schichtarbeit in der Grobzerlegung und täglicher wie nächtlicher Dauerschicht in der Pickstation erträglich erscheint. Man sollte sich eben nur hüten,

547 Außerdem verlangte man nach Vorgesetzten „mit militärischem Hintergrund“, was ein Firmensprecher gegenüber dem etwas irritierten Lokalfernsehen in „Führungserfahrung“ übersetzte, vgl. WDR 2020a.

548 Keuchel und Verfürden 2020b.

diese „Chance“ positiver zu sehen als die diesbezüglich oft sehr pragmatischen Arbeiter*innen selbst.

Und selbst, wenn Amazon hinsichtlich seiner Attraktivität vor der Kulisse einer Schlachtkette leuchten und in dieser Hinsicht als einer der Gewinner der Corona-Krise erscheinen mag – in der Pandemie waren die Arbeitenden dort vielfach mit ähnlichen Problemen wie in der Fleischindustrie konfrontiert. Auf der Liste der betrieblichen Masseninfektionen fanden sich neben den erwähnten Fleischfabriken landwirtschaftliche Betriebe, einige Postverteilzentren, aber auch die Blohm und Voss-Werft in Hamburg mit ihrer erschreckend hohen Zahl von Subunternehmen.[549] Und endlich machten eben auch diverse Amazon-Lager mit einem „verstärkten Infektionsgeschehen“ von sich reden, wie bspw. in Distributionszentren in Winsen bei Hamburg oder Pforzheim. Auch dort fiel auf, dass dies mit einem stark steigenden Produktionsdruck zusammenfiel: Während der zuerst genannte Betrieb seine Sonntagsschicht ausbaute, erweiterte der zuletzt genannte seine Nachtschichten, um der gestiegenen Nachfrage im e-Commerce gerecht zu werden.[550]

Es liegt also nahe, die ähnlichen Bedingungen und unterschiedlichen Folgen der Pandemie zwischen den beiden hier untersuchten Branchen und Betrieben vergleichend zu analysieren. Es folgt deshalb eine Darstellung des Verlaufs der COVID-19-Krise bei Amazon, die ähnlich aufgebaut ist wie im vorigen Abschnitt: Zunächst werde ich schildern, wie sich die ökonomische Situation des e-Commerce 2020 entwickelte. Dazu gehört auch die Frage, was das für die Arbeitsbedingungen bedeutete und welche Konflikte daraus folgten. Im darauffolgenden Abschnitt werde ich auf der Grundlage unserer Befragungen und Beobachtungen den Verlauf des Konflikts um die Corona-Hygiene am Beispiel eines Amazon-Distributionszentrums schildern. Im dritten Schritt gehe ich schließlich der Frage nach der Bedeutung der Ungleichzeitigkeit solcher Konflikte an verschiedenen Standorten des Online-Versandhandels nach, ebenso wie der Frage, was dies für kollektive Handlungsspielräume und gewerkschaftliche Strategien bedeutet.

549 Gienke 2020.
550 Streib 2020.

Es entfällt hier allerdings (leider) die in Bezug auf die Fleischindustrie ausgeführte Diskussion von Reformen. Sie kann schnell beantwortet werden: Es gab keine.[551]

„Social Distancing für alle": Globale Streiks

Ähnlich wie die Fleischindustrie beschrieb sich Amazon in der Corona-Krise selbst als „systemrelevant".[552] Wie auch immer man dies beurteilt, es kann festgehalten werden, dass die wachsende Rolle des internetbasierten Einzelhandels im Lockdown weltweit dazu beitrug, dass sich die ohnehin auf Eroberung von Marktanteilen und Diversifizierung der Services angelegte Strategie des Konzerns bewährte und verstärkte. Überall ergriff er die Gelegenheit, die sich durch die Kontaktbeschränkungen für einen weiteren Ausbau seiner Präsenz ergab. Tatsächlich nahmen die Online-Bestellungen in den meisten der von Amazon bedienten Warenkategorien so massiv zu, dass es mitunter zu stärkeren Lieferproblemen gekommen sein soll.[553] In den USA wurden sehr schnell, d.h. schon während der ersten, frühen Phase der Pandemie, massive Neueinstellungen annonciert, die in der Öffentlichkeit wie eine Art Hilfsmaßnahme in der Corona-Krise dargestellt wurden: In den USA habe es sich um 100.000 neue Beschäftigte

551 Zwar befürchteten Verbände des Einzelhandels eine Ausweitung des Verbots von Werkverträgen und Leiharbeit, aber das tangierte den laufenden Betrieb der Warenlager und Distributionszentren faktisch nicht: Handelsverband Deutschland 2020.

552 Nur eine banale Definition von Systemrelevanz als „praktisch" und „unentbehrlich", die vom Konflikt um den gesellschaftlichen Sinn der Produktion absieht, lässt eine solche Interpretation zu. Zu einer Definition von „Systemrelevanz" s. Lübker und Zucco 2020, S. 472. Es zeigt sich hier, dass eine rein technische Definition des Begriffs, die an staatlichen Verordnungen für den Krisenfall orientiert ist, es fertigbringt, die Altenpflege als nicht systemrelevant zu definieren, aber die Fleischindustrie und Amazon schon (was freilich in der Corona-Krise selbst zurückgenommen wurde). Dagegen normativ an einer „allgemeingültigen" Gemeinwohlorientierung ausgerichtet: Foundational Economy Collective 2019.

553 Dies scheint allerdings vor allem die Zeit unmittelbar nach dem ersten Lockdown betroffen zu haben, vgl. Finanznachrichten.de 2020.

gehandelt, weltweit sollen alleine in den ersten drei Quarten von 2020 deutlich mehr als 400.000 dazu gekommen sein.[554]

Die massive Expansion schlug sich auch in anderen Daten nieder. Was Amazon betrifft, so trugen Verwerfungen im internationalen Handel zunächst zu einem Verfall des Kurses an der Wall Street bei. Diese Entwicklung hielt allerdings nur wenige Tage an. Seit Mitte März explodierte der Kurs der Aktie geradezu, ebenso wie der Umsatz des Konzerns, der im dritten Quartal, also noch vor einem mit großen Erwartungen verknüpften Weihnachtsgeschäft im Winter 2020/21, gegenüber dem Vorjahreszeitraum weltweit um 37 Prozent anstieg.[555] Der Gewinn, der bis vor einigen Jahren angesichts der hohen Investitionen des expandierenden Unternehmens noch vergleichsweise gering ausgefallen war, verdreifachte sich auf einen bisherigen Rekordwert von 6,3 Milliarden Dollar.

Die Entwicklung in Deutschland verlief im Großen und Ganzen parallel: Schon im März 2020 prognostizierte das Institut der deutschen Wirtschaft eine expansive Dynamik beim mit Abstand größten Online-Versandhändler, eine Einschätzung, die sich im Laufe der ersten beiden Infektionswellen bestätigte.[556] Anders als in der Fleischindustrie litt diese Dynamik auch durch das Infektionsgeschehen unter den Beschäftigten nicht. Zu kurzfristigen Schließungen von Distributionszentren kam es in Frankreich, nicht aber in Deutschland, wo die Lager teilweise sogar die anderswo entstandenen Ausfälle kompensierten. Damit war die Entwicklung keinesfalls beendet: Der Online-Monitor des Branchenverbandes für den Einzelhandel prognostizierte für den Online-Versandhandel Anfang 2021 eine Steigerung des Umsatzes von fast 60 Mrd. Euro auf über 70 (2021) und 85 Mrd. (2022).[557] Gleichzeitig stellte der

554 Die Zeit 2020b. Zu den weltweiten Zahlen, einschließlich der Einschätzung, dass der Versandhändler sich „zum größten privaten Arbeitgeber der Welt“ mausere: Gärtner 2020. Auf das Jahr gerechnet, handelte es sich nahezu um eine Verdoppelung der Beschäftigtenzahl auf jetzt deutlich über eine Million.

555 Siehe z.B. Manager Magazin 2020.

556 Handelsverband Deutschland 2020. Zur IdW-Prognose s. Demary 2020.

557 Handelsverband Deutschland und IFH Köln 2021, S. 6. Es muss hier auch erwähnt werden, dass diese Tendenz sich nicht an allen Standorten gleichermaßen auswirkt. So ist eines der beiden Lager in Versand-B auf Produkte

Monitor fest, dass die Zahl der Erstkäufer*innen in Online-Shops in der Pandemie um etwa 20 Prozent gestiegen sei.[558] Amazon blieb einer der größten Profiteure: Seine Präsenz auf den Marktplätzen stieg weitaus stärker als im Durchschnitt des Sektors, auf nunmehr erstmals über 50 Prozent des gesamten Umsatzes aller Betriebe.[559]

In vielen Distributionszentren führte das Eintreten dieser Dynamik zu einem erhöhten Arbeitsdruck; schnell wurden überall mehr Geschwindigkeit und permanente Arbeitsbereitschaft verlangt. Zunächst wurden dabei bei der Anreise, am Werkstor und bei der Arbeit offensichtlich die Sicherheitsabstände häufig nicht gewahrt. International wurden Forderungen nach Hygiene, Arbeitssicherheit und, wenn dies nicht eingehalten wurde, nach einer Schließung von Distributionszentren zunächst zum Hauptanliegen von Streiks und Protesten.

Ein globaler Arbeitskampf

In einer Reihe von Verteilzentren fanden nahezu zeitgleich Arbeitsniederlegungen statt, weil elementare Hygiene- und Abstandsregeln nicht eingehalten worden waren.[560] Im von der Pandemie stark betroffenen Norditalien kam es in mehreren Amazon-Werken zu Streiks, in Castel San Giovanni bei Mailand schon am 17. März 2020, zwei weitere Lager schlossen sich kurz danach an. Am 23. März folgten Arbeiter*innen in Mailand selbst.[561] In den USA streikten am 18. März Beschäftigte eines Distributionszentrums im New Yorker Stadtteil Queens, weil bekannt wurde, dass ein Arbeiter positiv getestet worden war. Am 19. März schlossen die Behörden dieses Verteilzentrum für einige Tage.[562] Nach und nach wurden in den USA aus 50 Verteilzentren Infektionen gemeldet.

spezialisiert, die nicht wesentlich stärker online nachgefragt wurden. Zur Aufteilung der wachsenden Online-Nachfrage nach unterschiedlichen Sparten s. ibid., S. 7, 53f.

558 Ibid.

559 Ibid., S. 24.

560 Vgl. zusammenfassend: Friedrich 2020.

561 Sainato 2020. Eine Übersicht findet sich in Labournet 2020.

562 Wise 2020.

Am 31. März 2020 kam es in einem weiteren Verteilzentrum in New York (Staten Island) zu einem Streik einiger hundert Beschäftigter, die eine bessere Hygiene und Infektionsabwehr sowie die Schließung und Desinfizierung des Betriebs bei Fortzahlung der Löhne forderten.[563] Am selben Tag wurde ein Streikender, der sich öffentlich als Organizer hatte zitieren lassen, entlassen. Die Repressalien lösten in New York, wo sogar die Generalstaatsanwältin sie als „schändlich" bezeichnete, ebenso Proteste aus wie in vielen anderen Ländern.[564] Anfang bis Mitte April streikten Beschäftigte in mindestens drei Distributionszentren in Frankreich, wiederum mit der Forderung nach Schließung und Lohnfortzahlung. Interessant ist dabei die Information, dass nach Einschätzung französischer Gewerkschafter*innen etwa 30-40 Prozent der 6.500 Amazon-Beschäftigten in dieser Periode ohnehin nicht zur Arbeit erschienen, „aus Angst vor Infektionen, oder weil sie ihre Kinder betreuen mussten".[565] Am 15. April entschied ein Gericht in Nanterre (Paris), dass die Standorte des Online-Versandhändlers nur noch „lebensnotwendige" Güter umschlagen durften,[566] woraufhin das Unternehmen bis zum 5. Mai alle französischen Distributionszentren schloss. Am 21. April und am 1. Mai kam es zu weiteren Arbeitsniederlegungen in den USA, und am 5. Mai löste der Tod eines Verwandten einer Amazon-Beschäftigten nach einer Infektion weitere kleinere Streiks und Proteste aus.[567]

Amazon reagierte auf die Kritik mit einer verstärkten Propagierung von Sicherheits- und Abstandsregeln (die freilich, wie wir später sehen werden, in der Praxis aus diversen Gründen oft nicht eingehalten wurden) sowie angesichts der vielfach zu beobachtenden Furcht, zur Arbeit zu kommen, mit der Auslobung von Anwesenheitsprämien (in Europa zwei Euro pro Stunde, wodurch der Bruttostundenlohn kurzfristig im untersten Level auf etwa 13,50 Euro stieg).

563 Fung 2020.
564 Die Welt 2020, Friedrich 2020.
565 Gärtner 2020a.
566 Solidaires 14.04.2020.
567 Gärtner 2020b, s. auch Friedrich 2020.

Beide Maßnahmen waren offensichtlich durch die Befürchtung motiviert, im Boom die wachsende Nachfrage nach Arbeitskräften nicht decken zu können und deshalb größere Einschränkungen des extrem steigenden Umschlags sowie entsprechende Umsatzrückgänge hinnehmen zu müssen. Gerade die – im Spätsommer 2020 dann wieder zurückgenommene – Anwesenheitsprämie wurde von gewerkschaftlich Aktiven in aller Welt als Ausdruck einer gesundheitspolitischen Doppelzüngigkeit kritisiert. Die Aktivist*innen forderten zwei Euro mehr auf Dauer und für alle, während eine gleichzeitig an vielen Lagern pro Schicht ausgelobte zusätzliche 5-Minuten-Pause begrüßt und später lediglich ihre Beibehaltung gefordert wurde.[568] Darüber hinaus griffen Gewerkschaftsaktivist*innen das Selbstbild des Konzerns als in der Pandemie unentbehrlich an. Schon am 18. März hatte Amazon erklärt, auch dies auf globaler Ebene, dass man „systemrelevante Güter" in der Verteilung prioritär behandeln würde. Dabei erlaubte sich das Unternehmen freilich eine recht weite Definition des Adjektivs „systemrelevant". In einer Erklärung einer Koordination von Amazon-Gewerkschafter*innen vom 30. April finden sich Hinweise darauf. Der als offener Brief an Jeff Bezos und den Vize-Europachef der Distributionszentren, Stefano Perego, formulierte Text enthält in der Anlage Bilder aus Lagern, auf denen die folgenden „systemrelevanten" Waren zu sehen sind: Tintenfischkostüm, Poolsessel, künstlicher Tulpenkranz, Reisebügeleisen und Diskolicht.[569]

Das von Aktivist*innen aus Polen, den USA, Frankreich und Deutschland unterzeichnete Papier illustriert zugleich allerdings eine gewisse Uneinheitlichkeit der Situation im transnationalen Maßstab. Diese war auch Ausdruck davon, dass sich die Pandemie selbst uneinheitlich entwickelte. Zu Arbeitskämpfen und teils auch Betriebsschließungen kam es in Italien, den USA, Frankreich – alles Länder mit sehr hohen Infektionszahlen in der ersten Welle. Und zugleich Länder mit teilweise sehr harten Lockdown-Maß-

568 Amazon Workers International 2020b.

569 Ibid. Damit soll hier keinesfalls etwas gegen Tintenfischkostüme als solche gesagt werden (im Gegenteil, die sind sehr nützlich, wenn man sich bspw. als Tintenfisch verkleiden will).

nahmen, man denke etwa trotz Trumps Corona-Leugnung an die Situation am wichtigen Amazon-Standort New York sowie eine entsprechend ausgeprägte öffentliche Aufmerksamkeit gegenüber Verstößen. Aber in dieser Ungleichzeitigkeit der Streiks kam auch zum Ausdruck, dass die sozialen und juridischen Rahmenbedingungen für die Beschäftigten ebenso verschieden sind wie bspw. die Höhe der Löhne und, noch wichtiger, der Lohn-Preis-Relationen.[570] So enthält das Papier des transnationalen Aktivist*innen-Netzwerks auf der einen Seite die Forderung nach einer mindestens zweiwöchigen Lohnfortzahlung im Krankheitsfall während und nach der Pandemie, eine Forderung, die in Deutschland angesichts vorhandener Rechtsansprüche keine Rolle spielt, jedoch in den Streiks und Aktionen von Arbeiter*innen in den USA sehr zentral war. Auf der anderen Seite stand das ebenfalls in der Erklärung aufgegriffene „deutsche" Befristungsproblem anderswo nicht gleichermaßen im Mittelpunkt gewerkschaftlicher Aktionen.

Schon Mitte Mai 2020 waren die transnationalen Proteste von Amazon-Beschäftigten zumindest insofern beendet, als die gemeinsam vorgetragene Forderung nach einer kompletten Schließung und Desinfektion „bis zum Ende der Pandemie bei vollem Lohnausgleich" in den Hintergrund geriet.

Insgesamt ist eine genauere Analyse des uneinheitlichen und ungleichzeitigen Charakters dieser Aktionen notwendig.[571] Dies ist auch für das Verständnis der Konflikte in der zweiten Pandemie-Welle nicht unwichtig. So flammte im Herbst der Protest wieder auf: Es kam, etwa in Polen, zu Streiks von Arbeiter*innen, die die Forderung nach Lohnerhöhungen, besseren Arbeitsbedingungen und einem erhöhten Schutz vor Infektionen miteinander verban-

570 In Polen erhalten Amazon-Arbeiter*innen auf dem niedrigsten Level nur etwas mehr als vier Euro pro Stunde, in Deutschland ist es fast das Dreifache.

571 Dies gilt auch für die Veränderung der transnationalen Strategie als solcher. Während *Amazon Workers International* am 24. März noch eine Einstellung der Amazon-FCs „bis die WHO das Ende der Pandemie erklärt" forderte, war man nur wenige Tage später bereits wesentlich pragmatischer und bezog sich vor allem auf kurzfristige gemeinsame Forderungen, vgl. Amazon Workers International 2020a.

den.[572] In Deutschland fand im Oktober wieder ein Tarifstreik statt, der sich am „Black Friday“ Ende November wiederholte. Forderung war wie gehabt eine Übernahme in den Tarifvertrag des Einzelhandels mit entsprechenden Lohnerhöhungen, zugleich spielten aber nunmehr auch gesundheitspolitische Forderungen eine Rolle. Dennoch konnte von einer transnationalen Bewegung kaum noch die Rede sein. So können wir von einem Kontrast zwischen Fleischindustrie und Online-Versandhandel sprechen: Krise und Reform hier, business as usual dort. Aber hält diese Bilanz einer Untersuchung lokaler betrieblicher Konflikte seit dem März 2020 stand?

Ein lokaler Arbeitskampf

Versand-B war zunächst stärker als andere bundesdeutsche Distributionszentren von Positivtestungen betroffen. Anfang April, einen knappen Monat nach den oben geschilderten Auseinandersetzungen in den USA und Frankreich und sicherlich auch inspiriert durch diese, begann eine monatelange Auseinandersetzung, in der betriebliche Aktivist*innen, Gewerkschaft und ihre zivilgesellschaftlichen Unterstützer*innen den mangelhaften Schutz vor Infektionen kritisierten. Ausgangspunkt war, ähnlich wie in der Fleischindustrie, die Initiative betroffener Arbeiter*innen. Diese verständigten sich zunächst über Social-Media-Kanäle, entwickelten dann aber auch eine systematische Öffentlichkeitsarbeit. Zu der überaus starken Wahrnehmung des Falls in den bundesweiten Medien trug zudem bei, dass sich die Positivtestungen in Versand-B über Wochen verteilten.

Es fing damit an, dass Arbeitende Bilder und Texte in einer internen Instant-Messenger-Gruppe posteten, dieselbe Kommunikationsform wie jene der Migrant*innen am Flughafen von Cluj oder auf dem Spargelfeld im Rheinland: Ein Beteiligter zeigte mir während eines Gewerkschaftstreffens Filme, beim Drängeln in den Bus auf dem Weg zur Arbeit, Fotos von verdreckten Toiletten in der Tagschicht, Packungsaufschriften von unzureichenden Reinigungsmitteln, Bekanntmachungen des Unternehmens mit aus seiner Sicht undurchführbaren Anweisungen zum Abstand-

572 Gewerkschaft Inicjatywa Pracownicza 2020, franceinfo 2020.

halten.[573] Hauptbotschaft der Textkommentare unter den Telegram-Nachrichten: Hier geht nichts mit Social Distancing, aber das interessiert weder das Unternehmen noch das Gesundheitsamt. Bald wurde bekannt, dass es positiv getestete Kolleg*innen gibt. Schon Mitte März war von 35 Fällen die Rede. Was die betriebliche Situation betrifft, so war zu Beginn des Konflikts eine Verunsicherung greifbar, die auch mit den anfangs unklaren Infektionswegen zu tun hatte.

Ein Kollege, dessen Kritik an dem Unternehmen Amazon sonst zurückhaltend ausfällt, äußert sich mir gegenüber im Frühjahr 2020 wie folgt:

> „(E)ntgegen zu der Gesellschaft, also man versucht jetzt, man versucht ja alles so ein bisschen gerade einzuschränken und dass wir das ja auch ein bisschen, dass die Fallzahlen ja auch irgendwann runtergehen und wir erzeugen quasi bei uns neue Infizierungen und das ist ja total kontraproduktiv. Also das, andere Firmen müssen schließen (…) und Amazon (…) profitiert auch noch von dem Ganzen.“[574]

Ein wichtiger Aspekt, der sich zudem zeitgleich etwa in den Protesten gegen Amazon in den USA ausgedrückt hatte, war zudem die mehr oder weniger starke persönliche Betroffenheit, wie durch Zugehörigkeit zu einer Risikogruppe oder eine besondere Belastung durch Kinderbetreuung.[575] Befürchtungen und Unmut gingen so für eine Weile Hand in Hand. Mangels anderer Kanäle – die betriebliche Interessenvertretung war auch in dieser Frage gespalten, und die Gewerkschaft noch immer wenig verankert – wurde offenbar zunächst mit kollektivem Absentismus reagiert: Eine Befragte schätzt, dass phasenweise „ein Drittel“ bis „die Hälfte“ der Beschäftigten nicht zur Arbeit erschienen sei, ein anderer Kollege

573 Die Auseinandersetzung um die Infektionen wurde von mir auch durch den Besuch von Online-Veranstaltungen der kleinen Gewerkschaftsgruppe des Betrieb sowie der Unterstützer*innengruppe begleitet. Vgl. dazu die drei Protokolle von „Aktiventreffen“: SOFI_L (P)_Notiz 1 und 2 (April, Mai und Juni 2020).

574 SOFI_L (P)_B_02, S. 6f., 240–256.

575 SOFI_L (P)_Notiz 1, S. 2.

spricht von „40 Prozent“.[576] Auch diesbezüglich glich dies dem, was in der gleichen Zeit in Distributionszentren international beobachtet wurde. In Versand-B mag nach dem Bericht der Befragten hierzu auch beigetragen haben, dass zunächst vor allem Vorgesetzte zuhause geblieben sein sollen.[577] Allgemein beklagt wurde zudem die Intransparenz der Informationen über registrierte Corona-Fälle, was wiederum die Verunsicherung in Bezug auf mögliche Ansteckungsgefahren verstärkte. Allerdings zeigte sich zugleich, dass es nicht für alle gleich leicht war, sich der Arbeit zu entziehen. Wenig überraschend seien, so unsere Gesprächspartner*innen, eher die Entfristeten zuhause geblieben.[578]

Postkarten aus der Pandemie

In der ersten Aprilwoche 2020 befragte die Gewerkschaft ver.di etwas über 600 Beschäftigte in 13 Amazon-Lagern.[579] In rund der Hälfte der Betriebe kam eine hinreichend signifikante Menge an Antworten zusammen, wobei 83 Prozent der Befragten zu diesem Zeitpunkt ver.di-Mitglieder waren, d.h. die Mitgliedschaft war – wenig erstaunlich – in der Umfrage deutlich überrepräsentiert. Weit über die Hälfte der Befragten war der Ansicht, dass beim Schichtwechsel Social Distancing mit 1,5 bis zwei Metern Abstand nicht möglich sei. Zwei Drittel bekamen keine Atemschutzmasken, wiederum rund die Hälfte fühlte sich ungenügend über das Infektionsgeschehen und die Hygienemaßnahmen informiert. Die Umfrage ermittelte auch Forderungen, die Gewerkschaft und Betriebsräte nach Auffassung der Befragten dem Arbeitgeber übermitteln sollten. Hier toppt im Frühjahr 2020 der Wunsch nach Zurverfügungstellung von Hygiene- und Schutzartikeln die Liste, gefolgt von der bezahlten Beurlaubung von Risikogruppen. An dritter Stelle findet sich der Wunsch, dass Beschäftigte, die angesichts des Ausfalls von Schulen und Kitas zusätzliche Sorgeverpflichtungen ha-

576 Ibid.

577 SOFI_L (P)_B_01, S. 16f., 646f.

578 SOFI_L (P)_Notiz 1, S. 2. Die Kritik an der Anwesenheitsprämie wurde offenbar auch von einem Teil der Vorgesetzten geteilt: SOFI_L (P)_B_01, hier S. 14, 581–605.

579 Vereinte Dienstleistungsgewerkschaft 2020.

ben, freigestellt werden: Allen drei Wünschen stimmten etwa zwei Drittel der Befragten zu. Rund die Hälfte teilte darüber hinaus die Forderung nach einer Schließung des Betriebs für zwei Wochen bei bestätigten COVID-19-Fällen, während die Forderung nach einer „Schließung bis zum Ende der Pandemie bei vollem Lohnausgleich“, die Amazon Workers‘ International formuliert hatte, immerhin noch von genau der Hälfte der Befragten unterstützt wurde (es war zu diesem Zeitpunkt nicht klar, dass die Pandemie auch anderthalb Jahre später noch im vollen Gange sein würde).

Weil aber die Auseinandersetzung um diese Themen zunächst auf einer lokalen Ebene blieb, fielen die Konsequenzen aus dieser Umfrage recht unterschiedlich aus: In den gewerkschaftlich organisierten Distributionszentren bemühten sich Betriebsräte um Verbesserungen, an anderen Standorten wurde der Kampf mit dem Konzern weiterhin vor allem via Medienöffentlichkeit geführt.[580]

Dies galt etwa für das neue Amazon-Lager in Winsen bei Hamburg. Dort wurde in der ersten Aprilwoche bekannt, dass die Positivtestungen von Beschäftigten zunahmen. Schnell stieg die Zahl auf über 60 an. Das mag im Vergleich zur Quote bei Tönnies als harmlos erscheinen. Aber: Erinnern wir uns an die Zeit, in der der Inzidenzwert die zentrale Bemessungsgrundlage für den Umfang des Lockdowns war. Bei 50 Infizierten unter 100.000 Einwohner*innen wurde im Frühjahr 2020 eine Stadt, ein Kreis oder ein Bundesland zum Risikogebiet, ungefähr bei 500 kam es zu Ausgangssperren. Im Amazon-Distributionszentrum hätte die Zahl um die 3.000 gelegen. Jeder Kindergarten, jede Schule wäre mit einem vergleichbaren Anteil an Infizierten zu dieser Zeit sofort dichtgemacht worden. Nicht aber Amazon. Ein Grund dafür, dass die Unruhe unter den dort Beschäftigten Tag für Tag zunahm. Etliche wandten sich an das Gesundheitsamt, das am 8. April dem Unternehmen tatsächlich einige Maßnahmen auferlegte, wie die Reduzierung von Mitfahrten im Nahverkehrsbus, der das Werksgelände bedient, Fiebermessen am Eingang, Abstandmarkierungen in den Hallen. Zur Befriedung der Belegschaft und der öffentli-

580 Vgl. die Einschätzung einer Gewerkschaftssekretärin in Bezug auf Versand-A: SOFI_L (P)_E_03, S. 1, 27–35.

chen Debatte reichte das nicht. Am 24. April wurde die Situation zum Thema in der Presse, ausgehend von einem Bericht im *Manager-Magazin*:

> „Viele Beschäftigte (…) fürchten um ihre Gesundheit. (So) klagen Mitarbeiter etwa über die zögerliche Umsetzung der Sicherungsmaßnahmen oder über Waschräume, die zu selten gereinigt würden. Bei den Infiziertenzahlen befürchten sie eine hohe Dunkelziffer. In den engen, sogenannten ‚Käfig-Stationen' sei es nahezu unmöglich, den erforderlichen Abstand einzuhalten. (…) Die Mitarbeiter wollten aus Angst um ihre Anstellung anonym bleiben. Fotos von Toiletten und Reinigungsplänen legen nahe, dass es in Winsen in der Tat ein Problem mit der Sauberkeit gibt. (...) ‚Ich verstehe nicht, warum man bei so vielen Infektionen den Laden nicht erstmal dichtmacht', sagt Sandra Schmidt, Gewerkschaftssekretärin bei ver.di Niedersachsen-Bremen. (…) Auch zwei Landtagsabgeordnete der Grünen beschäftigen sich mittlerweile mit dem Fall und haben bei der Regierung in Hannover eine offizielle Anfrage gestellt."[581]

Interessant ist, dass ausgerechnet eine Fachzeitschrift für Manager und solche, die es werden wollen, die Situation in Winsen zuerst thematisierte. Doch auch in dieser Hinsicht ist die Geschichte mit dem vergleichbar, was wir bereits aus der Corona-Krise der Fleischindustrie erfahren haben: Nicht nur linke oder gewerkschaftliche Medien übernehmen die Perspektive der Kolleginnen und Kollegen, einschließlich des Sprachgebrauchs, denn „Käfig-Stationen" ist sicher nicht Amazonisch. Anschließend an diese erste Reportage folgte eine Welle von TV-, Radio- und Zeitungsberichten. In diesem Zuge sickerte der Konflikt auch in die Stellungnahmen von sozialen Bewegungen und Parteien: Es gab mehrere Petitionen zur Schließung des Werks „bei voller Bezahlung", außerdem

581 Alvares de Souza Soares 2020. Es zeigte sich bei dieser Gelegenheit aber auch, dass die Medienmeinungen insbesondere in der linksliberalen Presse im Amazon-Fall stärker gespalten sind als im Falle der Fleischindustrie. So berichtete *Spiegel* weitaus positiver als andere über die Hygienemaßnahmen: Hecking und Horchert 2020.

Anfragen in Kommunal- und Landesparlamenten.[582] Während das Einschreiten des Gesundheitsamts letztlich den Beschwerden der Arbeiter*innen zu verdanken war, sorgten danach weitere Berichte über Defizite bei Hygienemaßnahmen dafür, dass die öffentliche Debatte nicht abebbte.[583]

Allerdings blieben im Winsen-Fall anonymisierte Auftritte von kritischen Beschäftigten in Presse, Radio und TV und die damit verbundene „Imageverschmutzung" der zentrale und auch weitgehend einzige Kanal des Unmuts. Während sich die öffentliche Aufmerksamkeit für die betrieblichen Hygieneprobleme erhöhte, erhöhte sich der Handlungsdruck für das Management im betrieblichen Alltag offenbar nur sehr bedingt. Das lag einerseits daran, dass die Gruppe der Aktivist*innen, so wie auch aus anderen Distributionszentren bekannt, im Rahmen der Polarisierung, zu der die Forderung des Managements nach einem Bekenntnis zur Firmenideologie und Kundenorientierung beiträgt, wohl nur einen Teil der Belegschaft mit der Schließungsforderung ansprach, und dies auch stärker in der Phase der Verunsicherung der letzten März- und ersten Aprilwochen 2020 als danach. Ab Mai verschwand die öffentliche Aufmerksamkeit, es trat eine Art Gewöhnungseffekt ein, zu einer auch nur kurzfristigen Schließung des Distributionszentrums kam es nicht.

Aus Versand-B berichteten Beschäftigte im Mai 2020, dass die Zahl der Krankmeldungen stark abgenommen habe. Dies auch, weil sich erwies, dass die Abwesenheit dazu führt, wesentliche betriebliche Vorgänge nicht mehr beeinflussen oder kommentieren zu können. Das lokale Management habe zudem begonnen, „sich bei jedem Schichtwechsel vor dem Eingang zu postieren, um für den Abstand zu sorgen."[584] Auch im Betrieb selbst und in der Kantine werde vermehrt auf das Abstandhalten geachtet, bei der Anfahrt in den Betrieb sei jedoch nach wie vor „Social Distancing ein Witz." Insgesamt wurden die vom Management ge-

582 Heideruh 2020, Niedersächsischer Landtag 2020.
583 Neben vielen anderen: Klimpel 2020.
584 SOFI_L (P)_Notiz 2 (Juni), S. 3, auch im Folgenden.

troffenen Maßnahmen bei den von uns befragten Aktivist*innen weiterhin einer sehr kritischen Prüfung unterzogen, aber bis zum Frühsommer nicht mehr in nach außen getragen. In den Vordergrund gerieten nun wieder betriebliche Konflikte, die u.a. mit der managerialen Forderung nach erhöhtem Arbeitstempo und einer – ebenfalls freilich pandemiebedingt begründeten – Ausdehnung der Arbeitszeiten auf die Tagesordnung kamen.

Zusammengefasst hatte die internationale Kampagne, die im Kern auf die Schließung von Verteilzentren bei vollem Lohnausgleich abzielte, an vielen Standorten weltweit Anhänger*innen. Dies mag auch Ausdruck davon sein, dass die in Kapitel 2 beschriebene dauernde Kontrolle und Verhaltensmoderation sowie der durch die digitale Technologie vermittelte Arbeitsdruck eine Haltung erzeugen, alles als Zumutung zurückzuweisen, was die Vorgesetzten fordern, und die auch die Arbeit als solche für etwas nimmt, das besser bald abgeschafft gehört. Im Grunde ähnelt diese Haltung derjenigen früherer „Massenarbeiter*innen" in der Industrie, deren Motivation für die Beteiligung an Störaktionen, Sabotage, Streiks historisch aus vergleichbaren Konstellationen gespeist wurde. Allerdings war und ist die Haltung keineswegs allgemein verbreitet, sondern, wie die Forschungen von Sabrina Apicella ebenso zeigen wie unser Material, nur an einem Pol der Beschäftigten Common Sense.[585] In der akuten Phase der Krise konnte sich dieser Pol vermutlich etwas verbreitern, und zwar auch angesichts der Unklarheit darüber, ob Kontaktinfektionen eine wesentliche

585 Sabrina Apicella hat bereits 2016 einen kurzen Text veröffentlicht, der dieser Polarisierung nachspürt. Dort wird auf unterschiedliche Momente im Arbeits- und Klassenbewusstsein verwiesen, die Gründe für Entscheidungen bereitstellen, „nicht zu streiken". Alleine die Tatsache, dass eine „Nichtstreiker"-Gruppe als solche sowohl in ihren qualitativen Interviews als auch in der quantifizierenden Umfrage identifizierbar ist, macht das Problem klar: Man möchte meinen, diese Gruppen seien in einem fließenden Übergang (sodass zum Beispiel kleine Alltagskonflikte die Streikbereitschaft beeinflussen können, auch wenn es im Arbeitskampf selbst auf den ersten Blick gar nicht um die dort verhandelten Fragen geht) – aber dieses Moment erscheint in Apicellas wichtiger Studie eher als blockiert, vgl. Apicella 2016, S. 20–27. Als eine von mehreren Erklärungen verweist die Autorin auf den „Stolz, Teil von Amazon zu sein": S. 23.

Ansteckungsquelle von COVID-19 seien. Die Unsicherheit des Beschäftigungsverhältnisses und/oder die Angst vor einer Beendigung des Aufenthalts, aber auch eine Art regressive Identifikation mit den ausgerufenen Unternehmenszielen hält diese verfestigte, offene Ablehnung in Grenzen, ebenso die in Kapitel 2 beschriebene *Gamification* und die Formen der Vergemeinschaftung, die das Management systematisch anbietet.

Dass die kollektive Organisierung diesen Umstand berücksichtigen muss, macht die Sache nicht einfacher: Der Zugang von ver.di zum Arbeitsalltag und zu Alltagskonflikten bei Amazon ist trotz der mittlerweile fast zehn Jahre bestehenden Tarifkampagne begrenzt. Die ständige Neueröffnung von Lagern und Versandzentren mit neuen Belegschaften sowie die Fluktuation durch prekäre Arbeitsverhältnisse sind bleibende Herausforderungen. Die Verankerung von Forderungen wie jenen der Amazon Workers International sowie von gewerkschaftlichen Aktionen überhaupt bleibt deshalb schwierig. Der Druck, den das Unternehmen systematisch auf Betriebsräte ausübt, wie bspw. die Nichtverlängerung von Verträgen aktiver Betriebsräte, tat das Ihrige dazu, dass die Kontrolle des Managements im Sommer 2020 stabilisiert werden konnte. Zu vereinzelten neuen Unruhen kam es dann erst auf dem Höhepunkt der Peak Season im Herbst und Winter.

Fragmentierte Normalität

Angesichts dessen, dass es anders als in den USA und Frankreich nie zu einem Betriebs-Stopp kam, und wohl auch angesichts dessen, dass sich das Ausmaß der Corona-Fälle in der Mehrzahl von Lagern im Sommer 2020 zunächst in Grenzen hielt, erschöpfte sich die öffentliche Skandalisierung. Die Strategie von ver.di verschob sich nun zur Regulierung der arbeitspolitischen Folgen der Corona-Krise. Kritisiert wurde etwa die Streichung des im ersten Lockdown gewährten Zuschlags von zwei Euro pro Stunde, fokussiert wurde wieder auf die Forderung nach einem Tarifvertrag.[586]

Die Verschiebung der Debatte ist vor dem Hintergrund dessen zu sehen, dass nach einer ersten Verunsicherung, die, wie wir am

586 Vgl. Schmidt 2020a.

Beispiel von Versand-B sehen konnten, auch die betriebliche Hierarchie erschüttert hatte, die Vorgesetzten im Alltag wieder mehr Kontrolle bekamen. Dazu gehört, wie die von uns Interviewten berichten, dass beispielsweise die in der Pandemie vorläufig ausgesetzten Meetings zu Arbeitsbeginn und nach der Pause wieder durchgeführt wurden. Auch Feedbackgespräche wurden wieder zur Regel.[587] Während diese Mechanismen nichts Neues waren, war jedoch die Forderung nach einer Verlängerung der Betriebslaufzeit durchaus etwas wie ein Gegenangriff. Was vor der Krise bspw. in Pforzheim noch gerichtlich verhindert worden war, sollte jetzt in einer etwas verdünnten Form möglich werden. Im Hochsommer wurde auch in Versand-B ein neues Schichtmodell bekannt gegeben, welches die Regel beendete, dass am Sonntag der Betrieb zur Wartung der Maschinen stillsteht.[588]

In der Gruppe der ver.di-Aktiven wurde diese Verschlechterung gegenüber den regelmäßigen fünftägigen Schichtzeiten mit Empörung, aber auch mit einer gewissen Ratlosigkeit aufgenommen. Einige organisierten mehrere, aber zwischen den Schichten wenig koordinierte Unterschriftensammlungen gegen die Sonntagsarbeit. Aber obwohl die Resonanz nicht schlecht gewesen sein soll, gelang es dem Management in One-to-one-Gesprächen, Individualvereinbarungen und somit am Ende das neue Prinzip durchzusetzen. In der im September beginnenden „Peak Season“ war, wie uns ein Befragter mitteilte, dann „alles wieder wie gehabt“:

> „Ich muss leider sagen, hat sich nichts verbessert. Die Rücknahme des Zuschlags ist zwar nicht gut angekommen, aber ob wir gute Laune haben oder in China fällt eine Schaufel um, das interessiert das Management wenig. Es bleibt schwierig. Das Tempo ist nicht geringer geworden, und den Leuten macht die neue Arbeitszeit auch schon zu schaffen. Es wird immer wieder die Konkurrenz mit anderen Standorten betont. Und gerade jetzt sind sehr viel neue Leute

587 SOFI_L (P)_Notiz 2 (Juni), S. 2.
588 Vgl. SOFI_L (P)_B_04, M, S. 1.

reingekommen, die die Sachen im Frühjahr ja gar nicht mitgekriegt haben. Und auch wieder kurz befristet, oder in der Probezeit."[589]

Wie lässt sich der Kontrast zwischen öffentlicher Aufmerksamkeit und betrieblicher Ohnmacht erklären? Anders als in der Fleischindustrie gab es im Online-Versandhandel keine unmittelbaren arbeitspolitischen Erfolge, keinen Aufwind für das gewerkschaftliche Selbstbewusstsein. Mit der dauernden Auswechslung der Arbeitenden verschwand nach und nach auch die im Frühjahr bei gewerkschaftlichen Aktivist*innen präsente Erfahrung, das Unternehmen in einzelnen Punkten zu Konzessionen zwingen zu können, und sei es auch nur in der Beachtung elementarer Hygieneregeln.

Allerdings ist auch zu berücksichtigen, dass es Masseninfektionen in der gleichen Dichte wie in der Fleischindustrie nicht gab. Probleme, die die Öffentlichkeit erreichten, existierten nicht überall, sondern lediglich in einzelnen Distributionszentren. So war im Juni 2020, parallel zum Tönnies-Skandal, das Amazon-Distributionszentrum in Bad Hersfeld im Fokus.[590] Der Verlauf war ähnlich, wie für die anderen Zentren beschrieben: Erst waren Anfang Juni zwei Fälle bekannt, dann am 9. Juni bereits 17, später soll es nach ver.di-Angaben 30 bis 40 Fälle gegeben haben.[591] Die Kolleg*innen waren verunsichert, der Betriebsrat forderte einen Einstellungsstopp, diesmal jedoch, um nicht nur den Erhalt der Arbeitsplätze der vorhandenen Kolleg*innen zu sichern, sondern auch mit dem Argument des Schutzes vor der Infektion:[592] Den Austausch durch neue Beschäftigte zu blockieren bzw. mit der Forderung nach sozialen Mindestbedingungen zu verbinden, ist eine Position, die zugleich die vergleichbar große Durchsetzungsmacht gewerkschaftlicher Positionen dort illustriert. Ende Juni fand in Bad Hersfeld ein „Streik wegen Corona" statt. Tatsächlich hatte ver.di bei diesem Streik den Gegenstand auf die Arbeitsbedingungen unter Corona verschoben, also nicht mehr alleine auf

589 Ibid., S. 3.
590 Gärtner 2020c.
591 Hecking 2020.
592 Gärtner 2020c. Am 13. August brachte die Wirtschaftswoche den Tod eines engagierten ver.di-Kollegen mit den Infektionen zusammen: Goebel 2020.

die Frage der Anpassung der Löhne an den Einzelhandelstarifvertrag. Die örtlich zuständige Gewerkschaftssekretärin Mechthild Middeke wurde so zitiert:

> „‚Wir beteiligen uns an den bundesweiten Streiks, weil wir damit auf die besondere Situation in Zeiten von Corona aufmerksam machen wollen. Nach dem Auftreten mehrerer Covid-19-Infektionen hat sich die Arbeitssituation erheblich verschlechtert. Das Gesundheitsamt hat das Tragen eines Mund-Nasen-Schutzes verfügt. Dies führt bei vielen zu Atemproblemen, die sich bei steigenden Temperaturen in den Lagerhallen verschlimmern.' Man fordere deshalb mehr Pausen und die Entschleunigung der Arbeitsprozesse, sowie die bezahlte Freistellung für gesundheitlich besonders belastete Mitarbeiter durch den Arbeitgeber."[593]

Die Äußerung macht deutlich, dass ver.di die Problematik der Arbeitsbedingungen dort, wo man dazu in der Lage war, durchaus adressierte, einschließlich des Zusammenhangs mit den Corona-Bedingungen. Das Problem der Polarisierung und Neuzusammensetzung der Belegschaften für die Kontinuität der Streiks konnte so allerdings nicht gelöst werden. Ende Juni beteiligte sich wiederum etwas weniger als die Hälfte der deutschen Standorte an der ver.di-Aktion, und lokal so gut wie immer weniger als die Hälfte der Belegschaften.[594]

Im November kam es im Amazon-Lager in Koblenz zu einer Masseninfektion, die zwar nicht Tönnies'sche Ausmaße erreichte, aber doch bemerkenswert war: Der Standort Koblenz hat eine ähnliche Größe wie jener in Winsen, in der „Peak Season" arbeiteten dort etwa 2.500 Menschen, sonst etwa 1.600. Es wurden keine Zahlen bekannt gegeben, aber seit Anfang November 2020 wurde mit Masken gearbeitet und ab dem 19. November eine zweiwöchige Quarantäne für die Nachtschicht verkündet. Die Gewerkschaft ver.di schätzte die Zahl der Infizierten auf etwa 300. Der Betrieb erklärte, dass man den Lohn weiterzahle und das Volumen auf an-

593 Hersfelder Zeitung 2020.
594 Ibid.

dere Standorte verteile. Auch die Kontrolle durch die Amtsärzte auf dem Firmengelände akzeptierte man in Absprache mit Betriebsrat und den örtlichen Behörden. Mitten in der *peak season* bemühte man sich offensichtlich darum, den Schaden durch Masseninfektionen in Grenzen zu halten, indem schlechte Presse vermieden und die Arbeit stillschweigend auf andere Lager verteilt wurde.

Im Online-Versandhandel stellte sich die Situation im Winter 2020/21 als mehrfach geteilt dar. Auf der einen Seite gab es eine Minderheit von Betrieben, in denen Betriebsrat und Tarifstreik bezogen auf den Gesundheitsschutz kleine Verbesserungen erreichen konnten. Das bestätigten etwa die ver.di-Aktivist*innen für Versand-A. Andererseits fand sich eine gewisse Resignation und gleichzeitig steigende Wut über eine als Ignoranz des Managements wahrgenommene Politik, wie in Versand-B. Im Laufe der Pandemie spitzte sich diese – nicht institutionell aufgehobene und vermittelte und deshalb insofern „adressatenlose" – Wut insbesondere bei den gewerkschaftlich Aktiven weiter zu, ohne dass die innerbetrieblichen Kräfteverhältnisse zwischen Management und Belegschaft sich wesentlich verschoben.[595] Während sich also in Versand-A Kanäle für Kämpfe um eine Verbesserung der Arbeitssituation öffneten, machte sich in Versand-B mehr und mehr das Gefühl von Ohnmacht breit. Diese Ohnmacht wurde durch die Spaltung der Belegschaft in „alte" und „neue" Beschäftigte und in Arbeiter*innen mit unterschiedlich prekären Beschäftigungs- und Aufenthaltsverhältnissen verstärkt. Es ist dies eine Segregation, die von Betrieb zu Betrieb eine unterschiedliche Prägung erhalten kann und die sich in der laufenden Expansion des Online-Versandhandels meines Erachtens weiterentwickeln wird. Ob und wie sich dabei dennoch kollektive Aktionen und gewerkschaftlichen Handlungsmöglichkeiten entwickeln können, werde ich gleich diskutieren.

Spielte für die Amazon-Beschäftigten die bundesweite Skandalisierung der Arbeitsbedingungen in der Fleischindustrie eine Rolle? Dass es nicht als besonders schlüssig erschien, die durch den Arbeitsminister angestoßenen Reformen auf den Kernbereich von Schlachtung, Zerlegung und Weiterverarbeitung von Fleisch

595 Detje et al. 2011, hier: S. 101–117.

zu beschränken, wurde ja bereits erwähnt. Dass von daher die Erweiterung der politischen Debatte um prekäre Beschäftigung auf andere Sektoren nahelag, ist kaum von der Hand zu weisen. Vielleicht kam es deshalb im Herbst zu jener erwähnten Teilschließung, weil kurzfristig eine noch weitergehende Skandalisierung der Ausbeutung insbesondere migrantischer Arbeiter*innen befürchtet werden musste? Diese Frage kann auf der Grundlage meiner Informationen nicht beantwortet werden. Aber es scheint zugleich auch kein größeres Problem dadurch entstanden zu sein, weil sich die Verlagerung des Umschlags von einem Lager ins andere recht einfach organisieren ließ, ein Vorteil für das Management, der mit der Fragmentierung der Amazon-Gesamtbelegschaft direkt zusammenhängt.

Im nächsten Abschnitt widme ich mich der Entwicklung in der ersten Hälfte des Jahres 2021 in den beiden untersuchten Sektoren: Welche ersten Auswirkungen hatte das Arbeitsschutzkontrollgesetz? Und wie veränderten sich in dieser Zeit die Kräfteverhältnisse in den unterschiedlichen Betrieben des Online-Versandhandels?

3.3. Nach der Krise, vor der Krise

Meine abschließende Rechercherunde beginnt in Rheda vor dem Werkstor von Tönnies. Es ist der 23. April 2021. Es war eine merkwürdige Reise, immer noch Lockdown, alleine im Auto, leere Autobahn. Angekommen in Rheda, bin ich wieder erstaunt ob der gigantischen Ausmaße dieser Fabrik. Sie ist von der Größe her nicht vergleichbar mit jenen Fabriken, die wir im Oldenburger Münsterland im Laufe unserer Untersuchung gesehen haben. Ein Anwesender behauptet, dass man Stunden brauche, um die Fabrik zu Fuß zu umrunden. Die Fabrik ist von einer undurchdringlichen, weitgehend weiß gestrichenen, etwa zehn Meter hohen Mauer umgeben. In Richtung Autobahn A2, die die Fabrik von der kleinen Stadt Rheda trennt, befindet sich sogar eine Art Graben. Der Sinn dieser Befestigung bleibt mir verborgen, verstärkt aber den Eindruck, dass dieser Ort, an dem mehrere tausend Menschen arbeiten, stark getrennt ist vom nur einen Katzensprung entfernten Rest der Stadt.

(Kein) Streik bei Tönnies

Der Anlass meines Besuchs ist aber nicht, über diesen Unort zu grübeln. Vielmehr findet heute eine bundesweit annoncierte Abschlussaktion der NGG zum Tarifstreik in der Fleischindustrie statt. Im Mittelpunkt steht die Lohnfrage: Die Gewerkschaft verlangt eine Erhöhung des Mindestlohns auf 12,50 Euro brutto pro Stunde. Nach kurzer Einarbeitung sollen 14 Euro für ungelernte Beschäftigte und 17 Euro für anspruchsvollere Tätigkeiten gezahlt werden.[596] Damit entspricht die Mindestlohnforderung etwa dem, was das Management aktuell in einigen Betrieben Arbeiter*innen in sogenannten Schlüsselpositionen zahlt. Die 12,50 Euro liegen erheblich über dem aktuell sehr oft gezahlten gesetzlichen Mindestlohn (2021: 9,50 Euro plus 10 Cent ab 1. Juli). Und sie sind meilenweit entfernt von den 7,75 Euro aus dem Absenkungs-Mindestlohn von 2014 oder jenen drei bis fünf Euro, mit denen die Arbeitenden im Entsendesystem vor 2014 nicht selten abgespeist wurden. Zum Zeitpunkt der Aktion haben die Arbeitgeber ein Angebot von unter elf Euro unterbreitet, aber keine weiteren Verbesserungen. Deshalb hat die Gewerkschaft die bundesweiten Tarifverhandlungen für vorerst beendet erklärt.[597]

Vor dem größten der Werkstore in Rheda hat sich eine bunte Versammlung eingefunden:[598] Leute aus lokalen Initiativen, die für Tierschutz und gegen die Arbeitsausbeutung antreten, Kolleginnen und Kollegen aus unterschiedlichen Gewerkschaften, vor allem aus der NGG. Politiker*innen der Grünen und der Linken. Von der „Fairen Mobilität" sind Berater*innen wie Campaigner*innen da, um den Beschäftigten ihre neuen Rechte nach dem Arbeitsschutzkontrollgesetz zu erklären. Ihre Anwesenheit ist ein Zeichen dafür, dass vor allem „Faire Mobilität" neue Aufgaben bekommen hat, zumindest kurzfristig wächst und sich auch jenseits der individuellen Beratung engagiert.[599] Zum Schichtwechsel werden ab etwa 15 Uhr tausende Flugblätter in Deutsch, Rumänisch, Bulgarisch und

596 Eine Übersicht über die Berichterstattung im Vorfeld der hier geschilderten Aktion findet sich hier: Gewerkschaft Nahrung-Genuss-Gaststätten 2021a.

597 Gewerkschaft Nahrung-Genuss-Gaststätten 2021a.

598 Zu diesem Event s. SOFI_F (P)_Notiz_04.

599 Sepsi 2021.

Türkisch verteilt, die Infos über die genannten Tarifforderungen enthalten. Es kommt zu vielen kurzen Gesprächen mit Beschäftigten. Etliche nehmen die Flugblätter dankend und interessiert ab, aber kaum einer traut sich, unter den unzähligen Augen des omnipräsenten Werkschutzes am Streikposten zu verweilen. Die NGG ist bei Tönnies noch nicht gut verankert: Die drei Betriebe, die im Komplex angesiedelt sind – Spedition, Schlacht- und Zerlegebetrieb und Verarbeitung – haben alle seit langem Betriebsräte. Aber keines der drei Gremien ist durch die NGG dominiert.[600] Die Gewerkschaft hofft diesbezüglich vor allem auf die für 2022 anstehenden Neuwahlen des Betriebsrats, bei denen mehrere Tausend mitwählen dürfen, die von Werkvertragsunternehmen übernommen wurden.

Grundlage dieser Hoffnung ist, dass es seit Herbst 2020 wenig Schwierigkeiten bei der Übernahme der Beschäftigten aus den Subunternehmen gab. Auch Tönnies Lebensmittel, die größte der drei Einheiten, hat alle Arbeiter*innen fest angestellt, inklusive der Ansprüche (Kündigungsfristen, Löhne), die gegenüber den Subunternehmen bestanden.[601] Dieser in den meisten Betrieben beobachtete Umgang mit dem Thema Direktbeschäftigung setzt sich positiv gegenüber dem ab, was wir oben in Bezug auf Fleisch-B gesehen haben, wo Werkverträge 2018/19 durch neue, befristete Einjahresverträge ersetzt wurden.[602] Der Eindruck bestätigt sich auch in Bezug auf die Tarifverhandlungen. Tönnies hat als mit Abstand größter Betrieb sehr wohl ein gewisses Interesse, die Löhne allgemein zu erhöhen. In der hochgradig fragmentierten Landschaft der Arbeitgeberverbände lehnen zum Zeitpunkt der Aktion vor dem Tor in Rheda das aber vor allem kleinere Verarbeitungsbetriebe

600 Vgl. SOFI_F (P)_E_06, S. 5, 213–215, sowie die Korrespondenz in SOFI_F (P)_Notiz_01.

601 Zum „Betriebsübergang“ siehe ibid., S.1, 9-24.

602 Die von mir vor dem Tor und in den Wochen danach Befragten relativieren das an einem Punkt etwas: Im Rotfleisch (Schweine, Rinder), sagen sie, sei dies allgemeine Praxis, während es im Weißfleisch (Geflügel) mehr Versuche gegeben habe, die Gesetzgebung zu umgehen, s. z.B. das Gespräch mit Susanne Uhl vom Hauptstadtbüro der Gewerkschaft NGG, SOFI_F (P)_E_08, M, S. 3.

ab. Denn paradoxerweise könnte eine allgemeine, verbindliche Lohnerhöhung die ohnehin seit Jahren wachsende Marktmacht der Großen noch steigern: Lohnerhöhung ist insofern auch ein Modus der Konkurrenz und Konzentration.

Für die NGG ist die Situation, dass der Branchenführer gewerkschaftliche Organisierung bislang weitgehend verhindern konnte, aber trotz der Lichtblicke in der Lohnfrage kritisch. Immerhin sieht es anderswo besser aus. In NRW gibt es bspw. bei Westfleisch seit langem einen Haustarifvertrag, der leider allerdings die Beteiligung an der aktuellen Tarifrunde aufgrund der geltenden Friedenspflicht erschwert.[603] Und in einer Handvoll Betriebe kam es zu Tarifstreiks: So fand bei der Wurstfabrik von Böklunder in Böklund/Satrup eine Arbeitsniederlegung statt, weil der Arbeitgeber die Gelegenheit genutzt hatte, den geltenden Manteltarifvertrag zu kündigen, mit dem Ziel, ihn für neu Eingestellte ganz abzuschaffen.[604] Und auch Beschäftigte von VION-Schlachtereien sind überall im Land, unter anderem in Emstek, Niedersachsen, bei der Streikbewegung dabei.[605] In der Mehrheit kommt es aber lediglich eher zu symbolischen Aktionen wie vor Tönnies.

In der gleichen Zeit wird von einigen wilden Streiks berichtet. Man kann den Tenor dieser jenseits der Tarifrunde verorteten Aktionen so zusammenfassen, dass sie grundsätzlich eine Reaktion der Beschäftigten auf den Arbeitskräftemangel sind – Lohnpolitik „auf eigene Faust". Wo Versprechen und Vereinbarungen nicht eingehalten werden, kommt es schnell dazu. Die Forderung nach Festeinstellungen waren vor der Regulierung vom 1.1.2021 ein Thema, ebenso der Protest gegen überlange Arbeitszeiten.[606] Und schließlich wurden u.a. aus einigen Betrieben in Süddeutschland gar „spontane" Arbeitsniederlegungen bekannt, in denen gegen *nach* dem 1.1.2021 stattgefundene Lohnsenkungen protestiert wurde. Ein Befragter NGG-Sekretär erklärt dieses überraschende Phänomen damit, dass in der vorreformischen Zeit nicht wenige

603 Vgl. Erol und Schulten 2020, S. 12–15.

604 Gewerkschaft Nahrung-Genuss-Gaststätten 2021b.

605 Vorwerk 2021.

606 SOFI F (P)_E_05, M, S. 2.

Subunternehmen in jeder Hinsicht bei den Abrechnungen tricksten. Zuungunsten der Beschäftigten, aber nicht nur. So wurden höhere Löhne für einzelne Arbeiter*innen möglich, indem bspw. steuerfreie Nachtzuschläge auf den Lohn gerechnet wurden, obwohl der Betreffende oder die Betreffende in Wahrheit nur am Tag gearbeitet habe. Mit der Arbeitszeiterfassung seien auch diese Tricksereien weggefallen.

Hier zeigt sich das besondere Moment informalisierter Arbeitsverhältnisse in einer paradoxen Form: Da den Arbeiter*innen letztlich egal ist, *wie* ihr Nettolohn in Deutschland zusammenkommt, ist es ihnen auch gleichgültig, dass die bisherige Lohnsumme aufgrund von Betrug zustande gekommen ist. Die Arbeit wird niedergelegt, wenn der neue Chef gegen die etablierte moralische Ökonomie verstößt, weil er nun plötzlich nach Arbeitsschutzkontrollgesetz die Arbeitszeiten, wie es dort heißt, „elektronisch und manipulationssicher" registriert, bei Kontrollen des Zolls oder anderer Behörden ggf. nachweisen muss und deshalb auch nicht mehr mit Zuschlägen tricksen kann. Die Folgen werden wie selbstverständlich auf die Arbeiter*innen abgewälzt.

So entsteht eine zentrale „nachpandemische" Herausforderung: Nämlich jene, wie die vorhandene kollektive Organisierung, welche ihre Grundlage in informalisierten Arbeitsverhältnisse hat, mit den offiziellen, neuen, tariflichen Regeln sowie einer Institutionalisierung von gewerkschaftsnahen Betriebsräten kombiniert werden kann. Die Gewerkschaft NGG setzt diesbezüglich im Sommer 2021 vor allem auf die Teilhabe von bisher bei Subunternehmen beschäftigten Arbeiter*innen an den Betriebsratswahlen 2022, als Wählende und Gewählte, außerdem als Menschen, die der Gewerkschaft beitreten und auf Dauer in ihren Gremien eine Rolle spielen können. Keine leichte Aufgabe, aber auf den Ausgang darf man gespannt sein. Die erste bundesweite Tarifrunde für die Fleischindustrie nach längerer Zeit endet am 27. Mai 2021, als Arbeitgeber der Fleischindustrie und NGG eine Erhöhung des Mindestlohns auf 10,80 Euro pro Stunde vereinbarten. Die „Lohnuntergrenze", die nach Angaben der Gewerkschaft für 160.000 Beschäftigte gilt, steigt zum 1. Januar 2022 auf elf Euro und ein Jahr später auf 12,30 Euro.[607] Davon wird man nicht reich – aber es ist auch mehr als die 7,75 Euro vor wenigen Jahren.[608]

Mühen der Ebene

Einige Wochen nach der Aktion vor dem Werkstor, im Juni 2021, spreche ich in Hamburg mit Susanne Uhl, die in den seit 2018 laufenden Protesten gegen Werkverträge in der Fleischindustrie aktiv ist. Neben Leuten wie Heike Riemann vom Kirchlichen Dienst in der Arbeitswelt oder Pfarrer Peter Kossen ist sie seit Jahren eine der wichtigsten Personen hinter der „Initiativenkonferenz", die sich für eine Abschaffung der Werkverträge einsetzt. Ich frage Uhl, die jetzt bei der NGG angestellt ist, was das Arbeitsschutzkontrollgesetz nach ihrer Einschätzung für den Arbeitsalltag bedeutet. Während sie die Abschaffung der Werkverträge als großen Erfolg sieht, ist sie von der Tiefe der alltäglichen Veränderungen nicht im gleichen Maße überzeugt: Denn die früheren Subunternehmen seien keinesfalls verschwunden.[609] Tatsächlich hätten die „Großen" der Industrie viele Vermittler weiter beschäftigt. Vielfach seien die Vorgesetzten aus den Subunternehmen übernommen worden, weil die Unternehmen nicht in der Lage seien, die gesamte Infrastruktur, die um die Anwerbung herum existiert, aufzubauen. Die alten Subunternehmen kümmerten sich deshalb um die Anwerbung in den Herkunftsländern, die Anreise, die Unterbringung vor Ort. Und sie seien auch im Betrieb aktiv – oft mit Beraterverträgen als Vorgesetzte und Kolonnenführer. Der Ton sei mitunter genauso

607 Gewerkschaft Nahrung-Genuss-Gaststätten 2021c (1.6.2021). Zu einer umfassenden Bewertung der Tarifrunde s. auch Schulten und Specht 2021.

608 Dies muss allerdings zum Zeitpunkt der Endkorrektur dieses Buchs noch unter dem Vorbehalt gesagt werden, dass die Bundesregierung im Zuge der Neuwahlen etc. es bis Ende November 2021 noch nicht geschafft hatte, diesen Tarifvertrag für allgemeinverbindlich zu erklären, so dass in der großen Mehrheit der Betriebe, und, wie aus der NGG berichtet wird, zum großen Unmut vieler Beschäftigten, noch immer der allgemeine Mindestlohn gilt, vgl. die Notiz zum Treffen der Initiativkonferenz am 20.11.2021 in Rheda-Wiedenbrück in SOFI_F (P), Notiz 3.

609 SOFI_F (P)_E_08, M, S. 3.

rau wie früher, Gewalt eingeschlossen.[610] Szabolcs Sepsi, der in NRW für „Faire Mobilität" arbeitet, bestätigt diese Einschätzung:

> „Offiziell sind viele ehemalige Subunternehmer in die Arbeitskräftevermittlung gewechselt. Die Leistung scheint ein ‚On-Site-Management' einzuschließen: Die Vermittler bleiben vor Ort für die von ihnen vermittelten Arbeitskräfte zuständig, organisieren deren Ankunft, unterstützen sie bei der Beschaffung von Unterlagen, Bankkonten, Krankenversicherung und ähnlichen Angelegenheiten. In den Betrieben sind die Vermittler augenscheinlich dazu befugt, betrieblichen Vorarbeitern Anweisungen zu erteilen – mitunter sind sie Berichten zufolge sogar für die betriebliche Einarbeitung zuständig."[611]

Ebenso offen ist die Frage der Unterkünfte, in der sich der Gesetzgeber für eine schwache Reglung entschieden hat,[612] die die Ausformung den Landesbehörden und lokalen Behörden überlässt.[613] Auf dieser Grundlage berichtet Anda Nicolae-Vladu von der ALSO, dass es in ihrer Beratung ein zunehmendes Problem damit gebe, dass neue, private Mietverträge ausgeteilt werden. Dies geschehe einerseits, weil man bei Werkswohnungen schärfere Kontrollen befürchte, andererseits, weil der Mietzins aus der Sicht der früheren Subunternehmer zur Kompensation „entgangener" früherer Einkommensquellen diene.

610 Ibid. Sehr eindrucksvoll zeigt das auch der Bericht von Miltiadis Oulios, der im Frühjahr 2021 Interviews mit Arbeiter*innen gemacht hat, die eine Einschätzung zur Entwicklung nach dem 1.1.2021 geben – die Bilanz fiel sehr ambivalent aus, u.a. mit dem genannten Argument: Oulios 2021.

611 Sepsi 2021.

612 Zur Kritik s. Riemann 2020.

613 Oulios 2021 fand in seiner erwähnten Reportage auch, dass die Unternehmen durch den Ankauf und die Renovierung einiger Wohnungen eine Art Schaufenster für die interessierte Öffentlichkeit schafften, während es in den „Hinterzimmern" immer noch größte Probleme mit der Wohnqualität und der Belegung gebe. Immerhin konnte eine Legalisierung der Verknüpfung von Mietvertrag und Arbeitsvertrag, die im Arbeitsschutzkontrollgesetz zunächst vorgesehen war, abgewehrt werden.

Schließlich frage ich Uhl und Nicolae-Vladu nach der Neuzusammensetzung der Migration und der Belegschaften, vor dem Hintergrund der Befürchtung, dass nach Abschaffung von Werkverträgen und Leiharbeit Abwertungen bestimmter Gruppen sich verstärken und eine neue Welle der Unterschichtung stattfinden könnte. So würden gruppenförmige Zuschreibungen und Spaltungen von Seiten des Managements sogar, entgegen der hoffnungsvollen Erwartungen in einen „betrieblichen Universalismus", noch stärker akzentuiert: Während die Löhne der „gesuchten" Arbeiter steigen, verstärkt sich die geschlechtsspezifische Arbeitsteilung, und die Anwerbung von ungeübten „Neuen" aus Drittstaaten dient ebenfalls der Kostensenkung. Anzeichen für solche Entwicklungen wurden bereits anhand der Resultate der Razzien in Weißenfels geschildert. Susanne Uhl erzählt im Sommer 2021, dass in vielen Bereichen der Fleischindustrie weniger Unionsbürger*innen angeworben würden, dafür aber eine systematische Anwerbung aus Serbien nach der „Westbalkan-Regelung" beobachtet werde, die Aufenthalt und Arbeit direkt miteinander verknüpfe.[614] Wie sich diese Tendenzen weiterentwickeln, bleibt abzuwarten. Bei Redaktionsschluss dieses Buchs konnten sie weder quantifiziert noch verallgemeinert werden.

Um den Schnappschuss zu komplettieren: In der dritten Phase der Pandemie gab es auffällig weniger Hygiene-Skandale. Immer noch kam es zwar – zum Beispiel in der Spargelernte –[615] zu Masseninfektionen migrantischer Arbeiter*innen, die eine „Arbeitsquarantäne" nach sich zog, wie oben im Fall von Müller-Fleisch geschildert. Es gab auch einige Fälle in der Fleischindustrie,[616] diese sind auf den ersten Blick allerdings nicht in einem mit dem Sommer 2020 quantitativ vergleichbaren Maßstab aufgetreten.

Guido Grüner von der ALSO erklärt in einem Online-Interview, das ich im Juni 2021 mit ihm führe, ein Grund für diese

614 S. hierzu Bundesagentur für Arbeit 2021a. Die Westbalkan-Regelung, die eine Quote von 25.000 Erstanträgen pro Jahr vorsieht, galt zunächst nur bis 2020, wurde dann aber „aufgrund der hohen Nachfrage" bis Ende 2023 verlängert.

615 Euronews 2021.

616 Z.B. hier: Michel 2021.

Entwicklung könne eine stärkere Anwendung von Tests im dritten Lockdown gewesen sein.[617] Die positiv getesteten Kolleginnen und Kollegen seien deshalb schneller von den Arbeitsplätzen verschwunden. Allerdings weiß er auch von einem Fall zu berichten, in dem ein Unternehmen alleine an einem Tag 200 Positivtestungen und entsprechende Ausfälle von Beschäftigen gehabt habe. Grüner sieht dies als Indiz dafür, dass die mit der Unterbringung und der Arbeitsplatzsituation verbundenen Probleme keineswegs beseitigt seien. Zwar habe die Fleischindustrie angesichts der Arbeitskräfteknappheit durchaus ein Interesse daran, die Infektionen einzudämmen. Der Eindruck, dass die Fleischindustrie das Problem der Infektionen im Sommer 2021 besser im Griff habe, sei, so Grüner weiter, aber vor allem einer schwindenden öffentlichen Aufmerksamkeit geschuldet:

> „In Vechta waren wir (in der dritten Phase der Pandemie) ja relativ lange bei (einer Inzidenz von) 300, was den ganzen Landkreis Vechta anging und was die Städte Lohne und Vechta anging, bei 400-500, weil (...) da die meisten Wohnungen sind. (...) Als die dann das intensivere Testen (in Betrieb X...) angefangen haben, dann hatten die (...), hatten sie an einem Tag 200 positive Tests, und das hat die Zahlen vor Ort massiv in die Höhe getrieben.
> (Interviewer:) Hat das denn auch nochmal eine öffentliche Welle gemacht?
> (Befragter): Nee, das halten die unter dem Teppich. (...Der) Landkreis Vechta kommt dabei mit antirassistischen Argumenten: Sie wollten ja nicht böses Blut gegen die Arbeitsmigranten schüren und so. Obwohl es klar ist, dass die Arbeiter auch auf den Intensivstationen überproportional vertreten sind."[618]

Diese Aussage über eine interne Kommunikationsstrategie lässt sich schlecht verifizieren, und so müssen wir uns an die überprüfbare Tatsache halten, dass aus den Landkreisen mit einer hohen Konzentration der Fleischindustrie in Niedersachsen auch in

617 SOFI_F (P)_E_07, 290ff.
618 Ibid., 285–290.

Welle 3 der Pandemie bis etwa Juni 2021 überdurchschnittliche Infektionszahlen gemeldet wurden. Insgesamt müssen zukünftige Untersuchungen zeigen, wie sich Gesundheitsschutz, Arbeitsrechte und Arbeitsbeziehungen in der Fleischindustrie weiterentwickeln. In Bezug auf die Wirkung des Arbeitsschutzkontrollgesetzes, aber auch in Bezug auf die Bedeutung neuer Ansätze betrieblicher und gewerkschaftlicher Organisierung lassen sich Mitte 2021 lediglich Tendenzen ausmachen. Die Zukunft wird nicht zuletzt davon abhängen, ob die Pandemie im Nachhinein lediglich als Ausnahmezustand verstanden werden wird. Denn sind die Masseninfektionen einmal ganz aus der öffentlichen Wahrnehmung verschwunden, dann wird – angesichts dessen, dass sie der vielleicht wichtigste Auslöser der Reformen waren – mit dem „back to normal" auch eine Wiederkehr prekärer Beschäftigung wahrscheinlicher.[619] Es bleibt sogar offen, ob und in welchem Maße Werkverträge und Leiharbeit dann wieder eine Rolle spielen werden. Unsere Untersuchung ist an dieser Stelle abgeschlossen; die Konflikte sind noch nicht zu Ende.

Drei Welten

Szenenwechsel, dieselbe Frage. Im Mai 2021 gibt es bei Amazon wieder eine Affäre, über die die bundesweite Presse berichtet. Ein Rechercheteam unterschiedlicher Medien hat herausgefunden, dass es Probleme beim Tragen von FFP-2-Masken gibt. Der Betrieb zahlt die auf Anweisung der Unfallversicherung vorgeschriebene halbstündige Pause nach zwei Stunden Arbeit mit den erheblich dichteren FFP-2-Masken nicht. Folge ist, dass es bei den Beschäftigten „zu erheblichen Minusstunden" kommt, wie der Betriebsratsvorsitzende des Leipziger Distributionszentrums der Tagesschau am 22. April erzählt.[620] Während in Leipzig das Problem vor allem die Bezahlung der Pause zu sein scheint, erzählt eine Kollegin aus Winsen bei Hamburg demselben Medium, dass

619 Oder nur eine Wiederkehr der Leiharbeit? O-Ton der Zeitarbeit-Lobby zum Thema Ausbeutung in der Fleischindustrie war schon Mitte 2021: „Probleme gab es fast ausschließlich bei Werkverträgen": Interessenverband Deutscher Zeitarbeitsunternehmen 2021.

620 Edelhoff et al. 2021.

im dortigen Distributionszentrum das Tragen von FFP2-Masken überhaupt „unerwünscht" sei. In der folgenden Berichterstattung macht die *Süddeutsche Zeitung* aus der Sache einen „Maskenskandal".[621] Die Berichterstattung ist dabei eine Art Endmoräne der vor allem am Anfang des Jahres 2021 überall geführten Auseinandersetzung zu „#Zero-COVID", in der kritisiert wurde, dass der strenge Lockdown vor allem private Lebensbereiche umfasst, während es gleichzeitig den Unternehmen möglich ist, ihre Beschäftigten relativ ungeschützt am Arbeitsplatz herumlaufen zu lassen.[622]

So richtig diese Kritik im Prinzip ist, die konkrete Recherche zu Amazon bleibt ungenau. In meiner abschließenden Interview-Tour befrage ich die Kolleginnen und Kollegen der unterschiedlichen Distributionszentren auch zu diesem Thema. Wie hält es das Unternehmen im frühen Sommer 2021 mit dem Schutz vor Infektionen? Eine Gewerkschafterin aus Versand-A stellt in einem Online-Gespräch am 10. Mai 2021 fest, dass es zwar sicherlich Mängel beim Infektionsschutz gebe, jedoch vor allem *auf dem Weg* ins Unternehmen. Denn der Betrieb habe ein Eigeninteresse daran, dass die Zahl der Infektionen sich in Grenzen halte. Schließlich könne eine Masseninfektion nicht nur den Ruf verschlechtern, sondern in Zeiten knapper Arbeitskraft auch Produktivität und Umschlag bedrohen. Zudem sei es schwierig, für XY Personen aus diversen Städten und unterschiedlichen Wohnanlagen eine „Arbeitsquarantäne" zu organisieren. Und schließlich mache es einen Unterschied, wie stark der jeweils lokale Betriebsrat sich in dieser Frage engagiere. Es bestätigt sich ein Eindruck, den wir schon früher gewonnen haben:

> „In (Versand-A) hat der Betriebsrat schon versucht, vieles zu verhindern. Es gab zum Beispiel öfters die Ablehnung von Überstunden und auch die Ablehnung von Neueinstellungen mit dem Hinweis, das sind ohnehin schon für Pandemieverhältnisse viel zu viele, die in den Gängen rumlaufen, an Bord sind, die Abstandsregeln usw.

621 Berndt et al. 2021.

622 Zur kritischen Würdigung der sogenannten Zero-COVID-Debatte s. Assoziation für kritische Gesellschaftsforschung 2021.

> können gar nicht eingehalten werden. Und da hat der Betriebsrat auch wirklich Sand ins Getriebe gestreut."[623]

Wir haben bereits gesehen, dass die Verweigerung der Zustimmung zu Neueinstellungen und Überstunden ein wichtiges Mittel ist, mit dem der Betriebsrat Druck ausüben kann, und dies gilt sicher nicht zuletzt in Betrieben, in denen die Fluktuation sehr hoch ist. Entsprechend war dies auch bereits vorpandemisch Teil des Handlungsrepertoires dieses Gremiums in Versand-A. Außerdem hatte vor Ort das Gesundheitsamt bereits im Herbst 2020 eine Maskenpflicht angeordnet, die auch in A galt. Die befragte Gewerkschafterin erzählt, dass die folgende „heftige Auseinandersetzung" zunächst darin bestanden habe, dass einige Beschäftigte angesichts des Produktionsdrucks die Maske nicht tragen wollten oder konnten. Entsprechend sei die Forderung nach einer Art Schonzone aufgekommen, in der man am Platz ohne Maske arbeiten kann. Dies sei dann eine Zeit lang möglich gewesen, doch am Ende lehnten sowohl das Gesundheitsamt als auch die Betriebsärztin die Idee grundsätzlich ab.

Am Standort Leipzig, Gegenstand der oben erwähnten Medienberichterstattung, sei, so die Einschätzung der Kollegin, aber letztendlich gar nicht die Frage nach der seit Anfang 2021 zu tragenden FFP2-Maske der Konfliktpunkt gewesen. Im Gegenteil habe Amazon die Maskenpflicht *selbst* in einem Einigungsstellenverfahren durchgesetzt. Gleichzeitig wollte man jedoch die damit anfallende Pause nicht bezahlen, was für die Arbeitenden hieß, sich viel länger im Betrieb aufhalten zu müssen, ohne einen Cent mehr zu verdienen.[624]

Wenn man die „Maskenfrage" isoliert behandelt, kann man den Konflikt also nicht verstehen. Es ging nämlich um den Zusammenhang zwischen Arbeitskontrolle, Produktionsdruck und Gesundheitsschutz. Wenn Beschäftigte „persönlich" auf Gesundheitsschutzmaßnahmen verzichten – das habe ich an vielen Stellen in diesem Text nachgezeichnet –, dann muss das in der Tat

623 SOFI_L (P), E_03, S. 1, 27–35.
624 Ibid., S. 2, 70–78.

in diesem Dreieck verortet werden. Alles andere ist irreführend: Wenn jemand in der Nacht in der Industriereinigung nicht auf die Lichtschranken achtet, dann hat das nicht nur mit persönlicher Waghalsigkeit zu tun, sondern vor allem mit dem Stress, den Vorgesetzte wegen des Arbeitstempos machen. Es ist also ein direktes Resultat betrieblicher Hierarchien, eine Folge des Ausbeutungsverhältnisses. Ähnlich verhielt es sich im „Maskenskandal": Nicht so einfach, sagt die befragte Gewerkschafterin, die Leistung zu bringen, wenn man eine Schutzmaske aufhat. Und von den Leistungsanforderungen wird eben managementseitig in keiner Weise abgerückt:

> „Die Story ist aus meiner Sicht eher so: Amazon versucht schon, die Richtlinien zum Infektionsschutz durchzusetzen (…), zwei Meter Abstand, OP-Masken tragen, Desinfektionsmittel und alles Mögliche. Aber der Punkt, an dem Amazon eben keine Rücksicht nimmt, ist, dass die Stückzahlen stimmen müssen und dass die Beschäftigten (von den Vorgesetzten) sofort angezählt werden müssen, wenn sie kurz inaktiv sind, wenn sie auch nur mehrfach auf Toilette gehen, um vielleicht auch nur mal kurz sich die Maske abzuziehen und durchzuatmen."[625]

In Versand-A kann der Punkt, um den es also geht, differenzierter kommuniziert werden. Grundlage für diese Kommunikation sind die lokale Gewerkschaft, der Kontakt zum Betriebsrat, die regelmäßigen Streiks, die in diesem Falle selbst unter Corona-Bedingungen Debatten und Aushandlungen zum betrieblichen Alltag zuließen. Die Kollegin berichtet, dass ver.di innerhalb des Betriebs 2021 eine Reihe von Flugblättern verteilt habe, in denen unter anderem dazu geraten wird, die Corona-Situation (Abstandhalten etc.) auch zu nutzen, um mal Pause zu machen, den Druck der Vorgesetzten abzuwehren, ein Konzept, das bei vielen Beschäftigten auch gut ankomme.[626] Zudem seien Versuche des Managements, die direkte Kontrolle zu erhöhen, abgewehrt worden (zum Bsp. das Aufhän-

625 Ibid., S. 3, 96–105.
626 Ibid.

gen von Kameras, das man mit Corona-Schutzmaßnahmen begründete). Andere Distributionszentren seien gegenüber solchen Versuchen der Wiedergewinnung und Erhöhung von Kontrolle durch das Management „schlechter aufgestellt".

Das gilt bspw. für Versand-A. Im ersten Halbjahr 2021 wird mir noch einmal deutlich, dass dieses Amazon-Lager diesbezüglich eine andere Welt ist. So gehen hier Beschäftigte oft zur Presse, bevor sie beim Betriebsrat aufschlagen. Dies erzeugt einerseits ein starkes mediales Rauschen, andererseits lässt es die Konflikte häufig lediglich als „individuelle Wahrnehmung" erscheinen. In Versand-B ist die wesentliche Kommunikationsform von Kolleginnen und Kollegen jenseits des Betriebsalltags gerade in der Corona-Phase WhatsApp gewesen – mit allen Vorteilen der schnellen, unkomplizierten und auch anonym möglichen Kontaktaufnahme, aber auch mit allen Problemen, die damit aus der Perspektive kollektiver Organisierung und gewerkschaftlicher Mitbestimmung verbunden sind: keine Kontinuität, unverbindliche Absprachen, viel Meckern, wenig strategisches Vorgehen. Ein Gewerkschafter benennt deshalb – wieder eine Gemeinsamkeit mit der Situation in der Fleischindustrie – die Veränderung der Kräfteverhältnisse im Betriebsratsgremium bei der nächsten anstehenden Wahl in 2022 als wichtiges Teilziel.[627] Ob es eine entsprechende, gut vorbereitete Kampagne geben wird, steht bei Redaktionsschluss dieses Buchs allerdings noch in den Sternen.

Das bedeutet nicht, dass uns aus Versand-B für das erste halbe Jahr 2021 keine betrieblichen Aktionen berichtet worden wären. Die spektakulärste Geschichte ist ein wilder Streik:[628] 40 bis 50 Leute seien während der Pause in der Kantine sitzen geblieben und hätten eine Verbesserung des Verkehrsanschlusses zum Distributionszentrum gefordert – ein Dauerthema, das die betrieblichen Konflikte seit Jahren prägt und strukturiert. Das Problem scheint 2021 mit der oben geschilderten Veränderung von Arbeitszeiten verbunden zu sein: veränderte Schichtzeiten machen die Anfahrt zum Betrieb schwieriger, vor allem, wenn man kein eigenes Auto

627 SOFI_L (P)_E_01, S. 5, 201ff.
628 Ibid., S. 5, 218–225.

besitzt. Der Betrieb habe es schließlich geschafft, den kleinen Aufstand mit einer Mischung aus Versprechungen und der Kündigung einer als „Rädelsführer" ausgemachten Person zu beenden. So ähnelt die Situation in Versand-B im Frühjahr 2021 jener, die wir in vielen Bereichen der Fleischindustrie beobachtet haben. In der „Welt 2" des Amazon-Konzerns sind sowohl Umgangsformen als auch Widerstandsformen anders als in der „Welt 1". Einer mangelnden institutionellen Verankerung der Gewerkschaft vor Ort entsprechen eher unmittelbare und pragmatische Reaktionen auf Zumutungen durch das Management. Das könnte eine gute Grundlage für den Aufbau betrieblicher Macht sein, ist aber ein Problem, wenn immer wieder Aktivist*innen durch das Management identifiziert und aus dem Betrieb entfernt werden können.

Schließlich geht es auch in diesem Betrieb in der dritten und vierten Corona-Welle nach und nach „back to normal". Die Arbeitsanforderungen nehmen im Laufe des Jahres 2021 noch einmal zu. Selbst Kolleg*innen, die bis dahin sehr selbstbewusst mit Produktionsanforderungen umgegangen waren, berichten nun von ständiger „Ansprache" und dauerndem „Feedback" bei kleinsten Pausen.[629] Einige aktive Gewerkschafter*innen schmeißen die Flinte ins Korn, finden etwas Besseres und verlassen den Betrieb.

Es gibt noch eine „dritte" Amazon-Welt, die im Laufe des Jahres 2021 bedeutender wird. Aus den reinen Sortier- bzw. Verteilzentren wird berichtet, dass dort das Arbeitstempo ebenfalls steige. Es habe sich außerdem bei den dort engagierten Leiharbeitsfirmen eine ausgeprägte *Hire-and-fire*-Politik etabliert: „Wenn du morgen früh nicht kommst, brauchst du gar nicht mehr zu kommen."[630]

629 SOFI_L (P)_B_04, M, S. 3.

630 Dieses Interview fand Ende 2020 mit einer anonym bleibenden Personalerin einer für Amazon arbeitenden Leiharbeitsfirma statt: „Das war dann nicht: Kannst du vielleicht deine Schicht wechseln? Sondern: Wenn du morgen nicht in die Frühschicht kommst, dann kannst du gehen. So nach dem Motto. Und dann kriegen mein Kollege und ich immer die E-Mails, Person XYZ, das ist teilweise eine Liste von 15 Leuten, bitte kündigen. Ohne großartigen Grund. Wenn man da … nachfragt, warum, ja, die können nicht in die Frühschicht (kommen)." SOFI_L (P)_E_02, S. 4, 158–163. Die Auswertung dieses Interviews wäre eine eigene Arbeit wert, ebenso wie die

Die Situation führe auch sich häufende rassistische Übergriffe von Vorgesetzten mit sich. Ähnliche Machtverhältnisse könnten sich für die Auslieferungsdienste entwickeln, die oft mit Subunternehmen arbeiten.

Jenseits von „Welt 1" entsteht also im Sommer 2021 eine wachsende Sphäre, in denen sich ähnliche Verwertungs- und Ausbeutungsformen entwickeln wie die unter dem Werkvertragsregime aus der Fleischindustrie bekannten. Und dies ist kein Zufall, sondern Ausdruck einer segregierten gesellschaftlichen Arbeitsteilung, wobei der Grad der Prekarisierung von Beschäftigungsverhältnissen in der Tendenz der aufenthaltsrechtlichen Position mehr oder weniger großer Teile der Beschäftigten entspricht. Wer in welcher Welt arbeitet, ist insofern nicht alleine auf dem Terrain des Betriebs im engeren Sinne definiert. Neue Distributionszentren und insbesondere die Verteilzentren und die Auslieferungsdienste bieten sehr häufig Beschäftigungsverhältnisse (Leiharbeit, Subunternehmen) und Arbeitsbedingungen, die jenen der Prä-2021-Fleischindustrie sehr ähnlich sind.

Auch vor diesem Hintergrund scheint die Forderung, ein Verbot der Werkverträge in weiteren Sektoren als lediglich der Fleischindustrie zu erreichen, auch am Ende meiner Studie brandaktuell. Denn für die Gewerkschaften, bei denen die Amazon-Kampagne lange vorne im Schaufenster der Erfolge lag, ist die Entwicklung gleichzusetzen mit einem schnellen und massiven Machtverlust. Und jedes neu errichtete Distributionszentrum und Verteilzentrum trägt derzeit zu dieser negativen Tendenz bei.

Der Streik stagniert,[631] sagt unsere Gesprächspartnerin aus Versand-A. An den regelmäßigen Aktionen für einen Tarifvertrag bei Amazon beteiligt sich aktuell rund ein Fünftel der Beschäftigten. In der letzten Runde, im Juli 2021, versucht ver.di, die Streiks in Aktionen während der Tarifrunde im Einzelhandel zu integrieren. Außerdem wurde nunmehr neben dem Lohntarifvertrag auch ein

Untersuchung der Verhältnisse in den reinen Versandzentren von Amazon. Eine Pionier-Untersuchung zu diesem Thema findet sich bei Boewe et al. 2021.

631 SOFI_L (P)_E_03, S. 8, 310ff.

Tarifvertrag zum Gesundheitsschutz gefordert.[632] Aber das Hauptproblem ist, dass sich das Unternehmen schnell und gerade in der Pandemie extrem schnell ausdehnt, und zwar vor allem in Welt 2 und 3: Es ist eine Unterschichtung durch immer neue Gruppen, die mit diversen Formen von Prekarität konfrontiert sind.

Dabei ist schließlich auch die Frage, ob die zentrale Forderung für die alte und neue Welt weiterhin der Übergang in den Einzelhandelstarifvertrag bleiben kann. Das Unternehmen ist Anfang 2020 in den Arbeitgeberverband eingetreten, allerdings als Mitglied ohne Tarif. Selbst die für Kritik an Großunternehmen kaum bekannte Tageszeitung *Welt* titelte damals: „Amazon sieht sich offiziell als Händler – nur nicht bei den Löhnen."[633] Während dieser Schritt wohl eher als Ausdruck des Wunschs zu werten ist, auf die politische Lobbyarbeit des Verbands des Einzelhandels Einfluss zu nehmen, erhöhte das Unternehmen Mitte 2021 einmal mehr die Löhne: Ab dem 1.7.2021 werden bspw. in Versand-B im Einstiegslevel 12,22 Euro pro Stunde gezahlt, statt zuvor 11,92 Euro, angesichts der Erhöhung des Umschlags zwar eine eher bescheidende Steigerung, aber doch eine Steigerung, die mit den Entwicklungen der aktuellen Tarifpolitik mithalten kann.[634] Gleichzeitig nähern sich Fleischindustrie und Online-Versandhandel lohnmäßig zunehmend an. Es ist im Lichte des Versandhandelsbooms zwar weiterhin nicht falsch, wenn man konstatiert, dass dieser „vor allem auf Lohndumping beruht".[635] Dennoch ist für den Zusammenhang zwischen Welt 1, 2, 3 die Frage, ob gemeinsame Lohnforderungen als alleinige zentrale Strategie der Gewerkschaften sinnvoll sind. Die Thematisierung von Fragen des Gesundheitsschutzes in den letzten Streiks deutet bereits an, dass die Bedeutung „qualitativer"

632 Zudem wurde der Arbeitgeberverband aufgefordert, beim Gesetzgeber für eine Allgemeinverbindlichkeitserklärung einzutreten: Vereinte Dienstleistungsgewerkschaft 2021.

633 Dierig und Gassmann 2021.

634 Die Löhne sind in Versand-B um einige Cent höher als in Versand-A.

635 Vgl. Winter 2021. Der Autor zitiert dies als Reaktion eines Linken-Abgeordneten auf eine Auskunft der Bundesregierung, die zeigt, dass Beschäftigte im Online-Versandhandel in der Pandemie lohnmäßig schlechter abgeschnitten haben als in anderen Sektoren.

Forderungen zunehmen könnte, welche, wie in anderen Sektoren, die Arbeitsbedingungen in den Mittelpunkt stellen.

Die Erweiterung des Terrains

Im Vergleich zu unserer Studie zur Fleischindustrie fällt im Amazon-Fall auf, dass sich die Debatte über die Corona-Fälle dort nicht im gleichen Maße verdichtet hat: Die Fälle erscheinen verstreut, das Unternehmen konnte sich viel schneller und dann mehr und mehr leisten, keine klaren Auskünfte zu geben. Was in der Fleischindustrie zu zahlreichen kurzfristigen Betriebsschließungen geführt hat, führte bei Amazon auch dort, wo es gewerkschaftsnahe Betriebsräte gibt, alles in allem zwar zu einer erhöhten Vorsicht des Managements, aber nicht zu wesentlichen Produktionseinschränkungen. Dabei waren sowohl Fleischindustrie als auch Online-Versandhandel in der Corona-Krise phasenweise boomende Sektoren, sodass in vielen Betrieben der Druck auf die Arbeitenden zunahm. Gerade die diesbezügliche Ähnlichkeit der beiden von uns untersuchten Sektoren macht die Erkenntnis, dass sich eine vergleichbare Verdichtung und öffentliche Wahrnehmbarkeit von Konflikten im Amazon-Fall *nicht* ergab, auffällig. Und dies umso mehr, als die in Abschnitt 3.2 geschilderte internationale Protestwelle des Frühjahrs/Sommers 2021 erwarten ließ, dass die Vergleichbarkeit der Pandemie-Situationen etwas wie einen transnationalen Arbeitskampf auslösen könnte (zu dem es nicht kam).

Wenn man genauer hinschaut, sieht man, dass das Thema der prekären Beschäftigung in der Tat überall existiert, auch international. So beschreiben Owczarek und Chełstowska für das polnische Versandhandels-Beispiel, wie unterschiedliche Beschäftigungsverhältnisse in den dortigen Distributionszentren visualisiert wurden.[636] Es gab dort grüne und blaue Badgets für die jeweiligen Gruppen. Es wird zudem auch kritisiert, dass Amazon „Praktika“ nutzt, die in der *peak season* das Arbeitskräftereservoir auffüllen, eine Praxis, die früher auch aus Deutschland berichtet wurde, jedoch nicht mehr aufzutreten scheint.[637] Während die auf das formale Beschäf-

636 Owczarek und Chełstowska 2018. Vgl. auch Benvegnú et al. 2018.

637 Birner 2015, S. 56.

tigungsverhältnis bezogenen Formen der Prekarisierung je nach nationaler Gesetzgebung recht unterschiedlich sein können, scheint allgemein zu gelten, dass die enorme Fluktuation, die die verschiedenen Varianten hervorbringen, zu einem „Leerfegen" von lokalen Arbeitsmärkten führt und damit zur Notwendigkeit einer gewissen Verstetigung: Dass der Konzern dieses Verhältnis nie „richtig" austarieren kann, ist eine der wichtigsten Ressourcen der Arbeitskämpfe.[638]

Aber wie verbindet sich dies mit der Frage nach einer Unterschichtung von Belegschaften auf der Basis unterschiedlicher Aufenthaltsrechte? Hierzu gibt es wenige Untersuchungen in Deutschland, wir haben aber eingangs auf die Arbeiten zu den USA und zu Kanada verwiesen, die sich nicht nur, aber auch auf Amazon beziehen. Dort konstatierten Bensman und Jaffee einen Zusammenhang zwischen prekärer Beschäftigung und Migration, indem sie feststellen, dass in New Jersey zwei Faktoren die Ausbreitung von *temp agencies* wahrscheinlicher machen: erstens eine große Latino-Community, zweitens die Existenz vieler Warenlager und Distributionszentren.[639] Damit ist eine extreme Form der Beschäftigungsprekarität verbunden, namentlich „Zero-Hour"-Verträge, d.h. faktisch Arbeit auf Abruf. Choudry und Henaway berichten von einem kanadischen Fall, in dem Migrant*innen, darunter viele Geflüchtete, teilweise jahrelang mit befristeten Verträgen bei einem Subunternehmer beschäftigt sind. Die Berichte ähneln dem, was wir unseren Interviews entnehmen konnten:

> „Ein Arbeiter sagte, na sicher kann man das mit Sklaverei vergleichen, und für mich wurde in meiner Zeit hier klar, dass es nur mit der Hautfarbe zu tun hat … wenn ich zur Arbeitsvermittlung (*placement agency*) gehe, dann gibt es Jobs für Leute, die sind schwarz, und für Leute, die sind weiß."[640]

Weniger als über den Zusammenhang zwischen Prekarität, Beschäftigungsverhältnis und Migration finden wir über die Formen

638 Siehe bereits Butollo et al. 2018.
639 Bensman und Jaffee 2016, S. 65.
640 Choudry und Henaway 2014, S. 8, meine Übersetzung.

des Widerstands in diesem „Dreieck". Interessant ist hier wiederum die Untersuchung von Benvegnú et al., in der gezeigt wird, wie migrantische Arbeiter*innen in der Lage gewesen seien, die Spaltungsstrategien der Unternehmen und Subunternehmen anzugreifen, „indem sie die Verletzbarkeit der Lieferkette mit Blockaden und Lieferstopps angriffen".[641] Grundlage dieser Strategie sei ein Mix aus gewerkschaftlicher Basisarbeit gewesen, die sich mit Aktionen aus unterschiedlichen migrantischen Community-Organisationen verband.

Während es international Beispiele für solche Kooperationen im Kampf gegen multiple Prekarität gibt, und dies immer wieder auch eine Rolle für organisationspolitische Konzeptionen gespielt hat,[642] ist es in unserer bundesdeutschen Traurigkeit noch lange nicht so weit: Vielmehr reproduzieren sich die betrieblichen Hierarchien dort noch selbst in den elementaren Formen des Protests. So in unserer Studie zu Versand-B, wo bspw. das Krankschreiben in der Pandemie hierarchisiert verlief. Zuerst verließen die Vorgesetzten und dann die Unbefristeten und schließlich Teile des Rests den infektionsträchtigen Ort. Oder es wurde später in Versand-A ein Stopp der Fluktuation als geeignetes Mittel gesehen, um die Pandemie einzudämmen, was zunächst plausibel erscheint, aber auch eine grundsätzlich ablehnende Haltung gegenüber Newcomern fortsetzt, die wir in unseren „vorpandemischen" Interviews mit gewerkschaftlich aktiven Kolleginnen und Kollegen vorgefunden haben.[643] Und die, neben allen anderen problematischen Konnotationen, auf ein organisationspolitisches Problem verweist: Wenn man Newcomer regelmäßig abwehren möchte, sinkt in aller Regel zugleich die Bereitschaft, sie zu organisieren.[644]

Was wiederum die Frage nahelegt, wie solche Widersprüche konkret überwunden werden können. Unser Beispiel aus der Fleischindustrie zeigt eine der Möglichkeiten auf: Eher denn als

641 Benvegnú et al. 2018, S. 98, meine Übersetzung.

642 Benz 2014.

643 Dies zeigt sich auch in anderen qualitativen Interviews mit Beschäftigten im Online-Versandhandel, s. etwa Goes 2021, hier insb. S. 401ff.

644 S. hierzu den sehr lesenswerten Kommentar zum Thema Rassismen im Betrieb von Khan 2021.

Resultat einer gut ausgedachten organisationspolitischen Strategie handelt es sich hier, wie rekonstruiert, um eine Abfolge von „Gelegenheiten“ für die Sichtbarmachung migrantischer Arbeitsverhältnisse und den Protest gegen Ausbeutung. Dies wiederum macht wahrscheinlich, dass die Verstetigung von Protesten (wie in Initiativen, Beratungseinrichtungen, Gewerkschaften, migrantischer Selbstorganisation) immer wieder auch die Nutzung solcher Gelegenheiten wie in der Dynamik von Streiks, öffentlicher Empörung, gesetzlicher Regulierung usw. voraussetzt.

Ein vergleichbarer Zyklus blieb bei Amazon aktuell blockiert. Die Verbindung aus massiver ökonomischer Expansion, fragmentierten Beschäftigungsverhältnissen und einem je spezifisch ausgeformten lokalen *racial management* blieb auch in der Pandemie weitgehend intakt. Wie ich gezeigt habe, ist zudem die Ausformung von Beschäftigungsprekarität dort „lokalisiert“, die Belegschaften sind sozial und, wenn man den verschiedenen Grad der gewerkschaftlichen Organisierung berücksichtigt, auch politisch divers zusammengesetzt. Drei Tendenzen lassen sich dabei ausmachen: *Erstens*, je jünger der Betrieb und je näher er an einer Großstadt liegt, desto größer ist der Anteil migrantischer Arbeitender, die zugleich häufiger mit Pässen aus Drittstaaten ausgestattet und mit einem prekären Aufenthaltsstatus konfrontiert sind als etwa in der Fleischindustrie. *Zweitens*, Amazon zielt derzeit darauf ab, die Kontrolle über die Wertschöpfungskette zu erweitern. Und die in *erstens* genannten Tendenzen zeigen sich in einem erheblich stärkeren Ausmaß in reinen Sortier- und Verteilzentren und bei den neu aufgestellten Paketdiensten. Diese Tendenz hat *drittens* zur Folge, dass der Grad der *Informalisierung* sich im Unternehmen unterscheidet: Die Gültigkeit von elementaren Rechtsnormen ist dort am meisten ausgehebelt, wo ihre konkrete Wahrnehmung am wenigsten kontrolliert werden kann und die Dynamiken der multiplen Prekarität die Position der Arbeitenden stärker bestimmen.

Um zu begreifen, wie die Hindernisse überwunden werden können, um in Sektoren mit einer extrem ausgeprägten Prekarität zu Erfolgen in Arbeitskämpfen zu kommen, reicht es nicht aus, lediglich nach einem mehr oder wenigen ausgeprägten gewerkschaftlichen Bewusstsein zu fragen. Selbstorganisation und kollektives

Handeln haben nicht nur mit persönlichen Überzeugungen zu tun. Es muss nicht alleine die Gegenpropaganda der Unternehmen konfrontiert werden. Imagebeschmutzung alleine reicht nicht, wo Kapitalverwertungsstrategien durchkreuzt werden sollen, die auf der Dynamik von Prekarität und Migrationsverhältnissen bauen.[645] So entsteht beispielsweise ein Zielkonflikt dort, wo Belegschaften einerseits die dauernde Fluktuation angreifen müssen, um lokal die Bildung von organisierten, gewerkschaftlichen Zusammenhängen zu stabilisieren, und zum anderen Newcomer einbinden müssen, um Spaltungslinien aufzuheben. Ein Zielkonflikt, der sich ganz ähnlich in der Fleischindustrie findet, wo einerseits organisierte Kerne der Gewerkschaften in den Betrieben aufgebaut werden müssen, andererseits diese wiederum aus dem Bereich der kontinuierlich Beschäftigten gewonnen werden müssen, die vermutlich nach und nach nur noch eine gewisse Schicht der Beschäftigten repräsentieren. Wie kann auf dieser Grundlage die soziale Fragmentierung der Belegschaften überwunden werden?

Wie dieser Zielkonflikt gelöst werden kann, hängt nicht allein von „Gelegenheitsfenstern" ab. Vielmehr scheint wesentlich, ob es gelingt, die Momente, die sonst zur Stabilisierung der fragmentierten Beschäftigung dienen, aus ihrem Zusammenhang zu lösen. So bedeutet etwa „multiple Prekarität" nicht nur „Verwundbarkeit", sondern auch, dass die Forderung nach besseren Arbeitsbedingungen, nach sozialen Rechten und Ansprüchen an verschiedenen Orten artikuliert wird: Am Flughafen von Cluj, oder auf dem Spargelfeld, auf dem dieselben Leute beschäftigt sind, die nachher in der Fleischindustrie landen. Oder in Bezug auf die Forderung nach angemessenem Wohnraum. In Bezug auf die ökologischen Folgen der Senkung von Transportkosten im Versandhandel oder in Bezug auf die Abwehr einer Echtzeit-Kontrolle der Arbeitenden, die überall verhindert werden muss, nicht nur in den Amazon-Lagern. Das Terrain, auf dem Kämpfe um bessere Arbeitsbedin-

645 Dies zeigt Anfang 2021 auch eine Niederlage der US-Gewerkschaften in einer stark auf Image-Arbeit aufgebauten Kampagne im Distributionszentrum von Amazon in Bessemer (Alabama): Vgl. Robin 2021, S. 5. Die Gewerkschaftswahlen sollten Stand August 2021 allerdings möglicherweise wiederholt werden. Zu den Konflikten s. auch Vgontzas 2021.

gungen ausgetragen werden, verändert sich. Und es erweitert sich. Es findet eine stetige und in der Pandemie beschleunigte soziale Neuzusammensetzung der Beschäftigten statt. Im Grunde geht es darum, einen Begriff für die zeitliche/räumliche Verknüpfung einer Paradoxie zu finden: Wie lässt sich kollektive Organisierung angesichts von sozialer Fragmentierung auf der einen Seite und der Erweiterung der Konflikte auf unterschiedliche Themen und Gegenstände auf der anderen Seite denken?

Es ist eine merkwürdige Welt: Soziale Fragmentierung ist paradoxerweise viel unmittelbarer als früher mit ihrem Gegenteil verbunden, das wir hier als „Erweiterung des Terrains" bezeichnet haben. Der Weg in die von mir untersuchten Betriebe ist durch die Prekarität von Anreise, Aufenthalt, Wohnungssituation, Mobilität, sozialen Rechten geprägt, und alles dieses sind Momente, die für den Verlauf betrieblicher Konflikte unmittelbar relevant sind. Nicht nur für die akademische Analyse, auch für die politische Aktion scheint mir entscheidend, solche Verhältnisse als Ganze in den Blick zu nehmen und die traditionelle gewerkschaftliche und politische Fokussierung auf den Arbeitsplatz zwar nicht aufzugeben, aber doch aufzuheben. Und nicht zu vergessen, dass multiple Prekarität sich konkret als Gewalt und Zwang ausdrückt, die seit jeher zur sogenannten freien Lohnarbeit systematisch gehören. Niemand könnte das besser ausdrücken als Herr Andreas während des ersten Lockdowns 2020:

> „Gestern war da ein älterer Arbeiter, und der Vorarbeiter hat ihn heftig geschubst, so dass er mehrere Meter geflogen ist. Dass uns die Lebensbedingungen dazu zwingen, solch eine Behandlung zu ertragen, das geht nicht! Ich überlege doch, dass ich aus Deutschland weggehe. Ihr profitiert davon, dass wir hier sind. Ich wünsche ich mir, dass es diese Unterschiede zwischen Menschen nicht gibt. (…) Ein Mensch, der arbeiten will, der (…) muss doch nicht angeschrien und geschubst werden."[646]

646 SOFI_F (P)_B_03, M, S. 1.

4. Resümee

Dann fragte ich sie, was sie von Los Angeles hielten, einer Stadt ohne Grenzen, die die Wüste fraß, den Joshua und den Maibaum abholzte und davon träumte, unendlich zu werden. Einer meiner neuen companeros aus Llano sagte, L.A. sei schon überall. Sie hatten es sich jeden Abend in San Salvador in endlosen synchronisierten Wiederholungen von I Love Lucy und Starsky and Hutch angesehen, eine Stadt, wo alle jung und reich waren und neue Autos fuhren und sich selbst im Fernsehen sahen. Nach zehntausend solcher Tagträume war er aus der salvadorianischen Armee desertiert und 4000 Kilometer nach Tijuana getrampt. Ein Jahr später stand er an der Ecke Alvarado/Siebente Straße im Mac Arthur Park District. In der Nähe von Downtown Los Angeles zusammen mit dem übrigen sehnsüchtigen, hart arbeitenden Zentralamerika. Niemand war reich und fuhr ein neues Auto. … Wichtiger noch: Niemand war im Fernsehen; sie waren alle unsichtbar.

Davis 2006 (1994), S. 37f.

Dieser Text kann vielleicht dazu beitragen, eine merkwürdige Trennung zu hinterfragen, die in der Sozialwissenschaft mitunter vorkommt. So zum Beispiel in der aktuellen Debatte über „Systemrelevanz“: Wie oft wurde dieser Begriff im Rahmen einer „Ökonomie“ gesprochen, die sich nicht um Arbeitsbedingungen schert und noch weniger um Arbeitskämpfe? Aber in der COVID-19-Krise wurde und wird nicht zuletzt dieser Zusammenhang sehr deutlich: Weder jetzt noch in Zukunft wird das „System“ ohne Arbeit auskommen. Und der Kampf um *gute Arbeit* ist insofern in der Tat eine Systemfrage. Allerdings besteht zwischen der kritischen Bedeutung der hier untersuchten Branchen – Nahrungsmittelproduktion, Aufrechterhaltung der Versorgung mit Alltagsgegenständen – und den dort vorherrschenden Arbeitsbedingungen ein grundlegendes Missverhältnis. Die Arbeitsbedingungen und die verrichteten Tätigkeiten sind oft stark gesundheitsschädlich. Statt sie als „systemrelevant" aufzuwerten, sind sie gesellschaftlich abgewertet. Vielfach haben wir schildern müssen, wie die dort arbeitenden Menschen entweder durch schwere Unfälle ausscheiden oder nach und nach in ihrer Arbeit körperlich und seelisch ruiniert werden. Dies ist zwar keine Besonderheit migrantischer Arbeit,[647] aber es tritt in den hier untersuchten Feldern doch, wenn man die Interviewaussagen in unserem Projekt plus die allgemein bekannten arbeits- und gesundheitswissenschaftlichen Kenntnisse ernst nimmt, sehr ausgeprägt auf. Es stellt sich also erstens die Frage, warum man für einen Zugang von Migrant*innen zu Arbeitsmärkten kämpfen sollte, auf denen praktisch nur derartige und vergleichbare Tätigkeiten angeboten werden. Und zweitens, ob man mit Blick auf die konkrete Ausformung von Produktion und Dienstleistungen nicht sogar für eine Abschaffung *dieser Art* von Arbeit eintreten sollte.

Damit ist eine weitere grundlegende Frage aufgeworfen. Denn zwar kann man wohl sagen, dass in unserer Gesellschaft Nahrungsmittel produziert und Pakete verschickt werden müssen. Aber so, wie das aktuell gemacht wird, auf Kosten von Tieren und Menschen und Gesundheit und natürlicher Umwelt – ist das sinnvoll? Diese Frage muss eindeutig mit Nein beantwortet werden. Schwieriger wird es da schon bei der Suche nach Alternativen. Sie kann alleine auf der Grundlage dessen, was ich hier vorgestellt habe, kaum erfolgreich sein: Es ging ja um Arbeit, um Arbeitsprozesse, meistens bewegte sich die Studie rein räumlich im Oldenburger Münsterland (mit einem kleinen, späten Ausflug nach Ostwestfalen-Lippe), ab und an wurde auch Hannover oder Hamburg besucht. Kann man auf dieser Grundlage die Frage nach Alternativen mit der nötigen Gründlichkeit und Umsicht diskutieren? Ebenso gut könnte man behaupten, dass man die ganze Welt kennt, wenn man das Leben ausschließlich in, sagen wir, Göttingen verbringt.

647 S. zu dieser Problematik aus Sicht einer vergleichenden Arbeitsgeschichte: Hien 2018.

Gehen, um zu bleiben

Aber vielleicht können wir gleichwohl über erste konkrete Schritte sprechen. Fangen wir mit der Forderung nach *guter Arbeit* an. Und nehmen wir mal an, dass der Wunsch nach gesellschaftlicher Teilhabe von neu ankommenden Migrant*innen allgemeiner gesellschaftlicher Konsens wäre. Und gehen wir schließlich davon aus, dass Erwerbsbeteiligung unter der Voraussetzung, dass Lohnarbeit existiert, ein wichtiges Moment dieser Teilhabe ist. Gibt es hier eine schrittweise Lösung, die sowohl Arbeitsverbot als auch Arbeitszwang ausschließt? Könnte man nicht erst für den Arbeitsmarktzugang eintreten (für die „freie Lohnarbeit") und dann für eine menschenwürdige, gesunde, geistig und seelisch förderliche Arbeit (für die Befreiung der Arbeit, mit Marx²)? Gute Idee. Leider tritt in der Realität immer beides gleichzeitig auf: Es wird immer einer der Arbeitsmarktzugang verwehrt, während gleichzeitig eine andere einem Halsabschneider ausgesetzt wird. Der Stufenplan funktioniert also nur im Kopf – denn der Zusammenhang zwischen Arbeitsmarkt und Arbeitsprozess ist nicht chronologisch schön geordnet.[648]

Dieses Problem erscheint sehr zugespitzt, wenn man sich die Arbeitskämpfe genauer ansieht: Es liegt mehr als nahe, wenn Morrison et al. nicht nur für ihr Beispiel, die Migration aus der Republik Moldau nach Italien und Russland, sondern auch für die Beispiele dieser Studie auf der Zentralität des „Labor turnover" bestehen.[649] Anschließend an eine begriffliche Teilung von Hirschmann[650] könnte man sagen, dass es in den Kämpfen vor allem um *Exit* geht, nicht um *Voice*, oder um das Verschwinden, nicht um das Teilhaben. Ob man diese Zuspitzung teilt oder nicht – es ist sicher richtig, dass die Flucht aus abgewerteten Tätigkeitsfeldern eine Form ist, in der speziell migrantische Beschäftigte ihre Interessen wahrnehmen. Kaum eine Geschichte aus der Migration der

648 Der Übergang zwischen den beiden Formen der Ausgrenzung scheint eine Folgestudie wert zu sein. Gibt es einen Zusammenhang zwischen der Illegalisierung von Migrant*innen auf der einen und der Arbeitsmarktsegmentierung auf der anderen Seite?

649 Morrison et al. 2020.

650 Hirschman 1970.

letzten 50 Jahre kommt ohne diesen Bezug aus; in diesem Buch habe ich zahllose Beispiele hierfür aufgeführt.[651] Statt bei einer Forderung nach guter Arbeit zu landen, scheint es vielmehr um den Kampf *gegen diese Arbeit* zu gehen. *Exit the workers*, das haben wir hier in diversen Fassungen gelesen. Viele Gründe, warum man auf keinen Fall länger im jeweiligen Sektor beschäftigt bleiben sollte, warum man sich nach Alternativen außerhalb umschaut, so schnell wie möglich. In der Tat: Alleine von unseren Gesprächspartner*innen aus den Beschäftigungsinterviews sind Mitte 2021 rund drei Viertel nicht mehr in dem Betrieb beschäftigt, in dem sie zum Interviewzeitpunkt einen Arbeitsvertrag hatten.

Nehmen wir Herrn und Frau Mohn, die wir in Kapitel 2.1 kennengelernt und danach einige weitere Male getroffen haben. Sie sind froh, nicht mehr in der Fleischindustrie zu arbeiten. Wenn man einen Schlacht- und Zerlegebetrieb von innen gesehen hat, ahnt man, wie vernünftig dieser Gedanke ist und wie verständlich, zumal, wenn man als Sportlehrer oder Sozialpädagogin gearbeitet und entsprechende Ansprüche an sein Arbeitsleben formuliert hat. Und obgleich das nicht für alle gilt, vielmehr die migrantischen Belegschaften der Fleischindustrie und des Versandhandels stark sozial differenziert sind, in dieser Hinsicht gibt es einen Konsens: Nahezu alle Arbeiter*innen, die wir dazu befragt haben, denken ebenso. Was endlich auch die Arbeitskämpfe selbst illustrieren. Wir erinnern uns an das emotional aufgeladene Abwerfen der Arbeitskleidung oder an das Sitzenbleiben in der Kantine. Und da-

651 Emblematisch ist die Protestaktion griechischer Arbeiter*innen gegen ihre vorgefundenen Bedingungen in Göttinger Industriebetrieben Anfang der 1960er-Jahre: Sie nahmen ihre Koffer und bewegten sich auf der heutigen B 27 in einem Demonstrationszug Richtung Süden. „Uns reicht es. Wir gehen nach Hause", erklärten sie der stauenden Presse, Klocke 2011, Zitat: „Dem Exodus zugrunde lagen tarif- und arbeitsrechtliche Unstimmigkeiten sowie die vorangegangene Kündigung von fünf Wortführern der unzufriedenen Arbeiter – und nicht zuletzt eine Ohrfeige, die ein Deutscher seinem griechischen Kollegen verabreicht haben soll. Mit dem Zug – die Fahrt bezahlte die Botschaft – kehrten die Protestler zurück. Es folgten Untersuchungen der Arbeitssituation sowie Arbeitsprozesse gegen vier der Wortführer. Der fünfte hatte Göttingen bereits verlassen."

mit wäre ja auch die Sinnfrage beantwortet und ebenso die Frage nach der *guten Arbeit*. Oder?

Geht es wirklich nur um das Verschwinden, um den *Exit*? Müsste man da nicht genauer sein und sagen, es gehe um das Recht, über die eigene Mobilität entscheiden zu können? Geht es, um mit den Thesen von Manuela Bojadžijev, Sandro Mezzadra und anderen zu arbeiten, nicht vielmehr um eine Art Autonomie der Mobilität? Und außerdem: Ist *Exit* wirklich das zentrale Motiv der migrantischen Arbeitskämpfe? Oder gar das einzige?

In der Kantine sitzen bleiben, die Kleidung zu Boden werfen, die Tasche nehmen und in Richtung Bahnhof laufen: Es ist den Leuten in solchen Situationen oft scheinbar völlig egal, ob ihr Chef ihnen eine Kündigung hinterherruft. Ordentlichen deutschen Gewerkschaftern, in deren Betrieben sich dergleichen eher selten findet, mag diese Art des Streiks als Sache von Hasardeuren erscheinen. Tatsächlich ist es eine logische, gängige Form der Interessenartikulation. Mangels anderer, stärker institutionalisierter Alternativen findet sie sich in den von uns untersuchten Sektoren häufig dort, wo drei Bedingungen erfüllt sind: 1.) hoher Anteil an prekärer Beschäftigung, 2.) für die Arbeiter*innen günstige Arbeitsmarktverhältnisse, 3.) multiple Prekarität, u.a. in Bezug auf Wohnverhältnisse und Aufenthaltsrecht. Unter diesen drei Bedingungen hat man oft wirklich nichts zu verlieren als seine Ketten.

Aber die Ironie besteht darin, dass die Drohung mit dem Exit *auch* ein probates Mittel im Kampf um kleine Verbesserungen zu sein scheint. Im Augenblick sind es deshalb – und ich würde behaupten, in allen untersuchten Betrieben – nicht die Tarifkämpfe, sondern die wilden Streiks, die die Unternehmer zu den wichtigen, kleinen Konzessionen zwingen und den Arbeiter*innen zu den mindestens ebenso wichtigen kleinen Erfolgserlebnissen verhelfen. Grundlage ist dabei nicht die Stärke von Gewerkschaften, sondern der beinharte Kampf eines bedauernswerten Managements darum, am nächsten Tage noch genügend „Hände" auf dem Feld, am Fließband oder in der Pick-Station zu haben.

Manchmal scheint es fast, als wären die Leute nicht gekommen, um zu bleiben, sondern *sie gehen, um zu bleiben*. Doch jenes

Paradox erhellt sich nur, wenn man versteht, dass die Macht, die aufgrund des *Arbeitskräftemangels* ausgeübt werden kann, logisch mit der Macht verknüpft ist, die im *Arbeitsprozess* ausgeübt werden kann. Beides sind Faktoren, die man keineswegs zusammenziehen und addieren kann. Es sind vielmehr Momente, die sich gegenseitig bestimmen und durchdringen.[652] Das eine ist ohne das andere nicht zu verstehen. Wie die Kräfteverhältnisse jeweils bestimmt sind, kann zudem nur geklärt werden, wenn man die wilden Streiks als Form sieht, die einer je spezifischen Konstellation von Arbeitsmarktmacht und Produktionsmacht entsprechen. Ob die Leute bleiben oder gehen, hängt auf Dauer auch von der institutionellen Bearbeitung durch Gewerkschaften, Zivilgesellschaft und staatlichen Einrichtungen ab. Aus dieser Sicht ist aktuell vor allem die Entkopplung zwischen den beiden Welten des Arbeitskampfs (wilder Streik, Tarifpolitik) deutlich – und es ist und bleibt in beiden Sektoren für die dort aktiven Einzelgewerkschaften eine große Herausforderung, beides zu verbinden. Und so muss eben auch eine der Fragen beantwortet werden, die ich am Ende des theoretisch-begrifflichen Kapitels in Bezug auf Arbeitskämpfe formuliert habe: Man könnte sagen, dass als Ergebnis unserer Studie festgestellt werden muss, dass es in den Untersuchungsbranchen durchaus eine implizite Bezugnahme zwischen den lokalen, migrantischen Arbeitskräften gibt (Silver hat das als „Diffusion" bezeichnet), gleichzeitig aber wenig explizite Bezugnahmen, die sich auf eine größere Allgemeinheit von Selbstorganisation und/oder gewerkschaftliche Organisierung beziehen.

Shut down Tierindustrie?

Es bleibt die Sinnfrage. Würden der Abschaffung der Fleischindustrie oder der Schließung von allen Lagern des Versandhandels viele der in diesem Buch zitierten „Hände" eine Träne nachweinen? Kaum! Und auf den ersten Blick hätten namentlich jene Tierschützer, die am 2. November 2020 auf dem Dach von Tönnies in Kellinghusen (Schleswig-Holstein) die Schließung der Fleisch-

652 Zu meiner diesbezüglichen Kritik an der Konzeption des „labor unrest" bei Silver und der deutschen Rezeption im Machtressourcenansatz: Birke 2016.

industrie forderten, in den Arbeiter*innen eine Art natürlichen Bündnispartner.[653]

Oder doch nicht? Es entsteht bei näherem Hinsehen nämlich die Herausforderung, dass man klären muss, wie es weitergehen kann. Die Frage nach der Alternative ist nicht nur eine, mit der Wurst- und Schnitzelesser konfrontiert werden müssen. Man müsste auch mit den Arbeiter*innen darüber sprechen. Es ist nicht nur eine wichtige persönliche, sondern auch eine gesellschaftliche Frage: Wie können Nahrungsmittel anders produziert werden? Ohne das Mensch-Naturverhältnis weiter zu beschädigen?[654] Und wie schaffen wir es *zugleich*, dass weniger Menschen in dieser Gesellschaft Tätigkeiten nachgehen, die auf der Grenze zwischen Gesundheitsgefahr und unfreier Arbeit angesiedelt sind?

In diesem Panorama ist die gesetzliche Regulierung der Fleischindustrie als Versuch zu verstehen, zu einer Teilfrage Teillösungen zu finden. Es bleibt insofern die Herausforderung, die Pandemie-Krise als Anfangspunkt einer grundlegenden Debatte über Alternativen zu begreifen. So wurde 2020 vielfach die Forderung nach einer „Klima-Abgabe" für Fleischprodukte und nach einer Kommunalisierung der Fleischproduktion formuliert. Umweltverbände und einige politische Parteien versprechen sich von solchen Vorschlägen eine bessere Kontrolle – insbesondere der hygienischen und tierrechtlichen Aspekte der Fleischproduktion. Dass es an dieser Stelle zu einer Teilung zwischen reformistischen und umwälzenden Vorschlägen kommt, ist nicht erstaunlich: Gruppen aus der Kampagne gegen die Tierindustrie würden sich logischerweise auch auf das Dach einer kommunalen Tierfabrik der Zukunft stellen.[655] Wie auch immer man sich in diesem zukünftigen Streit positionieren wird: Bei der Frage, welche der Vorschläge gut sind, muss man auch darüber reden, dass bei der ganzen Sache das Schicksal tausender Arbeiter*innen auf dem Spiel steht.

653 Gemeinsam gegen die Tierindustrie 2020.

654 Vgl. zu dieser Frage den sehr interessanten Text von Stache und Bernhold 2021.

655 Vielleicht nicht ganz zu Unrecht, wie ein Blick in die Geschichte der kommunalen Schlachthöfe zeigen mag: Lackner 2004.

Und das gilt auch für ökologisch motivierten Protest gegen Amazon. So macht der Aufruhr auf dem Dach – beispielsweise 2019 auf dem Distributionszentrum in Winsen[656] – gegen das massenhafte Wegschmeißen von Retouren, die ökologische Fragwürdigkeit der Lieferung bis zur Haustür oder das massenhafte Verwenden von Verpackungsmaterial plus Verpackungsmaterial – absolut Sinn. Aber obwohl das dort produzierte Bild „Greenpeace gegen Weltkonzern" – David gegen Goliath – immer charmant rüberkommt: Ich bin überzeugt davon, dass es kaum gelingen wird, Goliath alleine durch Siege auf den Titelseiten von Tageszeitungen zu bezwingen. Es sind vielmehr Vorschläge gefragt, die sich auf eine andere Ökonomie der Verteilung von lebenswichtigen Gebrauchs- und Alltagsgegenständen beziehen, Vorschläge, die zugleich den Produzent*innen dieser Gegenstände ein Recht auf menschenwürdige und existenzsichernde Arbeit garantieren. Die Frage der Verteilung kann auch in diesem Falle nicht geklärt werden, ohne jene nach den Arbeitsbedingungen zu stellen, zu denen sie ausgeführt wird. Sie wäre ein Ausgangspunkt für weitere Initiativen in der Zukunft – und aus meiner Sicht auch ein wichtiger Merkposten für zukünftige Forschung.

Leider ist die Vergesellschaftung der Nahrungsmittelproduktion oder der Versanddienstleistungen derzeit noch weit unten auf der Tagesordnung politischer Parteien und sozialer Bewegungen. Und zudem scheint die ökonomische Entwicklung eher anzuzeigen, dass wir uns bald mit anderen Problemen beschäftigen müssen. Nach meiner eher pessimistischen Einschätzung der aktuellen Kräfteverhältnisse wird sich die Konzentration und Transnationalisierung der Fleischindustrie in den nächsten Jahren eher vertiefen – auch hierfür haben wir in diesem Text nicht zuletzt in der Analyse der Pandemie-Ökonomie Anhaltspunkte gefunden –, und die systematische Ausbeutung migrantischer und prekarisierter Arbeit wird vermutlich bis auf Weiteres nicht nur in Deutschland, sondern weltweit, in der einen oder anderen Form eine der Grundlagen dieser Expansion bleiben.

656 Greenpeace 2019.

Auch die Berichte über die Arbeitsökologie in der Pandemie haben das illustriert: Schlagend sind die Ähnlichkeiten, wenn man die Nachrichten aus der Welt der Smithfields Foods, USA, oder der JBS, Brasilien, mit dem hier Geschilderten vergleicht: Auch in diesen Mega-Unternehmen der weltweiten Fleischproduktion kam es zu Masseninfektionen migrantischer oder rassifizierter Arbeiter*innen, kurzzeitigen Firmenschließungen, und zugleich zu einer Welle von Unmut und Protesten der Beschäftigten.[657] Die Fleischindustrie und die Tierindustrie bieten ähnliche Arbeitsbedingungen weltweit, schufen ähnlich große Belastungen für die Arbeitenden während der Pandemie, und das könnte auch damit zusammenhängen, dass sie zunehmend denselben Unternehmen gehören. Auch insofern sind Konzentration, Verlagerung und Rationalisierung wesentliche Momente, in der das Kapital ein eigenes „Exit“ aus dem Protestzyklus der Arbeitenden inszeniert.[658] So ist mittlerweile auch zu fragen, welche Bedeutung die Expansion von Unternehmen mit Sitz in Deutschland hat – z.B. der Aufbau von Fabriken durch Tönnies in Spanien, von Joint-Ventures in China, nicht zuletzt die Rolle des aus China exportierten Kapitals sowie der Aufkäufe vieler weltweit großer Fleischbetriebe durch die WH-Gruppe.

Ähnlich könnte auch für den Online-Versandhandel argumentiert werden: Der Aufstieg von Amazon geschah und geschieht in Lichtgeschwindigkeit, und auch hier hat die Tendenz zu Wachstum und Konzentration des eingesetzten Kapitals bislang kein Ende. Es besteht deshalb kaum Zweifel, dass dieser Konzern ein wichtiger

657 Ein kurzer Text dazu findet sich in Birke 2021b. Weitere Forschungen zu diesem Aspekt sind notwendig. Eine sehr interessante Reportage über die europäische Fleischindustrie hat im September 2021 der Guardian veröffentlicht: McSweeney und Young 2021.

658 Der 2021 diskutierte Verkauf einer Mehrheit der Tönnies-Anteile, mit JBS als weltgrößtem Konzern außerhalb von China sowie einem taiwanesischen Bieter im Spiel, obwohl am Ende nicht umgesetzt, ist ein ebenso gutes Beispiel dafür wie der geschilderte Umstand, dass der Boom der Fleischproduktion in Deutschland ebenso grenzüberschreitender Migration wie grenzüberschreitendem Outsourcing in das Billiglohnland Bundesrepublik zu verdanken war. Vgl. zur Analyse dieses Aspekts zuletzt: Huntley Andersen 2021.

Taktgeber für die Arbeitswelt der Zukunft sein wird. Und mit dem Takt, der dort gerade geschlagen wird, scheint die Expansion der am Ende des letzten Kapitels skizzierten „drei Welten“ vorhersehbar zu sein. Die Ausdehnung des Konzerns und die permanente Unterschichtung hängen zusammen, Expansion und Segregation sind systematisch verknüpft. Und umgekehrt, um zu dem Motiv der permanenten „ursprünglichen“ Akkumulation bei Marx und Luxemburg zurückzukehren: ohne Segregation keine Ausdehnung. In *dieser* Hinsicht ist Arbeitsmigration für Fleischindustrie und Online-Versandhandel „systemrelevant“ (allerdings nicht im Rahmen eines Systems, für das man zu schwärmen geneigt ist). Aber zugleich könnte diese kritische Bedeutung der Arbeit – die Abhängigkeit des Kapitals von der Arbeitskraft und ihrer spezifischen, subjektivierten Zurichtung – Quelle für die Erneuerung gewerkschaftlicher Kämpfe und gesellschaftlicher Transformation sein.

Wenden wir uns an diesem Punkt von den Fragen ab, die wir hier *nicht* beantworten können, und jenen zu, die ich in diesem Buch vorgebracht und bearbeitet habe. Dies geschieht im Folgenden anhand von Themen, die ich in Kapitel 1 bereits entwickelt habe, nämlich

- dem Zusammenhang zwischen *multipler Prekarität* und *unfreier Arbeit* sowie zwischen *Informalisierung* und dem *Diskurs zur „modernen Sklaverei“* (vgl. Kapitel 1.1.), sowie
- dem Zusammenhang zwischen *segmentierter Beschäftigung* und der *Fragmentierung von Belegschaften*, d.h. auch zwischen Arbeitsmarkt und Arbeitsprozess (vgl. Kapitel 1.2).
- Am Ende des Texts folgen Überlegungen zu den Resultaten der Studie in Bezug auf die Bedeutung von Arbeitskämpfen und Klassenbildung.

Multiple Prekarität und unfreie Arbeit

Ausgangspunkt der Diskussion über den Zusammenhang zwischen Verwertungsprozessen und Migration war in diesem Buch das, was Marx „ursprüngliche Akkumulation“ genannt hat. Rosa Luxemburg hat diesen Begriff um die Erkenntnis erweitert, dass Kapital auf Dauer nur verwertet werden kann, wenn es sich neue, bislang nicht in Wert gesetzte Arbeitskraft aneignet. Sie hat das als

„Landnahme" bezeichnet. Beide Begriffe arbeiten mit der Vorstellung eines Prozesses mit zwei Polen: Die eine Gesellschaftsformation, die Gebrauchswerte tauscht, die andere, die Tauschwerte tauscht, die eine Arbeitsform, die Güter des täglichen Bedarfs auf eigene Rechnung herstellt, die andere, die Güter für einen anderen auf dessen Rechnung produziert, unbezahlte Reproduktionsarbeit auf der einen, Lohnarbeit auf der anderen Seite, autochthone vs. kolonialisierte Gesellschaft usw. Es sind dies historische Abstraktionen, Vorstellungen, die eine Dualität voraussetzen, die in der empirischen Welt nicht zu finden ist. Und ganz und gar nicht in der heutigen Welt, in der diese Prozesse in einer unerhörten Geschwindigkeit immer wieder reproduziert werden. Wenn man heute mit diesen Begriffen arbeitet, muss man sich das Verhältnis der jeweiligen Pole als Pendel vorstellen, das in hoher Geschwindigkeit und in Echtzeit permanent von Punkt A zu Punkt B pendelt.

Doppelt freie Lohnarbeit setzt unfreie Arbeit voraus, aber nicht im Sinne eines Vorläufermodells, dessen Design sich noch in der aktuellen Form widerspiegelt. Es ist vielmehr immer und systematisch die Unfreiheit Teil jener „Freiheit". In der ironischen Formulierung von der „doppelt freien Lohnarbeit" hatte Marx diese Spur gezeichnet, in der Trennung zwischen „ökonomischen" und „historischen" Passagen seines Hauptwerks hat er sie wieder verwischt. In unserer SOFI-Studie konnten wir „Unfreiheit" in vielen Abstufungen aufspüren. Nicht der einzige, aber ein wichtiger Indikator jener Spuren ist das Auftreten physischer und seelischer Gewalt: Physische Gewalt – Arbeiter*innen, die in einer Fleischfabrik körperlich gezüchtigt werden. Seelische Gewalt – Arbeiter*innen, die in einer Versandfabrik „angezählt" werden (der metaphorische Bezug der im letzten Kapitel befragten Gewerkschafter*innen auf den Boxkampf ist kein Zufall). Angezählt... wenn sie auf die Toilette gehen, um einmal für kurze Zeit ihre Maske absetzen zu können, unter der sie bei gegebener Produktionsgeschwindigkeit kaum noch atmen können... und ausgeknockt am Release-Day. Solche Formen der Unfreiheit und des Zwangs prägen sich nicht auf der Grundlage des betrieblichen Status der Arbeitenden alleine aus. Grundlage ist der abhängige Status im Rahmen einer umfassenden von Herrschaft und Kontrolle geprägten gesellschaftlichen

Arbeitsteilung. Sie korrespondiert mit einem Prozess, den man mit einem Bezug auf das historische Werk von David Roediger als Rassifizierung bezeichnet kann, also als etwas, das sich nicht alleine in der lokalen Willkür einzelner Despoten konstituiert, sondern als in multipler Prekarität ökonomisch und politisch strukturiertes gesellschaftliches Macht-Verhältnis.

Die Situation der von uns interviewten *migrantischen* Arbeiter*innen ist für dieses Macht-Verhältnis paradigmatisch, aber es ist nicht die einzige Situation, in der es erscheint: Es findet sich zugleich in der Fragmentierung von sozialen Klassen, in der Arbeitsteilung zwischen den Geschlechtern usw. Dieses Verhältnis zwischen *spezifischer* „Migrantisierung“ und *allgemeiner* sozialer Neuzusammensetzung der Beschäftigten haben wir hier beispielsweise anhand der Restrukturierung von Beschäftigungsverhältnissen oder der Neubewertung von Tätigkeiten im Zuge der Abschaffung der Werkverträge in der Fleischindustrie gezeigt. Insofern werden Arbeitsverhältnisse faktisch weder alleine auf dem Arbeitsmarkt noch im Arbeitsprozess ausgehandelt, sondern sie sind, wie die Migrationsforschung seit vielen Jahren weiß, von vielen „externen“ Faktoren abhängig: Ob man sich einen Pass in der Republik Moldau legal erwerben kann oder ob man ihn kaufen muss, ob der Vermittler den Pass dann einbehält oder nicht, ob man eine Chance auf einen dauerhaften Aufenthalt in Deutschland oder der EU hat oder nicht, ob man eine erträgliche Wohnsituation erreichen kann oder nicht – das sind alles Beispiele, die Prekarität zwar im Allgemeinen ausmachen, die aber zugleich die mehr oder weniger starke Verwundbarkeit von Arbeiter*innen erklären.

Dass ein Unternehmer, der die Ware Arbeitskraft nachfragt, diese Verwundbarkeit nicht verantwortet, ist nicht nur für den Fleischindustrie-Fall ein Märchen, auch wenn diese Geschichte seit Jahrzehnten erzählt wird. Wer soll sie denn sonst verantworten als diejenigen, die diese verwundete Arbeitskraft anfordern und nutzen? Und das ist schließlich der Sinn des Begriffs multiple Prekarität, den wir hier spezifisch auf einige (nicht alle) Aspekte migrantischer Arbeit hin durchdekliniert haben: Es ist eine Form, die jene Unfreiheit ständig neu hervorbringt, von der bereits bei Marx mitunter nur noch implizit die Rede war. Anders gesagt: Unfreiheit ist auch ein Motor, der Verwertung ständig anzutreiben vermag. Damit das funktioniert, muss sie zwingend auf verschiedenen Niveaus verschiedene Ausprägungen erfahren. Sie setzt deshalb auch leider *nicht* jenen Traum in der Wirklichkeit aus, der die *eine* Arbeiterklasse am Horizont erscheinen lässt, wie im Kommunistischen Manifest. Sondern sie macht *viele* verschiedene Arbeiterklassen, die mal das eine, mal das andere zu verlieren haben (den Pass, den Job, die Wohnung). Wenn man daran etwas ändern möchte, muss man gegenüber politisch definierten Teilungen und Privilegierungen politisch eingreifen.

Die unterschiedlichen „Klassen-Fraktionen" reproduzieren sich im Betrieb, etwa durch die Ordnung der Beschäftigungsverhältnisse, die Zuweisung bestimmter Aufgaben, die Abwertung bestimmter Tätigkeiten, die Aufwertung anderer etc. Damit ist auch etwas Wichtiges über den Zusammenhang der Beschäftigungssysteme (Festbeschäftigung, Befristete, Werkverträge, Leiharbeit oder Welt 1, 2, 3 usw.) mit Arbeitsmarktverhältnissen gesagt. Es ist richtig, davon auszugehen, dass ein segregierter Arbeitsmarktzugang auch die Form der Beschäftigungsverhältnisse prägt, und somit implizit die „Zuordnung" zu Tätigkeiten im Rahmen der betrieblichen Arbeitsteilung. Aber diese Perspektive klammert noch immer die Frage aus, auf welchem Weg und zu welchen Bedingungen Menschen auf diesen oder jenen Arbeitsmarkt gelangen. Jene „Zuordnung" ist insofern ein durch die gesellschaftliche Arbeitsteilung und die soziale Reproduktion der Ware Arbeitskraft *insgesamt* bestimmter Prozess.

Erweiterte These: Multiple Prekarität ist eine Form, die der Konstituierung unfreier Arbeit vorausgesetzt ist. „Unfreiheit" ist in diesem Sinne relevant für die Erneuerung von Verwertungsprozessen. Die hier untersuchte Arbeit in zwei schnell expandierenden Branchen, die in weiten Teilen fast ausschließlich Migrant*innen einsetzen, kann wie ein Laboratorium gesehen werden, in dem dieses Moment besonders plastisch erscheint. Die Teilung migrantischer Arbeit in unterschiedliche Segmente ist dabei sowohl Resultat als auch Voraussetzung von „normalen" Prozessen der Inwertsetzung. Sie ist kein besonderer Skandal, obwohl es richtig ist, dass die Folgen der Segmentierung empörend sein können und skandalisiert werden müssen. Für das Proletariat war die Krise immer der Normalzustand, und es ging stets darum, durch die verschiedenen Krisen einigermaßen glücklich hindurch zu navigieren. Für das migrantische Proletariat sind es nicht nur diese Krisen, sondern ist es auch das Gefühl, immer wieder von einem Raum in den anderen krabbeln zu müssen: ein Raum ohne Türen, und die Fenster werden immer kleiner und liegen immer höher.

Die Befunde aus unserem Projekt machen auch klar, warum einige Kolleg*innen auf internationalen Treffen und Konferenzen unsere Empirie immer sehr leicht verstanden und dennoch erstaunt waren, dass wir sie für die Situation in der Bundesrepublik vortrugen. In der Tat ist es viel einfacher zu erklären, warum die erweiterte These über unfreie Arbeit (nicht als Vergangenheit, sondern als Gegenwart, nicht als Skandal, sondern als strukturierende Variable) für Indien oder Brasilien plausibel erscheint, als sie auf die reiche Bundesrepublik zu beziehen. Aber dass auch hierzulande „the third world just around the corner" (Billy Bragg) ist, muss endlich auch systematisch verstanden und analysiert werden.

Informalisierung und moderne Sklaverei

Die Resultate unseres SOFI-Projekts zeigen, wie der Begriff der Informalisierung sinnvoll mit dieser Perspektive auf Unfreiheit in Arbeitsverhältnissen verknüpft werden kann. „Informalisierung" beschreibt an seinem Ausgangspunkt ökonomische Formen, die vor allem im globalen Süden beobachtet wurden. Wie einige der von uns befragten Migrant*innen beginnt dieser Begriff seine Weltreise in den 1970er-Jahren in Ghana.[659] Über viele Zwischenstationen ist er zwar nicht als Begriff, aber doch der Sache nach heute etwa im Oldenburger Münsterland angekommen. Der Unterschied zwischen formaler Regulierung und informellen Momenten der Definition von Herrschaft und Kontrolle im Arbeitsprozess ist nämlich eine der wesentlichen Erklärungen für die Dysfunktionalität von staatlicher Regulierung in der Fleischindustrie.

659 Hart 1973. Zum Strukturzusammenhang von Informalisierung und Segmentierung s. auch: Breman 2004. Zur Übersetzung des Begriffs in der deutschsprachigen Arbeitssoziologie Mayer-Ahuja 2012.

So konnte, wie wir gesehen haben, bspw. über das GSA Fleisch der Gesetzgeber ein paar (wenngleich dort auch relativ leise vorgetragene) Wünsche äußern, aber es wurde trotzdem jenseits aller gesetzlichen Vorschriften 16 Stunden am Tag und sieben Tage in der Woche gearbeitet. Es war zwar verboten, aber es wurden dennoch Eintrittsgelder gezahlt, um einen Arbeitsvertrag zu erhalten. Es ist zwar nicht vorgesehen, aber es wurde doch bei den Unterkunftspreisen gewuchert. Man braucht zwar Schutzkleidung, aber man hat keine Zeit, sie vernünftig anzuziehen, man braucht scharfe Messer zum Scheiden, aber man hat keine. Und man sollte niemals alleine auf die Leiter stiegen, aber es ist kein anderer da. Vielleicht werden solche Lücken zwischen Vorschrift und Vorgehen mit dem Arbeitsschutzkontrollgesetz teilweise geschlossen, aber sie werden sicher nicht vollkommen verschwinden. Und analytisch sind all diese Phänomene ganz offensichtlich nicht zu erklären, wenn man sich nur an den formalen Rahmen hält: Als Produkte multipler Prekarität bestimmen sie systematisch auch die Grenzen von staatlichen Reformen, die wesentlich nur in einem Teilsystem (wie im Falle des Arbeitsschutzkontrollgesetzes im Beschäftigungssystem) wirken. Theoretisch ist es zweifellos interessant, in zukünftigen Untersuchungen die Verbindung zwischen Informalisierung, unfreier Arbeit und Migration genauer zu fassen. Zumindest dann, wenn die Vermutung stimmt, dass dieser Dreiklang nicht die Ausnahme, sondern die Regel kapitalistischer Verwertungsprozesse darstellt, wird dieser Punkt von großer Relevanz für die empirische Arbeitsforschung bleiben.

Die Unterscheidung zwischen unfreier und freier Arbeit hat darüber hinaus eine diskurspolitische Dimension, wie Lisa Carstensen in ihrer Studie über „moderne Sklavenarbeit" in Brasilien gezeigt hat.[660] Es ist eindrücklich, wie stark sich in der Pandemie-Debatte in Deutschland für kurze Zeit Diskursfragmente zeigten, die ähnlich konnotiert sind wie jene, die Carstensen für die Debatte zur dortigen Textilindustrie beschreibt. Dass Arbeiter*innen sich als „moderne Sklaven" bezeichneten, hörten wir von Beschäftigten bei Amazon, noch häufiger jedoch von Kolleginnen und Kollegen,

660 Carstensen 2019, S. 40–41.

die in der Fleischindustrie beschäftigt waren. Eine diskursanalytische Auswertung dieses Phänomens wäre auf der Grundlage des von uns erhobenen Materials ausgesprochen interessant, ebenso ein systematischer Bezug einer solchen Auswertung auf die eskalierende Medienberichterstattung vor und aus der Pandemie.[661] Meine Ausgangsthese in einem solchen fiktiven Projekt würde Carstensens Studie auch insofern folgen, als man von einem Doppelcharakter dieses Diskurses ausgehen kann, der selbst auch ein Einsatz im Konflikt um beide Branchen war. Fragt man in den Interviews, dann tritt die Selbstbezeichnung als „moderne*r Sklav*in" besonders als Ausdruck der *Empörung* über Lebens- und Arbeitsverhältnisse auf und ist sehr häufig ein erster Schritt in der Entwicklung von Veränderungsstrategien (Exit, Voice, etc.).

Sehr deutlich wurde das wiederum in der Fleischindustrie nicht in Bezug auf die Debatte in Deutschland, sondern angesichts der hierorts wenig wahrgenommenen Tatsache, dass ihr Vorläufer die heftige Kritik an den „deutschen" Arbeitsverhältnissen war, die u.a. in Rumänien geäußert wurde. Wir erinnern uns an jene in Abschnitt 3.1 geschilderte Szene aus dem rumänischen Fernsehen (*prime time, live*) mit der Kontroverse zwischen einem Arbeiter aus der Fleischindustrie und einem Vertreter einer Beratungsstelle, in der genau über die Frage gestritten wird, mit der ich dieses Kapitel angefangen habe: Geht es um kleine Verbesserungen der sozialen Absicherung – oder um die Abschaffung dieser Art von Arbeit? Die Beantwortung dieser Frage hängt vermutlich nicht zuletzt davon ab, ob man implizit über unfreie oder freie Arbeit spricht. So wird die Rede von der modernen Sklaverei zu einem Einsatz in einem Kampf um grundlegende, strukturelle Verbesserungen, ein Kampf, dem auch nicht entgeht, dass dabei die gesamte Le-

661 Im SOFI-Archiv existiert auf der Grundlage unseres Projekts für die Zeit zwischen 2017 und 2019 eine Sammlung von ca. 500 Zeitungsmeldungen zu beiden Sektoren. Es wäre in einer vertieften Auswertung zu untersuchen, wie die diskursive Bearbeitung der *Krisen vor der Krise* die Debatte in der Pandemie präformiert hat. Meine These (in meiner Eigenschaft als Sammler, nicht als Auswertender): Es gibt außerordentlich deutliche Spuren, dass man zwar wohl von einem Kampf um Bedeutungen sprechen kann, aber nicht von einer grundlegenden Diskursverschiebung.

benswelt der Arbeitenden (und nicht nur der Arbeitsprozess, die Lohnabrechnung, die Aufzeichnung von Überstunden etc.) in den Blick genommen werden muss.

In der typischen öffentlichen Verwendung desselben Begriffspaars („moderne Sklaven") finden sich all diese Konnotationen freilich nicht. Es taucht seit vielen Jahren in Bezug auf die Fleischindustrie auf, aber auch in Bezug auf Paketdienste, Reinigungsfirmen, Sexarbeit, Pflegearbeit etc. Es hat dort freilich vor allem die Konnotation, dass es sich um unfreie *Arbeitende* handele, wehrlose Subjekte, die Fürsprecher und Mitgefühl benötigten. Die moralische Integrität dieses Motivs steht außer Frage. Trotzdem ist festzuhalten, dass die Konnotation der Wehrlosigkeit das Gegenteil dessen beinhaltet, worum es uns in einer kritischen Analyse multipler Prekarität gehen müsste.

Wenn eine Arbeitende oder ein Arbeitender selbst davon spricht, ist es potenziell der erste Schritt in die Freiheit, die Sache beim Namen zu nennen: „Das ist Sklavenarbeit (und ich will das nicht mehr tun/ich will das verändern)!" Wenn über ihn so gesprochen wird, wird seine Unfreiheit skandalisiert, aber sie wird zugleich verewigt: „Dieser/diese ist ein Sklave/eine Sklavin!". Würde man, Lisa Carstensen paraphrasierend, über das „Dispositiv moderne Sklavenarbeit in Deutschland" sprechen, wäre die Frage nach der je besonderen Bedeutung dieser antagonistischen Zuschreibungen im Verlauf unterschiedlicher Diskurse sowie ihre mögliche, aber nicht sichere Verbindung mit Formen kollektiver Organisierung und Zyklen des Protests ein interessantes Thema. Aber auch das ist eine Arbeit für eine andere Studie und einen anderen Text.[662]

662 Und wenn diese Studie gemacht wird und der Text geschrieben, dann wird es sich sicherlich lohnen, noch einmal nachzusehen, wie David Roediger in ganz ähnlicher Weise über den Begriff der Sklaverei (d.h. über *white slaves/black slaves*) im Kontext seiner Diskursgeschichte der Rassifizierung spricht. Wer jetzt schon nachsehen möchte: Roediger 2007, S. 43–94.

Segmentierte Beschäftigung, fragmentierte Belegschaften

Was ergibt sich aus meiner Studie schließlich im Vergleich der Sektoren, Betriebe und Tätigkeiten? Erinnern wir uns zunächst an die in diesem Text anfangs vorgebrachte Idee,[663] zur Beantwortung dieser Frage eine Verbindung zwischen Perspektiven der Arbeitssoziologie und der Migrationsforschung zu versuchen. In Kapitel 1.2 habe ich entsprechend darauf verwiesen, dass es in diesen beiden Feldern parallele Beobachtungen und Begriffsbildungen gibt, die jedoch selten miteinander in Verbindung gebracht werden.

Dazu gehört bspw. der Hinweis auf die Schnittpunkte der Debatten um *Fragmentierung* (Arbeitssoziologie) und *Segmentierung* (Migrationsforschung). So war der Einsatz des Begriffs der „differentiellen Inklusion" (Mezzadra/Neilson) nicht zuletzt eine Entgegnung auf Theoretisierungen der Migrationsforschung, die der neoklassischen Ökonomie und Rational-Choice-Ansätzen nahestehen. Mit dem Begriff wollten die beiden Autoren eine Reflektion staatlicher Regulation von Migration anregen, in Bezug auf die gesellschaftlichen Kämpfe um die Entwicklung von Grenzregimen, aber auch in Anschluss an eine theoretische Debatte zum Zusammenhang zwischen Verwertung und Migration. Es ist ohne Zweifel eine Errungenschaft der kritischen Migrationsforschung der letzten 20 Jahre, viel stärker als frühere Ansätze auf die strukturierenden Momente vor allem staatlicher Politik verwiesen zu haben. Gleichzeitig war es eines der wichtigsten Pointen unseres Forschungsprojekts, den Ruf aus der kritischen Migrationsforschung „to bring the state back in…" immer wieder zu ergänzen um „… and the labor proces, and the labor proces". Ein Mantra, das einiges Augenrollen bei Kolleg*innen hervorgerufen haben mag. Es sollte in der vorliegenden Studie endlich in die Praxis umgesetzt werden. Ob das gelungen ist, mögen die Leser*innen entscheiden. Wenn man aber die diesbezüglichen Resultate kurz zusammenfasst, muss man zunächst systematisch zwischen „Segmenten" als Form sowie „Fragmentierung" als Prozess unterscheiden.

663 Vgl. auch Neuhauser und Birke 2021.

Wenn wir die untersuchten Sektoren ansehen, dann korrespondiert die Form der *Anwerbung* bis zu einem gewissen Grade mit einer je spezifischen Form der *Beschäftigung*. Sehr deutlich trifft das auf das Werkvertragsregime in der Fleischindustrie zu, das nicht nur Ausdruck einer Zerklüftung der Belegschaften in diverse „Gangs" war, sondern auch eine direkte und sichtbare Folge der Modi, in denen Arbeitskräfte rekrutiert und angeworben wurden. Wir haben gesehen, dass die Pfadabhängigkeit dieser Rekrutierungsform sich noch immer in den innerbetrieblichen Kontroll- und Herrschaftsverhältnissen der Post-Pandemie-Fleischindustrie zeigt. Das hat viele, auch politische, Implikationen, ist für uns an dieser Stelle aber vor allem wichtig, weil es die Stärke des Zusammenhangs zwischen Anwerbung, Rekrutierung (bzw. dem, was Mezzadra und Neilson im Kern als differentielle Inklusion untersucht haben) auf der einen Seite und Beschäftigungsregimen auf der anderen Seite zeigt.[664]

Auch am Beispiel des Online-Versandhandels hat sich gezeigt, wie bedeutend die sozial-räumliche Dimension der Rekrutierung für die Art und Weise ist, wie sich Beschäftigungsverhältnisse zusammensetzen. In diesem Falle geht es auch um Migration, aber um solche, die das Unternehmen zum Beispiel in einem sehr stark durch unterschiedliche Formen der Migration geprägten Stadtteil findet. Wir haben gesehen, dass das Management sogar die Standortentscheidung als durch die Existenz dieses als „Reservoir" gesehenen Orts motiviert sieht. Die Korrespondenz zwischen Anwerbestrategie, prekären Beschäftigungsverhältnissen und Migrationsverhältnissen ist über diesen konkreten Ort vermittelt, ebenso wie etwa ein Anwerbebüro in Bukarest oder ein privater Vermittler in der Republik Moldau einen solchen konkreten Ort für die Fleischindustrie definiert, ist beispielsweise das Luna-Center der Nabel der Rekrutierung für den Versandhandelsgiganten. Und das Luna-Center wiederum ist nicht viel

664 Es sollte bemerkt werden, dass der Bezug auf die Rekrutierungsformen migrantischer Arbeit an diesem Punkt über die (ebenfalls wichtige) Perspektive hinausweist, Arbeitsmarktforschung und Arbeitsprozessforschung zu verbinden.

mehr als Metapher für *Wilhelmsburg*, *Billstedt* oder *Neuwiedenthal* sowie die in Hamburg durch den Giganten gefundene extreme soziale Polarisierung.

Für die vorgefundenen Formen der Segmentierung sind diese genannten Orte also *keine* Randbedingung, so ein Schluss aus der hier vorgenommen Branchen- und Betriebsanalyse, sondern *strukturierende Voraussetzung*. Das hohe Potential an Arbeitskräften erlaubt es dem Management scheinbar, immer wieder auf „Neue" zurückzugreifen (eine Beobachtung, die, wie wir gesehen haben, ganz gut mit der Perspektive von Piore zusammenpasst, der migrantische Arbeit als „unerschöpfliches Potential" sah). Allerdings ist diese Haltung zugleich zutiefst problematisch, denn es ist im Grunde eine Illusion: Die immer neue Vernutzung von immer neuen Beschäftigten in befristeter Arbeit schöpft sowohl den Niedriglohnsektor der nahegelegenen Stadt als auch irgendwann das eigene „Reservoir" leer. Auch hier scheint es Amazon zu handhaben wie in der Frage der Ökologie des Päckchenverschickens: *Après moi, le déluge*.

Ähnlich bezog sich die Fleischindustrie jahrelang auf den permanenten Nachschub neuer Migrant*innen: Wenn wir über Segregation sprechen, dann handelt es sich in Bezug auf die dort bestehende Erbschaft um eine transnationale Form der Anwerbung, um faktisch saisonale Beschäftigung, aber im Kern *nicht* um Saisonarbeit. Das Werkvertragsunwesen war eher eine Strategie, die durch diesen Widerspruch ausgelöste Spannung zu verschieben. Man überließ die Lösung des Problems schlicht Leuten, die man damit beauftragte und dafür bezahlte. Auch hier: Nach mir die Sintflut! Traditionell besteht aber zugleich eine (schwache, kaum sichtbare) Verbindung zwischen diesem System und den früheren umherziehenden Kopfschlachtern. Die Fleischindustrie bezieht jene Pfade, die das Arbeits-Migrations-Regime konstituieren, insofern durchaus bis zu einem bestimmten Punkt, und obwohl ihre unglaubliche Expansion regelmäßig solche Erinnerungsspuren zu löschen vermag, aus ihrer Geschichte als *alter Industrie*.

Der boomende Online-Versandhandel ist im Gegensatz dazu beinahe geschichtslos. Sein Gründungsmythos ist das Start-Up der

1990er-Jahre, die *garage work*, jedenfalls angesichts dessen, dass sich mittlerweile Amazon als wichtigster Player im Feld etabliert hat.[665] Und Amazon setzt, zumindest in den von uns analysierten Fällen, auf lokale Arbeitsmärkte, auf seine lokale Macht, Jobcenter und Arbeitsagenturen zur Akquise geeigneter Arbeitskräfte zu bewegen. Dass Anwerbung somit zugleich auch auf örtlich spezifische Migrationsgesellschaften bezogen ist, ist der wichtigste Grund dafür, dass Fluchtmigration und Migration aus Drittstaaten in den untersuchten Belegschaften eine so hervorgehobene Rolle spielen.

Dabei ist der Warenumschlag deutlich stärker als in der Fleischindustrie mit starken zyklischen Schwankungen konfrontiert, mit einer regelmäßig-unregelmäßigen Nachfrage, die sich vor allem als im September beginnende Weihnachtssaison für einige Monate ausprägt. In dieser Zeit wird dann auch „zusätzlich" Wanderarbeit angezogen, allerdings wird das Moment der Saisonalität in der Folge vor allem in den seit einigen Jahren neu eröffneten Distributionszentren auch für die Gesamtbeschäftigung dominant. Dort erscheint es nämlich so, als wäre Saisonarbeit für den Einzelnen ein stets notwendiger Schritt zur Festbeschäftigung. Die Folge ist doppelt: Erstens produziert vor allem Versand-B eine dauernde, gewollte Fluktuation, andererseits zwingt genau dies das Management, lokale Arbeitsmärkte aggressiv – man verzeihe den Tier-Mensch-Vergleich – abzugrasen. So wird die saisonale Form zugleich zum entscheidenden Moment von Ausschluss und Einschluss innerhalb von Belegschaften. Sie verselbstständigt sich, wie in der Fleischindustrie, und Saisonalität bzw. Prekarität wird zum wesentlichen Motiv der Arbeitsbeziehungen des gesamten Sektors, verstärkt noch um die jüngste Expansion von Amazon auf der „letzten Meile" zu den Kund*innen.

Dass in wilden Streiks wieder und wieder Anreise und Befristung auf die Tagesordnung kommen, ein Thema, das in den Tarifkämpfen formal keine Rolle spielt, illustriert die politische Bedeutung dieser Schlussfolgerung. So und mit der Weigerung

665 Es wäre gleichwohl ein interessantes Projekt, zu untersuchen, wie sich das auf die anderen Spieler mit abweichenden Traditionsbeständen, wie bspw. den Otto-Versand, Hamburg, auswirkt.

gegenüber der Kooperation mit Gewerkschafen, treibt sich freilich das Management in dieselbe Abhängigkeit von den Arbeitenden wie in der Fleischindustrie, und die Form der Arbeitskämpfe spiegelt am Ende auch das: Es bleiben in den neuen Lagern zunächst eher sporadische und kaum von außen einsehbare Emeuten, die zugleich freilich Manifestationen einer latenten Krise des Anwerbe- und Beschäftigungsmodells sind. Es ist aus dieser Sicht weniger das Anknüpfen an die Abwehr der Amazon-Propaganda, die sich bei einigen Beschäftigten zeigt, welches gewerkschaftliche Handlungsspielräume beispielsweise in Versand-A herstellt (und vermutlich gilt dies so ähnlich für die anderen Standorte, in denen ver.di eine gewisse Verankerung hat). Eher ist es dort gelungen, jene latente Krise – nicht zuletzt durch eine kreative Bezugnahme auf die Möglichkeiten, die die Tarifstreiks und die betriebliche Mitbestimmung bieten – punktuell zum Ausgangspunkt von betrieblicher Alltagsmacht zu machen, wobei die Tarifstreiks zugleich eine sichtbare Verbindung zu ähnlichen Anliegen anderer Belegschaften herstellen. Ungleich schwieriger, aber keinesfalls unmöglich, erscheint es, solche Ansätze auch in Versand-B umzusetzen. Dies insbesondere, wenn Erfahrungen und Potenziale genutzt werden, die es in anderen Branchen (Fleischindustrie!) und mittlerweile auch einigen wenigen Distributionszentren des Online-Versandhandels gibt: Es käme darauf an, antirassistische Positionen mit der Forderung nach einer Verbesserung des Arbeitsalltags zu verbinden, wie etwa in der Abwehr des Feedbacks und des Befristungsregimes.[666]

Ich komme gleich auf die theoretische Bedeutung dieses Befundes zurück. Hier kann zunächst festgehalten werden: Die Vorstellung, dass die Arbeitenden einfach auf den Markt kommen, immer vorhanden, unerschöpflich, wie die schöne, blaue Luft, ist eine Lebenslüge des Managements. Die Leute kommen nicht *out of the blue*, sondern müssen organisiert werden. Das Beispiel von Versand-B macht das deutlich, eigeschlossen der Tatsache, dass die Abwehr der Gewerkschaften dort (jenseits der Dogmen der Konzernleitung in den USA) auch damit zu tun hat, dass das Manage-

666 Vgl. für eine empirisch fundierte Untersuchung Löw 2021, in Bezug auf antirassistische Ansätze in der gewerkschaftlichen Arbeit Löw und Birke 2021.

ment die Leute *selbst* organisieren will. Das Phänomen findet sich nicht nur dort: Es braucht die kostenlose Aneignung von Sprachkompetenzen und anderen Kenntnissen und Fähigkeiten, beim Anlernen, in der Kontrolle der Arbeit, im Arbeitsprozess (wie in der Untersuchung ebenfalls sehr deutlich wurde), es braucht die Vermittler (wie in Fleisch-C) und Personalbetreuer (wie in Fleisch-B), die den komplexen Prozess der Arbeitsmigration überhaupt erst so auf das Gleis bringen, dass am Ende ein Arbeiter oder eine Arbeiterin am Band oder in der Station steht und tätig wird. Und es ist ganz richtig, dass, wie Mouna Maaroufi und andere festgestellt haben,[667] sich in diesen unterschiedlichen Formen soziale Konflikte konstituieren. So sind etwa jene Whistleblower, die sich Amazon letztlich immer wieder selbst auf den Hals hetzt, ein Resultat der Enttäuschung, die angesichts des permanenten Einverleibens und Ausspuckens von Arbeitskraft durch das Unternehmen entsteht, ein Einverleiben-Ausspucken, welches zu den Kernwerten des Konzerns gehört und auch Management bzw. „Führungskräfte" direkt betrifft. Mein Einsatz an dieser Stelle ist zugleich, dass die mit den waghalsigen Rekrutierungs- und Beschäftigungsformen in beiden Sektoren verbundenen „logistischen" Leistungen kein Leben für sich und ganz alleine führen, sondern dass sie vielmehr notwendige Bestandteile dessen sind, was Harald Wolf als Ausdruck einer veränderten gesellschaftlichen Arbeitsteilung skizziert hat.[668]

Mit der hierarchisierten Anwerbung sind zugleich Hierarchien in der betrieblichen Sozialordnung und in der betrieblichen Arbeitsteilung gesetzt. Es spiegeln sich die Orte, an denen angeworben wird, und damit spiegelt sich auch die Form, in der dort soziale Reproduktion organisiert wird. Multiple Prekarität wird dabei ebenso normalisiert wie die im Rahmen von Familien-Arbeitsteilungen vorherrschenden Geschlechterverhältnisse. In der Logik einer vergeschlechtlichten Neuzusammensetzung der Arbeit entsteht auf dieser Grundlage ein erweitertes Reservoir für die Ausbeutung von Arbeitskraft: Wir haben für diesen Zusammenhang in unserer Studie beispielsweise in der Arbeitsteilung in

667 Maaroufi 2020.
668 Wolf 2019.

der Schlachtkette (etwa zwischen Grob- und Feinzerlegung) zahlreiche Bespiele gefunden, ebenso wie in der Feststellung, dass die Neuordnung der Arbeits- und Entlohnungsverhältnisse nach dem 1.1.2021 nicht nur neue Mindestlöhne schafft, sondern in der Tendenz auch mit einer Abwertung vorgeblich „einfacher", da weiblich konnotierter, Arbeit verbunden ist.

Das Ergebnis ist auch eine veränderte Form von Arbeitskontrolle. Das ist in letzter Instanz die Erklärung für den Widerspruch, dass Versand-B alle Arbeiter*innen formal gleichbehandelt, aber dennoch neun Zehntel in „Level A" keinen deutschen Pass haben. Oder dass es kaum einen Unterschied in der Wahrnehmung der Bedeutung von Communities zwischen recht unterschiedlichen Formen der Anwerbung zu geben scheint: Dass es vorkommt, dass „die Afrikaner" zuletzt in die Pause geschickt werden, wenn keine Aufträge da sind, ist auch in dieser Hinsicht nicht der Willkür des Vorarbeiters allein zu verdanken, sondern strukturierter Ausdruck betrieblicher Herrschaft, die, wenngleich in unterschiedlichen Formen, auf der Nutzung gespaltener Stadt-Räume, Anwerbewege und Arbeitsmärkte beruht. Dies ist mithin eine Frage einer *Arbeitsgeografie* der Migration, die systematisch-begrifflich allerdings in einer anderen Studie entwickelt werden müsste.

Arbeitsprozesse und Arbeitskämpfe

Kehren wir zum Schluss an den Anfang dieses Texts zurück, in das Luna-Center in Hamburg-Wilhelmsburg. Erinnern wir uns an die Formulierung eines dort spontan Befragten, es sei Arbeit „wie im Knast." Diese Formulierung ist irgendwo in der Mitte der zwei Stränge des Diskurses über moderne Sklaverei verortet, auf den ich mich oben bezogen habe. Aber das Diskursfragment hat noch eine andere Konnotation – es erinnert auch an die geschilderte großformatige Darstellung des Arbeitsprozesses im Online-Versandhandel, mit Versand-B als Musterbetrieb, als algorithmisch gesteuerte, mit Kameras und Feedback abgesicherte „totale Kontrolle". Ein wichtiger Einsatz unserer Forschung war die Frage danach, ob das wirklich so funktioniere. Etwas polemisch gefragt: Hat der Betrieb ein Wunder vollbracht und das seit Jahrhunderten bestehende Problem der Transformation von Arbeitskraft in Arbeitsleistung nicht nur gelöst, sondern *abgeschafft*?

Unterwegs haben wir nun tatsächlich viele Hinweise darauf gesammelt, dass dieses Modell nicht so glatt durchgezogen werden kann, wie auf den ersten Blick vermutet werden könnte. Bruchstellen haben wir auf zwei unterschiedlichen Niveaus gefunden: Erstens in Bezug auf das Managementhandeln, zweitens in Bezug auf Wahrnehmungen und Handlungsspielräume, von denen uns die Arbeitenden erzählten. Zum ersten Punkt hat sich dies beispielsweise im Bericht von Nils Kunstmann gezeigt: Er schilderte den überraschend großen Aufwand, der in einem Distributionszentrum betrieben wird, um spezifische ideologische Setzungen und Handlungsanweisungen den Beschäftigten *vor* dem Eintritt in den Produktionsprozess zu vermitteln. Die Konditionierung findet an *Day Zero* und *Day One* statt, aber dann auch weiterhin – in der „Frage des Tages", beim Anschalten des Scanners, bei den Meetings, in den Battles zwischen „Floor A" und „Floor B", zwischen den Standorten, beim Abklatschen, bei den Wettbewerben um die Gimmicks. Wären die Arbeiter*innen Automaten, wäre dies doch alles unnötig! Sie müssten lediglich ab und an gewartet werden, hier eine neue Schraube, da ein bisschen Schmieröl. Hin und wieder ein Update.

Auch das Befristungsregime ist dort, wo es „Kontrolle" produzieren soll, vielfach eher Ausdruck jener Brüchigkeit: Die Feedbacks, die Disziplinierung von Kranken, der eskalierende Druck in der Pandemie – all das deutet darauf hin, dass sich hier das Management viel Arbeit macht, um Arbeiter*innen *gezielt zu formen*, was freilich in einem systemischen Widerspruch dazu steht, dass die Fluktuation der Arbeitenden ein so überaus starkes Gewicht behält. Und schließlich zeigen Äußerungen der interviewten Arbeitenden, dass es durchaus möglich ist, sich trotz allem den Forderungen des Managements nach, wie es ein Befragter formulierte, „Produktion, Produktion, Produktion" zu entziehen: Ich erinnere nur an die Abwehr des Feedbacks, unterfüttert mit dem Hinweis auf den Datenschutz, an das Cherry Picking, kollektiv-individuelle Formen, die nicht per se oppositionell sind, die nicht automatisch zum Streik und zur Organisierung führen, aber doch

Sand ins Getriebe streuen. Und schließlich war der Pionierbetrieb Versand-B mit seiner durchstrukturierten Lagerhaltung, den Robotics, dem *Dernier Cri* der technologischen Entwicklung usw. derjenige, über den wir in unseren Gesprächen mit Abstand am meisten über dysfunktionale und somit auch gefährliche technische Anordnungen gehört haben, über deutliche Probleme, jenem vom Management implizit vorgegebenen Ziel nachzukommen, die „Fabrik 1" in Boston/USA zu kopieren.

Einschränkend muss zu dieser Feststellung allerdings gesagt werden, dass wir in Versand-B durch unsere zweijährige regelmäßige Teilnahme an den Aktiventreffen, durch die vielen Interviews, Beobachtungen im Betrieb usw. tatsächlich eine weitergehende Einsicht in solche Dysfunktionalitäten erhalten haben als in den sonst untersuchten Einheiten. Es kann also ein aus dem Aufbau unserer Untersuchung selbst hervorgehender Effekt sein. Und es kann auch ein Effekt der Pionierphase sein, während der wir die Untersuchung durchführten. Es kann und wird sich um Probleme handeln, die sich im Laufe der Jahre verflüchtigen. Dennoch bleibt erstaunlich, wie wenig das Bild vom Inneren in Versand-B dem am meisten medialisierten Eindruck desselben Betriebs ähnelt. In jedem Falle scheint es trotz der zweifellos existierenden Verstöße gegen das Recht auf informelle Selbstbestimmung ganz abwegig, dort von „totaler Kontrolle" zu sprechen.

Schließlich haben wir vergleichbare Phänomene auch in den Berichten aus der Fleischindustrie gefunden: Herr Mohn, der zeigt, wie er nach und nach herausfindet, die Arbeit an der Verpackungsmaschine so einzuteilen, dass der Arbeitstag „Poren" bekommt und erträglicher wird. Tricks und Kniffe, die sich aus der Erfahrung und dem Monopol an Kenntnissen über Arbeitsabläufe und das Funktionieren der Maschine ergeben. Ein anderer, der davon berichtet, wie man das Einlegen von Schnitzeln am Band zum größten Unmut der Meister verlangsamen kann. Allerdings haben wir nicht viele dieser Berichte gefunden. Man könnte vorsichtig annehmen, dass insbesondere bezogen auf die Teile der Schlacht- und Zerlegebetriebe, die in Fließproduktion laufen, eher das Anhalten des Bands als kleine Tricks das Mittel der Wahl sind, eine Form, die einerseits eine größere Schnittmenge mit wilden

Streiks hat, andererseits aber auch eine höhere Schwelle, bevor sie in Gang gesetzt wird.

Das war der schwierigste Teil der Untersuchung: Es dauert ziemlich lange, bevor man solche Geschichten erzählt bekommt. Und deshalb ist die erste wichtige Botschaft an dieser Stelle schlicht, dass es sie gibt, und zwar in beiden Branchen, in denen, wenn man so will, unterschiedliche Taylorismen den Kampfplatz dafür bilden – subjektivierter Taylorismus im neusten Offspring des Online-Versandhandels, eine eher klassische Variante der Akkord- und Fließarbeit in der Fleischindustrie. Dabei ist das Verhältnis zwischen technischen Anordnungen und Arbeitskontrolle (Managementstrategien) im Grund „nachholend". Das Management mag eine Strategie haben oder auch nicht, es läuft dennoch immer den Problemen hinterher, die durch die Umgehungsstrategien der Beschäftigten aufgeworfen werden. Letztlich bleibt deshalb die Hierarchisierung der Beschäftigten und die damit verbundene Verunmöglichung solidarischer Bezugnahmen entscheidendes Moment der managerial strukturierten Arbeitskontrolle: Dass Herr Mohn und Co. schnell durch eine neue Kolonne ersetzt wurden, war Ausdruck dieses Umstands, ebenso wie das niemals eingelöste und strukturell auch offenbar nicht zur Einlösung bestimmte Versprechen an Herrn Mai, eine Ausbildung beginnen und damit seinen Aufenthalt sichern zu können. Man kann diese Form auch als „Management durch Fluktuation" bezeichnen. Man könnte es auch so zuspitzen: Dass, was Roediger und Esch als „racial mangement" bezeichnen, ist im Kern zugleich „Fluktuationsmanagment".[669]

Arbeitskämpfe sind auch insofern nicht einfach Ausdruck angehäufter und sorgsam gezählter „Arbeitermacht", sondern Teil des so geschaffenen Verhältnisses. Sie sind immer in Relation zu dem zu verstehen, was mit Harvey als „räumliche Fixierung" (*spatial fix*) bezeichnet werden kann:[670] Die räumliche Neuordnung von Kapital-Arbeit-Verhältnissen, in denen eines (von mehreren) Elementen die kontinuierliche Ersetzung einer Kategorie von Arbeiter*innen

669 Vgl. u.a. Esch 2018.

670 Harvey 1981.

durch eine andere ist. Eine Neuordnung, die sich notwendig aus dem Prozess der Inwertsetzung von Arbeit ergibt. Auch Prozesse der Rassifizierung und der Erneuerung vergeschlechtlichter Arbeitsteilung sind in diesem Feld angeordnet, welches im Zusammenhang von Arbeitsmarkt und Arbeitsprozess die Gesamtheit des Verwertungsprozesses abbildet.

Selbst *Labor turnover* ist in diesem Sinne nichts anderes als die Antwort auf diese *spatial fixes*: Ein Versuch, die Kontrolle über selbstbestimmte Mobilität zurück zu erobern. Damit ist auch etwas über den Charakter der beobachteten Arbeitskämpfe gesagt. Es sind Aktionen der Arbeitenden zur Bewahrung der Würde und der gesundheitlichen Integrität sowie der materiellen Absicherung. Aktionen, die keinen Sinn machen, wenn sie nicht auf die Vorstellung von Kontinuität bezogen werden: die Forderung nach einer kontinuierlichen Absicherung gegenüber dem *Zwang zur Mobilität*. Gleichzeitig ist Mobilität auch eine Waffe in diesen Kämpfen: „Entweder du gibst uns feste Verträge, oder wir gehen." Dabei werden alle Register gezogen, die zur Verfügung stehen. Es werden sogar, wie Ende 2020/Anfang 2021 in der Fleischindustrie, informelle Arrangements verteidigt, falls sich zeigen sollte, dass die Arbeitenden unter den Bedingungen neuer Regulierungen schlechter gestellt werden.

Was institutioneller Arbeitspolitik als Rätsel erscheinen mag, erschließt sich mit einem Blick auf die sozialen Logiken und Bezüge, in denen sich migrantische Arbeit formiert: Es ist ein Agieren im Rahmen multipler Prekarität, in dem die eigene Beweglichkeit Voraussetzung des Überlebens ist. Alles andere als eine Idylle, aber auch alles andere als eine Situation der absoluten Wehr- und Hilflosigkeit. Kollektive Organisierung muss in diesem Feld den langen Umweg gehen: Sie kann nicht nur den Lohnarbeiter/die Lohnarbeiterin umfassen. Sie muss die gesamten Lebensumstände verstehen und bearbeiten. Keine einfache Aufgabe, der nur in einer Kombination aus Organisierung im Betrieb sowie Solidarität und Unterstützung im Bereich der sozialen Reproduktion, der Wohnungssituation, des Aufenthaltsrechts gelingen kann. Eine Form der Organisierung, welche die Ressourcen bisheriger gewerkschaftlicher Hauptamtlichkeit eindeutig übersteigt und dazu herausfordert, auch über neue Begriffe von „Gewerkschaft" nachzudenken. Dabei wird es nicht nur darum gehen, neue Arbeiter*innen individuell in Gewerkschaften und betriebliche Mitbestimmung zu integrieren. Vielmehr ist eine aktive Auseinandersetzung mit Rassismus und rassifizierten Arbeitsverhältnissen notwendig.

Zugleich muss die Frage der gewerkschaftlichen Organisierung nicht nur konzeptionell diskutiert werden, wie es seit den 1990er Jahren etwa unter Begriffen wie „strategic unionism" oder „social movement unionism" geschieht.[671] Ob und wie gewerkschaftliche Politik sich nicht nur für Lohn- und Arbeitsverhältnisse zuständig machen kann, sondern auch gegen einen rassistisch segmentierten Wohnungsmarkt oder für eine Erweiterung von Aufenthalts- und Sozialrechten eintritt, ist nicht lediglich eine programmatische, sondern auch eine pragmatische Frage. In unserer Studie taucht sie beispielsweise im Rahmen der Kooperation zwischen Beratungsstellen und Gewerkschaften auf, aber auch in Bezug auf die Ausrichtung und den Ort von „Aktiventreffen". Woher können Ressourcen generiert werden, die die enorme Erweiterung und Vertiefung des Aufgabenspektrums einer „one big union" tragen könnten? Und wie kann darin das Verhältnis zwischen Selbstorganisation (hier von Migrant*innen) und institutionell verankerter gewerkschaftlicher Politik bestimmt werden?

Damit ist schließlich eine (gewiss wackelige) Brücke zur Frage nach der allgemeinen Bedeutung der Kämpfe der Migration gebaut. Diese erscheinen in vielen aktuellen Debatten insbesondere in der kritischen Migrationsforschung wie eine Art „Außen" der sozialen Kämpfe. Die gläsernen Grenzen, die in diesem Bild reproduziert werden, zeigen sich somit auch als Abstand zwischen Kämpfen der Migration und den Klassenkämpfen im Allgemeinen. Ich bin gegenüber dieser Vorstellung sehr skeptisch: Die Erfahrung aus unserem Projekt ist eher, dass Segregation und Rassifizierung von Arbeitsmarkt und Arbeitsprozess Reaktionen hervorrufen, an die in Aktionen und Initiativen gegen Prekarisierung auch sonst – bei allen Unterschiedlichkeiten – angeknüpft werden kann. Viele Momente der Proteste von Migrant*innen,

671 Vgl. neben vielen anderen: Waterman 1993, Dörre 2002.

die ich hier gezeichnet habe, sind leicht zu übersetzen. Sie sind nicht alleine besondere Probleme von Menschen „am Rand der Gesellschaft“: Denken wir nur an die Arbeitshetze, die gesundheitliche Vernutzung von Arbeitenden. Aber wie können wir erreichen, dass diese Konflikte *gesehen*, in ihrer Allgemeinheit *begriffen* werden, eine politische Form finden? Hierzu sind bisherige Formen der Kooperation mit migrantischen Arbeiter*innen wie in der Beratungsszene oder in einzelnen Betriebsräten wichtige Ansätze, die ausgebaut und systematisiert werden können. Aber sie können zugleich nur ein Schritt sein, eine Organisierungshilfe, im besten Falle als Unterstützung migrantischer Selbstorganisation. Ohne Bezüge zu anderen sozialen Kämpfen werden diese Ansätze letztlich isoliert bleiben und verwelken. Grundlegende Veränderungen werden niemals in einem Betrieb oder auch nur einer Branche erreicht.

1905 schrieb Upton Sinclair seinen bekanntesten Roman. „Der Dschungel“, der anhand des Wegs einer aus Litauen in die USA eingewanderten Familie die Situation in den „Union Stock Yards“ zeigt, den riesigen Schlachthöfen von Chicago.[672] Über hundert Jahre später sind die Schlachthöfe auch in den Vereinigten Staaten aus den großen Städten verschwunden. Die Missstände, auf die Sinclair damals hinwies, sind es nicht: die Ausbeutung der Arbeiter, aber auch ihre brutale Konkurrenz untereinander. Die hygienischen Zustände, aber auch die Misshandlung der Tiere. Damals war die Betroffenheit über die Schilderungen in der Öffentlichkeit groß, und sie ist es heute ebenso. Vor einhundertundzwanzig Jahren schickte die US-Regierung eine Kommission nach Chicago. Sie kam zu ähnlichen Schlüssen wie Sinclair. Es wurden Gesetze erlassen, die die Arbeiter*innen schützen sollten. Langfristig verbesserten sich lediglich die hygienischen Zustände etwas. Die Arbeitsschutzgesetze wurden nicht umgesetzt, nach und nach verwässert, am Ende teilweise korrigiert oder ganz zurückgenommen. Die Bedingungen blieben für eine ganze weitere Generation miserabel. Erst nach dem Zweiten Weltkrieg kam es mit einer Welle der ge-

672 Sinclair 2020.

werkschaftlichen Organisierung in den Staaten zur Vereinbarung sinkender Arbeitszeiten und höherer Löhne. Hierzulande sind wir, wie in den USA, fast wieder auf dem Stand von 1905.

Sinclair bilanzierte, er habe es „auf die Herzen der Menschen abgesehen". Doch habe er nicht richtig gezielt und deshalb nur „ihre Mägen getroffen". Es wäre erfreulich, wenn sich diese Geschichte nicht noch einmal wiederholte.

Danke

Dieses Buch hat auch eine biografische Dimension. Ein wichtiges motivierendes Element ist die aktuell zehnjährige Lebensgeschichte meines Sohns Gideon. Er hat viele nahe Verwandte, deren Situation mich nur allzu oft an die Berichte erinnerten, die ich hier aufgeschrieben habe: eine Welt des Rassismus, der Ausbeutung, der seelischen und physischen Unterdrückung, über die ich immer wieder erstaunt und empört bin. Dass wir so wenig auf der individuellen und außenstehenden Ebene an solchen Dingen ändern können, so sehr ich mir das auch wünschte, schafft in diesem Text eine Unterströmung von Wut, sogar Trauer: Die gläserne Wand hat nicht nur eine, sondern zwei Seiten. Es wird daran leider kein solidarisches Aufsuchen der Fabrik, des Krankenhauses oder des Gefängnisses unmittelbar etwas ändern.

Aber dennoch ist es auch gut, dass Gideon immer wieder zwischen diesen Zeilen herumsprang. Später werde ich mich vielleicht am Liebsten an die Situation erinnern, wie ich in meinem im Vergleich privilegierten Lockdown-Home-Office im Februar 2021 an diesem Buch geschrieben habe, und Gideon, der eigentlich Hausaufgaben machen sollte, plötzlich hinter meinem Rücken steht und fragt: „Schreibst du über mich?“ Ich bin kurz unsicher, dann antworte ich: „Natürlich schreibe ich über dich. Über wen denn sonst?“ Kurze Pause, dann Gideon: „Das ist aber schön.“ Und rennt zurück in sein Zimmer, denn er sollte ja eigentlich… etwas anders tun. Wenn ich mich genug über diese Szene gefreut habe, muss ich freilich zugeben, dass ich ihm mit meiner ewigen Schreiberei sehr, sehr viele Stunden geklaut habe: Man hätte wohl diese kostbare Zeit wesentlich besser verbringen können als mit Home-Office bei gleichzeitiger Kinderbetreuung. Leider kann ich nicht versprechen, dass das nie mehr vorkommt. Aber doch an dieser Stelle mal sagen, dass ich für die Zeit, die mir vor allen anderen Bianka, mit der ich die Kinderbetreuung und mittlerweile ein halbes Leben teile, für das Schreiben gelassen hat, mehr als dankbar bin.

Die Studie wäre nicht möglich gewesen ohne Mithilfe und Unterstützung vieler Menschen, denen ich sehr dankbar bin: allen Kolleginnen und Kollegen von „Versand-A“ bis „Fleisch-C“, die unsere vielen Fragen beantwortet haben und hier leider namentlich nicht genannt werden können. Nicole Mayer-Ahuja, die das Projekt von Anfang bis Ende unterstützt hat. Felix Bluhm, Sarah Könecke, Janos Mertin und Thomas Stieber, mit denen ich viel Zeit auf dem Land zwischen Osnabrück und Oldenburg sowie auf schmucklosen Parkplätzen vor Lagerhallen verbracht habe. Anda Nicolae-Vladu, Guido Grüner, Susanne Uhl, ohne deren Engagement dieses Buch nur halb wäre (der ganze Teil zur Fleischindustrie würde fehlen). Wiebke Claussen, die die meisten Daten über den Pandemie-Konflikt in der Fleischindustrie zwischen Flensburg und Passau gesammelt hat – und allen anderen aus dem „19er Kreis“ und dem „Initiativentreffen“. Gabi Bauer, Matthias Hoffmann, Mechthild Middeke, der leider verstorbene Christian Krähling sowie das „ver.di-Aktiventreffen“, ohne die es die andere Hälfte des Buchs nicht geben würde (es fehlte der Teil zum Online-Versandhandel). Maria Fiona Fechter, Justina Joschko, Wilfreid Koung a Saama, Julia Raaben und Mareike Vette, von deren Einsatz in der Lehrforschung ich sehr profitiert habe. Die Kolleg*innen aus dem SOFI, die meine Resultate in Zukunft hoffentlich weiterhin kritisieren, ohne freundliche Floskeln vorauszuschicken. Jelka Günther, Sabine Hess, Anja Johannsen und alle aus dem Göttinger „Stadtlabor“. Sabrina Apicella, Lisa Carstensen, Anne Engelhardt, Alexander Gallas, Stefanie Hürtgen, Neva Löw, Mouna Maaroufi, Lisa Riedner sowie Lars Stubbe und die Redaktion von „Sozial.Geschichte“, mit denen ich meine jeweils neusten Ideen diskutierte. Johanna Neuhauser, deren Vorschläge nicht zuletzt den theoretischen Teil der Arbeit geprägt haben und die mir zugleich etliche unverständliche Absätze ausgeredet hat (für den verbliebenen Rest bin ich selbst verantwortlich). Und schließlich Laszlo Göring, Clemens Berger und Martin Birkner für das Lesen am Ende sowie dem Mandelbaum-Verlag für die großartige Unterstützung bei der Publikation.

Anhang

Literatur- und Quellenverzeichnis

Literatur und Dokumentarfilme[673]

Abel, Jörg; Hirsch-Kreinsen, Hartmut; Ittermann, Peter (2009): Entwicklungsperspektiven industrieller Einfacharbeit. Eine Bestandsaufnahme. Dortmund: Otto-Brenner-Stiftung. https://www.einfacharbeit.de/fileadmin/Publikationen/Expertise_Einfacharbeit-neu.pdf.

Abel, Jörg; Hirsch-Kreinsen, Hartmut; Ittermann, Peter (2014): Einfacharbeit in der Industrie. Strukturen, Verbreitung und Perspektiven. Berlin: Sigma.

Abel, Jörg; Ittermann, Peter; Hirsch-Kreinsen, Hartmut (2011): Einfacharbeit in der Ernährungsindustrie. Anforderungen und Perspektiven. In: *Soziologisches Arbeitspapier* 29. Dortmund: Universität Dortmund. https://www.einfacharbeit.de/fileadmin/Publikationen/Arb._29__Ernaehrung.pdf.

Alimahomed-Wilson, Jake; Reese, Ellen (Hg.) (2020): The Cost of Free Shipping. Amazon in the Global Economy. London: Pluto Press.

Altenried, Moritz; Bojadžijev, Manuela; Höfler, Leif Jannis; Mezzadra, Sandro; Wallis, Mira (Hg.) (2017): Logistische Grenzlandschaften. Das Regime mobiler Arbeit nach dem „Sommer der Migration". Münster: Unrast.

Altenried, Moritz; Bojadžijev, Manuela; Höfler, Leif; Mezzadra, Sandro; Wallis, Mira (2018): Arbeit, Migration und Logistik. Vermittlungsinfrastrukturen nach dem Sommer der Migration. In: *movements. Journal for Critical Migration and Border Regime Studies* 4 (2), S. 35–55.

Apicella, Sabrina (2016): Amazon in Leipzig. Von den Gründen, (nicht) zu streiken. In: *STUDIEN* 09. Berlin: Rosa-Luxemburg-Stiftung.

Apicella, Sabrina (2020): Rough Terrains: Wages as Mobilizing Factor in German and Italian Amazon Distribution Centers. In: Sozial.Geschichte Online, Heft 27, S. 81–96.

Apicella, Sabrina (2021): Das Prinzip Amazon. Über den Wandel der Verkaufsarbeit und Streiks im transnationalen Versandhandel. Hamburg: VSA.

Artus, Ingrid (2008a): Prekäre Vergemeinschaftung und verrückte Kämpfe. Repressive Integration als Herrschaftsmodus im prekären Dienstleistungsbereich. In: *PROKLA. Zeitschrift für kritische Sozialwissenschaft* 38 (150), S. 27–48.

Artus, Ingrid (2008b): Interessenhandeln jenseits der Norm. Mittelständische Betriebe und prekäre Dienstleistungsarbeit in Deutschland und Frankreich. Frankfurt a.M. u.a.: Campus.

673 Alle Online-Quellen wurden zuletzt am 1.12.2021 geprüft.

Aster, Reiner; Merkens, Hans; Repp, Michael (Hg.) (1989): Teilnehmende Beobachtung. Werkstattberichte und methodologische Reflexionen. Frankfurt a.M. u.a.: Campus.

Bäckermann, Louisa; Birke, Peter (2021): Gefährliche Orte. In: Redaktion Corona-Monitor (Hg.), Corona und Gesellschaft. Soziale Kämpfe in der Pandemie. Wien: Mandelbaum, S. 143–164.

Balibar, Etienne; Wallerstein, Immanuel Maurice (1991): Race, Nation, Class. Ambiguous Identities. London, New York: Verso.

Barthel, Georg; Rottenbach, Jan (2017): Reelle Subsumtion und Insubordination im Zeitalter der digitalen Maschinerie. Mit-Untersuchung der Streikenden bei Amazon in Leipzig. In: *PROKLA. Zeitschrift für kritische Sozialwissenschaft* 47 (187), S. 249–270.

Beile, Judith; Klein, Stefan; Maack, Klaus (2007): Zukunft der Fleischwirtschaft. Düsseldorf: Hans-Böckler-Stiftung. http://www.boeckler.de/pdf/p_edition_hbs_186.pdf.

Benvegnú, Carlotta; Haidinger, Bettina; Sacchetto, Devi (2018): Restructuring Labour Relations and Employment in the European Logistics Sector. Unions' Responses to a Segmented Workforce. In: Virginia Doellgast, Nathan Lillie und Valeria Pulignano (Hg.): Reconstructing Solidarity. Labour Unions, Precarious Work, and the Politics of Institutional Change in Europe. London: Oxford University Press, S. 83–103.

Benz, Martina (2014): Zwischen Migration und Arbeit. Worker Centers und die Organisierung prekär und informell Beschäftigter in den USA. Münster: Westfälisches Dampfboot.

Benz, Martina; Schwenken, Helen (2005): Jenseits von Autonomie und Kontrolle: Migration als eigensinnige Praxis. In: *PROKLA. Zeitschrift für kritische Sozialwissenschaft* 35 (140), S. 363–377.

Bensman, David; Jaffee, David (2016): Draying and Picking: Precarious Work and Labor Action in the Logistics Sector. In: *Working USA*, 19 (1), S. 57–79.

Berger, John; Mohr, Jean (2016): Der siebte Mensch. Eine Geschichte über Arbeit und Migration in Europa. Berlin: Fischer.

Bernhold, Christin; Lütten, John (2020): „Wir wurden wie Sklaven behandelt". In: Jour Fixe, Das Schweinesystem, S. 35–43.

Bernhold, Christin; Stache, Christian (2021): Die Anatomie der deutschen Fleischindustrie. In: *Z. Zeitschrift für marxistische Erneuerung* (125), S. 174–187.

Birke, Peter (2007): Wilde Streiks im Wirtschaftswunder. Arbeitskämpfe, Gewerkschaften und soziale Bewegungen in der Bundesrepublik und Dänemark. Frankfurt a.M. u.a.: Campus.

Birke, Peter (2010): Die große Wut und die kleinen Schritte. Gewerkschaftliches Organizing zwischen Protest und Projekt. Hamburg, Berlin: Assoziation.A.

Birke, Peter (2016): Die Entdeckung des „labor unrest". Beverly Silvers Einfluss auf die aktuelle Arbeits(kampf)forschung. In: *Soziopolis*. https://www.soziopolis.de/die-entdeckung-des-labor-unrest.html.

Birke, Peter (2019): Demokratisierung von Erinnerungskultur. Der Septemberstreik 1969 bei Hoesch. Düsseldorf: Hans-Böckler-Stiftung. https://www.boeckler.de/pdf/p_ek_ap_05_2019.pdf.

Birke, Peter (2021a): Die Fleischindustrie in der Coronakrise: Eine Studie zu Migration, Arbeit und multipler Prekarität. In: *Sozial.Geschichte Online* (29), S. 41–88.

Birke, Peter; Bluhm, Felix (2019): Arbeitskräfte willkommen. Neue Migration zwischen Arbeitsregime und Erwerbsarbeit. In: *Sozial.Geschichte Online* (25), S. 11–44.

Birke, Peter; Bluhm, Felix (2020a): Der Skandal und die Folgen. Perspektiven der Abschaffung von Werkverträgen und Leiharbeit in der Fleischindustrie. In: *WSI-Mitteilungen* 73 (6), S. 501–507.

Birke, Peter; Bluhm, Felix (2020b): Migrant Labour and Workers' Struggles. The German Meatpacking Industry as Contested Terrain. In: *Global Labour Journal* 10 (1), S. 34–51. DOI: 10.15173/glj.v11i1.3875.

Birke, Peter; Bluhm, Felix (2021): „Strike is something that happens to the permanent workers": Der Kampf um den Alltag bei Amazon. In: Mayer-Ahuja und Oliver Nachtwey, Verkannte Leistungsträger:innen, S. 327–348.

Birke, Peter; Bluhm, Felix; Mayer-Ahuja, Nicole (2017): Arbeit als Black Box. Migration zwischen Prekarisierung und betrieblichem Konflikt. In: Altenried et al., Logistische Grenzlandschaften, S. 115–141.

Birke, Peter; Henninger, Max (2012): Krisen und Proteste. Eine Annäherung an ihre jüngste Geschichte. In: Peter Birke und Max Henninger (Hg.): Krisen Proteste. Beiträge aus Sozial.Geschichte Online. Berlin, Hamburg: Assoziation.A, S. 7–38.

Birner, Kathrin (2015): One click to empowerment? Opportunities and challenges for labour in the global value chain of e-commerce. In: *International Journal of Labour Research* 7 (1-2), S. 55–73.

Bluhm, Felix; Birke, Peter; Stieber, Thomas (2021): Hinter den Kulissen des Erfolgs: Eine qualitative Studie zu Ausbildung und Erwerbsarbeit von Geflüchteten. In: *SOFI Working Paper 2021-21*. Göttingen: SOFI.

Bluhm, Felix; Birke, Peter (2021): Eine Riesensauerei: Prekäre Beschäftigung in der Fleischindustrie. In: Mayer-Ahuja und Nachtwey, Verkannte Leistungsträger:innen, S. 281–305.

Boewe, Jörn; Schulten, Torsten (2019): The Long Struggle of the Amazon Employees. Laboratory of Resistance: Union Organising in E-Commerce Worldwide. In: *ANALYSES* 57. Brüssel: Rosa-Luxemburg-Stiftung.

Boewe, Jörn; Morgenroth, Tina; Schulten, Johannes (2021): Amazons letzte Meile. Ein Online-Händler als Prekarisierungstreiber in der Paketlogistik. Eine Fallstudie zum Verteilzentrum Erfurt-Stockheim. Berlin: Rosa-Luxemburg-Stiftung. https://th.rosalux.de/fileadmin/ls_thueringen/dokumente/pdf/AmazonsLetzteMeile.pdf.

Bogner, Alexander; Littig, Beate; Menz, Wolfgang (Hg.) (2002): Das Experteninterview. Theorie, Methode, Anwendung. Wiesbaden: VS Verlag für Sozialwissenschaften.

Bojadžijev, Manuela (2002): Antirassistischer Widerstand von Migrantinnen und Migranten in der Bundesrepublik: Fragen der Geschichtsschreibung. In: *1999 – Zeitschrift für Sozialgeschichte des 20. und 21. Jahrhunderts* 17 (1), S. 125–152.

Bojadžijev, Manuela (2008): Die windige Internationale. Rassismus und Kämpfe um Migration. Münster: Westfälisches Dampfboot.

Bojadžijev, Manuela; Demirović, Alex (Hg.) (2002): Konjunkturen des Rassismus. Münster: Westfälisches Dampfboot.

Bojadžijev, Manuela; Karakayali, Serhat (2007): Autonomie der Migration. 10 Thesen zu einer Methode. In: TRANSIT MIGRATION (Hg.): Turbulente Ränder. Neue Perspektiven auf Migration an den Grenzen Europas. Bielefeld: transcript, S. 203–209.

Bonacich, Edna; Hardie, Khaleelah (2006): Wal-Mart and the Logistics Revolution. In: Nelson Lichtenstein (Hg.): Wal-Mart. The face of twenty-first-century capitalism. New York: New Press, S. 163–187.

Bonacich, Edna; Wilson, Jake B. (2008): Getting the Goods. Ports, Labor, and the Logistics Revolution. Ithaca: Cornell University Press.

Bosch, Gerhard; Hüttenhoff, Frederic; Weinkopf, Claudia (2020): Corona-Hotspot Fleischindustrie: Das Scheitern der Selbstverpflichtung. In: *IAQ-Report* (7). DOI: 10.17185/duepublico/72659.

Bourdieu, Pierre (Hg.) (1993): La Misère du monde. Paris: Éditions du Seuil.

Bourdieu, Pierre (1998): Gegenfeuer. Wortmeldungen im Dienste des Widerstands gegen die neoliberale Invasion. Konstanz: UVK.

Breman, Jan (2004): The Making and Unmaking of an Industrial Working Class. Sliding Down the Labour Hierarchy in Ahmedabad, India. London: Oxford University Press.

Bretthäuser, Lars; Gallas, Alexander; Kannankulam, John; Stützle, Ingo (Hg.) (2006): Poulantzas lesen. Zur Aktualität marxistischer Staatstheorie. Hamburg: VSA.

Brinkmann, Ulrich; Nachtwey, Oliver (2014): Prekäre Demokratie? Zu den Auswirkungen atypischer Beschäftigung auf die betriebliche Mitbestimmung. In: *Industrielle Beziehungen* 21 (1), S. 78–88.

Butollo, Florian; Engel, Thomas; Füchtenkötter, Manfred; Koepp, Robert; Ottaiano, Mario (2018): Wie stabil ist der digitale Taylorismus? Störungsbehebung, Prozessverbesserungen und Beschäftigungssystem bei einem Unternehmen des Online-Versandhandels. In: *Arbeits-und Industriesoziologische Studien* 11 (2), S. 143–159. https://www.arbsoz.de/ais-studien-leser/60-wie-stabil-ist-der-digitale.

Carstensen, Lisa (2019): Das Dispositiv Moderne Sklavenarbeit. Umkämpfte Arbeitsverhältnisse in Brasilien. Frankfurt a.M. u.a.: Campus.

Carstensen, Lisa (2021): Unfree Labour, Migration and Racism: Towards an Analytical Framework. In: *Global Labour Journal* 12 (1), S. 1–17. DOI: 10.15173/glj.v12i1.4159.

Carstensen, Lisa; Heimeshoff, Lisa-Marie; Riedner, Lisa (2018): Der Zwang zur Arbeit. Verwertungslogiken in den umkämpften Regimen der Anwerbe-, Flucht- und EU-Migration. In: *Sozial.Geschichte Online* (23), S. 235–269.

Castel, Robert (2000): Die Metamorphosen der sozialen Frage. Eine Chronik der Lohnarbeit. Konstanz: UVK.

Castles, Stephen; Kosack, Godula (1973): Immigrant Workers and Class Structure in Western Europe. London: Oxford University Press.

Castree, Noel; Coe, Neil M.; Ward, Kevin; Samers, Michael (2004): Spaces of Work: Global Capitalism and Geographies of Labour. London: SAGE.

Choudry, Aziz; Henaway, Mostafa (2014): Temporary Agency Worker Organizing in an Era of Contingent Employment. In: *Global Labour Journal* 5 (1), S. 1–22. DOI: 10.15173/glj.v5i1.1145.

di Ciaula, Tommaso (1979): Der Fabrikaffe und die Bäume: Wut, Erinnerungen und Träume eines apulischen Bauern, der unter die Arbeiter fiel. Berlin: Wagenbach.

Claussen, Wiebke (2020): Fleischindustrie: Der blinde Fleck wird zum Corona-Hotspot. Dortmund: Manuskript. https://www.kwa-ekd.de/wp-content/uploads/2020/05/2020_5_19-Claussen.-Die-Fleischindustrie.-Blinder-Fleck-Corona-Hotspot.pdf.

Cook, Marina Lorena; Dutta, Madhumita; Gallas, Alexander; Nowak, Jörg; Scully, Ben (2020): Global Labor Studies in the Pandemic. Notes for an emerging Agenda. In: *Global Labour Journal* 11 (1), S. 74–83. DOI: 10.15173/glj.v11i2.4329.

Cyrus, Norbert (1999): Im menschenrechtlichen Niemandsland. Illegalisierte Zuwanderung in der Bundesrepublik Deutschland zwischen individueller Rechtlosigkeit und transnationalen Bürgerrechten. In: Katja Dominik, Marc Jünemann, Jan Motte und Astrid Reinecke (Hg.): Angeworben – eingewandert – abgeschoben. Ein anderer Blick auf die Einwanderungsgesellschaft. Münster: Westfälisches Dampfboot, S. 205–231.

Davis, Mike (2006): City of Quartz. Ausgrabungen der Zukunft in Los Angeles. Hamburg, Berlin: Assoziation.A.

De Lara, Juan D. (2018): Inland Shift: Race, Space, and Capital in Southern California. Oakland: University of California Press.

Demirović, Alex; Dück, Julia; Becker, Florian; Bader, Pauline (Hg.) (2011): VielfachKrise. Im finanzmarktdominierten Kapitalismus. Hamburg: VSA.

Deppe, Frank (1981): Einheit und Spaltung der Arbeiterklasse. Überlegungen zu einer politischen Geschichte der Arbeiterbewegung. Marburg: Verlag Arbeiterbewegung und Gesellschaftswissenschaft.

Detje, Richard; Menz, Wolfgang; Nies, Sarah; Sauer, Dieter (2011): Krise ohne Konflikt? Interessen- und Handlungsorientierungen im Betrieb – die Sicht von Betroffenen. Hamburg: VSA.

Dörre, Klaus (2002): Kampf um Beteiligung. Arbeit, partizipatives Management und Gewerkschaften. In: *Kurswechsel* (2), S. 64–76. http://www.beigewum.at/wordpress/wp-content/uploads/064_klaus_darre.pdf.

Dörre, Klaus (2005): Prekarität – eine arbeitspolitische Herausforderung. In: *WSI-Mitteilungen* (5), S. 250–258.

Dörre, Klaus (2009): Die neue Landnahme. Dynamiken und Grenzen des Finanzmarktkapitalismus. In: Klaus Dörre, Stephan Lessenich und Hartmut Rosa (Hg.): Soziologie – Kapitalismus – Kritik. Eine Debatte. Frankfurt a.M.: Suhrkamp, S. 21–86.

Erol, Serife; Schulten, Torsten (2020): Neuordnung der Arbeitsbeziehungen in der Fleischindustrie. Das Ende der „organisierten Verantwortungslosigkeit“? In: *WSI Report* 61. https://www.boeckler.de/pdf/p_wsi_report_61_2020.pdf.

Esch, Elizabeth D. (2018): The Color Line and the Assembly Line: Managing Race in the Ford Empire. Oakland: University of California Press.

Farocki, Harun; Becker, Jörg (1995): Arbeiter verlassen die Fabrik. Hamburg: Harun Farocki Filmproduktion.

Fechter, Maria Fiona (2018): Auf dem Weg zu chancengleicher Erwerbsteilhabe? Auswirkungen rechtlicher und politischer Rahmenbedingungen in der betrieblichen Ausbildung Geflüchteter. Göttingen: Masterarbeit.

Fiedler, Mathias; Hielscher, Lee (2017): Aus den Kreisläufen des „Schweinesystems". Die Fleischindustrie im Oldenburger Münsterland als Regime von Mobilität und Ausbeutung. In: *movements. Journal for Critical Migration and Border Regime Studies* 3 (1). https://movements-journal.org/issues/04.bewegungen/12.fiedler,hielscher--kreislaeufe-schweinesystem.pdf.

Flick, Uwe (2008): Triangulation. Eine Einführung. Wiesbaden: VS Verlag für Sozialwissenschaften.

Forskningscenter for Arbejdsmarket og Organisationsstudier (2017): Resume af overenskomstforhandlingerne 2017. Kopenhagen: Sociologisk Institut, Københavns Universitet. https://faos.ku.dk/temasider/ok-forhandlinger/2017/resume.

Foundational Economy Collective (2019): Die Ökonomie des Alltagslebens. Für eine neue Infrastrukturpolitik. Berlin: Suhrkamp.

Fricke, Werner (2019): Aus der Subjektivierungsfalle zum handlungsfähigen Akteur. Das Versprechen der Aktionsforschung. In: Fritz Böhle und Eva Senghaas-Knobloch (Hg.): Andere Sichtweisen auf Subjektivität. Impulse für kritische Arbeitsforschung. Wiesbaden: Springer VS, S. 73–105.

Friedrichsen, Jana; Huck, Steffen (2018): Nicht-Orte der Fleischindustrie. Fakten und Hintergründe zum Schlachten in Deutschland. In: *WZB-EOC Schriften* 3. Berlin: Wissenschaftszentrum Berlin und Deutsches Institut für Wirtschaftsforschung.

Ganesch, Franziska; Dütsch, Matthias; Struck, Olaf (2017): Betriebliche Beschäftigungssysteme und Arbeitsmarktsegmentierung. In: Stephan Lessenich (Hg.): Geschlossene Gesellschaften: Verhandlungen des 38. Kongresses der Deutschen Gesellschaft für Soziologie in Bamberg 2016. https://publikationen.soziologie.de/index.php/kongressband_2016/article/view/364/pdf_33.

Goeke, Simon (2020): „Wir sind alle Fremdarbeiter!" Gewerkschaften, migrantische Kämpfe und soziale Bewegungen in Westdeutschland 1960–1980. Paderborn: Ferdinand Schöningh.

Goes, Thomas (2021): Am rechten Rand? Politisierung im Onlinehandel. In: Mayer-Ahuja und Nachtwey, Verkannte Leistungsträger:innen, S. 396–421.

Geiges, Lars; Neef, Tobias; Kopp, Julia; Mueller-Stahl, Robert (2017): Lokale Konflikte um Zuwanderung aus Südosteuropa. „Roma" zwischen Anerkennung und Ausgrenzung. Bielefeld: transcript.

Gottschalch, Holm; Ohm, Christoph (1977): Kritische Bemerkungen zur Polarisierungsthese bei Kern und Schumann. In: *Soziale Welt* 28 (3), S. 340–363.

Grimm, Natalie (2016): Statusakrobatik. Biografische Verarbeitungsmuster von Statusinkonsistenzen im Erwerbsverlauf. Konstanz: UVK.

Grüner, Guido (2014): Migrantische Arbeit und Fleischproduktion in Niedersachsen. Ergebnisse zweier Untersuchungen im Auftrag französischer Bäuerinnen und Bauern in Oldenburg. Oldenburg: Linkes Zentrum.

Gruppe Blauer Montag (2020): Vom Notstand der Arbeitsgesellschaft. In: *Sozial. Geschichte Online* 11 (27), S. 97–128.

Hart, Keith (1973): Informal Income Opportunities and Urban Employment in Ghana. In: *The Journal of Modern African Studies* 11 (1), S. 61–89.

Harvey, David (1981): The Spatial Fix – Hegel, von Thunen, and Marx. In: *Antipode* 13 (3), Doi: 10.1111/j.1467-8330.1981.tb00312.x.

Herod, Andrew (1997): From a Geography of Labor to a Labor Geography: Labor's Spatial Fix and the Geography of Capitalism. In: *Antipode* 29 (1), S. 1–31.

Hien, Wolfgang (2018): Die Arbeit des Körpers. Eine kritische Arbeitsgeschichte von der Hochindustrialisierung in Deutschland und Österreich bis zur neoliberalen Gegenwart. Wien: Mandelbaum.

Hirsch, Joachim; Roth, Roland (1986): Das neue Gesicht des Kapitalismus. Vom Fordismus zum Post-Fordismus. Hamburg: VSA.

Hirschman, Albert Otto (1970): Exit, Voice, and Loyalty. Responses to Decline in Firms, Organizations, and States. Cambridge, Massachusetts: Harvard University Press.

Hodson, Randy (1991): The active worker: Compliance and autonomy at the workplace. In: *Journal of Contemporary Ethnography* 20 (1), S. 47–78.

Holloway, John (o. J.): Read Capital: The First Sentence. https://www.grundrisse.net/english-articles/Read_Capital_The_First_Sentence.htm#_ftn1.

Holm, Andrej; Junker, Stephan (2019): Die Wohnsituation in deutschen Großstädten. 77 Stadtprofile. Düsseldorf: Hans-Böckler-Stiftung. https://www.boeckler.de/pdf_fof/100892.pdf.

Holst, Hajo (Hg.) (2017): Fragmentierte Belegschaften. Leiharbeit, Informalität und Soloselbständigkeit in globaler Perspektive. Frankfurt a.M. u.a.: Campus.

Holst, Hajo; Fessler, Agnes; Niehoff, Steffen (2020): Covid-19, social class and work experience in Germany: inequalities in work-related health and economic risks. In: *European Societies*. DOI: 10.1080/14616696.2020.1828979.

Holst, Hajo; Nachtwey, Oliver; Dörre, Klaus (2009): Funktionswandel von Leiharbeit. Neue Nutzungsstrategien und ihre arbeits- und mitbestimmungspolitischen Folgen. Frankfurt a.M.: Otto-Brenner-Stiftung.

Hund, Wulf Dietmar (2016): Rassismusanalyse in der Rassenfalle. Zwischen „raison nègre" und „racialization". In: *Archiv für Sozialgeschichte* (56), S. 511–548.

Hund, Wulf Dietmar (2021): Marx and Haiti: Notes on a blank space. Hamburg: Manuskript.

Hürtgen, Stefanie; Voswinkel, Stephan (2014): Nichtnormale Normalität? Anspruchslogiken aus der Arbeitnehmermitte. Berlin: Sigma.

Huntley Andresen, Marie (2021): Mapping the complexities of pig meat production. Roskilde Universitet: Masterarbeit.

Jordan, Bill; Düvell, Franck (2003): Irregular migration. The dilemmas of transnational mobility. Cheltenham: Elgar.

Joschko, Justina (2019): Geflüchtete in Leiharbeit. Eine Studie zu Amazon. Universität Göttingen: Masterarbeit.

Jour Fixe Gewerkschaftslinke (Hg.) (2020): Das Schweinesystem. Aufhebung der Werkverträge und des Subunternehmertums! Berlin: Buchmacherei.

Kalbermatter, Jacqueline (2020): Bleiberecht in der Gastro-Küche. Migrationspolitische Regulierungen und Arbeitsverhältnisse von Geflüchteten mit unsicherem Aufenthaltsstatus. Zürich: Seismo.

Karakayali, Serhat; Tsianos, Vassilis (2005): Mapping the Order of New Migration. Undokumentierte Arbeit und die Autonomie der Migration. In: *Peripherie* 25 (97/98), S. 35–64.

Kassung, Christian (2020): Fleisch. Die Geschichte einer Industrialisierung. Paderborn: Ferdinand Schöningh.

Kern, Horst; Schumann, Michael (1977): Industriearbeit und Arbeiterbewußtsein. Frankfurt a.M.: Suhrkamp.

Khan, Romin (2021): In der Grube sind alle Kumpel gleich? Rassismus am Arbeitsplatz bekämpft man nicht mit angeblicher „Farbenblindheit". In: *Express* 59 (6), S. 1–2.

Kofman, Eleonore (2013): Gendered Labour Migrations in Europe and Emblematic Migratory Figures. In: *Journal of Ethnic and Migration Studies* 39 (4), S. 579–600.

Könecke, Sarah; Heege, Simon; Asmus, Lina; Böhmer, Patricia; Wang, Peiang und Scholz, Sebastian (2018): Rekrutierung von Beschäftigten am Beispiel Amazon. Universität Göttingen: Hausarbeit zur Lehrforschung II; Master Arbeit in Betrieb und Gesellschaft.

Krings, Torben (2020): 'Good' Bad Jobs? The Evolution of Migrant Low-Wage Employment in Germany (1985–2015). In: *Work, Employment and Society* 35 (3), S. 527–544.

Kunstmann, Nils (2021): Arbeiten bei Amazon. Universität Hamburg: Hausarbeit, Fachbereich Sozialökonomie.

Kurz, Constanze (1999): Repetitivarbeit – unbewältigt. Betriebliche und gesellschaftliche Entwicklungsperspektiven eines beharrlichen Arbeitstyps. Berlin: Sigma.

Lackner, Helmut (2004): Ein „blutiges Geschäft". Kommunale Vieh- und Schlachthöfe im Urbanisierungsprozess des 19. Jahrhunderts. Ein Beitrag zur Geschichte der städtischen Infrastruktur. In: *Technikgeschichte* 71 (2), S. 89–138.

Leisegang, Daniel (2014): Amazon. Das Buch als Beute. Stuttgart: Schmetterling.

Lokshina, Yulia (2020): Regeln am Band, bei hoher Geschwindigkeit. München: wir Film.

Löw, Neva (2021): Arbeitskämpfe im Migrationsregime nach 2015. Ein Streik bei Amazon. In: Sonja Buckel, Laura Graf, Judith Kopp, Neva Löw und Maximilian Pichl (Hg.): Kämpfe um Migrationspolitik seit 2015. Zur Transformation des europäischen Migrationsregimes. Bielefeld: transcript, S. 157–187.

Löw, Neva; Birke, Peter (2021): Gewerkschaften und Rassismus. Eine Literaturübersicht. Berlin: DeZim-Institut für Migrationsforschung, Manuskript.

Lübker, Malte; Zucco, Aline (2020): Was ist wichtig? Die Corona-Pandemie als Impuls zur Neubewertung systemrelevanter Sektoren. In: *WSI-Mitteilungen* 73 (6), S. 472–524.

Lüdtke, Alf (1993): Eigen-Sinn. Fabrikalltag, Arbeitererfahrungen und Politik vom Kaiserreich bis in den Faschismus. Hamburg: Ergebnisse.

Luxemburg, Rosa (1990): Gesammelte Werke. Band 5. Berlin: Dietz.
Maaroufi, Mouna (2020): Zwischen Verwertung und Abwertung von Arbeitsvermögen: Aneignung und Aushandlung von Wissen in Integrationsinfrastrukturen. In: *Widersprüche* 40 (2), S. 11–24.
Marchart, Oliver (2013): Die Prekarisierungsgesellschaft. Prekäre Proteste. Politik und Ökonomie im Zeichen der Prekarisierung. Bielefeld: transcript.
Marchington, Mick; Grimshaw, Damien; Rubery, Jill; Wilmott, Hugh (Hg.) (2004): Fragmenting Work. Blurring Organizational Boundaries and Disordering Hierarchies. London: Oxford University Press.
Marx, Karl (1982): Das Kapital. Erster Band. Berlin (DDR): Dietz.
Marx, Karl; Engels, Friedrich (1976): Mars Engels Werke. Band 1. Berlin (DDR): Dietz.
Matuschek, Ingo; Kleemann, Frank; Voß, Günter G. (2008): Subjektivierte Taylorisierung als Beherrschung der Arbeitsperson. In: *PROKLA. Zeitschrift für kritische Sozialwissenschaft* 38 (150), S. 49–64.
May, Günther (2000): Erzählungen in qualitativen Interviews: Konzepte, Probleme, soziale Konstruktionen. In: *Sozialer Sinn* 1 (1), S. 135–151.
Mayer-Ahuja, Nicole (2003): Wieder dienen lernen? Vom westdeutschen „Normalarbeitsverhältnis" zu prekärer Beschäftigung seit 1973. Baden-Baden: Sigma.
Mayer-Ahuja, Nicole (2011): Grenzen der Homogenisierung. IT-Arbeit zwischen ortsgebundener Regulierung und transnationaler Unternehmensstrategie. Frankfurt a.M. u.a.: Campus.
Mayer-Ahuja, Nicole (2012): Arbeit, Unsicherheit, Informalität. In: Klaus Dörre, Dieter Sauer und Volker Wittke (Hg.): Kapitalismustheorie und Arbeit. Neue Ansätze soziologischer Kritik. Frankfurt a.M. u.a.: Campus, S. 289–301.
Mayer-Ahuja, Nicole (2017): Die Globalität unsicherer Arbeit als konzeptionelle Provokation: Zum Zusammenhang zwischen Informalität im Globalen Süden und Prekarität im Globalen Norden. In: *Geschichte und Gesellschaft* (2), S. 264–296.
Mayer-Ahuja, Nicole (2020a): „Solidarity" in times of Corona?! Of Migrant Ghettos, Low-Wage Heroines, and Empty Public Coffers. In: Andreas Eckert und Felicitas Hentschke. Berlin, Boston: De Gruyter, S. 19–22.
Mayer-Ahuja, Nicole (2020b): Stellungnahme zur schriftlichen Anhörung der Mindestlohn-Kommission. Göttingen: SOFI. http://sofi.uni-goettingen.de/fileadmin/Nicole_Mayer-Ahuja/Stellungnahme_Mindestlohn_Mayer-Ahuja__.pdf.
Mayer-Ahuja, Nicole; Wolf, Harald (2005): Einleitung. In: Nicole Mayer-Ahuja und Harald Wolf (Hg.): Entfesselte Arbeit – neue Bindungen. Grenzen der Entgrenzung in der Medien- und Kulturindustrie. Berlin: Sigma, S. 11–23.
Mayer-Ahuja, Nicole; Nachtwey, Oliver (Hg.) (2021): Verkannte Leistungsträger:innen. Berichte aus der Klassengesellschaft. Frankfurt a.M.: Suhrkamp.
Mayring, Phillip (1991): Qualitative Inhaltsanalyse. In: Uwe Flick, Ernst von Kardorff, Heiner Keupp, Lutz von Rosenstiel und Stephan Wolff (Hg), Handbuch qualitative Forschung: Grundlagen, Konzepte, Methoden und Anwendungen, München, S. 209–213.

Mayring, Phillip (2015): Qualitative Inhaltsanalyse: Grundlagen und Techniken. Weinheim: Beltz.

McMichael, Philip (1990): Incorporating Comparison within a World-Historical Perspective: An Alternative Comparative Method. In: *American Sociological Review* 55 (3), S. 385–397.

Mense-Petermann, Ursula (2018): Eastern European Service Contract Workers in the German Meat Industry: A Case Study in Market Making of a Transnational Labor Market. In: *ZiF-Mitteilungen* (2), S. 23–31.

Mertin, Janos (2020): Eine Neuvermessung von Qualifikation am Beispiel der deutschen Fleischindustrie. Universität Göttingen: Masterarbeit.

Meuser, Michael; Nagel, Ulrike (2002): ExpertInneninterview – vielfach erprobt, wenig bedacht. Ein Beitrag zur qualitativen Methodendiskussion. In: Alexander Bogner, Beate Littig und Wolfgang Menz (Hg.): Das Experteninterview. Theorie, Methode, Anwendung. Wiesbaden: Springer VS, S. 71–94.

Mezzadra, Sandro; Neilson, Brett (2013): Border as Method, or, the Multiplication of Labor. Durham: Duke University Press.

Mies, Maria (2009): Hausfrauisierung, Globalisierung, Subsistenzperspektive. In: Marcel van der Linden und Karl Heinz Roth (Hg.): Über Marx hinaus. Arbeitsgeschichte und Arbeitsbegriff in der Konfrontation mit den globalen Arbeitsverhältnissen des 21. Jahrhunderts. Hamburg, Berlin: Assoziation.A, S. 257–290.

Minssen, Heiner (2006): Arbeits- und Industriesoziologie. Eine Einführung. Frankfurt a.M. u.a.: Campus.

Mitglieder des Soli-Kreises Neupack (Hg.) (2014): 9 Monate Streik bei Neupack. 01.11.2012-09.08.2013. Berlin: Buchmacherei.

Morrison, Claudio; Sacchetto; Devi; Cretu, Olga (2013): International Migration and Labour Turnover: Workers' Agency in the Construction Sector of Russia and Italy. In: *Studies of Transition States and Societies* 5 (2), S. 7–20.

Morrison, Claudio; Sacchetto, Devi; Croucher, Richard (2020): Migration, Ethnicity and Solidarity: 'Multinational Workers' in the Former Soviet Union. In: *British Journal of Industrial Relations* 58 (4), S. 761–784.

Muy, Sebastian (2020): Verwertung ≤ Entrechtung. Ein Blick auf die Debatte um Migration und Arbeit in Sozial.Geschichte Online nach dem „Migrationspaket" vom 7. Juni 2019. In: *Sozial.Geschichte Online* (26), S. 71–89.

Nachtwey, Oliver; Staab, Philipp (2015): Die Avantgarde des digitalen Kapitalismus. In: *Mittelweg 36* 24 (6), S. 59–84.

Neuhauser, Johanna (2018): „ The Crisis Is Over? Maybe for the Rich, But Not for Us!" Latin American Migrants' Responses to the (Post-) Crisis Discourse in Spain. In: *Sociology* 52 (3), S. 448–463.

Neuhauser, Johanna (2019a): Die Dauerkrise migrantischer Arbeit. Eine geschlechtertheoretische Analyse von Krisenwahrnehmungen lateinamerikanischer Arbeitsmigrant_innen in Spanien. In: Carina Book, Nikolai Huke, Sebastian Klauke und Olaf Tietje (Hg.): Alltägliche Grenzziehungen. Das Konzept der „imperialen Lebensweise", Externalisierung und exklusive Solidarität. Münster: Westfälisches Dampfboot, S. 186–206.

Neuhauser, Johanna (2019b): Die Funktion migrantischer Arbeit: Zur Aktualität klassischer Segmentationstheorien. In: *Kurswechsel* (3), S. 13–22.

Neuhauser, Johanna; Birke, Peter (2021): Migrantische Arbeit unter Covid-19: Leerstellen in der Arbeitssoziologie. In: *AIS-Studien* 14 (2). https://www.arbsoz.de/ais-studien-leser/351-migrantische-arbeit-unter-covid-19.

Nowak, Jörg (2020): Arbeitskämpfe in Europa: Neubeginn einer Bewegung oder letztes Aufbäumen? In: *Berliner Gazette*, 09.09.2020. https://berlinergazette.de/arbeitskaempfe-in-europa-neubeginn-einer-bewegung-oder-letztes-aufbaeumen.

Owczarek, Dominik; Chełstowska, Agata (2018): Amazon in Polen: Arbeitsbedingungen und Arbeitsbeziehungen. Warschau: Friedrich-Ebert-Stiftung.

Peck, Jamie (1996): Work-Place. The Social Regulation of Labor Markets. New York: Guilford Press.

Pickvance, Christopher G. (2001): Four varieties of comparative analysis. In: *Journal of Housing and the Built Environment* 16 (1), S. 7–28.

Piore, Michael J. (1979): Birds of passage. Migrant labor and industrial societies. Cambridge: Cambridge University Press.

Popitz, Heinrich; Bahrdt, Hans Paul; Jüres, Ernst August; Kesting, Hanno (1957): Das Gesellschaftsbild des Arbeiters. Soziologische Untersuchungen in der Hüttenindustrie. Tübingen: Mohr.

Poulantzas, Nicos (2002): Staatstheorie. Hamburg: VSA.

Pries, Ludger (2011): Transnationalisierung der sozialen Welt als Herausforderung und Chance. In: Heinrich-Böll-Stiftung (Hg.): Transnationalismus & Migration. Berlin: Heinrich-Böll-Stiftung, S. 8–18. https://heimatkunde.boell.de/sites/default/files/dossier_transnationalismus_und_migration.pdf.

Pries, Ludger (2017): Arbeitsmigration. In: Hartmut Hirsch-Kreinsen und Heiner Minssen (Hg.): Lexikon der Arbeits- und Industriesoziologie. 2. Auflage. Baden-Baden: Nomos, S. 57–59.

Reese, Ellen (2020): Gender, Race, and Amazon Warehouse Labor in the United States. In: Alimahomed-Wilson und Reese, The Cost of Free Shipping, S. 102–115.

Refslund, Bjarke (2013): Udflytning af danske slagteriarbejdspladser. Europæisk pres på det danske arbejdsmarked. In: *Tidsskrift for Arbejdsliv* 15, S. 52–71.

Riedner, Lisa (2018): Arbeit! Wohnen! Urbane Auseinandersetzungen um EU-Migration. Münster: Assemblage.

Rifkin, Jeremy (2001): Das Imperium der Rinder. Der Wahnsinn der Fleischindustrie. Frankfurt a.M. u.a.: Campus.

Robin, Maxime (2021): Pourquoi les syndicats américains ont perdu face à Amazon. In: *Le Monde Diplomatique*, Mai 2021, S. 4–5. https://www.monde-diplomatique.fr/2021/05/ROBIN/63034.

Roediger, David E. (2007): The Wages of Whiteness: Race and the Making of the American Working Class. 3. Aufl., London, New York: Verso.

Roth, Karl Heinz (Hg.) (1994): Die Wiederkehr der Proletarität. Dokumentation der Debatte. Köln: ISP.

Roth, Karl Heinz; van der Linden, Marcel (2009): Ergebnisse und Perspektiven. In: Marcel van der Linden und Karl Heinz Roth (Hg.): Über Marx hinaus.

Arbeitsgeschichte und Arbeitsbegriff in der Konfrontation mit den globalen Arbeitsverhältnissen des 21. Jahrhunderts. Hamburg, Berlin: Assoziation.A, S. 557–600.

Rüb, Stefan (2021): Digitalisierung als Konfliktfeld betrieblicher Arbeitsbeziehungen. In: Stefan Rüb, Kristin Carls, Martin Kuhlmann, Berthold Vogel und Svetlan Winter (Hg.): Digitalisierungskonflikte. Eine empirische Studie zu interessenpolitischen Auseinandersetzungen und Aushandlungen betrieblicher Digitalisierungsprozesse. Düsseldorf: Hans-Böckler-Stiftung, S. 137–167.

Samers, Michael; Collyer, Michael (2017): Migration. London: Routledge.

Sassen, Saskia (1991): The Global City. New York, London, Tokyo. Princeton: Princeton University Press.

Schaupp, Simon (2021): Algorithmic Integration and Precarious (Dis)-Obedience: On the Co-Constitution of Migration Regime and Workplace Regime in Digitalised Manufacturing and Logistics. In: *Work, Employment and Society*. Doi: 10.1177/09500170211031458.org.

Scheel, Stephan (2015): Das Konzept der Autonomie der Migration überdenken? Yes, please! In: *movements. Journal for Critical Migration and Border Regime Studies* 1 (2), S. 1–15. https://movements-journal.org/issues/02.kaempfe/14.scheel--autonomie-der-migration.pdf.

Scherschel, Karin (2016): Citizenship by work? Arbeitsmarkpolitik im Flüchtlingsschutz zwischen Öffnung und Selektion. In: *PROKLA. Zeitschrift für kritische Sozialwissenschaft* 46 (2), S. 245–265.

Schmalz, Stefan; Dörre, Klaus (2014): Der Machtressourcenansatz: Ein Instrument zur Analyse gewerkschaftlichen Handlungsvermögens. In: *Industrielle Beziehungen* 21 (3), S. 217–237.

Schmidt, Werner (2020): Geflüchtete im Betrieb: Integration und Arbeitsbeziehungen zwischen Ressentiment und Kollegialität. Bielefeld: transcript.

Schorlau, Wolfgang (2013): Am zwölften Tag. Denglers siebter Fall. Kriminalroman. Köln: KiWi.

Settele, Veronika (2020): Revolution im Stall. Landwirtschaftliche Tierhaltung in Deutschland, 1945–1990. Göttingen: Vandenhoeck & Ruprecht.

Silver, Beverly J. (2003): Forces of Labor. Workers' Movements and Globalization since 1870. Cambridge: Cambridge University Press.

Silver, Beverly J. (2004): The Time-Space Mapping of World Labor Unrest. University of California, Riverside: Konferenzbeitrag. https://irows.ucr.edu/conferences/globgis/papers/silver.htm.

Sinclair, Upton (2020): Der Dschungel. Roman. 4. Auflage. Zürich: Unionsverlag.

Staab, Philipp (2016): Jenseits von Industrie 4.0. Einfacharbeit in der Industrie, Rezension zu: Abel et al. (2014). In: *Soziopolis*. https://www.soziopolis.de/lesen/buecher/artikel/jenseits-von-industrie-40.

Stache, Christian; Bernhold, Christin (2021): The bourgeois meat hegemony. A contribution to explaining the persistence of animal super-exploitation in capitalism. In: *Österreichische Zeitschrift für Soziologie*. 46, S. 167–186.

Standing, Guy (2011): The Precariat. The New Dangerous Class. London: Bloomsbury.

Streckeisen, Peter (2008): Die zwei Gesichter der Qualifikation. Eine Fallstudie zum Wandel von Industriearbeit. Konstanz: UVK.

Streeck, Wolfgang (2013): Gekaufte Zeit. Die vertagte Krise des demokratischen Kapitalismus. Berlin: Suhrkamp.

Thompson, Edward Palmer (1971): The Moral Economy of the English Crowd in the Eighteenth Century. In: *Past & Present* (50), S. 76–136.

Tilly, Charles (1984): Big Structures, Large Processes, Huge Comparisons. New York: Russell Sage Foundation.

Trede, Oliver (2015): Zwischen Misstrauen, Regulation und Integration. Gewerkschaften und Arbeitsmigration in der Bundesrepublik und in Großbritannien in den 1960er und 70er Jahren. Paderborn: Ferdinand Schöningh.

Tronti, Mario (1964): Lenin in England. In: *Classe Operaia* 1 (1). https://www.wildcat-www.de/dossiers/operaismus/c01_tron.htm.

Wagner, Ines (2018): Workers without Borders: Posted Work and Precarity in the EU. Ithaka / London.

Wagner, Ines; Refslund, Bjarke (2016): Understanding the diverging trajectories of slaughterhouse work in Denmark and Germany: A power resource approach. In: *European Journal of Industrial Relations* 22 (4), S. 335–351.

Waldinger, Roger David; Lichter, Michael Ira (2003): How the other half works. Immigration and the social organization of labor. Berkeley: University of California Press.

Wandler, Reiner (2014): In der Mitte der tunesischen Gesellschaft. In: *Magazin Mitbestimmung*, (12). https://www.boeckler.de/de/magazin-mitbestimmung-2744-in-der-mitte-der-tunesischen-gesellschaft-4930.htm.

Waterman, Peter (1993): Social-Movement Unionism: A New Union Model for a New World Order? In: *Review* 16 (Fernand-Braudel-Center) (3), S. 245–278.

Weinkopf, Claudia (2018): Arbeitsbedingungen in der Fleischwirtschaft im Vergleich. In: *Zeitschrift für Arbeitswissenschaft* 72 (3), S. 213–216.

Weinkopf, Claudia; Hüttenhoff, Frederic (2017): Der Mindestlohn in der Fleischwirtschaft. In: *WSI-Mitteilungen* (7), S. 533–539.

Whittal, Michael; Trinczek, Rainer (2019): Where is the Industrial Relations Meat in the German Pork Industry? In: *Giornale di diritti di lavore e di relazioni industriale* 164 (4), S. 695–712.

Wildcat (2005): „Forces of Labor". Interview with Beverly J. Silver. In: *Wildcat*. www.wildcat.de/dossiers/forcesoflabor/bs_interview.htm.

Wills, Jane; Datta, Kavita; Evans, Yara; Herbert, Joanna; May, Jon; McIlwaine, Cathy (2009): Global Cities At Work. New Migrant Divisions of Labour. London: Pluto Press.

Winker, Gabriele (2015): Care Revolution. Schritte in eine solidarische Gesellschaft. Bielefeld: transcript.

Winker, Gabriele; Degele, Nina (2009): Intersektionalität: Zur Analyse sozialer Ungleichheiten. Bielefeld: transcript.

Witzel, Andreas (2000): Das problemzentrierte Interview. In: *Forum Qualitative Sozialforschung*. https://www.qualitative-research.net/index.php/fqs/article/view/1132.

Wolf, Harald (1999): Arbeit und Autonomie. Ein Versuch über die Widersprüche und Metamorphosen kapitalistischer Produktion. Münster: Westfälisches Dampfboot.

Wolf, Harald (2018): Auf der Suche nach der fragmentierten Arbeit. Über produktive Irritationen im Sekundäranalyselabor. In: *Arbeits-und Industriesoziologische Studien* 11 (1), S. 76–90. https://www.arbsoz.de/ais-studien-leser/75-auf-der-suche-nach-der?file=files/downloads/ais-studien/AIS-18-01-06_Wolf.pdf.

Wolf, Harald (2019): Fragmentierte Arbeit im Postfordismus: Übersehene Wechselwirkungen zwischen betrieblicher und überbetrieblicher Rationalisierung in der Automobilindustrie. In: Wolfgang Dunkel, Heidemarie Hanekop und Nicole Mayer-Ahuja (Hg.): Blick zurück nach vorn. Sekundäranalysen zum Wandel von Arbeit nach dem Fordismus. Frankfurt a.M. u.a.: Campus, S. 135–174.

Medienberichte

Arden, Marcus; Müller, Stefanie-Claudia (2020): Tönnies will Schlachthof in Spanien bauen. In: *top agrar*, 25.09.2020. https://www.topagrar.com/schwein/news/toennies-will-schlachthof-in-spanien-bauen-12360669.html.

Armour, Robert (2018): Human slaves used in charity bag scam. In: *TFN*, 16.01.2018. https://tfn.scot/news/human-slaves-used-in-charity-bag-scam.

Alboga, Ismahan; Angeloudis, Efthymis (2021): Vorwurf des Leistungsmissbrauchs. Diskriminieren die Jobcenter EU-Ausländer? In: *rbb24*, 11.03.2021. https://www.rbb24.de/panorama/beitrag/2021/03/diskriminierung-arbeitsagentur-eu-buerger-leistungsmissbrauch.html.

Alvares de Souza Soares, Philipp (2020): Corona-Ausbruch in Amazon-Versandzentrum bei Hamburg. In: *Manager Magazin*, 24.04.2020. https://www.manager-magazin.de/unternehmen/amazon-corona-ausbruch-im-versandzentrum-winsen-an-der-luhe-a-0222c6c0-1c03-471e-84b1-1df4f8f1375d.

Antena 3 (2020): Marturii teribile din fermele germane. In: *Youtube*, 19.04.2020. https://www.youtube.com/watch?v=NsHnL_Klzq0.

Bach, Steffen (2020): Handel mit Schweinefleisch. China sperrt Tönnies. In: *fleischwirtschaft*, 23.06.2020. https://www.fleischwirtschaft.de/wirtschaft/nachrichten/Handel-mit-Schweinefleisch-China-sperrt-Toennies-42226.

Berndt, Christina; Friedrich, Sebastian; Grill, Markus; Jolmes, Johannes (2021): Schlecht geschützt am Arbeitsplatz. In: *Süddeutsche Zeitung*, 22.04.2021. https://www.sueddeutsche.de/gesundheit/corona-amazon-ffp2-masken-arbeitsschutz-1.5273254.

Boldt, Florian (2019): Rechte Hetze aufgedeckt. In: *Hamburger Morgenpost*, 13.07.2019. Webressource im SOFI-Projektarchiv, nicht mehr online.

Der Spiegel (2020a): Fleischfabrikschließung wegen Corona. NRW wird freiwillig keinen Cent an Tönnies zahlen, 16.07.2020. https://www.spiegel.de/wirtschaft/unternehmen/nrw-gesundheitsminister-karl-josef-laumann-draengt-auf-verbot-von-fleischindustrie-werkvertraegen-a-d1bd6a0c-cce5-400a-bf1f-b976b6f9cc48.

Der Spiegel (2020b): Nach Kritik an Unterbringung. Tönnies will Wohnungen für Arbeiter bauen, 28.07.2020. https://www.spiegel.de/wirtschaft/unternehmen/toennies-will-wohnungen-fuer-arbeiter-bauen-a-1746a3c7-72a4-4bda-9cfa-7dd50b8174c6.

Die Welt (2020): „Schließt Amazon", schrieb er wütend im Internet, 02.04.2020. https://www.welt.de/vermischtes/article206969753/Chris-Smalls-ist-das-Gesicht-des-Arbeiterprotestes-gegen-Amazon.html.

Die Zeit (2020a): Virusausbruch bei Tönnies. Laschet stellt umstrittene Corona-Äußerungen klar, 18.05.2020. https://www.zeit.de/politik/deutschland/2020-06/virusausbruch-toennies-armin-laschet-umstrittene-corona-aeusserung-schlachtbetrieb.

Die Zeit (2020b): Amazon will 100.000 neue Mitarbeiter einstellen, 14.09.2020. https://www.zeit.de/wirtschaft/unternehmen/2020-09/amazon-nordamerika-usa-kanada-stellen-mitarbeiter-corona-krise.

Dierig, Carsten; Gassmann, Michael (2021): Amazon sieht sich offiziell als Händler – nur bei Löhnen nicht. In: *Die Welt*, 31.01.2021. https://www.welt.de/wirtschaft/article205483859/Amazon-Onlinehaendler-wird-Mitglied-im-Handelsverband-Deutschland-HDE.html.

Diering, Carsten (2020): „Das Vorgehen der Politik gleicht einem Tribunal". In: *Die Welt*, 09.10.2020. https://www.welt.de/wirtschaft/article217417996/Arbeitsschutzkontrollgesetz-Das-Vorgehen-der-Politik-gleicht-einem-Tribunal.html.

Dupond, Frederik; Heide Lund, Kasper (2017): Strejke lammer Danish Crown i Horsens. In: *Danmarks Radio (Online)* 2017, 20.11.2017. https://www.dr.dk/nyheder/regionale/oestjylland/strejke-lammer-danish-crown-i-horsens.

Echtermann, Alice (2019): Nein, dieses Video zeigt keine Zuwanderung von „1000 Afrikanern", sondern Menschen auf dem Weg zur Arbeit. In: *Correctiv.org*. https://correctiv.org/faktencheck/migration/2019/07/12/nein-dieses-video-zeigt-keine-zuwanderung-von-1000-afrikanern-sondern-menschen-auf-dem-weg-zur-arbeit.

Eckert, Daniel (2018): In diesen Berufen läuft ohne Zuwanderer nichts mehr. In: *Die Welt*, 18.04.2018. https://www.welt.de/wirtschaft/article175547155/Migration-In-diesen-Jobs-sind-Auslaender-unentbehrlich.html.

Edelhoff, Johannes; Friedrich, Sebastian; Grill, Markus; Jolmes, Johannes (2021): FFP2-Masken bei Amazon unerwünscht. In: *Tagesschau*. https://www.tagesschau.de/investigativ/ndr-wdr/masken-arbeitsplatz-101.html.

Engelhard, Karla (2014): Rumänische Pässe sind begehrt. In: *Deutschlandfunk*, 20.02.2014. https://www.deutschlandfunk.de/moldawien-rumaenische-paesse-sind-begehrt.795.de.html?dram:article_id=277986.

Euronews (2020): Skandal um Erntehelfer: Kein Abstand und Arbeiten in Quasi-Quarantäne, 10.04.2020. https://de.euronews.com/2020/04/10/skandal-um-erntehelfer-kein-sicherheitsabstand-arbeit-in-quarantane.

Euronews (2021): Covid-19 auf dem Spargelhof: „Arbeitsquarantäne" in der Kritik, 12.05.2021. https://de.euronews.com/2021/05/12/covid-19-auf-dem-spargelhof-arbeitsquarantane-in-der-kritik.

Faurholt, Ingeborg D. (2017): Tillidsmand har fået advarsel: Nu strejker slagteriansatte igen. In: *Horsens Folkeblad*, 19.05.2017. https://hsfo.dk/artikel/tillidsmand-har-f%C3%A5et-advarsel-nu-strejker-slagteriansatte-igen.

Finanznachrichten.de (2020): Längere Lieferzeiten bei großen Onlineshops wegen Corona, 28.04.2020. https://www.finanznachrichten.de/nachrichten-2020-04/49498781-laengere-lieferzeiten-bei-grossen-onlineshops-wegen-corona-shopping-schock-bei-amazon-007.html.

Fisser, Dirk (2020): Tönnies warnt vor Werkvertrags-Verbot – und will Mindestlohn von 12 Euro. In: *Neue Osnabrücker Zeitung*, 20.05.2020. www.noz.de/deutschland-welt/wirtschaft/artikel/2055971/toennies-warnt-vor-werkvertrags-verbot-und-will-mindestlohn-von-zwoelf-euro.

Franceinfo (2020): Covid-19 : deux syndicats d'Amazon dénoncent des „risques" de contamination dans les entrepôts, 18.11.2020. https://www.francetvinfo.fr/sante/maladie/coronavirus/covid-19-deux-syndicats-d-amazon-denoncent-des-risques-de-contamination-dans-les-entrepots_4186085.html.

Frankfurter Allgemeine Zeitung (2015): Daimler-Chef Zetsche: Flüchtlinge könnten Wirtschaftswunder bringen, 15.09.2015. https://www.faz.net/aktuell/technik-motor/iaa/daimler-chef-zetsche-fluechtlinge-koennten-neues-wirtschaftswunder-ausloesen-13803671.html.

Frankfurter Allgemeine Zeitung (2020): Illegale Arbeitnehmer sollen auch bei Tönnies beschäftigt sein, 23.09.2020. www.faz.net/aktuell/wirtschaft/illegale-leiharbeit-razzien-in-der-fleischindustrie-16966856-p2.html.

Freitas, Tanita (2020): 20% of meat plant workers infected with Covid in large exporter Brazil, unions says. In: *Insurance Journal Magazine*, 19.08.2020. https://www.theguardian.com/environment/2020/may/20/its-a-terrible-way-to-go-for-9-an-hour-fear-at-meat-plant-after-three-deaths-coronavirus.

Friedrich, Sebastian (2020): Proteste bei Amazon. Gegen den übermächtigen Riesen. In: *WOZ. Die Wochenzeitung*, 04.06.2020 (23). https://www.woz.ch/2023/proteste-bei-amazon/gegen-den-uebermaechtigen-riesen.

Friedrich, Sebastian; Jolmes, Johannes (2020): Amazon: Der Vorgesetzte sieht alles. In: *ARD*, 15.10.2020. https://daserste.ndr.de/panorama/archiv/2020/Amazon-Der-Vorgesetzte-sieht-alles,amazon430.html.

Fung, Brian (2020): Amazon Workers to Stage a Walkout Monday, Demanding Closure of Staten Island Facility. In: *CNN Business*, 30.03.2020. https://edition.cnn.com/2020/03/29/tech/amazon-workers-walkout-coronavirus/index.html.

Gärtner, Markus (2020a): Coronavirus: Kritik und Proteste gegen Amazon Frankreich. In: *Amazon WatchBlog*, 20.03.2020. https://www.amazon-watchblog.de/kritik/2094-coronavirus-kritik-und-proteste-gegen-amazon-frankreich.html.

Gärtner, Markus (2020b): Tod durch Coronavirus: US-Mitarbeiter klagen gegen Amazon. In: *Amazon WatchBlog*, 04.06.2020. https://www.amazon-watchblog.de/kritik/2183-coronavirus-mitarbeiter-klagen-amazon.html.

Gärtner, Markus (2020c): Wegen steigender Corona-Fälle: Amazon-Betriebsrat Bad Hersfeld gegen Neueinstellungen. In: *Amazon WatchBlog*, 11.06.2020. https://www.amazon-watchblog.de/kritik/2194-corona-faelle-amazon-betriebsrat-bad-hersfeld-neueinstellungen.html.

Gärtner, Markus (2020d): 1.400 neue Mitarbeiter pro Tag. Wird Amazon der größte private Arbeitgeber der Welt? In: *Amazon WatchBlog*, 30.11.2020. https://www.amazon-watchblog.de/unternehmen/2431-neue-mitarbeiter-amazon-groesste-private-arbeitgeber-welt.html.

Gienke, Eckart (2020): 6 Corona-Fälle bei Blohm und Voss. Corona könnte sich in Werkarbeiterunterkünften ausgebreitet haben. In: *Die Welt*, 06.08.2020.

https://www.welt.de/regionales/hamburg/article213044888/60-Corona-Faelle-bei-Blohm-Voss-Hat-sich-Virus-in-Werkarbeiterunterkuenften-ausgebreitet.html.

Goebel, Jacqueline (2020): Ging der Corona-Boom zulasten der Arbeitnehmer? In: *Wirtschaftswoche*, 13.08.2020. https://www.wiwo.de/my/unternehmen/handel/amazon-ging-der-corona-boom-zulasten-der-arbeitnehmer/26088602.html.

Götzke, Manfred (2020): Niedriglohnsektor. Abgezockt, betrogen, gefährdet – Rumänen und Bulgaren in Deutschland. In: *Deutschlandfunk*, 23.05.2020. www.deutschlandfunk.de/niedriglohnsektor-abgezockt-betrogen-gefaehrdet-rumaenen.1775.de.html?dram:article_id=477011.

Graaf, Nicole (2017): Syrische Flüchtlinge in der Türkei. Ohne Rechte und ohne Geld. In: *Deutschlandfunk Kultur*, 04.07.2017. https://www.deutschlandfunk-kultur.de/syrische-fluechtlinge-in-der-tuerkei-ohne-rechte-und-ohne.979.de.html?dram:article_id=389061.

Greffrath, Mathias (2018): Marx und die „Akkumulation". Die große Verwertung geht immer weiter. In: *Deutschlandfunk Kultur,* 20.04.2018. https://www.deutschlandfunkkultur.de/marx-und-die-akkumulation-die-grosse-verwertung-geht-immer.1005.de.html?dram:article_id=416060.

Handelsblatt (2021): Amazon will 5000 neue Mitarbeiter in Deutschland einstellen, 26.03.2021. https://www.handelsblatt.com/unternehmen/handel-konsumgueter/onlineversandhandel-amazon-will-5000-neue-mitarbeiter-in-deutschland-einstellen/27044070.html.

Hecking, Claus (2020): Zahl der Corona-Fälle bei Amazon schnellt hoch. In: *Der Spiegel*, 09.06.2020. https://www.spiegel.de/wirtschaft/unternehmen/amazon-in-bad-hersfeld-mindestens-17-corona-faelle-a-964bdeaf-2b54-4630-8499-2ae09b04dad9.

Hecking, Claus; Klawitter, Nils (2020): Der Sumpf von Weißenfels. In: *Der Spiegel*, 23.09.2020. www.spiegel.de/wirtschaft/soziales/razzia-in-der-fleischindustrie-der-sumpf-von-weissenfels-a-c82d7da6-7352-45ca-995b-61379778a966.

Hecking, Klaus; Horchert, Judith (2020): Packen am laufenden Band – trotz Corona. In: *Der Spiegel*, 25.03.2020. https://www.spiegel.de/wirtschaft/unternehmen/corona-krise-und-amazon-packen-am-laufenden-band-trotz-virus-a-ad64a62c-79b1-4a53-bf3f-417aebe0296d.

Hersfelder Zeitung (2020): Verdi kündigt coronagerechten Streik bei Amazon in Bad Hersfeld an, 29.06.2020. https://www.hersfelder-zeitung.de/bad-hersfeld/streik-corona-amazon-bad-hersfeld-verdi-13814288.html.

Hessische/Niedersächsische Allgemeine (2019): Museum Friedland und Niedersachsen-Bündnis veranstalten Aktionstag Migration, 20.08.2019. https://www.hna.de/lokales/goettingen/goettingen-ort28741/museum-friedland-und-niedersachsen-buendnis-veranstalten-aktionstag-migration-12927576.html.

Hofgeismar Aktuell (2017): Gelungene Arbeitsintegration von 20 Flüchtlingen, 19.12.2017. http://www.hofgeismar-aktuell.de/startseite_artikel,-Gelungene-Arbeitsintegration-von-20-Fluechtlingen-_arid,582006.html.

Inclusiv (2020): Muncitori români din Germania, sechestrați și obligați să muncească, 28.04.2020. https://inclusiv.ro/exploatare-in-timp-de-pandemie/.

Kaiser, Heinrich (2020): Leiharbeit: Danish Crown lenkt ein. In: *OM online*, 16.11.2020. https://www.om-online.de/om/leiharbeit-danish-crown-lenkt-ein-54846.

KA-News (2013): Kein Lohn: Ungarische Schlachter protestieren in Pforzheim, 03.09.2013. www.ka-news.de/region/pforzheim/Pforzheim~/Kein-Lohn-Ungarische-Schlachter-demonstrieren-in-Pforzheim;art6217,1216178.

Kapp, Sebastian (2020a): Agrarminister Hauk besucht Müller-Fleisch und stellt sich hinter Firma und Landratsamt. In: *Badische Neueste Nachrichten*, 25.05.2020. https://bnn.de/pforzheim/enzkreis/agrarminister-hauk-besucht-mueller-fleisch-und-stellt-sich-hinter-firma-und-landratsamt.

Kapp, Sebastian (2020b): Harsche Kritik an Hauk-Äußerungen nach Besuch bei Müller-Fleisch. In: *Badische Neueste Nachrichten*, 26.05.2020. https://bnn.de/pforzheim/enzkreis/harsche-kritik-an-hauk-ausserungen-nach-besuch-bei-mueller-fleisch.

Keuchel, Jan; Verfürden, Michael (2020a): Was es mit den 15 neuen Tochterfirmen bei Tönnies auf sich hat. In: *Handelblatt*, 30.07.2020. https://www.handelsblatt.com/unternehmen/handel-konsumgueter/fleischbranche-toennies-production-i-xv-was-es-mit-den-15-neuen-tochterfirmen-auf-sich-hat/26050368.html.

Keuchel, Jan; Verfürden, Michael (2020b): Wie Tönnies mit Amazon um Arbeitskräfte ringt. In: *Handelsblatt*, 16.08.2020. https://www.handelsblatt.com/unternehmen/handel-konsumgueter/aus-fuer-werkvertraege-wie-toennies-mit-amazon-um-arbeitskraefte-ringt/26085412.html?ticket=ST-14317804-mba6DhHnf-wxlQIyNqTDF-ap3.

Kirchhoff, Stefan (2018): Geflüchtete in Betrieben: Veranstaltung von Verdi in Göttingen. In: *Göttinger Tageblatt*, 14.11.2018. https://www.goettinger-tageblatt.de/Nachrichten/Wirtschaft/Regional/Gefluechtete-in-Betrieben-Veranstaltung-von-Verdi-in-Goettingen.

Klawitter, Nils (2020): Müller-Fleisch. Die Fabrik der Infizierten. In: *Der Spiegel*, 02.05.2020. www.spiegel.de/wirtschaft/unternehmen/mueller-fleisch-in-pforzheim-die-fabrik-dercorona-infizierten-a-fd3985b2-1191-479a-b2fa-063bd7192f05.

Klimpel, Lena (2020): Angesteckt bei Amazon. In: *ARD*, 25.05.2020. https://www.tagesschau.de/investigativ/amazon-corona-101.html.

Klocke, Katharina (2011): Protestmarsch der Griechen bis Friedland. In: *Göttinger Tageblatt*, 10.03.2011. https://www.goettinger-tageblatt.de/Thema/Specials/Goettinger-Zeitreise/Protestmarsch-der-Griechen-bis-Friedland.

Knop, Carsten; Gropp, Martin (2013): Ausnahmezustand bei Amazon. In: *Frankfurter Allgemeine Zeitung*, 14.12.2013. https://www.faz.net/aktuell/wirtschaft/arbeitsbedingungen-amazon-im-ausnahmezustand-12080623.html.

Kooroshy, Kaveh (2017): Amazon: Verstöße gegen Mitarbeiterrechte. In: *NDR*, 12.12.2017. https://www.ndr.de/fernsehen/sendungen/panorama3/Amazon-Verstoesse-gegen-Mitarbeiterrechte,amazon278.html.

Kopf, Edith (2020): Corona-Quarantäne für Mitarbeiter von Müller-Fleisch kostet 250.000 Euro pro Woche. In: *Badische Neueste Nachrichten*, 08.05.2020. https://bnn.de/pforzheim/corona-quarantaene-fuer-mitarbeiter-von-mueller-fleisch-kostet-bis-zu-250000-euro-pro-woche.

Körner, Neele (2019): Werkvertragsarbeiter-Unterkünfte in Cloppenburg: „Keine Transparenz bei Unterbringung". In: *NWZonline*, 22.02.2019. https://www.nwzonline.de/cloppenburg/wirtschaft/cloppenburg-werkvertragsarbeiter-unterkuenfte-in-cloppenburg-keine-transparenz-bei-unterbringung_a_50,4,47040045.html.

Kunze, Anne (2014): Die Schlachtordnung. In: *Die Zeit*, 11.12.2014. https://www.zeit.de/2014/51/schlachthof-niedersachsen-fleischwirtschaft-ausbeutung-arbeiter.

Kürbel, Christoph (2019): Arbeiten bei Amazon. Wie hoch ist der Leistungsdruck wirklich? *Funk*, 10.07.2019. https://www.youtube.com/watch?v=BkeCjQa1X7A.

Lakhani, Nina (2020): US Coronavirus Hotspots Linked to Meat Processing Plants. In: *Guardian*, 15.05.2020. https://www.theguardian.com/world/2020/may/15/us-coronavirus-meat-packing-plants-food.

Läsker, Kristina (2013): Albtraumschiffe. Arbeitsbedingungen auf Werften. In: *Süddeutsche Zeitung*, 18.07.2013. https://www.sueddeutsche.de/wirtschaft/werft-in-papenburg-zwei-leiharbeiter-verbrennen-in-unterkunft-1.1724314.

Lehmann, Norbert (2020): Schließung von Tönnies drückt deutsche Fleischproduktion. In: *agrar heute*, 07.08.2020. https://www.agrarheute.com/markt/tiere/schliessung-toennies-drueckt-deutsche-fleischproduktion-571679.

Maillasson, Hélène (2020): Nur 30 festangestellte Mitarbeiter: Amazon startet in Völklingen mit vielen Leiharbeitern. In: *Saarbrücker Zeitung*, 27.08.2020. https://www.saarbruecker-zeitung.de/saarland/saar-wirtschaft/70-prozent-leiharbeiter-zum-start-von-amazon-in-voelklingen_aid-53008245.

Manager Magazin (2020): Nach Monsterquartal erwartet Amazon ein historisches Weihnachtsgeschäft, 30.10.2020. https://www.manager-magazin.de/lifestyle/amazon-jeff-bezos-sagt-historisches-weihnachtsquartal-voraus-a-2c9702f1-1dfc-47d6-9a2e-6c65413fc93d.

Marin, Iulia (2020): Imaginile zilei. Aglomeratie pe aeroportul din Cluj. Libertatea, 09.04.2020. https://www.libertatea.ro/stiri/in-plina-pandemie-12-avioane-pline-cu-muncitori-romani-decoleaza-astazi-de-pe-aeroportul-din-cluj-napoca-cu-destinatia-germania-2947465.

Markert, Raphael; Neuhaus, Bernd (2020): Tönnies-Mitarbeiter berichtet über Corona-Verstöße im Mai. *WDR*, 21.06.2020. www1.wdr.de/nachrichten/landespolitik/westpol-toennies-corona-verstoesse100.html.

McSweeney, Ella; Young, Holly (2021): Revealed: exploitation of meat plant workers rife across UK and Europe. In: *Guardian*, https://www.theguardian.com/environment/2021/sep/28/revealed-exploitation-of-meat-plant-workers-rife-across-uk-and-europe.

Michel, Johanna (2021): Niedersachsen: 23 Schlachthof-Mitarbeiter mit Corona infiziert. In: *agrar heute*, 17.03.2021. https://www.agrarheute.com/management/betriebsfuehrung/niedersachsen-23-schlachthof-mitarbeiter-corona-infiziert-579247.

Michel-Berger, Simon (2020): Erntehelfer: Bund will Einreise wieder erlauben. In: *agrar heute*, 03.04.2020. https://www.agrarheute.com/politik/erntehelfer-bund-will-einreise-erlauben-566975.

Mutschler, Bernd (2020a): Corona-Ausbruch in Firma wirkt sich auf Gemeinde aus. In: *Schwarzwälder Bote*, 22.04.2020. https://www.schwarzwaelder-bote.

de/inhalt.hoefen-corona-ausbruch-in-firma-wirkt-sich-auf-gemeinde-aus.cbda4833-236f-49b3-b300-4f1b1e3e61c9.html.

Mutschler, Bernd (2020b): Corona-Ausbruch in Firma: Jetzt sprechen die Chefs. In: *Schwarzwälder Bote*, 30.04.2020. www.schwarzwaelder-bote.de/inhalt.birkenfeld-kreis-calw-corona-ausbruch-in-firma-jetzt-sprechen-die-chefs.e95aa2d6-ae46-4a68-93b5-1845ada05a3b.html.

NDR (2021): DGB und Armutskonferenz wollen mehr bezahlbaren Wohnraum. https://www.ndr.de/nachrichten/niedersachsen/DGB-und-Armutskonferenz-wollen-mehr-bezahlbaren-Wohnraum,landesarmutskonferenz104.html.

NTV (2020): Schließung wegen Corona-Fällen. Tönnies will Lohnkosten erstattet bekommen, 10.07.2020. www.n-tv.de/panorama/Toennies-will-Lohnkosten-erstattet-bekommen-article21903179.html.

Oulios, Miltiadis (2021): Systemwechsel in der Fleischindustrie? In: WDR 5, 12.04.2021. https://www1.wdr.de/radio/wdr5/sendungen/neugier-genuegt/feature-Werksvertraege-Fleischindustrie-100.html.

Pandey, Vikas (2020): Coronavirus lockdown: The Indian migrants dying to get home. In: *BBC*, 19.04.2020. https://www.bbc.com/news/world-asia-india-52672764.

Politiken (2004): Slagterier flytter job til Tyskland og Polen. In: *Politiken*, 26.11.2004. https://politiken.dk/oekonomi/art4887764/Slagterier-flytter-job-til-Tyskland-og-Polen.

PZ-News (2020a): Rumänisches Konsulat schaltet sich in Debatte um Corona-Fälle bei Müller-Fleisch ein, 28.04.2020. https://www.meinenzkreis.de/startseite_artikel,-Rumaenischer-Generalkonsul-schaltet-sich-in-Debatte-um-Corona-Faelle-bei-Mueller-Fleisch-ein-_arid,1436311.html.

PZ-News (2020b): Arbeits-Quarantäne für Müller-Fleisch wird um drei Wochen verlängert. Rund 300 der 399 infizierten Mitarbeiter genesen, 15.05.2020. www.pz-news.de/region_artikel,-Arbeits-Quarantaene-fuer-Mueller-Fleisch-wird-um-drei-Wochen-verlaengert-Rund-300-der-399-infizierten-_arid,1441306.html.

PZ-News (2020c): Vier illegal arbeitende Ghanaer bei Zoll-Kontrolle entdeckt, 29.05.2020. https://www.pz-news.de/region_artikel,-Vier-illegal-arbeitende-Ghanaer-bei-Zoll-Kontrolle-entdeckt-Mueller-Fleisch-keine-Verstoesse-in-Birk-_arid,1445167.html.

Ratcliffe, Rebacca (2020): „ We're in a prison": Singapore's migrant workers suffer as COVID-19 surges back. In: *Guardian*, 23.04.2020. https://www.theguardian.com/world/2020/apr/23/singapore-million-migrant-workers-suffer-as-covid-19-surges-back.

Reinhardt, Helmut; Wuhrer, Pit (2020): Arme Schweine. In: *Kontext. Wochenzeitung*, 27.05.2020. https://www.kontextwochenzeitung.de/wirtschaft/478/arme-schweine-1-6776.html.

Revermann, Anne-Maria (2020): Chronik zu Tönnies-Schließung in Rheda, Juni 2020. In:. *Land & Forst*. https://www.landundforst.de/landwirtschaft/betrieb/coronavirus-ausbruch-toennies-folgen-ticker-562326.

Riemann, Heike (2020): Gesundheit geht vor! Solidaritätsaktion für Beschäftigte der Fleischindustrie. In: *Kirchlicher Dienst in der Arbeitswelt der Nordkirche*. https://kda-nordkirche.de/beitrag/149.

Rohdenburg, Dierk (2020): Coronavirus im Geflügel-Schlachthof Heidemark – 270 Personen in Quarantäne. In: *MK Kreiszeitung*, 10.08.2020. https://www.kreiszeitung.de/lokales/oldenburg/grossenkneten-ort61344/heidemark-ahlhorn-gefluegelschlachtbetrieb-coronavirus-test-spaetschicht-quarantaene-infizierte-covid19-90019540.html.

Ross, Annika (2020): Corona-Effekt: Viel Aufmerksamkeit und guter Wille für Werkvertragsarbeiter. In: *EMMA*, 26.08.2020, S. 34–38. https://www.emma.de/artikel/die-frau-die-gegen-toennies-kaempft-338001.

Ruhr Nachrichten (2020): Gibt es bald keine Werkverträge in der Fleischindustrie mehr? (15.05.2020). www.ruhrnachrichten.de/nachrichten/gibt-es-bald-keine-werkvertraege-in-der-fleischindustrie-mehr-1521658.html.

Sainato, Michael (2020): „They don't care about safety": Amazon workers struggle with pandemic demand. In: *Guardian*, 18.03.2020. https://www.theguardian.com/technology/2020/mar/18/amazon-whole-foods-workers-stores-warehouses-coronavirus.

Schiermeyer, Matthias (2020): Fleischbetriebe in die Pflicht genommen. In: *Stuttgarter Zeitung*, 05.07.2020. https://www.stuttgarter-zeitung.de/inhalt.landesregierung-plant-neue-verordnung-fleischbetriebe-in-die-pflicht-genommen.976f92a0-4439-4043-9f91-7336b13f2a48.html?reduced=true.

Schiffeler, Jörg (2020): Ranking der Fleischwirtschaft 2020. Die Top 10 Gruppen. In: *fleischwirtschaft*, 11.11.2020, https://www.fleischwirtschaft.de/wirtschaft/nachrichten/Ranking-der-Fleischwirtschaft-2020-Die-Top-10-Gruppen-43296.

Schwarzwälder Bote (2020): Müller-Fleisch: 300 in Quarantäne, 12.05.2020. www.schwarzwaelder-bote.de/inhalt.birkenfeld-mueller-fleisch-300-menschen-in-quarantaene.cace7a90-c9b1-47d6-805d-ae2595f5f986.html.

Sepsi, Szabolcs (2021): Umbruch in der Schlachtindustrie. In: *Jacobin*, 25.06.2021. https://jacobin.de/artikel/schlachtindustrie-gesetz-subunternehmen-fleischindustrie-tonnies-westfleisch-vion-faire-mobilitaet-werkvertraege.

Specht, Frank (2021): Zeitarbeitsbranche legt Verfassungsbeschwerde gegen Heils Kontrollgesetz ein. In: *Handelsblatt*, 12.05.2021. https://www.handelsblatt.com/politik/deutschland/fleischindustrie-zeitarbeitsbranche-legt-verfassungsbeschwerde-gegen-heils-kontrollgesetz-ein/27183538.html?ticket=ST-11019136-9stvr4T3KcuotWv7cgwr-ap6.

Stange, Jennifer; Scholz, Nina (2020): Arbeitsbedingungen in der Corona-Krise. Wenn der Job zur Gefahr wird. In: *Deutschlandfunk*, 12.05.2020. https://www.deutschlandfunk.de/arbeitsbedingungen-in-der-coronakrise-wenn-der-job-zur.724.de.html?dram:article_id=476541.

Streib, Daniel (2020): Wegen Corona: Amazon-Standort baut Nachtschichten aus. In: *Badische Neueste Nachrichten*, 28.05.2020. https://bnn.de/pforzheim/wegen-corona-amazon-standort-pforzheim-baut-nachtschicht-aus.

Süddeutsche Zeitung (2020): Kritik an Schlachthof-Gesetz, 23.08.2020. https://www.sueddeutsche.de/wirtschaft/fleischbranche-kritik-an-schlachthof-gesetz-1.5007335.

Tagesspiegel (2020): Mittlerweile 730 Infizierte bei Tönnies – nun soll die Bundeswehr helfen, 18.06.2020. https://www.tagesspiegel.de/wissen/coronavirus-ausbruch-in-guetersloh-mittlerweile-730-infizierte-bei-toennies-nun-soll-die-bundeswehr-helfen/25930026.html.

turi2.tv (2018): Versandfabrik Amazon: Einblick in das Logistikzentrum Winsen, 27.04.2018. https://www.youtube.com/watch?v=ZacKGt6kbs8&t=134s.

Vgontzas, Nantina (2021): Amazon after Bessemer. In: *Boston Review*, 21.4.2021. https://bostonreview.net/class-inequality/nantina-vgontzas-amazon-after-bessemer.

Vorwerk, Thomas (2021): Warnstreik bei VION in Emstek. In: *OM online*, 16.04.2021. https://www.om-online.de/wirtschaft/warnstreik-bei-vion-in-emstek-68983..

WDR (2020a): 1000 Jobs bei Amazon in Oelde, 24.01.2020. https://www.youtube.com/watch?v=iPFOBhum9Ok.

WDR (2020b): Corona-Effekt: Viel Aufmerksamkeit und guter Wille für Werkvertragsarbeiter. In: *WDR*, 17.05.2020. www.wdr.de/nachrichten/westfalen-lippe/corona-situation-der-toennies-werkvertrag-arbeiter-100.html.

Westfalen-Blatt (2020): WDR: Bereits vor Corona-Ausbruch erhebliche Verstöße bei Tönnies, 20.09.2020. www.westfalen-blatt.de/Ueberregional/Nachrichten/Themen-des-Tages/4277355-Magazin-Westpol-zitiert-aus-internen-Pruefberichten-der-Bezirksregierung-Detmold-WDR-Bereits-vor-Corona-Ausbruch-erhebliche-Verstoesse-bei-Toennies.

Westfälische Nachrichten (2020): Mahnwache bei Westfleisch: „Fälle in Coesfeld sind erst der Anfang", 10.05.2020. www.wn.de/Muensterland/4198968-Interview-mit-Pfarrer-Peter-Kossen-Mahnwache-bei-Westfleisch-Faelle-in-Coesfeld-sind-erst-der-Anfang.

Winter, Thorsten (2021): Streiks begleiten „Prime-Day". „Keine Wertschätzung für Beschäftigte von Amazon". In: *Frankfurter Allgemeine Zeitung*, 21.06.2021. https://www.faz.net/aktuell/rhein-main/streiks-begleiten-den-primeday-von-amazon-in-bad-hersfeld-17399591.html.

Wise, Justin (2020): Amazon warehouse closes after first worker tests positive for coronavirus. In: *The Hill*, 19.03.2020. https://thehill.com/homenews/488381-amazon-warehouse-closes-after-first-worker-tests-positive-for-coronavirus.

Pressemitteilungen, Monitoring, Gesetzestexte, Statistiken

Amazon-Blog (2021): Glamazon: So geht Vielfalt! https://blog.aboutamazon.de/kultur-und-diversit%C3%A4t/glamazon-so-geht-vielfalt.

Amazon.com (o. J.): Unsere Unternehmensstandorte in Deutschland (2021). https://www.aboutamazon.de/arbeiten-bei-amazon/unsere-unternehmens-standorte-in-deutschland.

Amazon.com (2021a): Stellenausschreibung „Teamassistent". Webressource im SOFI-Projektarchiv, nicht mehr online.

Amazon.com (2021b): Amazon.com Announces Financial Results and CEO Transition. https://ir.aboutamazon.com/news-release/news-release-details/2021/Amazon.com-Announces-Fourth-Quarter-Results.

Amazon Workers International (2020a): Erklärung in Zeiten der Corona-Virus-Pandemie, 24.03.2020. https://amworkers.wordpress.com/2020/03/24/amazon-workers-international-erklarung-in-zeiten-der-corona-virus-pandemie/.

Amazon Workers International (2020b): Addressing the Pandemic at Amazon: Open Letter to Jeff Bezos and Stefano Perego. In: *Transnational Social Strike Platform*, 03.05.2020. https://www.transnational-strike.info/2020/05/03/addressing-the-pandemic-at-amazon-open-letter-to-jeff-bezos-and-stefano-perego.

Arbeitslosenselbsthilfe Oldenburg (2014): Demo in Emsdetten, 15. 3.: Stoppt die Ausbeutung in der Fleischindustrie. https://www.also-zentrum.de/archiv/beitrag/demo-in-emsdetten-15-3-stoppt-die-ausbeutung-in-der-fleischindustrie.html.

Assoziation für kritische Gesellschaftsforschung (2021): #ZeroCovid: Chancen und Grenzen. Mosaik-Blog (Podcast). https://mosaik-blog.at/zerocovid-chancen-und-grenzen.

Berufsgenossenschaft Nahrungsmittel und Gastgewerbe (2020): Geschäftszahlen 2019. https://www.bgn.de/?storage=3&identifier=%2F655864&eID=sixomc_filecontent&hmac=6a19551143948cee92b55baeec1a3a53c56af51a.

Birgroup (o.J.): Unternehmen. https://www.birgroup.de/unternehmen.

Birke, Peter (2021b): Abattoirs. Chopping but not changing. In: Heinrich-Böll-Stiftung et al. (Hg.): Meat Atlas. Facts and Figures about the Animals we Eat. Brüssel: Heinrich-Böll-Stiftung, S. 20–21.

Brenzel, Hanna; Brücker, Herbert; Fendel, Tanja; Guichard, Lucas; Jaschke, Philipp; Keita, Sekou et al. (2019): Flüchtlingsmonitoring: Endbericht. Berlin: Bundesministerium für Arbeit und Soziales. https://www.bmas.de/SharedDocs/Downloads/DE/Publikationen/Forschungsberichte/fb528-fluechtlings-monitoring-endbericht.pdf?__blob=publicationFile&v=1.

Brücker, Herbert; Croisier, Johannes; Kosyakova, Yuliya; Kröger, Hannes; Pietrantuono, Giuseppe; Rother, Nina; Schupp, Jürgen (2019): Zweite Welle der IAB-BAMF-SOEP-Befragung: Geflüchtete machen Fortschritte bei Sprache und Beschäftigung. IAB-Kurzbericht 3/2019. Nürnberg: IAB.

Brücker, Herbert; Fendel, Tanja; Guichard, Lucas; Gundacker, Lidwina; Jaschke, Philipp; Keita, Sekou et al. (2020): Fünf Jahre „Wir schaffen das": Eine Bilanz aus der Perspektive des Arbeitsmarktes. IAB-Forschungsbericht 11/2020. Nürnberg: IAB.

Bundeszentrale für politische Bildung (o. J.): Dossier Migration. https://www.bpb.de/gesellschaft/migration/dossier-migration.

Bund für Umwelt und Naturschutz Deutschland; Arbeitsgemeinschaft bäuerliche Landwirtschaft; Arbeitslosenselbsthilfe Oldenburg (2020): Billigproduktion gefährdet Menschenleben! Stilllegung verantwortungsloser Ernährungsbetriebe! https://www.also-zentrum.de/archiv/beitrag/Pressemitteilung.html.

Bundesagentur für Arbeit (2021a): Leben und Arbeiten in Deutschland: Westbalkan-Regelung. https://www.arbeitsagentur.de/vor-ort/zav/westbalkanregelung.

Bundesagentur für Arbeit (2021b): Migrationsmonitor – Deutschland und Länder (Monatszahlen). https://statistik.arbeitsagentur.de/Statistikdaten/Detail/Aktuell/migrationsmonitor/migrationsmonitor/migrationsmonitor-d-0-xlsx.xlsx?__blob=publicationFile&v=1.

Bundesagentur für Arbeit (2021c): Fachliche Weisungen zu SGB II, §7, Nürnberg. https://www.arbeitsagentur.de/datei/dok_ba015897.pdf.

Bundesamt für Migration und Flüchtlinge (2019): Subsidiärer Schutz. https://www.bamf.de/DE/Themen/AsylFluechtlingsschutz/AblaufAsylverfahrens/Schutzformen/SubisidiaerSchutz/subisidiaerschutz-node.html.

Bundesamt für Migration und Flüchtlinge (o.J.): Steht die Wohnsitzauflage einer Arbeitsaufnahme entgegen? https://www.bamf.de/SharedDocs/FAQ/DE/ZugangArbeitFluechtlinge/011-wohnsitzauflage-arbeitsaufnahme.html;nn=282388.

Bundesministerium für Arbeit und Soziales (2020a): Eckpunkte Arbeitsschutzprogramm Fleischwirtschaft. Berlin. https://www.bmas.de/SharedDocs/Downloads/DE/Pressemitteilungen/2020/eckpunkte-arbeitsschutzprogramm-fleischwirtschaft.pdf?__blob=publicationFile&v=1.

Bundesministerium für Ernährung und Landwirtschaft (o. J.): Preisreihen der Schlachtpreise von Schweinen und Rindern. Ausgewählte Preisreihen 2011ff. Webressource im SOFI-Projektarchiv, nicht mehr online.

Bundesregierung (2019): Geordnete-Rückkehr-Gesetz. Migration ordnen, steuern und begrenzen. https://www.bundesregierung.de/breg-de/suche/migration-ordnen-steuern-und-begrenzen-1601598.

Bundesregierung (2020): Entwurf eines Gesetzes zur Verbesserung des Vollzugs im Arbeitsschutz. Drucksache 426/20. http://dipbt.bundestag.de/dip21/brd/2020/0426-20.pdf.

Bundesverwaltungsgericht (2021): Urteil vom 27.01.2021, Aktenzeichen Az: 8 C 3.20.

Bündnis 90/Die Grünen (2020): 7-Punkte-Plan zur Verbesserung der Lage auf den Schlachthöfen. www.gruene.de/artikel/7-punkte-plan-zur-verbesserung-der-lage-in-den-schlachth%C3%B6fen.

Demary, Vera (2020): Online-Handel: Warum Corona Amazon weiter stärkt. Institut der Deutschen Wirtschaft. https://www.iwkoeln.de/fileadmin/user_upload/Studien/Kurzberichte/PDF/2020/IW-Kurzbericht_2020_Online-handel_Amazon.pdf.

Danish Crown (o.J.), Virtual Slaughterhouse. https://catalogue.danishcrown.com/info/visit-a-slaughterhouse.

Deutscher Bundestag (2016): Integrationsgesetz, 31.07.2016. In: *Bundesgesetzblatt* (Teil I Nr. 39), 1939-1949. http://www.bgbl.de/xaver/bgbl/start.xav?startbk=Bundesanzeiger_BGBl&jumpTo=bgbl116s1939.pdf.

Deutscher Bundestag (2017): Gesetz zur Sicherung von Arbeitnehmerrechten in der Fleischwirtschaft (GSA Fleisch), 17.07.2017. https://www.gesetze-im-internet.de/safleischwig/BJNR257200017.html.

Deutscher Bundestag (2019a): Fachkräfteeinwanderungsgesetz, 15.08.2019. In: *Bundesgesetzblatt* (Teil I Nr. 31), 1307-1346. http://www.bgbl.de/xaver/bgbl/start.xav?startbk=Bundesanzeiger_BGBl&jumpTo=bgbl119s1307.pdf.

Deutscher Bundestag (2019b): Zweites Gesetz zur besseren Durchsetzung der Ausreisepflicht, vom 15.08.2019. In: *Bundesgesetzblatt* (Teil I Nr. 31), 1249–1306. http://www.bgbl.de/xaver/bgbl/start.xav?startbk=Bundesanzeiger_BGBl&jumpTo=bgbl119s1294.pdf.

Deutscher Bundestag (2020a): Dokumentation. Kommunale Schlachthöfe in Deutschland. https://www.bundestag.de/resource/blob/709488/509d8dec9db105e47a7bf8d2aa2f4d1d/WD-5-077-20-pdf-data.pdf.

Deutscher Bundestag (2020b): Stenografischer Bericht der 173. Sitzung. https://dip21.bundestag.de/dip21/btp/19/19173.pdf.

Deutscher Bundestag (2020c): Antrag der Abgeordneten Ferschel et al. und der Fraktion der Linken, Arbeitsschutzkontrollgesetz nachbessern und Ausbeutung in der Fleischindustrie beenden. Drucksache 19/22488. https://dip21.bundestag.de/dip21/btd/19/224/1922488.pdf.

Deutscher Bundestag (2020d): Antwort der Bundesregierung auf die Kleine Anfrage der Abgeordneten Jutta Krellmann etc. Entwicklung der Arbeitsbedingungen in der Fleischwirtschaft (Drucksache 19/23510). https://dserver.bundestag.de/btd/19/235/1923510.pdf.

Deutscher Bundestag (2020e): Sammlung Arbeitsschutzkontrollgesetz. https://www.bundestag.de/services/suche?suchbegriff=Arbeitsschutzkontrollgesetz.

Deutscher Bundestag (2020f): Verfassungsrechtliche Aspekte eines Verbots von Werkverträgen und Leiharbeit in der Fleischindustrie. Wissenschaftliche Dienste des Deutschen Bundestags. https://www.bundestag.de/resource/blob/699552/3fa15c2ae033face24089648db9d3ea6/WD-6-053-20-pdf-data.pdf.

Deutscher Bundestag (2020): Gesetz zur Verbesserung des Vollzugs im Arbeitsschutz (Arbeitsschutzkontrollgesetz). ArSchuKonG, 22.12.2020. In: *Bundesgesetzblatt* (Teil I, Nr. 31), 3334-3343. http://www.bgbl.de/xaver/bgbl/start.xav?startbk=Bundesanzeiger_BGBl&jumpTo=bgbl120s3334.pdf.

European Federation of Food, Agricultural and Tourism Trade Unions (EFFAT) (2020): Covid-19 outbreaks in slaughterhouses and meat processing plants. State of affairs and demands for action at EU level, 7.9.2020, Brüssel: EFFAT. https://effat.org/wp-content/uploads/2020/09/Covid-19-outbreaks-in-slaughterhouses-and-meat-processing-plants-State-of-affairs-and-demands-for-action-at-EU-level-7.09.2020.pdf.

Europäische Kommission (2019): Nitrat im Grundwasser: Kommission mahnt Deutschland zur Umsetzung des EuGH-Urteils, 25.07.2019. Webressource im SOFI-Projektarchiv, nicht mehr online.

Freie Arbeiter*innen-Union Bonn (2020): Streik in Bornheim - was hat‘s gebracht? (17.06.2020). https://bonn.fau.org/streik-in-bornheim-was-hats-gebracht.

Gemeinsam gegen die Tierindustrie (2020): Tönnies Schlachtfabrik in Kellinghusen besetzt. https://gemeinsam-gegen-die-tierindustrie.org/toennies-schlachtfabrik-in-kellinghusen-besetzt-ticker.

Gewerkschaft Inicjatywa Pracownicza (2020): „2.000 Złoty für alle!“ Polnische Amazon-Arbeiter*innen fordern Bonuszahlung. https://ozzip.pl/english-news/item/2717-2-000-zloty-fuer-alle-polnische-amazon-arbeiter-innen-fordern-bonuszahlung.

Gewerkschaft Nahrung-Genuss-Gaststätten (2020): Beratung für Beschäftigte in der Fleischwirtschaft. NGG startet „Aktionswochen Fleisch“, 07.09.2020. https://www.ngg.net/alle-meldungen/meldungen-2020/ngg-startet-aktionswochen-fleisch.

Gewerkschaft Nahrung-Genuss-Gaststätten (2021a): In den Medien: Streiks und Aktionen in der Fleischindustrie. https://www.ngg.net/alle-meldungen/meldungen-2021/in-den-medien-streiks-und-aktionen-in-der-fleischindustrie.

Gewerkschaft Nahrung-Genuss-Gaststätten (2021b): Fleischindustrie. Die Aktionen gehen weiter. https://www.ngg.net/alle-meldungen/meldungen-2021/die-aktionen-gehen-weiter.

Gewerkschaft Nahrung-Genuss-Gaststätten (2021c): Fleischwirtschaft: Neuer Mindestlohn mit Stufen. Mindestens 12,30 Euro pro Stunde für Beschäftigte in deutschen Schlachthöfen und Wurstfabriken, 01.06.2021. https://www.ngg.net/presse/pressemitteilungen/2021/mindestens-1230-euro-pro-stunde-fuer-beschaeftigte-in-deutschen-schlachthoefen-und-wurstfabriken.

Graf, Johannes (2020): Freizügigkeitsmonitoring: Migration von EU-Staatsangehörigen nach Deutschland. Halbjahresbericht 2020. Nürnberg: Forschungszentrum Migration, Integration und Asyl des Bundesamtes für Migration und Flüchtlinge.

Greenpeace (2019): Protest at Amazon Logistics Center Winsen near Hamburg. https://media.greenpeace.org/archive/Protest-at-Amazon-Logistics-Center-Winsen-near-Hamburg-27MZIFJ8PZNIU.html.

Gürtzgen, Nicole; Kubis, Alexander; Rebien, Martina (2017): IAB-Stellenerhebung: Geflüchtete kommen mehr und mehr am Arbeitsmarkt an. IAB-Kurzbericht, 14/2017. Nürnberg: IAB.

Guenther, Thomas; Czech-Sioli, Manja; Indenbirken, Daniela; Robitailles, Alexis; Tenhaken, Peter; Exner, Martin et al. (2020): Investigation of a superspreading event preceding the largest meat processing plant-related SARS-Coronavirus outbreak in Germany. https://ssrn.com/abstract=3654517.

Handelsverband Deutschland (o. J.): Beschäftigungsstruktur im Einzelhandel (2020). https://einzelhandel.de/beschaeftigungsstruktur.

Handelsverband Deutschland (2020): Werkverträge und Zeitarbeit wichtig für den Neustart! (15.09.2020). https://einzelhandel.de/index.php?option=com_attachments&task=download&id=10473.

Handelsverband Deutschland; IFH Köln (2020): Online Monitor 2020. https://einzelhandel.de/index.php?option=com_attachments&task=download&id=10573.

Handelsverband Deutschland; IFH Köln (2021): Online Monitor 2021. https://einzelhandel.de/index.php?option=com_attachments&task=download&id=10572.

Heideruh e.V. (2020): Aufruf: Schließt Amazon Winsen. Buchholz in der Nordheide: Webressource im SOFI-Projektarchiv, nicht mehr online.

Heinrich-Böll-Stiftung; BUND; Le Monde Diplomatique (Hg.) (2018): Fleischatlas. Daten und Fakten über Tiere als Nahrungsmittel. Rezepte für eine bessere Tierhaltung. https://www.boell.de/sites/default/files/2019-10/fleischatlas_2018_V.pdf?dimension1=ds_fleischatlas_2018.

Heinrich-Böll-Stiftung; BUND; Le Monde Diplomatique (Hg.) (2021): Fleischatlas. Daten und Fakten über Tiere als Nahrungsmittel. Jugend, Klima und Ernährung. https://www.boell.de/sites/default/files/2021-01/Fleischatlas2021_0.pdf?dimension1=ds_fleischatlas_2021.

Initiativenkonferenz (2020): Erklärung zum Arbeitsschutzgesetz Fleischindustrie. https://sh-nordwest.dgb.de/++co++ee0a34d2-e5e7-11ea-8c95-001a4a160123.

Institut für Arbeitsschutz der Deutschen Gesetzlichen Unfallversicherung (2020): Schlachten und Fleischverarbeitung. Ausführliches Branchenbild aus dem

Risikoobservatorium der DGUV. https://www.dguv.de/medien/ifa/de/fac/arbeiten_4_0/branchenbild_fleischverarbeitung_langfassung.pdf.

Interessenverband Deutscher Zeitarbeitsunternehmen (2021): „Auf die Schnelle ein wackliges Gesetz." https://www.ig-zeitarbeit.de/presse/artikel/auf-die-schnelle-ein-wackliges-gesetz.

Jarosch, Imgard (2020): Arbeiten bei Amazon: Für „Meeting the Moments" vor die Kamera. In: *Amazon-Blog*, 24.07.2020. https://blog.aboutamazon.de/logistikzentren/arbeiten-bei-amazon-f%C3%BCr-die-neuen-tv-spots-vor-die-kamera.

Labournet (2020): Dossier Amazon und Corona. https://www.labournet.de/internationales/frankreich/arbeitskaempfe-frankreich/haltet-das-maul-und-arbeitet-mehr-die-ruecksichtslose-politik-von-amazon-ruft-immer-mehr-widerstand-hervor-weltweit.

Lebensmittelverband Deutschland (2020): Vom Acker bis zum Teller: 12 Prozent aller Erwerbstätigen arbeiten in der Lebensmittelwirtschaft. https://www.lebensmittelverband.de/de/aktuell/20200311-lebensmittelwirtschaft-aktuelle-branchenzahlen-infografik-video-veroeffentlicht.

Mediendienst Integration (o. J.): Aus- und Einwanderung. Zuwanderung und Abwanderung. https://mediendienst-integration.de/migration/wer-kommt-wer-geht.html.

Neef-Methfessel, Tobias (2021): Informalisierte Arbeit und das Ende der Werkvertragsarbeit. Eine explorative Kurzstudie zu den Arbeitsverhältnissen in der Fleischwirtschaft im Oldenburger Münsterland. Hannover: Bündnis 90/Die Grünen. https://violavoncramon.files.wordpress.com/2020/11/studie_informalisierte_arbeit_online.pdf.

Ministerium für Arbeit, Gesundheit und Soziales des Landes Nordrhein-Westfalen (2019): Überwachungsaktion. „Faire Arbeit in der Fleischindustrie". Abschlussbericht. Düsseldorf: Land NRW. https://www.mags.nrw/sites/default/files/asset/document/191220_abschlussbericht_fleischindustrie_druckdatei.pdf.

Müller-Fleisch (o.J.): Beschäftigtenzahlen, www.mueller-fleisch.de/unternehmen/mueller-gruppe.

Netzwerk Berlin hilft (2018): Ausbildungsduldung und Beschäftigungsduldung: Da spurt nichts. http://berlin-hilft.com/2018/11/27/ausbildungsduldung-und-beschaeftigungsduldung-da-spurt-nichts/.

Netzwerk Europa in Bewegung (2021): Die Arbeitshilfe. „Bekämpfung von organisiertem Leistungsmissbrauch durch EU-Bürger." – Ein Leitfaden zur Kriminalisierung und Ausgrenzung prekarisierter Unionsbürger*innen?! https://europainbewegung.de/wp-content/uploads/2019/04/Analysepapier-Arbeitshilfe-fin.pdf.

Niedersächsischer Landtag (2020): Kleine Anfrage der Abgeordneten Schulz-Hendel und Viehoff (GRÜNE): Wie werden im Logistikzentrum in Winsen (Luhe) die Hygienevorschriften und Schutzmaßnahmen kontrolliert? Drucksache 18/6282. Hannover: Landtag Niedersachsen. https://www.landtag-niedersachsen.de/drucksachen/drucksachen_18_07500/06001-06500/18-06282.pdf.

OECD (2020): What is the impact of the COVID-19 pandemic on immigrants and their children? OECD Policy Responses to Coronavirus (COVID-19).

http://www.oecd.org/coronavirus/policy-responses/what-is-the-impact-of-the-covid-19-pandemic-on-immigrants-and-their-children-e7cbb7de/.
Sächsischer Flüchtlingsrat u.a. (2019): Aufenthaltserlaubnis statt Ausbildungsduldung – Lernen aus den Hürden der Praxis. https://www.saechsischer-fluechtlingsrat.de/wp-content/uploads/2017/05/Positionspapier-Ausbildungsduldung-Stand-09_17.pdf.
Schmidt, Sandra (2020a): Petition: Beschäftigte bei Amazon vor Corona schützen und fair bezahlen. https://weact.campact.de/petitions/beschaftigte-bei-amazon-vor-corona-schutzen-und-fair-bezahlen.
Schröder, Paul M. (2017): Bundesprogramm FIM: Ländervergleich „80-Cent-Jobs"-Plätze, Mittel, Ausgaben, Umschichtung, Ausgabereste. Bremen: Bremer Institut für Arbeitsmarktforschung und Jugendberufshilfe. http://www.biaj.de/images/2017-06-06_fim-bundesprogamm-fluechtlingsintegrationsmassnahmen-mittel-plaetze-laender.pdf..
Schulten, Thorsten; Specht, Johannes (2021): Mindestlohntarifvertrag in der Fleischindustrie. In: *WSI-blog*. https://www.wsi.de/de/blog-17857-mindestlohntarifvertrag-in-der-fleischwirtschaft-33525.htm.
Solidaires (14.04.2020): AMAZON : Première victoire syndicale. https://solidaires.org/AMAZON-Premiere-victoire-syndicale.
Sozialpolitischer Ausschuss der Fleischwirtschaft (2019): Standortoffensive deutscher Unternehmen der Fleischwirtschaft. Selbstverpflichtung der Unternehmen für attraktivere Arbeitsbedingungen. 4. Bericht. Hannover. https://www.vdew-online.de/wp-content/uploads/2014/08/Bericht-2019_inkl.-Deckblatt.pdf.
Statista.de (2021): Umsatz in der Fleischverarbeitung in Deutschland in den Monaten von Juli 2019 bis Juli 2021, https://de.statista.com/statistik/daten/studie/641866/umfrage/monatlicher-umsatz-in-der-fleischverarbeitung-in-deutschland/.
Statistisches Bundesamt (2020): Fleischindustrie im März 2020 mit Umsatzrekord. https://www.destatis.de/DE/Presse/Pressemitteilungen/2020/07/PD20_N032_42.html.
Statistisches Bundesamt (2021a): 41331-0001: Geschlachtete Tiere, Schlachtmenge: Deutschland, Jahre, Tierarten, Schlachtungsart. https://www-genesis.destatis.de/genesis//online?operation=table&code=41331-0001&bypass=true&levelindex=1&levelid=1625315475050.
Statistisches Bundesamt (2021b): 45341-0004: Beschäftigte im Handel: Deutschland, Jahre, Stellung im Beruf, Geschlecht, Wirtschaftszweige. https://www-genesis.destatis.de/genesis//online?operation=table&code=45341-0004&bypass=true&levelindex=1&levelid=1625227727982#abreadcrumb.
Stracke, Stefan (2017): Branchenmonitor Schlachten und Fleischverarbeitung. Düsseldorf: Hans-Böckler-Stiftung.
Stracke, Stefan (2019): Branchenmonitor Schlachten und Fleischverarbeitung. Düsseldorf: Hans-Böckler-Stiftung. https://www.mitbestimmung.de/assets/downloads/wmp_Branchenmonitor_Schlachten_und_Fleis-1.pdf.
Stadtlabor Göttingen (Hg.) (2019): Was macht eine Stadt für alle aus? Impulse und Empfehlungen für ein solidarisches Göttingen. Göttingen: Universität Göt-

tingen. https://www.uni-goettingen.de/de/document/download/6eb166bd6b-ffb4d30b3a85244d5ebe48.pdf/Impulspapier_Stadtlabor_web.pdf.
Tönnies (2021): Sofortprogramm der Tönnies-Gruppe. https://toennies.de/wp-content/uploads/2020/07/25-punkte-sofortprogramm_ueberblick.pdf.
Vereinte Dienstleistungsgewerkschaft (2020): Umfrage Distributionszentren. Berlin: Manuskript.
Vereinte Dienstleistungsgewerkschaft (2021): Streik in sieben Amazon-Standorten. Schnäppchen? Nicht mit den Beschäftigten! Berlin. https://www.verdi.de/themen/geld-tarif/amazon/++co++2194fada-d26e-11eb-8c1b-001a4a160129.
Wendel, Kay (2014): Unterbringung von Flüchtlingen in Deutschland. Regelungen und Praxis der Bundesländer im Vergleich. Frankfurt a.M.: Pro Asyl. https://www.proasyl.de/wp-content/uploads/2014/09/Laendervergleich_Unterbringung_2014-09-23_02.pdf.
Westfleisch (2020): Presseerklärung: 10-Punkte-Zukunftsprogramm: https://www.westfleisch.de/fileadmin/Bilder/05_Presse/05.02_Pressemitteilungen/2020/PM_Westfleisch_10-Punkte-Zukunftsprogramm.pdf.

Tabellen

Signaturkürzel

Art des Materials, untersuchte Branche

SOFI_F	Interview aus der Fleischindustrie
SOFI_L	Interview aus dem e-Versandhandel

Betriebsfälle

SOFI_F1	Betriebsfall Fleisch-A
SOFI_F2	Betriebsfall Fleisch-B
SOFI_F3	Betriebsfall Fleisch-C
SOFI_L1	Betriebsfall Versand-A
SOFI_L2	Betriebsfall Versand-B

Erhebungen

SOFI_F oder _L (P)	Sample aus der Pandemie

Kürzel für die Interview- /Dokumentationsform

B	Beschäftigteninterview
E	Expert*inneninterview
_Eb	betrieblich
_Ea	außerbetrieblich
_M	Manuskript